Paul Claudel
Ein Lesebuch

PAUL CLAUDEL

EIN LESEBUCH

Herausgegeben
und mit einem Nachwort
von Edwin Maria Landau

BENZIGER

ISBN 3 545 36470 4

INHALT

I LANDSCHAFT

II DICHTUNG – KUNST – MUSIK

III RELIGION

I LANDSCHAFT

FÄCHERSPRÜCHE

Fächer

Gedichte
geschrieben
auf den
Hauch

Nicht die Glycinie
ist's

sagt Gott

die mich
zu fesseln vermöchte
die Rebe ist es
und die Traube

葡萄 dit Dieu

Ce n'est pas la
glycine
qui est
capable de me garrotter
c'est la vigne
et le raisin

Allein
die Rose

ist hinfällig
genug
um der Ewigkeit
Ausdruck
zu verleihen

Wir schließen
die Augen
schon sagt die Rose
ich bin's

Fächer

vom Worte
des Dichters
bleibt nichts mehr
als der Hauch

Diese
Nacht

hat's
Wein geregnet
Das weiß ich
ein Mittel
die Rosen am
Sprechen zu hindern
gibt es nicht

牡
丹

Tu m'appelles la Rose
dit la Rose
mais si tu savais
mon vrai nom
je m'effeuillerais
aussitôt

Du nennst mich Rose
sagt die Rose
doch wüßtest du
um meinen wahren Namen
entblätterte ich mich
alsogleich

Nicht
meine
Dornen

sind's die mich verteidigen
sagt die Rose
nein
mein Duft ist's

Fächer

das halbrunde
Band
ist der Horizont
und die Spitze
des Dreiecks
ist das
Auge

Tinte
Saft des
Geistes
und Blut
des Denkens

Daß
der
Hauch
des Fächers
die Worte
zerstreue
und nur
was rührt
vorübergleiten ließe

Ein
Gedicht
nach allen Seiten
rollt es
über das Papier
ohne sich
darauf festsetzen
zu können
wie ein Tropfen Wasser
auf einem Lotusblatt

MEINE HEIMAT

Einer Legende zufolge soll Paul Verlaine, durch das Vertrauen von ausgezeichneten Geistlichen zum Unterricht der englischen Sprache in einem kleinen College von Rethel berufen, den Gedanken gehabt haben, bevor er seine Schüler nüchtern Wortschatz und Satzbau lehrte, ihnen Betonung und Aussprache beizubringen. Etwas Ähnliches will ich heute abend versuchen. Dazu aufgefordert, Ihnen etwas von meiner engeren Heimat zu erzählen, werde ich mich vor allem bemühen, Ihnen die Atmosphäre zu übermitteln, diese unauslöschliche Verbundenheit eines Dichters mit seinem heimatlichen Boden, für die Ihre Pariser Ohren, dessen bin ich sicher, bereits empfänglich zu werden anfangen. Gewiß haben Sie bereits jeden Zweifel darüber aufgegeben, daß es ein Einheimischer aus dem Tardenois ist, der das Wort an Sie richtet. Im übrigen bin ich weit davon entfernt, über diesen provinziellen, bäurischen Ursprung zu erröten. Der Name des Tardenois hat seit den schrecklichen Schlachten des letzten Krieges einen ihm eigenen noblen Klang erworben, der alle Nachforschungen Wißbegieriger über die Etymologie dieses vermutlich gallischen Wortes überflüssig macht. Ohne daß es notwendig wäre, auf die Träumereien jenes Dilettanten einzugehen, der darin die Kritik eines Klimas erblickte, welches das Reifen der Erbsen verzögert, oder auf meinen Vorschlag, der dahin geht, die Gründung dieses Gaus Dardanus selber, dem Vater, sofern ich mich nicht irre, des Priamus und Fürsten eines Troja, das anderswo zu suchen ist als in der Champagne, zuzuschreiben, und in dieser Eigenschaft Gegenstand wohlberechtigter Verwünschungen von Generationen von Tröpfen.

Ich habe nicht einmal den Trost gehabt, in der Hauptstadt dieses kleinen Königreiches zur Welt zu kommen, dessen Geschichte einer meiner Verwandten durch Heirat, M. Etienne Moreau-Nélaton, ein Mann von erlesenem Geschmack und großem Wissen, dem wir die berühmte Sammlung des Louvre verdanken, in drei dicken Bänden niedergeschrieben hat. Sie werden darin finden, daß das Tardenois eine der ältesten Landschaften Galliens ist: neolithisches Ablagerungsgebiet, gallo-romanische Festung und unter den Merowingern Lehnsbereich jener heiligen Genoveva, der das Gedicht gewidmet ist, das ich Ihnen gleich vorzulesen gedenke. Dann kam die Feudal-Epoche. Fère ist das Erbgut des Hauses Châtillon, dem auch Gaucher angehörte, der in der Schlacht von Mansurah mit seinem Leibe den des heiligen Ludwig deckte, den Krankheit niedergeworfen hatte. Robert de Dreux baute dort eine gewaltige Festung, deren Trümmer noch zu sehen sind und die später in den Besitz der Montmorency überging. Nach den grausamen Prüfungen des Hundertjährigen Krieges, in dem Fère sich auf die richtige Seite schlug, kam Jeanne d'Arc zweifellos hier vorbei, als sie sich nach Reims begab, um dort den Dauphin krönen zu lassen, und der Verräter, der sie den Burgundern auslieferte, Guillaume de Flavy, kam selber in nächster Nähe um, im Bollwerk von Nesle, dank der Kunst eines zehnjährigen Mädchens, das er geheiratet hatte. Nach und nach nimmt die Geschichte festere Gestalt an, zeichnet sich klarer ab, ihre mehr und mehr vertrauten Namen verbinden sich mit den Gestalten, die meine frühesten Kindheitserinnerungen bevölkern. Denn im Leben eines Menschen wie in dem eines Volkes gibt es eine legendäre Epoche.

Die meinige ist für lange Jahre mit jenem Dorf Villeneuve-sur-Fère verknüpft, in dem ich zur Welt kam, die Bande mit ihm habe ich erst in dem Augenblick gelöst, als ich mich verheiratete, als die Gründung einer Familie mich veranlaßte, meine Zelte unter anderen Himmelsstrichen aufzuschlagen. Villeneuve war einst ein bedeutenderer Platz; heute ist es ein kleines Dorf mit dreihundert Bewohnern, auf einem Hügel zusammengedrängt, einem letzten Ausläufer der Marne-Senkung, am Rand der großen nördlichen Ebene, weit abgelegen von allen großen Verkehrsadern. Es besteht aus einem großen quadratischen Platz, von Lindenbäumen überschattet, über den eine schlichte Kirche im gotischen Stil wacht, deren schiefergedeckter Turm sich unter dem Anhauch eines ständigen Windes beugt wie der Mast eines Schiffes, das aus dem Hafen ausläuft. Dieser Platz bildet gewissermaßen den Vorhof zu einem Schloß, dessen Bau wenig Eigentümlichkeiten aufweist und das heute zur Hälfte verfallen ist. Im siebzehnten Jahrhundert war es der Wohnsitz eines Lehnsherrn, des Herrn Pintrel, eine ziemlich hochgestellte und mächtige Persönlichkeit, Schatzmeister des Gebietes von Soissons und Verwandter jenes Humanisten, der Seneca übersetzte und der Lehrer von Jean de La

Fontaine war. Kein Zweifel, daß der Fabeldichter, der zugleich Wasser- und Forstmeister war, gelegentlich nach Villeneuve gekommen ist. Es scheint sogar, daß sein Gesicht den Winkel eines Gemäldes ziert, das die Himmelfahrt Mariä darstellt und das der eben erwähnte Pintrel der Pfarrkirche zum Geschenk machte; man kann es noch bewundern, sofern nicht Feuchtigkeit und die Beschädigung durch eine verständnislose Restauration es endgültig vernichtet haben. Die Grabplatte des besagten Pintrel zumindest besteht noch immer, und ich habe sie sehr häufig mit meinen Schuhen getreten, wenn ich mich zu meinem Platz im Chor begab, der nicht weit entfernt ist von einer naiven, schönen Statue des heiligen Georg, des Schutzpatrons des Ortes und Drachenfressers. Lassen wir also, wenn Sie damit einverstanden sind, ein Gebet zum Andenken dieses sympathischen, braven Mannes aufsteigen, dessen man sich in der Gegend noch lange entsann, zweifelsohne zusammen mit einigen Bastarden.

Da ich von den literarischen Berühmtheiten dieser Gegend spreche, möchte ich es nicht unterlassen, neben dem Namen von La Fontaine den von Jean Racine zu beschwören, der in la Ferté-Milon zur Welt kam; den des braven Poeten, des Lobsängers der Heiligen Jungfrau, Gauthier de Coincy, und den Alexander Dumas' des Älteren, Bürgers von Villers-Cotterets, der zeitlebens mit seinem Geburtsort Beziehungen aufrechthielt, wofür seine unbezahlbaren Erinnerungen Zeugnis ablegen. Dies sei gesagt als Entgegnung auf einen überklugen Akademiker, aus den Pyrenäen stammend, mit Namen Pierre Lasserre, der mich beschuldigte, ich drückte mich nicht auf französisch, sondern auf deutsch aus. Um ihm meinen Dank abzustatten, habe ich ihm unter dem Namen Pedro de las Serras einen kleinen Platz in einem Theaterstück mit dem Titel ‹Der Seidene Schuh› eingeräumt, das in Spanien spielt.

Ich bin nun beinahe damit zu Ende, Ihnen von Villeneuve und seinem Aussehen zu erzählen, von jenem, in dem ich unter dem Schatten des Kirchturms, den ich eben erwähnte, zur Welt kam, in einem alten Hause, das einstmals als Pfarrhaus diente und es heute noch tut. Zweimal fand es für kirchliche Zwecke Verwendung, dazwischen war es die Wohnung meines Großvaters, des Doktors Athanasius Cerveaux, für den mein Herz heute noch voll Bewunderung und Ehrfurcht schlägt. Später siedelten wir in das kleine Haus über, das sein Bruder, der Dorfpfarrer, hatte bauen lassen; seitdem beherbergt es auch heutigentags noch Angehörige unserer Familie. Auf dem anstoßenden Kirchhof, an die Kirchenmauer gedrängt, ruhen vier Generationen meiner Ahnen in Erwartung des Auferstehungstages. Ihnen verdanke ich zweifellos diese Verbundenheit mit unserem uralten christlichen und gallischen Boden, die so manchen Ausländer überraschte, noch lange ehe meine Landsleute, aufgestachelt durch Kritiker vom Schlage eines Pierre Lasserre, von meinem Dasein Notiz nahmen. Beim Klang der Glocken und des Vespergesanges erschloß sich mir der Sinn jener Prosodie, die den Psalmen entliehen ist und die Anhänger unseres schönen Alexandriners entsetzt. Dort wurde ich der Heiligen Jungfrau geweiht, dort habe ich den Pakt meiner bäurischen Ahnen erneuert, den sie mit dieser liebenswerten göttlichen Schirmherrin geschlossen hatten, als sie unter Lebensgefahr einen Priester retteten, der den Eid auf die Verfassung verweigert hatte.

Und ebenfalls hier haben sich Herz und Geist der Religion und gleichzeitig der Dichtung eröffnet. Villeneuve ist ein rauhes, kärgliches Land, ein Land des schweren Bodens und der Wälder; es hat nichts von der Heiterkeit der Champagne und der Liebenswürdigkeit all der Winzerdörfer, die unter der guten Sonne in der milden Talmulde der Marne schlummern. Es regnet häufig dort, und wenn es dort regnet, dann aber gründlich und heftig, beinahe hätte ich gesagt: mit Leidenschaft. Dort herrscht ein schrecklicher Wind, der den Hahn auf dem Kirchturm unentwegt in Bewegung setzt, auch kreischt die Wetterfahne auf unserer bescheidenen Behausung ständig. Ich höre noch den rostigen Schrei, wie er sich mit dem Rauschen der Dachrinne mischt, die in das Regenfaß überläuft, während ich in einem verlassenen Zimmer mit ungeheurer Anteilnahme, wie sie unsere klassische Literatur mir für nichts in der Welt je einzuflößen vermocht hätte, das ‹Leben der Heiligen› von Alban Butler las, oder richtiger gesagt: verschlang. Wer nicht weiß, was Trauer ist, und nichts ahnt von diesem Gefühl von Bitterkeit, Zerknirschung und innerster Bußfertigkeit, beinahe hätte ich gesagt von Überdruß, mit dem ein Christ den Tag des Jüngsten Gerichts erwartet, der braucht sich nur nach Villeneuve zu begeben in der Nacht auf Allerseelen, wenn das Totenglöcklein unter strömendem Regen unablässig in eisiger Nacht läutet.

Doch gibt es noch weiter zurückreichende Erinnerungen, zum Beispiel an unsere alte, gutherzige Magd Victoire, die beim Kühehüten, und während sie frische Nüsse mit ihrer Sichel öffnete, uns in einer Sprache voll würziger mundartlicher Ausdrücke Geschichten aus der alten Zeit erzählte, jene vom Herzog von Coigny, dessen Name unter Louis-Philippe dank einem berühmt gewordenen Prozeß in aller Munde war und welchem Tournelle gehörte; den Bericht über die Pilgerfahrt nach Liesse, die in meiner Vorstellung die Bedeutung der Fahrten eines Marco Polo annahm; die Chronik der Familien und lokalen Fehden, die nicht weniger erbittert und kläglich waren als jene, die Dante und Saint-Simon als Vorbild dienten. All das prägte sich meinem Gedächtnis in tiefen Zügen ein. Und dazu kamen noch die persönlichen

Erkundungsfahrten, die ich bis an den Horizont hin unternahm; denn Villeneuve, das auf einer Art Vorgebirge angelegt ist, bietet nach allen vier Windrichtungen weite Ausblicke; jeder dieser Horizonte ist für mich ebenso dicht besiedelt, ebenso reich an Eingebungen und Legenden wie die weiten Horizonte in der Edda. Da wäre der östliche Horizont, die öde Gegend der Schafställe und Hochebenen, den Bewegungen einer gewaltigen Wolkenschicht ausgesetzt, die sich ständig auf Wanderschaft befindet, sich zusammenballt und wieder auflockert. Da ist der düstere Horizont nach Süden hin mit dem Wald von Tournelle; auf dem Weg dorthin liegt der Brunnen der Sibylle (kürzlich erst erfuhr ich, daß Sybille auf Altfranzösisch alte Jungfer bedeutet). Da ist der nördliche Horizont, mit dem die große Ebene beginnt, die sich endlos erstreckt bis ans Meer, im Wechsel der Zeiten von bestellten und abgeernteten Feldern bedeckt und übersät von zahllosen Dörfern mit den schönen Namen: Saponay, Cramaille, le Grand-Rozoy, Arcy-Sainte-Restitue, ganz zu schweigen von Violaine und Cœuvre, die weiter in der Ferne in Richtung auf Soissons liegen. Von dieser Seite her lockten mich, dem Auge nicht erkenntlich, die großen Kathedralen von Laon, Reims, Soissons. Im Vordergrund die alten Höfe von Combernon und Belle-Fontaine. Und schließlich der westliche Horizont, wie man ihn von dem Kap aus entdeckt, auf dem einst der alte Giebel von Chinchy emporragte: die Erhebung von Géyn, mit ihrem Heidekraut und dem weißen Sand, und dazu die unheimlichen Felsgestaltungen, und dann das Tal des Ourcq, der Durchbruch in Richtung Paris, der Welt zu, dem Meer, der Zukunft entgegen!

So wie ich mich ihrer heute entsinne, bebte diese gewaltige Landschaft, die sich dort vor meinen Augen ausbreitete, von einem verborgenen Trauerspiel, jenem, das ich in meinem ersten dramatischen Gestammel, in ‹Goldhaupt› und der ‹Stadt›, darzustellen versuchte, sie war erfüllt von Bedrohungen, dunklen Ahnungen, Betrachtungen und Geschluchze. Diese ganze Apokalypse meiner Jugend, zwanzig Jahre später wurde sie im Großen Kriege Wirklichkeit. Noch entsinne ich mich der Abende im Garten meiner alten Mutter, wie wir nach dem Horizonte schauten, an dem die Blitze unablässig aufleuchteten, wie wir in der Ferne ein nicht endenwollendes Donnergrollen hörten. Später dann, nach meiner Rückkehr aus Brasilien, machte ich eine Rundfahrt im Camion mitten durch zerstörte Dörfer, an klaffenden Kirchen vorbei, an die sich wie in den Tagen der Barbareneinfälle eine Bevölkerung hartnäckig klammerte.

(1937)

BRANGUES

Brangues, bestimmt ist es diese bronzene, dreimal am Tage im Angelus ausgemünzte Silbe, auf die mein Ohr durch diese Gegenwart hindurch, die bereits Zukunft ist, vorbereitet war, auf daß ich nach der langen Erkundungsfahrt, die mich rund um die Welt führte, mit ihr die Ruhe meiner letzten Jahre verbinde. Jener Strom, mit dem die Rhetorik begreiflicherweise das menschliche Leben vergleicht, nun habe ich Stellung bezogen über seinem Steilufer, und wenn ich auch zu weit entfernt bin, als daß er mich in seine Strömung mit ihren Wirbeln hineinrisse, so hat man mir wenigstens, solange ich in nachdenklichem Schritt auf der Terrasse auf und ab gehe, die von einer Reihe ehrwürdiger Linden überschattet ist, abseits eine andere Rhone droben im Himmel gegeben, auf daß ich vom Quell bis zur Mündung ihrer unversieglichen Melodie folge. Ich spreche von dieser sinnvollen Lage, von dieser mächtigen Wellenlinie prosodischer Hügel, die sich heben und senken wie ein Thema, wie ein Vers des Vergil, wie eine Periode Bossuets, die hier und da ein weißer Fleck der Mauer eines Gehöftes interpungiert, das friedliche Feuer, über die Jahrhunderte hinweg am Brennen erhalten von einer Gruppe von Häusern. Diese reglose Bewegung, diese Linie, dem Unendlichen entgegen auf Pilgerschaft, wie spricht sie zu meinen Augen, welch ein Lied singt sie! Wieviel Erinnerungen trägt sie heran, und zu welchen Verheißungen würde sie mich noch mitreißen, stände nicht hinter mir dieses große Schloß voller Kinder und Kindeskinder, das mir sagt: Nun ist's vorbei, Vagabund, und schau das starke Haus dort vor dir, mit dem auf alle Zeit dich zu vermählen du vor dem Notar dich entschieden!

Das hindert mich nicht, ein paar Schritte genügen, von Zeit zu Zeit dort hinabzugehen und mich vom Fluß zu überzeugen, dessen unsichtbare Gegenwart und verschwommene Melodie die farbigen Stunden des Morgens und die feierlichen des Nachmittags füllen, und einen erfrischenden Schluck aus seinen eisigen Wogen zu trinken. Der Psalm sagt uns, und ich bin hierher gestellt worden, um zu bezeugen, daß es wahr ist, seine Quelle sei *in den heiligen Bergen*, im Lande des ewigen Felsens und des unberührten Schnees! Und wenn der Abend kommt, welch unbeschreiblicher Azur führt meiner staunenden Aufmerksamkeit diese kühle Nymphe zu, welch ein Perlmutterglanz, welch Verströmen von Rosa und Safran, welch eine Flut von scharlachroten Pfingstrosen und dunklem Kupfer! Singe, du Juninachtigall, und daß der scharfgeschnittene Flügel der Schwalbe, daß der wehmütige Sang des Kuckucks sich gesellen zu diesen Eilanden, zu den verwaschenen Weiden, an denen der alte Dichter auf immer seine Harfe aufgehängt hat! Heute scheint er ungerührt zu bleiben, doch ist er zufrieden, zu sehen, wie alles um ihn herum freudig und jubelnd sich regt, nicht nur der Fluß, von dem geschrieben steht, daß sein unwiderstehliches Treiben unablässig die Gottesstadt freut, sondern das ganze Tal mit seinen Städten, Dörfern und Feldern, wie eine gewaltige Partitur! All das kommt aus dem Orient heran und geht dahin zum Horizont im weithin sich ausbreitenden Schweigen. Und Berge und Fluß verdoppelnd, bewegt sich dort, um ihnen den Weg zu zeigen, eine Prozession von Pappeln ins Unendliche hin. Alter Pan, du hast gut laufen, nie wird dir's gelingen, jene Syrinx auf ihrer Flucht müdezuhetzen; diese muntere, bis ins Unendliche reichende Reihe von Orgelpfeifen, deren Gruppen und senkrechte Merkzeichen dem prüfend tastenden Blick Halt und Rhythmus verleihen, sind sie doch wie die perspektivische Reihe von Taktstrichen und Noten auf den Parallellinien der Partitur. Ich muß mich nicht mehr wie in den Tagen meiner Jugend meiner Kleider entledigen, um mitten in dieser herrlichen Symphonie zu schwimmen und meine kräftigen Stöße der Strömung anzupassen, die wie das Glück zugleich unbesieglich ist und verführend. Für alle Zeiten habe ich mich dem Andante vermählt! Nach Erleichterung verlangt mich, nach der Erneuerung unter dem Körper, dem stets Fließenden der Ewigkeit, dieser unermüdlichen Aufforderung zur Reise bedarf es, um festzustellen, daß ich hinfort für alle Zeiten wahrhaft glücklich bin im Verweilen am gleichen Orte.

Sei gegrüßt, o Abendstern! Um auf dich droben am Himmel nachdenklich hinzuweisen, steht dort am Ende des Parks, im entlegensten Winkel des Gartens, ein großer Pappelbaum, schlank wie eine Kerze, wie ein Glaubensakt, wie ein Akt der Liebe! Dort, unter einem alten, mit Moos und Efeu bedeckten Gemäuer, habe ich meinen Platz gewählt. Dort, kaum getrennt vom Feld und seiner Bestellung, werde ich an der Seite des kleinen, unschuldigen Kindes ruhen, das ich einst verloren und zu dessen Grab ich oftmals gehe, meinen Rosenkranz zu beten. Und die Rhone, auch sie unterbricht nicht ihr Vaterunser, den meergrünen Rosenkranz, aus dem von Zeit zu Zeit der lyrische Ausruf eines dicken Fisches herausspringt, und ist es nicht Maria selbst am Himmel droben, dieser funkelnde Stern? der Planet, der den Tod besiegt und den ich unablässig betrachte?

(1943)

ERKENNTNIS DES OSTENS

PAGODE

Ich entsteige der Rikscha, und ein entsetzlicher Bettler bezeichnet den Beginn der Straße. Mit einem einzigen Auge voll Blut und Wasser, mit einem Mund, dessen Lippen die Lepra weggefressen hat, die beingelben, wie die Schneidezähne eines Kaninchens langen Zähne bis an die Wurzeln entblößend, blickt er aus; und der Rest seines Gesichtes ist nichts mehr. Reihen Elender stehen ferner zu beiden Seiten des Weges, den an diesem Ende der Stadt die Fußgänger, die Lastenträger und die mit Frauen und Ballen beladenen einrädrigen Schubkarren stopfen. Der älteste und stärkste wird Bettlerkönig genannt; da er beim Tod seiner Mutter wahnsinnig geworden ist, heißt es, er trage ihren Kopf unter seinen Kleidern mit sich. Die letzten, zwei alte Frauen, in Lumpenbündel geschnürt, das Gesicht geschwärzt vom Staub der Straße, auf die sie sich jeden Augenblick niederwerfen, singen einen der von langen Seufzern und von Schluchzen unterbrochenen Klagegesänge, was die gewerbliche Verzweiflung dieser Zerschlagenen ist.

Ich sehe in der Ferne die Pagode zwischen den Bambusgebüschen, und ich mache einen Abstecher querfeldein.

Das Gelände ist ein weiter Friedhof. Überall Särge; mit welkem Schilf bedeckte Hügel und im dürren Gras gereihte kleine Denkmäler in Stein, mitrentragende Standfiguren, Löwen bezeichnen die alten Gräber. Die Verbände, die Reichen haben von Bäumen und Hecken umgebene Bauten errichtet. Ich gehe vorwärts zwischen einem Tierspital und einem Brunnen, der mit den Leichen kleiner Mädchen gefüllt ist, deren sich ihre Eltern entledigt haben. Einmal voll, hat man ihn zugeschüttet; man wird einen anderen graben müssen.

Es ist warm; der Himmel ist rein; ich gehe im Dezemberlicht.

Die Hunde sehen mich, bellen, fliehn, ich erreiche und überhole die schwarzdachigen Dörfer, ich durchschreite die Baumwoll- und Bohnenfelder, überquere auf alten, vernutzten Brücken die Bäche, lasse zu meiner Rechten große, öde Bauten liegen (es ist eine Pulverfabrik) und komme an. Glockengebimmel und eine Trommel sind zu hören.

Ich habe vor mir den siebengeschossigen Turm. Ein Inder mit goldenem Turban, ein Parse, der eine Winkelröhre aus pflaumenblauer Seide auf dem Kopfe trägt, treten ein; zwei andere Herren ergehen sich auf dem obersten Balkon.

Es muß zuerst von der eigentlichen Pagode gesprochen werden.

Sie besteht aus drei Höfen und drei Tempeln mit seitlichen Nebenkapellen und Anhang. Der fromme Ort schließt hier nicht wie in Europa einzig und abgeschieden das Mysterium eines Glaubens und einer umschriebenen Lehre ein. Seine Aufgabe besteht nicht darin, das Unbedingte gegen die äußeren Erscheinungen zu schirmen; er setzt eine gewisse Mitte, und irgendwie am Himmel aufgehängt, mischt der Bau die ganze Natur mit der Opfergabe, die er stiftet. Auf gleicher Ebene mit dem Boden vervielfacht, drückt er durch die Beziehungen von Höhe und Abstand der drei Triumphbogen oder Tempel den Raum aus, dem er sie weiht; und Buddha, der Fürst des Friedens, wohnt hier mit allen Göttern. Die chinesische Architektur unterdrückt sozusagen die Mauern, sie erweitert und vervielfacht die Dächer, und indem sie die Hörner übertreibt, die in leichtem Schwung sich aufwärts heben, leitet sie die Bewegung und die Biegung gegen den Himmel zurück; sie bleiben wie aufgehängt, und je weiter und beladener das Dach angelegt ist, um so mehr nimmt gerade durch die Schwere seine Leichtigkeit zu, dank dem Schatten, den es ausgreifend unter sich wirft. Daher der Gebrauch der schwarzen Ziegel, die tiefe Rinnen und kräftige Rippen bilden, zwischen denen sich oben Durchblicke öffnen, wodurch der First sich abhebt und sich befreit: zierlich und blumenhaft formt in der klaren Luft sich sein Fries aus. Der Tempel ist also eine Halle, ein Baldachin, ein Zelt, dessen emporgehobene Ecken an den Himmel geknüpft sind, und die Götzen der Erde sind in sein Dunkel eingesetzt.

Ein dicker goldener Poussah haust in der ersten Halle. Sein rechter, untergezogener Fuß bedeutet die dritte Stellung der Meditation, wo das Bewußtsein noch erhalten ist. Seine Augen sind geschlossen, aber unter der goldenen Haut, die das rote Fleisch eines aufgesperrten Mundes sehen läßt, dessen gleich einem Zugloch weite Öffnung sich in den Ecken wie eine 8 ausdehnt, lacht er mit dem Lachen eines schlafenden Gesichtes. Was ergötzt den heiligen Dickbauch? Was sieht er mit seinen geschlossenen Augen? An jeder Seite des

Saales, zwei rechts, zwei links, sind vier bemalte und gefirnißte Riesengestalten mit kurzen Beinen und ungeheuern Rümpfen, die vier Dämonen, die Wächter der vier Himmelsgestade. Sie sind bartlos wie Kinder, und der eine schüttelt Schlangen, ein anderer spielt Bratsche, wieder ein anderer schwingt ein walzenförmiges Gerät, das wie ein geschlossener Regenschirm oder eine Sprengladung aussieht. Ich dringe in den zweiten Hof; eine große gußeiserne, ganz mit Schriftzeichen bedeckte Räucherpfanne ist in der Mitte aufgestellt.

Ich stehe dem Hauptgebäude gegenüber. Auf den Kanten des Daches halten sich Gruppen kleiner farbiger Figuren aufrecht, als wandelten sie von einer Seite zur andern oder stiegen plaudernd hinan. In den Winkeln auf dem First, den Schwanz in der Luft, krümmen sich zwei rosige Fische, deren lange kupferne Palpen flimmern; im Mittelpunkt streiten zwei Drachen um das mystische Kleinod. Ich höre Gesang und Glockengeklingel, und durch die offene Türe sehe ich den Reigen der Bonzen.

Der Saal ist hoch und geräumig, vier oder fünf goldene Riesen nehmen den Hintergrund ein. Der größte sitzt in der Mitte auf einem Thron. Seine Augen und sein Mund sind geschlossen, seine Füße untergezogen, und seine Hand, die im ‹Zeichen der Bezeugung› herunterhängt, weist auf die Erde. So faßt sich unter dem heiligen Baum der vollkommene Buddha: dem Rad des Lebens entronnen, nimmt er an seiner eigenen Unbewegtheit teil. Andere, die über ihm hocken, hätscheln mit denselben gesenkten Augen ihre Bäuche. Sie sitzen auf dem Lotos und sind die himmlischen Buddhas, Avalokhita und Amitabha, der Buddha des grenzenlosen Lichtes und der Buddha des westlichen Paradieses. Zu ihren Füßen vollziehen die Bonzen den Gottesdienst. Sie tragen ein graues Gewand, einen großen, leicht rostrot getönten Mantel, der wie eine Toga an der Schulter haftet, hohe Gamaschen aus weißer Leinwand und einige eine Art Mörsermütze auf dem Kopf. Die andern zeigen rasierte Schädel, auf denen weiße Zeichen der Moxa die Zahl ihrer Gelübde angeben. Im Gänsemarsch einer hinter dem andern führen sie ihren Reigen auf. Der letzte, der vorüberkommt, ist ein zwölfjähriger Knabe.

Ich gelange durch den seitlichen Ausgang in den dritten Hof und sehe hier den dritten Tempel.

Vier auf Schemeln hockende Priester meditieren im Innern. Ihre Schuhe sind vor ihnen auf dem Boden stehen geblieben, und fußlos, losgelöst, enthoben, thronen sie auf ihrem eignen Gedanken. Sie rühren sich nicht; ihr Mund und ihre geschlossenen Augen treten nicht mehr hervor als die Runzelzüge im abgetöteten Fleisch ihrer Gesichter, die der Nabelnarbe gleichen. Das Bewußtsein ihrer Reglosigkeit genügt der Verdauung ihres Verstandes.

In einer Nische mitten im Saal gewahre ich die leuchtenden Glieder eines anderen Buddha. Eine wirre Begleitung von Götzenbildern ist im Finstern den Wänden entlanggeführt.

Ich wende mich um und sehe den mittleren Tempel von hinten. Oben an der Abschlußmauer stellt ein buntes Giebelfeld irgendeine Legende zwischen Ölbäumen dar. Ich kehre um. Die Rückseite des Sitzes, auf dem die Riesen zur Schau gestellt sind, ist ein großes bemaltes Bildhauerwerk: Amitofou steigt inmitten von Flammen und Dämonen zum Himmel auf. Die seitliche Sonne, die durch die vergitterten, in der Höhe der Wand angebrachten Öffnungen bricht, streift mit ihren waagrechten Strahlen die dunkle Fassung des Saales.

Die Bonzen setzen den Gottesdienst fort. Sie knien jetzt vor den Riesengestalten und singen ein psalmartiges Lied, dessen abgehackter Gang der Chorführer, vor einer tonnenförmigen Glocke stehend, mit Trommelgewirbel und Schellengeklingel leitet; bei jedem Vers stößt er an dieses Faß und entlockt seinem erzenen Bauch einen vollen Ton. Dann sprechen sie, zwei Reihen einander zugekehrt, irgendeine Litanei.

Die Seitengebäude sind für die Unterkunft der Bonzen bestimmt. Einer von ihnen geht gerade mit einem Eimer Wasser hinein. Ich blicke in den Speisesaal, wo die Reisschüsseln paarweise auf die leeren Tische verteilt sind.

Da stehe ich wieder vor dem Turm.

Wie die Pagode mit ihrer Ordnung von Höfen und Gebäuden die Weite und die Erstreckungen des Raumes ausdrückt, so der Turm diejenige der Höhe. Gegen den Himmel gestellt, verleiht er diesem ein Maß. Die sieben achteckigen Stockwerke sind eine Einteilung der sieben mystischen Himmel. Mit Kunst hat der Baumeister ihre Hörner geformt und ihre Ränder hochgezogen; jedes Stockwerk erzeugt unter sich seinen Schatten. An jeder Ecke des Daches hat er eine kleine Glocke befestigt, und das Kügelchen des Klöppels hängt heraus. Eine gefesselte Silbe, ist sie jedes Himmels unvernehmliche Stimme, und der ungehörte Ton hängt daran als ein Tropfen.

Ich habe nichts anderes von der Pagode zu sagen. Wie sie heißt, weiß ich nicht.

STADT BEI NACHT

Es regnet sacht, es ist Nacht geworden. Der Polizist greift sich an den Kopf, hört von der Zeit zu reden auf, da er als Küchenjunge im Besetzungskorps den Bataillonskommandanten im Heiligtum der ‹Gottheit des langen Lebens› aufgestellt sah, und wendet sich nach links. Der Weg, dem wir folgen, ist seltsam: aus einer Reihe von Gäßchen, Durchgängen, Treppen und Pforten werden wir in den Hof des Tempels entlassen, dessen krallige, langgehörnte Firste am Nachthimmel einen schwarzen Rahmen bilden.

Ein gedämpftes Feuer scheint durch das Portal. Wir treten in die Halle.

Die Höhle ist von hellrot brennendem Weihrauch voll; man kann die Decke nicht sehen. Ein Holzgitter trennt das Götzenbild von seinen Schützlingen und vom Opfertisch, auf welchem Fruchtkränze und Schalen voll Nahrungsmittel stehen; man erkennt undeutlich das bärtige Gesicht des Riesen. Die Priester sitzen um einen runden Tisch und essen. An der Wand eine Trommel, so groß wie ein Faß, ein großer Gong in der Form des Pikasses. Zwei rote Kerzen, viereckigen Pilastern gleich, verlieren sich in den Rauch und in die Nacht, in der undeutliche Wimpel flattern.

Weiter!

Der enge Schlauch der Straßen, in dem wir uns durch eine dunkle Menge bewegen, ist nur von den seitlichen Buden beleuchtet, die, tiefen Schuppen gleich, ganz offen stehen. Es sind Tischler- und Stecherwerkstätten, Krämerladen der Schneider, Schuhmacher und Pelzhändler; unzählige Küchen, aus denen, hinter der Auslage der vollen Nudeln- und Brüheschüsseln hervor, ein Bratgezisch tönt; zwischen Stapeln von Särgen eine Pfeifenglut; eine Lampe beleuchtet mit seitlichem Schein seltsame Wirrsale. An den Straßenecken, der Wendung der festen Steinbrücklein, hinter Eisengittern in einer Nische, gewahrt man zwischen zwei roten Kerzen Zwerggötzenbilder. Nach einem langen Weg im Regen, in der Nacht, im Kot, befinden wir uns auf einmal in einer gelben Sackgasse, die von einer großen Laterne grell erleuchtet wird. Die hohen blut- und pestfarbenen Ränder des Grabens, in welchem wir uns befinden, sind mit einem so roten Ocker angestrichen, daß das Licht selbst aus ihnen zu kommen scheint. Eine Türe bildet zu unserer Rechten ein rundes Loch.

Ein Hof. Auch da ist wieder ein Tempel.

Es ist eine düstere Halle, die Erdgeruch atmet. Sie ist mit Götzenbildern geschmückt, die, an den drei Seiten des Raumes in zwei Reihen angeordnet, Degen, Leiern, Rosen und Korallenzweige schwingen: es wird uns gesagt, es seien *die Jahre des Menschenlebens*. Während ich dem siebenundzwanzigsten zu begegnen versuche, bin ich als letzter zurückgeblieben, und vor dem Hinausgehen glaube ich einen Blick in den Winkel auf der anderen Seite der Türe getan zu haben. Ein brauner Dämon mit vier Paar Armen und wutverzerrtem Gesicht hält sich dort wie ein Meuchler verborgen.

Weiter! Die Straßen werden elend und elender, wir gehen hohen Bambushecken entlang, schließlich durchschreiten wir das Südtor und wenden uns nach Osten. Der Weg folgt dem Fundament der hohen bezinnten Mauer. Zur anderen Hand tieft sich der Graben eines Arroyo. In der Ferne sehen wir die vom Herdfeuer erleuchteten Sampans: es wimmelt darin von einem Schattenvolk, das wie die Seelen der Hölle aussieht.

Und zweifellos war dieses jämmerliche Ufer das unserer Erkundung dunkel vorschwebende Ziel, denn wir kehren nun wieder um. Stadt der Laternen, da sind wir von neuem im Wirrwarr deiner zehntausend Gesichter.

Sucht man die Erklärung, den Grund dafür, daß sich die Stadt, in der wir wandeln, gänzlich von allen Erinnerungen unterscheidet, so ist man bald von dieser Tatsache betroffen: es gibt keine Pferde in den Straßen. Die Stadt ist rein menschlich. Die Chinesen halten das so, gemäß dem Grundsatz, keine tierische oder mechanische Hilfe bei einer Aufgabe zu verwenden, die das Leben eines Menschen unterhalten kann. Daraus erklären sich die Enge der Straßen, die Treppen, die gebogenen Brücken, die Häuser ohne Mauern, der schlängelnde Verlauf der Gäßchen und Rinnen. Die Stadt bildet ein einheitliches Ganzes, einen mit all seinen Teilen in sich zusammenhängenden, wie ein Ameisenhaufen durchlöcherten betriebsamen Kuchen. Kommt die Nacht, verschanzt sich ein jeder. Tagsüber gibt es keine Türen, ich meine keine, die geschlossen werden. Die Türe versieht hier kein Amt: sie ist bloß eine zurechtgemachte Öffnung; es gibt hier keine Wand, die einem flinken und dünnen Wesen nicht durch irgendeinen Spalt Durchlaß gewährte. Die breiten Straßen, die für die allgemeinen und hauptsächlichsten Bewegungen eines vereinfachten automatischen Lebens erforderlich sind, wären hier undenkbar. Das sind bloß Sammelkanäle, Hauptdurchgänge.

Ein Lokal für Opiumrauchen und der Dirnenmarkt füllen zuletzt den Rahmen meiner Erinnerung. Das Rauchlokal ist ein weites, leeres Schiff mit den zwei Stockwerken entsprechenden, übereinanderliegenden innern Terrassen. Der Raum ist mit einem blauen Rauch angefüllt, und man atmet einen Geruch wie von gerösteten Kastanien ein. Es ist ein tiefer, kräftiger, laugiger, wie ein Gongschlag satter Duft. Diese Todesdämpfe legen zwischen unserem Bereich und dem Schlummer eine mittlere Atmosphäre an, die der Klient dieses Mysteriums in sich hineinsaugt. Durch den Nebel sieht man das Licht der kleinen Opiumlampen, den Seelen der Raucher vergleichbar, die noch zahlreicher kommen werden: jetzt ist es noch zu früh.

Auf schmalen Schemeln, den Kopf mit Blumen und Perlen behelmt, mit weiten Seidenblusen und breiten bestickten Hosen bekleidet, reglos und die Hände auf den Knien, warten die Dirnen, dem Marktvieh gleich, auf der Straße im Geschlinge und Geschiebe der Vorübergehenden. Neben den

Müttern und wie diese gekleidet, ebenso reglos, sitzen Mädchen auf derselben Bank. Dahinter beleuchtet ein Petroleumbrenner den Treppenaufgang.

Ich gehe vorüber, und ich nehme die Erinnerung an ein buntes, unbefangenes, zügelloses Leben mit, an eine zugleich offene und angefüllte Stadt, die das einzige Haus einer vielfachen Familie ist. Ich habe jetzt die Stadt der früheren Zeiten gesehen, da der Mensch, von allgemeinen Strömungen frei, in natürlicher Unordnung in seinem Schwarme lebte. Und es war in der Tat ein staunendes Hinaustreten aus der ganzen Vergangenheit, als ich im Wirrwarr der Schubkarren und Sänften, inmitten der Aussätzigen und Besessenen durch das doppelte Tor hinausschritt und die elektrischen Lampen der ausländischen Handelsgesellschaft sah.

GRÄBER – GERÄUSCHE

Man steigt hinan, man steigt hinab; man geht an dem großen Banyan vorbei, der wie ein Atlas fest auf seinen gewundenen Achsen steht und mit dem Knie und der Schulter die Last des Himmels zu erwarten scheint: an seinem Fuß eine kleine *Edicula*, in der man alles Papier verbrennt, das durch das schwarze Wort gezeichnet ist, wie wenn man dem gewaltigen Gott des Baumes ein Schriftopfer bringen wollte. Man biegt ein und biegt zurück, und auf gewundenem Weg – tatsächlich ohne anderswo gewesen zu sein, denn seit dem Aufbruch sind unsere Schritte von ihm begleitet – betreten wir das Land der Gräber. Wie ein einsamer Heiliger aus Stein sieht der Abendstern unter sich die Sonne unter die tiefen, durchscheinenden Wasser versinken.

Der Totenbezirk, den wir im blassen Licht eines trüben Tages ins Auge fassen, ist ganz bedeckt mit einem rauhen, gelben Balg, der dem Fell eines Tigers gleicht. Vom Fuß bis zur Kuppe sind die Hügel, zwischen denen unser Weg verläuft, sind andere unübersehbare Berge auf der entgegengesetzten Seite des Tals von Gräbern ausgehöhlt wie ein Kaninchengehege von Löchern.

Der Tod nimmt in China ebensoviel Platz ein wie das Leben. Der Verstorbene wird, sobald er hinübergegangen ist, eine wichtige und verdächtige Sache, ein bösartiger und mürrischer Beschützer, jemand, der da ist und den man sich gewinnen muß. Die Bande zwischen den Lebenden und den Toten lösen sich schwer, die Riten dauern und pflanzen sich fort. Jeden Augenblick geht man ans Familiengrab, man verbrennt Weihrauch, schießt Petarden ab, bringt Reis und Schweinefleisch dar, gibt in Form eines Stücks Papier die Visitenkarte ab und befestigt sie mit einem Stein. Die Toten in ihren dicken

Särgen verbleiben lang im Innern des Hauses, dann trägt man sie ins Freie hinaus, wo man sie in tiefe verborgene Winkel schichtet, bis der Geomant die Lage und den Ort gefunden hat. Dann richtet man die Begräbnisstätte mit großer Sorgfalt ein, aus Angst, der Tote irre umher, wenn er sich dort nicht behaglich fühle. Man haut die Gräber in die Flanke der Berge, in die dauerhafte, urtümliche Erde, und während sich die Lebenden auf der Sohle der Täler, in tiefen, morastigen Ebenen zusammendrängen, schaut die geräumige, schöngelegene Wohnung der Toten der Sonne und der Weite entgegen.

Sie nähert sich der Form eines am Abhang stehenden Ω, und sein verlängerter Halbkreis aus Stein umarmt den Toten, der sich auswölbt wie ein Schläfer unter dem Deckbett: derweise macht die Erde, ihm sozusagen die Arme öffnend, ihn sich zu eigen und weiht ihn sich selbst. Davor ist die Platte angebracht, auf der die Titel und der Name eingeschrieben sind, denn die Chinesen meinen, ein bestimmter Teil der Seele, der haltmache, um seinen Namen zu lesen, verweile darauf. Sie bildet gleichsam das Blatt eines Steinaltars, auf den man die Spenden symmetrisch niederlegt, und ihm gegenüber empfängt und führt das Grab mit der zeremoniellen Anordnung seiner Stufen und Geländer die lebende Familie ein, die an den Feiertagen herbeikommt, um zu verehren, was von dem abgeschiedenen Ahnen übrigbleibt: die uranfängliche und letztwillige Hieroglyphe. Der Halbkreis gegenüber wirft den Anruf zurück.

Aller Boden, der sich über den Schlamm erhebt, ist von den breiten, niederen Gräbern besetzt, die den Mündungen zugemauerter Brunnen gleichen. Es gibt auch kleine, einfache und mehrteilige, neue und andere, die ebenso alt erscheinen wie die Felsen, an die sie sich lehnen. Das vornehmste liegt hoch oben am Berg, gleichsam in der Falte seines Halses: in seinem Bereich könnten tausend Menschen miteinander niederknien.

Ich wohne selber in diesem Gräberland, und auf einem anderen Weg gelange ich auf den Gipfel des Hügels zurück, wo mein Haus steht.

Die Stadt liegt unten, auf der anderen Seite des breiten, gelben Min, der seine wilden und tiefen Wasser zwischen den Pfeilern der Tausendengel-Brücke hindurchschwemmt. Bei Tag sieht man, dem Randstein der Gräber ähnlich, von denen ich gesprochen habe, den Wall der schartigen Berge sich entfalten, der die Stadt umschließt (fliegende Tauben, ein Turm in der Mitte einer Pagode, machen die Unermeßlichkeit dieses Raumes fühlbar), wunderliche Dächer, zwei mit Bäumen bedeckte Hügel, die sich zwischen den Häusern erheben, und auf dem Fluß einen Wirrwarr von Flößen und Dschunken mit bildschön ausgeschmückten Puppen. Aber jetzt ist es bereits zu dunkel: kaum ein Licht dringt durch den Abend und Nebel zu mir herauf, und in das Todesdunkel der Kiefern tauchend, erreiche ich auf dem mir wohlbekannten Weg meinen üblichen Posten, dieses vom Moos und vom Alter schwarze, wie eine Waffe rostige Dreiergrab, das mit seiner verdächtigen Brustwehr geheim den Raum beherrscht.

Ich komme hierher, um zu lauschen.

Die chinesischen Städte haben weder Fabriken noch Wagen: der einzige Laut, der darin hörbar ist, wenn es Abend wird und der Geschäftslärm verstummt, ist der der menschlichen Stimme. Diesem komme ich lauschen, denn einer, der seine Teilnahme am Sinn der Reden verliert, die vor ihm gesprochen werden, kann ihnen ein feineres Gehör verleihn. Da leben beinah eine Million Einwohner: ich höre diese Menge unter dem Luftmeer sprechen. Es ist ein zugleich flutartiges und sprühendes Geschrei, durchzogen von plötzlichen *Forte*, wie wenn man ein Papier zerreißt. Ich glaube manchmal sogar einen Ton und Modulationen zu unterscheiden, wie wenn man eine Trommel stimmt, indem man seinen Finger auf die richtigen Stellen setzt. Macht die Stadt in verschiedenen Augenblicken des Tages ein verschiedenartiges Geräusch? Ich nehme mir vor, dies zu prüfen. – Im jetzigen Augenblick ist es Abend: man streut eine ungeheure Menge Tagesneuigkeiten aus. Jeder meint, er spreche allein: es handelt sich um Zänkereien, ums Essen, um Dinge des Haushalts, der Familie, des Handwerks, des Handels, der Politik. Aber seine Rede geht nicht unter: sie trägt, getragen von der unzählbaren Summe der Gemeinschaftsstimme, der sie angehört. Der Sache entkleidet, die sie bedeutet, lebt sie allein noch durch die unbegreiflichen Elemente des Schalls, der sie begleitet, die Wellen, das Tönen, den Klang. Nun aber, wie eine Mischung der Töne entsteht, kommt eine Verbindung der verschiedenen Sinninhalte zustande, und welches ist die Grammatik dieses Gemeinschaftsgesprächs? Ein Gast der Toten, lausche ich lange diesem Gemurmel, dem Lärm, den von fern das Leben macht.

Es ist jedoch Zeit zurückzukehren. Die hochstämmigen Kiefern, zwischen denen ich meines Weges gehe, vertiefen das Dunkel der Nacht. Es ist die Stunde, da man die Feuerfliegen, die Laren des Grases, zu sehen beginnt. Wie in der Tiefe des Sinnens ein plötzlicher Funke, so rasch, daß der Geist allein das Leuchten selbst zu fassen vermag, so erglänzt das ungreifbare Lichtkrümchen und erlischt zugleich.

ZEICHENRELIGION

Mögen andere in einer Reihe chinesischer Bildzeichen den Kopf eines Schafes, Hände und Beine eines Menschen, die hinter einem Baum aufgehende Sonne entdecken. Ich meinerseits gehe darin einem unauflöslicheren Knoten nach.

Jede Schrift beginnt mit dem Strich oder der Linie, die als Einheit und in ihrer Stetigkeit das reine Zeichen des Individuums sind. Die Linie ist entweder waagrecht, wie jedes Ding, dessen Grundsatz die reine Parallelität ist, genügenden Daseinsgrund hat, oder sie ist senkrecht wie der Baum und der Mensch und gibt die Handlung an und setzt die Bejahung, oder sie ist schräg und bezeichnet die Bewegung und den *Sinn*.

Der Grundzug der römischen Letter ist die senkrechte Linie gewesen; der Wesensgrund des chinesischen Bildzeichens scheint die Waagrechte zu sein. Die Letter bestimmt mit gebieterischem Grundstrich, die Sache ist so und so; das Bildzeichen *ist* vollständig die Sache, die es bedeutet.

Beide sind gleicherweise Zeichen; man nehme zum Beispiel die Anfangsbuchstaben, beide sind gleicherweise ihre abstrakten Bilder. Aber das Wesen der Letter ist zerlegend: jedes Wort, das sie bildet, ist ein fortlaufender Ausdruck von Feststellungen, die Auge und Stimme buchstabieren; der Einheit fügt sie auf gleicher Linie die Einheit an, und das schwankende Wort entsteht und ändert sich in fortwährender Wandlung. Das chinesische Zeichen entwickelt sozusagen den Buchstaben, verknüpft ihn mit der Reihe der Wesen und wandelt so das *Bildzeichen* unbegrenzt ab. Das Wort besteht aus der Folge der Lettern, das Bildzeichen durch das Verhältnis der Züge. Und darf man sich nicht denken, die Waagrechte bedeute darin zum Beispiel die Art, die Senkrechte das Individuum, die Schrägen in ihren unterschiedlichen Bewegungen die Versammlung der Eigenschaften und der Kräfte, die dem Ganzen seinen Sinn verleihen, der im Weißen hängende Punkt irgendeinen Bezug, den es sich nur stillschweigend mit einzubegreifen ziemt? Man kann im chinesischen Bildzeichen also ein schemenhaftes Wesen sehen, eine Schriftperson, die wie ein lebendes Wesen ihre Natur und ihre Bedingungen, ihr eigenes Handeln und ihre verborgene Tugend, ihren Bau und ihr Gesicht besitzt.

Daraus erklärt sich diese Ehrfurcht der Chinesen vor der Schrift; jeder Fetzen Papier, welcher die geheimnisvolle Spur trägt, wird mit Hochachtung eingeäschert. Das Zeichen ist ein Wesen, und durch den Umstand, daß es allgemeingültig ist, wird es heilig. Die Darstellung der Idee ist hier gewissermaßen das Idol. Solcher Art ist die Grundlage dieser Schriftreligion, die China eigen ist. Gestern habe ich einen konfuzianischen Tempel besucht.

Er befindet sich in einem abgelegenen Quartier, wo Abtrünnigkeit und Umsturz in der Luft liegt. In der Stille und der feierlichen Hitze der Dreiuhrsonne folgen wir der gewundenen Straße. Unser Eintritt erfolgt nicht durch das große Tor, dessen geschlossene Flügel verfallen sind: so daß die hohe Säule mit der zweisprachigen amtlichen Inschrift die hochbetagte Schwelle bildet! Eine untersetzte, wie ein Schwein vierschrötige Frau öffnet uns Seiteneingänge, und mit tönenden Schritten betreten wir das verlassene Innre.

Durch die Maßverhältnisse seines Hofes und die ihn rahmenden Säulengänge, durch die weiten Säulenabstände und die waagrechten Linien seiner Fassade, durch die Wiederholung seiner zwei Riesendächer, die mit einer Bewegung gemeinsam ihre mächtige dunkle Volute aufrichten, durch die symmetrische Anordnung der zwei kleinen Pavillons, die ihm vorgelagert sind und der strengen Gesamtlage die groteske Anmut ihrer achteckigen Hüte beifügen, bietet der einzig nach den wesentlichen Gesetzen der Architektur errichtete Bau den Anblick der kunstvollen Richtigkeit, der, um alles zu sagen, klassischen Schönheit, die der feinsten Beachtung der Regel verdankt wird.

Der Tempel setzt sich aus zwei Teilen zusammen. Ich vermute, daß die offenen Gänge mit der Reihe der Schrifttafeln, von denen jeder ein schmaler, langer Steinaltar vorgelagert ist, der ihre Wand einnimmt, einer raschen Ehrbezeugung die äußere Abteilung der Gebote darbieten. Aber wir heben den Fuß, um über die den Schritt versperrende Schwelle zu treten, und dringen in das Heiligtum hinein.

Die weite, hohe Halle scheint wie durch den Umstand einer geheimen Gegenwart leerer, und die Stille zusammen mit dem Schleier der Dunkelheit erfüllt sie. Kein Schmuckwerk, keine Statuen. Auf jeder Seite der Halle gewahren wir zwischen den zugehörigen Vorhängen große Inschriften und davor Altäre. In der Mitte des Tempels sodann, mit fünf monumentalen Steinklötzen davor, drei Gefäße und zwei Leuchter; unter einem goldenen Überbau, einem Baldachin oder Tabernakel, sind auf einer senkrechten Säule, die er mit seiner Folge von Durchblicken rahmt, vier Bildzeichen eingegraben.

Der Schrift ist dies geheimnisvoll eigen, daß sie spricht. Kein Augenblick bezeichnet davon die Dauer, kein Buchstabe den Anfang des zeitlosen Zeichens: kein Mund spricht es aus. Es ist, und von Angesicht zu Angesicht betrachtet der Anwesende den lesbaren Namen.

Als Ausdruck der Tiefe bedeutet das Zeichen im Schwinden der dunkelnden Goldtöne des Baldachins zwischen den beiden Säulen, die der geheimnisvolle Schnörkel des Drachens umzieht, sein eigenes Schweigen. Die riesige rote Halle ahmt die Farbe der Finsternis nach, und ihre Pfeiler sind mit scharlachrotem Lack überzogen. Zwei weiße Granitschäfte, allein in der Mitte des Tempels vor dem heiligen Wort, erscheinen als Zeugen und als die Nacktheit selbst, die religiöse und abstrakte, des Ortes.

PFORTEN

Jede gevierte Pforte öffnet weniger den in sie einbegriffenen Flügel, als sie ihn schließt.

Mehrere haben geheimen Schrittes das einsame Yamen erreicht und diesen Hof, den eine große Stille erfüllt; aber wenn, nachdem sie die Stufen hinaufgestiegen, im Augenblick, da ihre Hand einen Schlag auf die dem Besucher gebotene Trommel unterbricht, nachdem sie wie eine gedämpfte Stimme ihren Namen vernommen (denn die Gattin oder der Sohn schreit aus allen Kräften ins linke Ohr des Toten), sie eine verhängnisvolle Mattigkeit soweit besiegen, daß sie sich um einen oder zwei Schritte von den Flügeln entfernen, welche die wünschenswerte Spalte trennt, findet die Seele ihren Körper wieder; aber keine Melodie eines Namens führt den zurück, der über die unerbittliche Schwelle den unwiderruflichen Schritt getan. Und so ist ohne Zweifel der Ort, wo ich wohne, wenn ich, auf dem flachen Rinnstein stehend, wo diese dunkle Lache mich in ihren barocken Rahmen faßt, die Vergessenheit und das Geheimnis dieses verschwiegenen Gartens genieße.

Eine alte Erinnerung hat nicht mehr Biegungen und seltsame Durchgänge als der Weg, der mich durch eine Folge von Höfen, von Grotten und von Gängen dahin geführt hat, wo ich bin. Die Kunst dieses eingeschränkten Ortes besteht darin, mir, indem er mich irreleitet, seine Grenzen zu verbergen. Wellenförmige Mauern, die steigen und sinken, teilen ihn auf, und während sie mit den Wipfeln der Bäume und den Dachgiebeln der Häuschen, die sie sehen lassen, den Gast in ihr Geheimnis einzudringen locken, um unter seinem Schritt die Verwunderung mit der Enttäuschung zu erneuern, führen sie ihn weiter weg. Möge ein weiser Zwerg mit seinem Schädel, der dem Bauch einer Kürbisflasche gleicht, oder ein Storchenpärchen die ziere Spitze belegen, der Kelch des Daches beschattet keinen so verlassenen Raum, daß darin nicht ein halb heruntergebrannter Weihrauchstab raucht oder eine vergessene Blume sich entfärbt. Die Prinzessin, der Greis hat sich kaum erst von diesem Lager erhoben, und die frische Luft verheimlicht noch das Knittern der erlauchten Seide.

Märchenhaft, gewiß, ist mein Aufenthalt! Ich sehe in diesen Mauern, deren durchbrochene Giebel sich aufzulösen scheinen, Wolkenbänke, und ihre fantastischen Fenster sind Durchblicke in ein Laubgewirr; der Wind, beidseitig Zungen aussparend, deren Ende sich aufwärtsbiegt, schnitt diese unregelmäßigen Breschen in den Nebel. Möge ich des Nachmittags Blume in keinem anderen Garten pflücken als einem mit einer Pforte von der Form einer Vase, oder eines Blattes, oder eines Mundes durch den Nebel, oder der untergehenden Sonne, wenn ihre Scheibe die Linie des Wassers erreicht, und des aufgehenden Mondes.

TRÄUME

Wenn du des Nachts Musik hören gehst, so sei besorgt, für die Heimkehr die Laterne zu bestellen: gib acht, keinen deiner weißen Schuhe an den Füßen aus dem Auge zu verlieren: aus Angst, daß dich, wenn du deine Sohlen einmal einem unsichtbaren Pfad anvertraut, im Wind, im Nebel, ein ungewohnter Weg in eine unauflösbare Irre leite, und daß dich das Morgengrauen gefesselt im Korb eines Gerichtsmastes wiederfinde, oder am Giebel einer Tempelwand, wie eine Fledermaus angekrallt an den Kopf eines Ungeheuers.

– Als er dieses Stück weiße, von heftigem Mondlicht erhellte Mauer sah, zögerte der Priester nicht, mit dem Steuer sein Boot hineinzustürzen; und bis zum Morgen verriet ein nacktes und erleuchtetes Meer den geheimen Einschlag des Ruders nicht.

– Der Fischer, der diesen stillen, trübseligen Tag lang den Himmel, das Land, die drei Bäume und das Wasser gekaut, hat nicht so vergeblich fortgeharrt, daß nichts sich an seinem Köder verfangen hätte; im Grund seiner Eingeweide spürt er mit dem Haken der Angel den sanften Zug des straffen Fadens, der, die reglose Oberfläche durchschneidend, hinzieht nach dem schwarzen Grund: ein Blatt, das da rücklings niederfällt, bewegt das Glas des Teiches nicht.

– Wer weiß, *wo* du nicht eines Tages der Spur deiner Hand und dem Abdruck deines Daumens begegnen müßtest, würdest du dir die Mühe nehmen, allnächtlich beim Schlafengehen deine Finger mit einer dicken schwarzen Tinte einzufärben?

– Angebunden an der äußeren Mündung meines Schornsteins, erwartet mich, in beinahe senkrechter Stellung, der Kahn. Nachdem ich mein Tagwerk vollbracht, bin ich auf eine dieser Inseln, die den Himmel in Richtung Ostsüdwest durchqueren, zum Tee geladen. Mit der Gedrängtheit der Bauten, den warmen Tönen seines Marmorgemäuers gleicht der Ort einer afrikanischen oder italienischen Stadt. Das System der Kanäle ist vortrefflich, und auf der Terrasse, wo wir sitzen, genießen wir eine gesunde Luft und die weiteste Aussicht. Unvollendete Bauwerke, gleichsam Ruinen, zerfallende Brückenköpfe, umgeben rings die Kyklade.

– Seit die Aufschwemmung von gelbem Schlamm, auf der wir leben, auf dieser perlmutternen Ebene liegt, steigt von der Flut, deren Fortschritt ich allabendlich auf den Wällen überwache, Traum und Gaukelspiel zu mir auf. Vergeblich kommen von der anderen Seite der Lagune fortwährend Barken und bringen uns Erde für die Festigung unserer zerbröckelnden Böschung. Wie hätte ich auf diese grünen, wegdurchkreuzten Fluren bauen können, denen der Landmann bedenkenlos seine Saat und seine Arbeit anvertraute, als ich eines Tages von der Mauer hinunter an ihrer Stelle diese morgenrötlichen Wasser sah? Da und dort taucht ein vereinzeltes Dorf aus den Fluten auf, ein bis an die Äste verschluckter Baum, und dort, wo sonst eine gelbe Mannschaft werkte, sehe ich augenbogige Barken. Aber auch aus dem schönsten Abend lese ich Drohungen! Nicht mehr als ein veraltetes Gebot gegen die Wollust wird diese zerfallende Mauer, an der die elenden Soldaten, die deren Tore bewachen, auf vierellenlangen Trompeten die Nacht verkünden, unsere schwarzen Fabriken und die mit Kuhhäuten und Unschlitt vollgestopften Lager gegen den Abend und gegen das unwiderstehliche Umsichgreifen der rosa- und blaufarbenen Wasser schützen. Wie die heranflutende Woge mich meines Gewichtes enthebt, mir unter die Achseln greift und mich fortträgt...

– Und ich befinde mich wieder in der obersten Gabel des alten Baumes im Wind, ein mit den Äpfeln gewiegtes Kind. Wie ein Gott auf seinem Blütenstengel, Zuschauer des Welttheaters, studiere ich in tiefer Betrachtung von hier aus das Relief und die Gestalt der Erde, die Anordnung der Neigungen und Flächen; mit reglosem Auge wie ein Rabe mustere ich die ausgebreitete Landschaft unter meinem Sitz, verfolge mit dem Auge diese Straße, die zweimal hintereinander auf dem Hügelkamm erscheint und sich schließlich im Wald verliert. Nichts geht mir verloren, nicht die Richtung der Rauchfahnen, nicht die Art von Licht und Schatten, nicht der Fortschritt der

Feldarbeiten, nicht dieses Fuhrwerk, das sich auf der Straße bewegt, nicht die Feuerschläge der Jäger. Keine Zeitung ist nötig, in der ich nur das Vergangene läse; ich brauche nur auf diesen Ast zu steigen, und über die Mauer erhoben, sehe ich die ganze Gegenwart vor mir. Der Mond geht auf; ich kehre ihm mein Gesicht zu, gebadet in diesem Früchtehorst. Ich verweile still, und von Zeit zu Zeit fällt vom Baum ein Apfel gleich einem schweren, reifen Gedanken.

DIE GLOCKE

Zur Stunde, da die Luft sich einer vollkommenen Reglosigkeit erfreut, die Sonne das Geheimnis des Mittags vollendet, hallt die große Glocke, am tönenden Hohlraum im melodischen Punkte aufgehängt, unter dem Schlag des Zedernholzklöppels mit der Erde zusammen; und seither umschreibt mit ihren Vor- und Rücksprüngen eine Mauer, die man am fernen Horizont mit ihren zyklopischen Torwerken die symmetrischen Zwischenräume bezeichnen sieht, über das Gebirge und die Ebene hin den Umfang des unteren Donners und zieht die Grenze seines Schalls. In einen Aussprung der Umzäunung ist eine Stadt gebaut: der Rest der Örtlichkeit wird von Feldern, Wäldern, Gräbern eingenommen, und da und dort im Schatten der Sykomoren wirft der Trommelwirbel im Innern einer Pagode das Echo des verstummten Ungetüms zurück.

Ich habe in der Nähe der Warte, zu welcher Kang-chi kommt, um den Stern des Alters zu betrachten, das Häuschen gesehn, darin unter der Hut eines alten Bonzen die Glocke thront, durch Spenden und Inschriften geehrt. Die Spanne eines mittleren Mannes ist das Maß ihres Ausschlags. Ich klopfe mit dem Finger an die Wand, die bei der geringsten Erschütterung in ihrer Dicke von fünfzehn Zoll zu singen beginnt, und ich lausche lange. Und die Geschichte des Gießers fällt mir ein.

Ob auch die Seiden- oder Darmsaite unter dem Fingernagel oder dem Bogen tönte, ob auch das vorzeiten vom Winde geübte Holz sich der Musik erbot, der Werkmann kümmerte sich nicht darum. Mit dem Element selbst sich auseinandersetzen, der ursprünglichen Erde die Tonleiter entreißen, das schien ihm das Mittel, den Menschen recht eigentlich zum Schwingen zu bringen und sein Faulfleisch zu erwecken. Und er machte das Gießen von Glocken zu seiner Kunst.

Die erste, die er goß, wurde in einem Gewitter in den Himmel entführt. Die zweite, die man auf ein Schiff geladen hatte, fiel mitten in den tiefen, schlammigen Kiang. Und der Mann beschloß, vor seinem Tode noch eine dritte zu schaffen.

Und er wollte diesmal in die Höhlung eines tiefen Gefäßes die Seele und den Schall der ganzen nährenden, wirkenden Erde versammeln und in einen einzigen Donnerschlag die Fülle aller Töne zusammenfassen. Dies war der Plan, den er hegte; und an dem Tag, da er das Unternehmen begann, ward ihm ein Töchterlein geboren.

Fünfzehn Jahre arbeitete er an seinem Werk. Nachdem er jedoch seine Glocke entworfen, legte er vergeblich mit feinsinniger Kunst die Masse, den Schnitt, die Stärke fest, oder verstand er es, die seltensten Metalle ganz in Gehör und Klang umzuwandeln und so empfindsame Gewände aus ihnen zu machen, daß sie beim bloßen Nahen der Hand erbebten, oder gab er sich Mühe, die Einzelstimmen und den Zusammenklang zu einem einzigen Ganzen zu verschmelzen, er konnte lang ein makelloses Stück aus der Sandform heben, die eherne Flanke gab seiner Befragung nie die erwartete Antwort, und die Schwingung des Doppelschlags konnte sich lange mit regelmäßigen Zwischenräumen das Gleichgewicht halten, zu seiner Beklemmung empfand er kein Leben, nicht jenes eigentümlich Weiche und Feuchte, das der Speichel den Worten verleiht, die der menschliche Mund ausformt.

Indessen wuchs das Mädchen mit der Verzweiflung seines Vaters heran. Und schon sah es, wie der von seinem Wahn abgezehrte Greis keine neuen Verbindungen mehr suchte, sondern Ähren, Saft der Aloe, Milch und das Blut seiner eigenen Adern in den Tiegel goß. Da erstand ein großes Mitleid im Herzen der Jungfrau, zu deren Antlitz aus bemaltem Holz die Weiber jetzt bei der Glocke beten. Nachdem sie den Gott der Unterwelt angerufen, zog sie das Brautkleid an und stürzte sich, mit einem Strohhalm um den Hals wie ein ergebenes Opfertier, in das flüssige Metall.

So ward der Glocke eine Seele gegeben, und der Hall der uranfänglichen Kräfte gewann diese weibliche, jungfräuliche Getragenheit und die unaussprechliche Schmiegsamkeit einer Ehe.

Und der Greis küßte den noch warmen Guß, schlug ihn dann kräftig mit dem Klöppel an, und die Einkehr der Freude über den glückseligen Ton, den er hörte, und der Sieg der Herrlichkeit war so groß, daß sein Herz sich in sich selbst ergab, seine Knie sich lösten und er dem Tod nicht zu widerstehen vermochte.

Seither und dem Tag, da eine Stadt aus der Weite seines Dröhnens geboren ward, gibt das geborstene Metall nur mehr einen erloschenen Ton. Aber der Weise mit dem wachsamen Herzen vermag noch (bei Anbruch des Tages, wenn ein schwacher, aber frischer Wind aus den aprikosen- und hopfenblütenfarbenen Himmeln kommt) die erste Glocke in den himmlischen Räumen zu hören, und beim dunkeln Untergang der Sonne die zweite Glocke in den unermeßlichen Schlammgründen des Kiang.

DIE NÄCHTLICHE FAHRT

Ich habe den Grund dieser Reise vergessen, die ich wie Konfuzius unternahm, als er dem Prinzen von Ou die Lehre brachte, und was der Gegenstand meiner Unterhaltung war. Den ganzen Tag saß ich im Hintergrund meines lackierten Zimmers, und meine Eile überflügelte den schwanenmäßigen Fortschritt des Bootes auf den ruhigen Wassern nicht. Nur manchmal abends ging und betrachtete ich mit Weisheit den Anblick der Gegend.

Unser Winter hat keine Strenge. In dieser dem Denker lieben Zeit bedeuten die nackten Bäume und das gelbe Gras hinlänglich den Stillstand der Zeit, ohne daß eine gräßliche Kälte und mörderische Gewalten ihn nutzlos endgültig bezeugen. Friedhof und Gemüsegarten, mit den Erdhügeln der Gräber überall, dehnt die Landschaft sich in diesem zwölften Monat noch fruchtbar und schauerlich aus. Die blauen Bambushaine, die finsteren Kiefern über den Gräbern, das meergrüne Schilf fangen mit Kunst den Blick und sättigen ihn, und die gelben Blüten der Neujahrskerze zusammen mit den Beeren des Talgbaums verleihen dem ernsten Bild einen biederen Schmuck. Ich gleite in Frieden durch die mäßige Gegend.

Jetzt ist es Nacht. Ich würde vorn in der Dschunke, wo ich mich hingestellt habe, umsonst darauf warten, daß der Köder unseres Holzankers das Bild dieses schadhaften Mondes, das die einzige Mitternacht uns aufspart, auf das friedselige Wasser ziehe. Alles ist finster; es ist jedoch undenkbar, daß unter dem Antrieb unseres Bootsriemens die Fahrt in die Irre gehe, wohin unser Bug sich auch wendet. Diese Kanäle lassen zahllose Abzweigungen zu. Setzen wir in Ruhe die Reise fort, das Auge auf jenem einsamen Stern.

HALT AUF DEM KANAL

Aber wir lassen den Punkt hinter uns, wo der Greis und die Greisin, vom Bedürfnis des Essens aus ihrem fernen Dorf gejagt, auf dem Floß, das aus der Haustür besteht, von ihrer zahmen Ente geleitet, beim Anblick dieser Wasser, die aussehn, als wäre darin Reis gewaschen worden, inne wurden, daß sie in eine Gegend des Überflusses eingedrungen waren; wir überqueren diesen breiten, gradlinigen Kanal, den die rauhe, hohe Mauer begrenzt, die die Stadt mit ihrem Volk umschließt, und befestigen an dieser Stelle, wo der überhöhte Bogen einer Brücke zusammen mit dem Abend über der tiefen Landschaft den gezinnten Turm des Tores rahmt, unsere Barke durch das Niederlegen eines viereckigen Steines in das Gras der Gräber, dem Setzen einer Inschrifttafel vergleichbar.

Und mit dem Tag beginnt unsere Durchforschung, wir schlagen den Weg durch den endlosen Kanal der chinesischen Straße ein, durch den dunklen, feuchten Graben, im Gestank des Unrats, inmitten eines Volkes, das sich mit seiner Wohnstatt vermischt wie die Biene mit ihrem Wachs und ihrem Honig.

Und lange folgen wir einem engen Pfad durch das Marktgewimmel. Ich sehe dieses kleine Mädchen wieder, wie es eine grüne Seidensträhne aufwikkelt, diesen Barbier, der seinem Patienten mit einer Pinzette, die so fein ist wie die Fühler einer Languste, das Ohr behandelt, dieses Eselfüllen, das mitten in einem Ölladen seine Mühle dreht, den dunkeln Frieden dieser Apotheke mit zwei roten Kerzen im goldenen Rahmen einer mondförmigen Tür im Hintergrund, die vor dem Namen des Apothekers brennen. Wir durchschreiten unzählige Höfe, hundert Brücken; durch enge, von sepiafarbnem Gemäuer gefaßte Gäßchen wandelnd, sind wir nun im Viertel der Reichen. Diese verschlossenen Pforten würden uns mit Granitplatten ausgelegte Vorräume öffnen, den Empfangssaal mit seinem großen Bett-Tisch und einem blühenden Pfirsichbäumchen in einem Topf, verräucherten Balkenläufen mit dem Schmuck von Schinken und Stiefeln. In einem kleinen Hof hinter dieser Mauer entdecken wir das versteckte Ungetüm einer wuchernden Glyzine; ihre hundert Lianen verschnüren, durchdringen, verknüpfen, verflechten sich zu einer Art unförmigem, gewundenem Kabel, das die lange Schlange seines Holzes nach allen Seiten treibt, sich zum Gitter ausweitet, das seinen Untergrund mit einem dichten Himmel malvenfarbiger Trauben bedeckt. Gehen wir durch die Ruine dieser langen Vorstadt hindurch, wo nackte Leute zwischen den Trümmern Seide wirken: wir gelangen in diesen öden Raum, der den Süden der Feste einnimmt.

Hier, heißt es, habe sich einst die kaiserliche Residenz befunden. Und in der Tat sperrt die dreifache Öffnung und vierfache Leibung aufeinanderfolgender Tore mit ihrem Granitbau den breiten gepflasterten Weg, auf dem wir gehen. Doch enthält die Umfriedung, in der wir uns befinden, nichts als gemeines Gras; und an der Stelle, wo sich die vier Wege treffen, die unter Triumphbögen nach den vier Himmelsrichtungen auseinanderlaufen, steht die kaiserliche Säule, wie eine Tafel mit Vorschrift und Anzeige dem ganzen

Reiche hingestellt, nun durchgestrichen vom Riß ihres Marmors, schief auf der enthaupteten Schildkröte, die sie trägt.

China bietet überall das Bild der angeborenen Leere, deren Haushalt es unterhält. «Laßt uns», sagt der *Tao teh king*, «die Leerheit verehren, die des Rades Gebrauch, der Laute Harmonie ermöglicht.» Diese Trümmer und diese Brachfelder, die man innerhalb ein und derselben Ringmauer neben den dichtesten Massen trifft, kleinteilige Kulturen gegenüber diesen unfruchtbaren Bergen und der endlosen Weite der Friedhöfe, bringen den Geist auf keinen sinnlosen Gedanken. Denn in der Dichte und in der Größe dieses einheitlichen Volkes verraten das Recht, der Kult, der monarchische Staat nicht durch weniger seltsame Gegensätze eine weniger klaffende Lücke, nichtige Götterbilder und ihre Trümmer. China hat sich nicht wie Europa in Abteile verarbeitet; keinerlei Grenzen, keinerlei Sonderorganismen stellten sich in der Unermeßlichkeit seines Raumes dem Umsichgreifen der Menschenfluten entgegen. Und darum, wie das Meer unfähig, seine Bewegungen vorauszusehen, zeigt diese Nation, die sich vor der Zerstörung allein durch ihre Knetbarkeit bewahrt – wie die Natur –, einen ursprünglichen und rohen, zerrütteten, lässigen, lückenhaften Charakter. Die Gegenwart läßt immer den Vorbehalt der Zukunft und der Vergangenheit zu. Der Mensch hat aus dem Boden keine beständige Eroberung, keine endgültige und überdachte Wohnung gemacht; die Menge weidet durch das Gras.

Und plötzlich schmettert ein unheilkündender Schrei uns nieder! Denn am Fuß eines dieser Tore, welche die Landschaft mit dem Umriß eines aufgerichteten Buchstabens rahmen, bläst der Wächter des Platzes in die lange chinesische Trompete, und man sieht das dünne Kupferrohr von der Gewalt des Atems erzittern, der es füllt. Rauh und dumpf, wenn er den Trichter zu Boden senkt, und schrill, wenn er ihn hebt, ohne Modulation und ohne Kadenz endet der Lärm mit einem düsteren Ausbruch in den gräßlichen Quartschlag: do-fa! do-fa! Der harte Schrei eines Pfaus vermehrt nicht weniger die Verlassenheit des dösenden Gartens. Das ist das Horn des Hirten und nicht die Trompete, die ausdrücklich spricht und befiehlt; das ist nicht das Blech, das mit seinem Gesang die Armeen anführt, das ist der Aufschwung der Tierstimme, und das Rudel oder die Herde sammelt sich wirr bei ihrem Ruf. Jedoch, wir sind allein; und es gilt keinem Lebendigen, wenn der Mongole an der feierlichen Kreuzung dieser Straßen ins Horn stößt.

Wie wir zu unserem Schiff zurückgelangen, ist es fast Nacht, im Sonnenuntergang scheint der ganze Wolkenhorizont blau gefärbt, und auf der verdunkelten Erde glänzen die Rapsfelder wie Lichtblitze auf.

DER GOLDENE BOGEN IM WALD

Als ich Yeddo verließ, strahlte die aufgegangene Sonne in der klaren Luft; wie ich am späten Nachmittag den Verbindungsort Utsonomiya erreiche, sehe ich, daß das Gewölk den ganzen Sonnenuntergang verdunkelt. Es besteht aus großen verschmolzenen Kumuluswolken und bietet diesen massigen und chaotischen Anblick, den manchmal der Abend bereitet, wenn eine tiefe Beleuchtung wie ein verschleiertes Rampenlicht die Schatten auf die neblige Landschaft legt und das Relief umkehrt. Ich betrachte in dieser schläferigen Minute auf dem Steig und lange Zeit im Zug, der mich westwärts führt, das Schwinden des Tages, verbunden mit der zunehmenden Verdichtung des Gewölks. Mit einem Blick habe ich die Ordnung der Gegend erfaßt. Tief im Hintergrund dunkle Wälder und die Doppelfalte plumper Berge; losgelöst davor Bänke, die, eine hinter der andern, als parallel gestaffelte Schranken den Weg versperren. Nach den Schichten, wie sie die Durchstiche zeigen und denen wir folgen, besteht die Erde zunächst aus einem dünnen, kohlschwarzen Humus, dann aus gelbem Sand und schließlich aus schwefel- oder zinnoberrotem Ton. Vor uns öffnet und erschließt sich die Unterwelt. Entspricht dieser verbrannte Boden, dieser niedrige Himmel, dieses bittre Gehege von Vulkanen und Tannen nicht diesem dunkeln und wesenlosen Grund, aus dem sich die Traumgesichte erheben? Also wählte der alte Shogun Ieyasu mit königlicher Weisheit diesen Ort, um über den Schatten, den er wieder zu sich nimmt, die Schatten zu breiten und in ihrer Undurchdringlichkeit durch die Auflösung seines Schweigens die Metamorphose des Toten in einen Gott zu vollziehen, entsprechend der Verbindung eines Tempels mit dem Grab.

Der Wald der Kryptomeren ist wahrlich dieser Tempel. Schon gestern hatte ich in dieser dunklen Dämmerung mehrmals die Doppelallee dieser Riesen gekreuzt, die den jährlichen Gesandten, der dem Ahnherrn die kaiserlichen Geschenke bringt, auf eine Entfernung von zwanzig Wegstunden holen geht und bis an die rote Brücke führt. Heute morgen jedoch, da die ersten Strahlen der Sonne die Bänke dunkeln Grüns über mir im goldenen Wind, der sie durchstreicht, rosarot färben, dringe ich in das riesige Schiff, das mit der Kühle der Nacht zusammen der satte Duft des Harzes köstlich erfüllt.

Die Kryptomere gehört zur Familie der Kiefern, und die Japaner nennen sie Sengui. Es ist ein riesengroßer Baum, dessen Schaft, ganz frei von Krümmungen und Knörzen, eine makellose Geradheit behält. Man sieht an ihm keine Zweige, aber da und dort sein Blattwerk, das wie bei den Kiefern nicht als Masse und Körperlichkeit in Erscheinung tritt, sondern als Flecken und Umriß, wie Fetzen von dunkelm Dampf um die mystische Säule wallt; und in einer gemeinsamen Höhe verliert sich der Wald dieser geradlinigen Stämme in das wirre Gewölbe und in den Dämmer eines unentwirrbaren Webens. Der Ort ist zugleich unbegrenzt und geschlossen, bestellt und verlassen.

Die Wunderhäuser sind durch den Hochwald verstreut.

Ich werde nicht die ganze Anlage der Schattenstadt beschreiben, wie ihr Plan auf meinem Fächer bis ins einzelne verzeichnet ist. In der Mitte des mächtigen Waldes bin ich den riesigen Wegen gefolgt, die ein scharlachroter Torii sperrt; an der bronzenen Kufe unter einem dem Monde nachgebildeten Dach habe ich meinen Mund mit dem Reinigungsschluck gefüllt; ich habe die Treppen erstiegen; ich bin, unter die Pilger gemischt, durch eine was weiß ich für eine prangende offene Tür in der Mitte des Geheges getreten, das traumhaft von einem Wirrwarr von Blumen und Vögeln gebildet wird; ich bin barfuß ins Herz des inneren Goldes gedrungen; ich habe die Priester mit dem erhabnen Gesicht, dem Haarbüschel auf dem Kopf und in den Pluderhosen aus grüner Seide gesehn, wie sie zu den Tönen der Flöte und der Mundorgel das Morgenopfer darbrachten. Und die heilige Kagura auf ihrer Estrade, das Gesicht von der weißen Haube umrahmt, den goldenen Eichelzweig ehrerbietig in Händen, hat für mich den Tanz aufgeführt, der in fortwährendem Kommen, Gehen und Wiederkommen besteht.

Während das Grundelement der chinesischen Architektur der Baldachin ist, dessen Ecken sich auf Pflöcken des Hirtenzelts wieder aufwärts heben, zeigt in Japan das Ziegeldach oder das so tüchtige und leichte Dach aus dickem Filz ähnlicher Rinde eine nur leichte Biegung seiner Winkel; es ist in seiner eleganten Kraft bloß der Deckel, und der ganze Bau entwickelt sich hier aus der Idee der Schachtel. Seit der Zeit, da Jingô Tennô auf seiner Flotte die Inseln des Sonnenaufgangs eroberte, bewahrt der Japaner überall die Spur des Meeres. Diese Gewohnheit, sich bis an die Lenden aufzuschürzen, diese niedrigen Zellen, in denen er auf schlecht gesichertem Boden wohnt, die bewegliche Menge an kleinen Dingen und ihre sorgfältige Verstauung, das Fehlen von Möbeln, verrät sich in all dem nicht noch das enge Leben des Matrosen auf seiner zweifelhaften Planke? Und hier diese Holzhäuser selbst sind nichts anderes als das vergrößerte Kompaßhäuschen der Galeere und das Gehäuse des Palankins. Die kreuzweisen Verlängerungen des Gebälks, die schrägen Bäume mit den verzierten Köpfen an den vier vorspringenden Enden erinnern abermals an das Tragen. Zwischen den Tempelsäulen stehen Bogen.

Häuser, jawohl! Das Heiligtum hier ist recht eigentlich ein Haus. Den in einen Bronzemantel eingeschlossenen Gebeinen hat man weiter oben am Abhang des Berges ihre Wohnstatt angewiesen. Und in diesem Zimmer haust die Seele des Toten, auf dem unwandelbaren Namen sitzend, im Finstern der verschlossenen Herrlichkeit gespenstig weiter.

In Gegensatz zu dem anderen Verfahren, welches den Stein und das Holz ohne Verwendung irgendeines fremden Elements ihren eignen Tugenden gemäß nutzt und zur Geltung bringt, hat hier die Kunst darin bestanden, den Stoff zu vernichten. Diese Verschläge, die Wände dieser Kisten, die Böden und Decken bestehen nicht mehr aus Balken und Brettern, sondern aus einer gewissen dichten Beschwörung von Bildern. Die Farbe verkleidet und ziert das Holz, der Lack setzt es unter undurchdringlichen Glanz, die Malerei hüllt es in ihr Blendwerk, die Bildhauerei erbricht es tief und formt es um. Sowie die Bretterstirnen oder die mindesten Nägel die magische Oberfläche erreichen, bedecken sie sich mit Arabesken und Guillochen. Und wie man auf Paravents die Bäume im Blust und die Berge in einen strahlenden Dunst eingetunkt sieht, so tauchen diese Paläste gänzlich aus dem Golde hervor. An den Dächern und den Fassaden, die vom hellen Tag getroffen werden, belebt es bloß die Kanten mit verstreuten Blitzen, an den Seitenbauten jedoch bricht es im Schatten in breiten Flächen hervor; und innen sind die sechs Wände der Schachtel ebenfalls vom Glanz des geheimen Schatzes gefärbt, der verborgnen, durch unwandelbare Spiegel geoffenbarten Leuchte.

Durch die riesige Senke der Gegend, die wie der Schlaf eines Gottes von einem Baummeer angefüllt ist, bricht da und dort der blendende Wasserfall aus dem Laub hervor, dem Wohllaut seines Geflüsters vermengt.

DER SPAZIERGÄNGER

Es ist Juni, und ich bin, die Hand wie der Gott Bishamon mit einem Knotenstock bewaffnet, dieser rätselhafte Wandersmann, den die einfältige Schar geröteter Bäuerinnen kreuzt, und abends, um sechs Uhr, wenn die Gewitterwolke die ungeheure Höhe des Berges unabsehbar in den Himmel fortsetzt, auf der verheerten Straße dieser einzige Mensch. Ich bin nirgendwohin gegangen, meine Gänge sind ziellos und unnütz; der vorsätzliche Weg des Soldaten und des Kaufmanns, die Frömmigkeit des unfruchtbaren Weibes, das in demütiger Hoffnung siebenmal um den heiligen Gipfel herumgeht, hat keinen Bezug zu meinem Wandel. Die vom gewöhnlichen Schritt getretene Spur lockt den meinen nicht so weit ab, daß ich mich verirren könnte, und alsbald, aufgestört durch die Vertraulichkeit, mit der im Herzen dieser Wälder ein dunkles Kamelienblatt durch den Fall einer ungehörten Träne sich dem Moos mitteilt, fliehe ich auf einmal wie ein unerfahrenes Reh, und durch die pflanzliche Einsamkeit lausche ich, auf ein Bein gebannt, dem Echo. Wie mir der Gesang dieses Vögleins frisch und lustig erscheint, und wie mir der Schrei dieser Krähen dort drüben gefällt! Jeder Baum hat seine Persönlichkeit, jedes Tierlein seine Rolle, jede Stimme ihren Platz in der Symphonie; wie man sagt, daß man die Musik *versteht*, verstehe ich die Natur, als eine ins einzelne ausgeführte Erzählung aus lauter Eigennamen; mit dem Marsch und dem Tag im Schritt dringe ich in die Entfaltung der Lehre vor. Einstmals habe ich mit Wonne entdeckt, daß alle Dinge in einer gewissen Übereinstimmung sind, und jetzt verbürgt allein mein Blick diese geheime Verwandtschaft, durch welche die Schwärze dieser Kiefer sich mit dem hellen Grün dieser Ahorne dort verbindet, und wie ich so den frühern Entwurf wieder vornehme, nenne ich meinen Besuch eine Durchsicht. Ich bin der Aufseher der Schöpfung, der Prüfer des Gegenwärtigen; die Zuverlässigkeit dieser Welt ist der Gegenstand meiner Glückseligkeit! In den gewöhnlichen Stunden bedienen wir uns der Dinge zu einem Zweck und vergessen dieses Unbedingte, daß sie seien; aber wenn ich mittags nach langer Arbeit durch Zweige und Dornen hindurch wie ein Held der Geschichte in den Schoß der Lichtung eindringe und meine Hand auf die brennende Kruppe des schweren Felsens lege, ist der Einzug Alexanders in Jerusalem der Ungeheuerlichkeit meiner Feststellung vergleichbar.

Und ich gehe, gehe, gehe! Jeder hat den freien Ursprung seiner Ortsveränderung in sich selbst, wodurch der Mensch seiner Nahrung und seiner Arbeit nachgeht. Mir dient die gleichmäßige Bewegung meiner Beine, die Kraft feinerer Rufe zu messen. Die Lockung aller Dinge empfinde ich in der Stille meiner Seele.

Ich verstehe die Harmonie der Welt; wann werde ich ihre Melodie erhaschen?

HIER UND DORT

In der Straße von Nihonbashi werden neben den Verkäufern von Büchern und von Laternen, von Geweben und von Bronzen Gegenden im Detailhandel feilgeboten, und als eifriger Begaffer phantastischer Schaustellung handle ich im Geiste Stücke der Welt ein. Der Künstler hat sich feinsinnig zum Meister der Gesetze gemacht, nach welchen sich die Züge einer Landschaft wie die eines Gesichtes zusammenfügen; statt die Natur zu wiederholen, ahmt er sie nach, und von den Bestandteilen, die er ihr entlehnt, gestaltet er, so wie eine Regel durch das Beispiel kundgetan wird, seine Nachschöpfungen, die genau sind wie die Vision und vereinfacht wie das Bild. So sind mir zum Beispiel alle Modelle von Kiefern zur Auswahl geboten, und je nach ihrer Stellung im Topf drücken sie verhältnisweise die Größe des Gebietes aus, das ihr Wuchs bemißt. Hier das Reisfeld im Frühling; in der Ferne der mit Bäumen befranste Hügel (es sind Moose). Da das Meer mit seinen Inselwelten und seinen Kaps; durch das Kunststück mit zwei Steinen, einem schwarzen und einem anderen, der rot und wie abgewetzt und porig ist, hat man zwei Inseln dargestellt, die vom Blickpunkt aus ineinander übergehen und deren verschiedene Entfernung allein der Sonnenuntergang durch die Abstufung der Farbtöne verrät; selbst das Schillern des scheckigen Untergangs wird vorgespiegelt von diesem bunten Kieselbett, das der Inhalt von zwei Wasserflaschen bedeckt.

– Nun, ich möchte bei diesem Gedanken verweilen.

Der europäische Künstler *wiederholt* die Natur gemäß dem Gefühl, das er von ihr hat, der Japaner *ahmt* sie *nach* gemäß den Mitteln, die er ihr entlehnt; der eine drückt sich aus, der andere drückt sie aus; der eine werkt, der andere stellt dar; der eine malt, der andere komponiert; der eine ist ein Schüler, der andere in gewissem Sinn ein *Meister*; der eine gibt das Schauspiel, das er mit unbestechlichem und scharfsinnigem Auge betrachtet; der andere deckt mit einem Blinzeln das Gesetz auf und wendet es in seiner freien Einbildungskraft mit der Knappheit des Schreibens an.

Das erste, was hierzuland den Künstler begeistert, ist das Material, in dem er seine Hand übt. Wohlgemut zieht er dessen wahre Tugenden zu Rat, den Farbton, und eignet sich die Seele des Rohstoffs an, um sich zu dessen Dolmetsch zu machen. Von der ganzen Geschichte, die er ihn berichten läßt, gibt er nur die wesentlichen und bedeutenden Züge wieder und überläßt dem Papier allein, das kaum hier und dort durch geheime Andeutungen Gewichte erhält, die Aufgabe, die ganze Vielfältigkeit zu verheimlichen, die ein kräftiger und zugleich reizvoller Pinselstrich mehr noch einschließt als andeutet. Es ist das Spiel in der Gewißheit, die Laune in der Notwendigkeit, und die ganze der Anlage verhaftete Idee stellt sich uns mit verfänglicher Augenfälligkeit dar.

Und um zunächst von den Farben zu sprechen: wir sehen, daß der japanische Künstler seine Palette auf eine kleine Zahl bestimmter und allgemeiner Töne beschränkt hat. Er hat begriffen, daß die Schönheit einer Farbe weniger in ihrer eigentlichen Beschaffenheit wohnt als im innern Zusammenklang, den sie mit den gleichartigen Tönen nährt, und dank dem Umstand, daß sich der Bezug zweier Farbwerte durch den Zuwachs gleicher Mengen nicht verändert, gleicht er den Wegfall alles Gleichgültigen und des Allerlei durch die Lebhaftigkeit aus, die er der Verbindung der Hauptnoten verleiht, die er mit Maß ein- oder zweimal wiederholt. Es ist ihm bekannt, daß der Wert eines Tones weniger von seiner Stärke als von seiner Stellung herrührt, und als Herr der Schlüssel setzt er um, wie es ihm beliebt. Und wie die Farbe nichts anderes ist als die besondere Zeugenschaft, die alles Sichtbare dem Licht der Welt leistet, nimmt durch sie und gemäß dem vom Künstler eingesetzten Gegenstand jedes Ding seinen Platz im Rahmen ein.

Aber das Auge, das blinzelte, setzt sich nun fest, und statt zu beschauen, forscht es nun aus. Die Farbe ist ein Leiden des Stoffes, sie sondert den Anteil jedes Gegenstandes an der gemeinsamen Quelle der Herrlichkeit: die Zeichnung drückt die eigene Kraft jedes Wesens aus, sein Handeln, seinen Rhythmus auch und seinen Tanz. Die eine bekundet seinen Platz in der Ausdehnung, die andere legt seine Bewegung in der Dauer fest. Die eine gibt die Form, die andere gibt den *Sinn*. Und wie der Japaner, unbekümmert um das Relief, bloß mit dem Umriß und dem Flecken malt, ist das Element seiner Zeichnung ein schematischer Strich. Während die Töne nebeneinander stehen, vermählen sich die Linien; und wie die Malerei eine Übereinstimmung ist, ist die Zeichnung ein Begriff. Und wenn die Einsicht, die man in was auch immer hat, nichts anderes als eine unmittelbare, erschöpfende und gleichzeitige Wahrnehmung davon ist, gibt die Zeichnung, gleich wie ein aus Buchstaben gemachtes Wort, eine abstrakte und wirksame Bedeutung und die ganz reine Idee. Jede Form, jede Bewegung, jedes Ganze vollbringt eine Hieroglyphe.

Und dies wird mir klar, sowie ich Bündel japanischer Holzschnitte durchwühle, und unter den Weihgeschenken des Tempels von Shidzuoka sah ich manch wunderbares Beispiel dieser Kunst. Ein schwarzer Krieger stürzt aus einer wurmstichigen Platte hervor wie ein rasender Ausruf. Dies, was sich da bäumt oder wälzt, ist nicht mehr das Abbild eines Pferdes, sondern die Zahl im Sinn seines Sprungs; eine umgekehrte, um eine Mähne und einen Schwanz vermehrte 6 stellt seine Rast im Grase dar. Umarmungen, Schlachten, Landschaften, Menschenmassen, auf kleinem Raum zusammengedrängt, sind wie Stempel. Dieser Mann hier lacht auf, und wie er fällt, weiß man nicht mehr, ob er noch Mensch ist oder schon Schrift, Buchstabe seiner selbst.

– Der scheußliche Franzose oder Engländer baut irgendwo rücksichtslos seine barbarische Baracke, ohne Mitleid mit der Erde, die er verunstaltet, allein darauf bedacht, wenn schon nicht seine gierigen Hände, so doch seinen Blick möglichst weithin auszustrecken. Er nutzt die Aussicht wie einen Wasserfall. Der östliche Mensch dagegen weiß die weiten Landschaften zu fliehn, deren vielfältige Anblicke und auseinanderweichende Linien sich nicht zu dieser köstlichen Verbindung von Auge und Schauspiel bequemen, die allein das Verweilen notwendig macht. Seine Wohnstatt ist nicht nach allen Seiten offen; im Winkel irgendeines friedseligen Tals bemüht er sich, eine vollkommene Zuflucht einzuspielen und daß sein Blick für die Harmonie des geschauten Bildes so unentbehrlich sei, daß sie es ausschließt, sich davon zu trennen. Seine Augen liefern ihm alles, was er zu seinem Wohlbefinden benötigt, und er ersetzt die Möbel dadurch, daß er sein Fenster öffnet. Im Innern hat die Kunst des Malers, der seine Vision geschickt auf die scheinbare Durchsichtigkeit seines Rahmens überträgt, eine eingebildete Öffnung hinzugefügt. In diesem alten Kaiserpalast, den ich mir angesehen habe, war der ganze prächtige leichte Hausschatz entfernt worden, nur den bildlichen Schmuck hat man belassen, die trauten Gesichte des erhabnen Bewohners wie in einer Dunkelkammer festgebannt. Die papierne Wohnung besteht aus einer Flucht von Gemächern, die durch Scheidewände, welche in Rillen gleiten, voneinander getrennt sind. Für jede Zimmerreihe ist ein einziges Ausschmückungsthema gewählt worden, und ich, angeleitet durch das Spiel der Wandschirme, die Versatzstücken der Bühne gleichen, kann nach Belieben meine Schau erweitern oder verengen; ich bin weniger der Betrachter der Malerei als ihr Gast. Und jedes Thema ist durch eine mit der Eigenfarbe des Papiers zusammenklingende Wahl einer einheitlichen Extremfarbe ausgedrückt, die am andern Ende der Farbskala liegt. Dergestalt genügt in Gosho das Motiv Indigo und Creme, damit die Wohnung ‹Frische und Reinheit› ganz vom Himmel und Wasser erfüllt scheint. Aber der kaiserliche Wohnsitz in Nijo ist nichts als lauter Gold. Aus dem Fußboden, der sie abschneidet, selbst aber unter Matten verborgen bleibt, tauchen in natürlicher Größe gemalte Kiefernkronen auf und entfalten ihre ungeheuerlichen Äste über die sonnenhaften Wände. Vor sich, zu seiner Rechten, zu seiner Linken, sah der thronende Fürst nichts als diese großen Bänder von fahlrotem Feuer, und er hatte das Gefühl, als ob er auf dem Abend schwimme und dessen feierliche Glut unter sich habe.

– In Shidzuoka sah ich aus der Zeit des Rinzainji eine Landschaft aus farbigem Staub; man hat sie aus Angst, sie könnte von einem Windhauch fortgetragen werden, unter Glas gesetzt.

– Die Zeit wird dort oben vor dem goldenen Buddha im Laub durch das Niederbrennen einer kleinen Kerze gemessen und in der Tiefe dieser Schlucht durch den Abfluß des Wassers aus einem dreifachen Brunnen.

Fortgetragen und überschlagen in der Sturzflut und im Toben des unbegreiflichen Meeres, verloren im Plätschern des Abgrunds, sucht der sterbliche Mensch mit seinem ganzen Körper irgend etwas Festes, um sich zu halten. Und deshalb hat er der Dauer des Holzes oder des Metalls oder des Steines Menschengestalt verliehn und sie zum Gegenstand seiner Verehrung und seines Gebetes gemacht. Er legt den Naturkräften neben dem gewöhnlichen Namen einen Eigennamen bei, und durch das Mittel des dinglichen Bildes, das sie wie ein Wort bedeutet, selbst in seiner Erniedrigung noch sich dunkel der höheren Geltung der Sprache erinnernd, befragt er sie nach ihren Bedürfnissen. Reichlich genug übrigens hat die Menschheit, einem Kinde gleich, das sich aus allem möglichen die Geschichte seiner Puppe zusammenreimt, in ihrem mit dem Traum verbündeten Gedächtnis Nahrung für den mythologischen Roman gefunden. Und so entbietet hier neben mir dieses arme alte Frauchen, indem es eifrig in die Hände klatscht, seinen Gruß vor diesem weiblichen Koloß, dem vorzeiten ein Prinz, der durch Zahnschmerzen und ein Traumgesicht gemahnt worden war, den Schädel seines Vorgängers zu ehren, nachdem er ihn, der sich mit den Kinnladen in den Wurzelstock einer Weide verbiß, gefunden hatte, die vernutzte Kapsel in den Schoß legte. Zu meiner Rechten und zu meiner Linken reihen sich auf der ganzen Länge des dunkeln Schuppens die dreitausend goldenen Kwannon auf, eine gleich der andern in der sie rahmenden Anordnung der Arme, in Gliedern zu hundert und fünfzehn Rängen stufenweise hintereinander; im Strahl der Sonne scheint dieses Götterwehr zu wimmeln. Und wenn ich den Grund für diese Einförmigkeit in der Vielheit wissen will, oder aus welcher Zwiebel all diese gleichen Stengel sprießen, so finde ich, daß der Gläubige hier zweifellos mehr Oberfläche für den Widerhall seines Gebetes sucht und mit dem Gegenstand auch seine Wirksamkeit zu vervielfachen vermeint.

Aber die Weisen verweilten mit ihren Augen nicht lang in den Augen dieser rohen Götzen, denn sie bemerkten den Zusammenhang aller Dinge und fanden darin die Grundlage für ihre Philosophie. Und wenn jede einzelne auch vergänglich und zweifelhaft war, blieb doch der Reichtum des gemeinsamen Untergrunds unerschöpflich. Es war nicht nötig, daß der Mensch an den Baum seine Hacke und an den Fels seinen Meißel legte: im Korn der Hirse und im Ei, im Beben ebenso wie in der Ruhe des Landes und des Meeres fanden sie dieselbe formende Urkraft wieder, und die Erde reichte zur Herstellung ihrer eigenen Götzen aus. Und nehmen wir an, das Ganze bestehe aus gleichartigen Teilen, würden sie, wenn sie die Untersuchung, um sie besser durchzuführen, auf sich selbst übertrügen, entdecken, daß das Flüchtige, das Unbeweisbare, das Ungerechtfertigte in ihnen die Tatsache ihres gegenwärtigen Hierseins ist und das unbedingte Element des Raumes und der Dauer ihr eigner Begriff, den sie von diesem Zufallsding haben.

Und hätte sie der höllische Trug in diesem Augenblick nicht irregeführt, würden sie in diesem Verhältnis eines nach seinem eignen Begriff unabhängigen Seinsgrunds zu seinem zweifelhaften Ausdruck einen ähnlichen Vorgang erkannt haben wie in der Sprache, die als vernehmbare Zurückgabe des Lebenshauchs das Bekenntnis miteinschließt. Denn jedes Geschöpf, das durch den Druck der göttlichen Einheit auf die unbestimmte Materie geworden ist, *ist* selbst das Bekenntnis, das es seinem Schöpfer *ablegt*, und der *Ausdruck* des Nichts, aus dem er es gezogen hat. Dies ist der Rhythmus des Atems und des Lebens in dieser Welt, über die der mit Bewußtsein und Sprache begabte Mensch zum Priester gesetzt ward, damit er sie darbringe und opfere und auch sein eigenes Nichts, das mit der wesenhaften Gnade verbunden ist durch die eigene Kindschaft, durch eine liebende, eheliche Neigung.

Aber diese blinden Augen weigerten sich, das unbedingte Wesen anzuerkennen, und dem, den man Buddha nennt, ward gegeben, die heidnische Gotteslästerung zu vollenden. Um auf denselben Vergleich mit der Sprache zurückzukommen: im Augenblick, da ihm der Gegenstand der Rede entfiel, verschwanden ihm zugleich auch Ordnung und Folge, und er fand in ihr bloß die Geschwätzigkeit des Wahnsinns. Aber der Mensch trägt in sich die Abscheu vor dem, was nicht das Absolute ist, und um den scheußlichen Kreis der Eitelkeit zu brechen, hast du, Buddha, nicht gezögert, das Nichts zu umfangen. Denn da er, statt jedes Ding aus seinem äußeren Ende zu erklären, in ihm selbst den wesentlichen Grund aufsuchte, fand er nur das Nichts und lehrte die ungeheuerliche Vereinigung mit ihm. Die Denkweise aber ist dabei die, daß der Weise, nachdem er die Idee der Form und des reinen Raums und die Idee der Idee selbst nach und nach aus seinem Geist vertrieben hat, schließlich zum Nichts gelangt und *alsdann* ins Nirwana eingeht. Und dieses Wort hat die Menschen in Erstaunen gesetzt. Soviel ich sehe, ist darin die Idee des Nichts mit der des *Genusses* verknüpft. Und das ist das Letzte, das satanische Geheimnis, das Schweigen der in ihre völlige Verweigerung verschanzten Kreatur, die blutschänderische Ruhe der auf ihrem wesensmäßigen Anderssein thronenden Seele.

DIE BEFREIUNG DER AMATERASU

Kein sterblicher Mensch wird in einem öffentlichen Gottesdienst die Mondgöttin würdig zu ehren vermögen, die Zählerin und Bildnerin unserer Monate, die Spinnerin eines geizig bemessenen Fadens. Im gütigen Licht des Tages freuen wir uns, alle Dinge in ihrer Schönheit beisammen zu sehen wie ein weites Stück vielfarbigen Stoffs; doch sobald der Abend kommt oder die Nacht schon da ist, sehe ich das verhängnisvolle Schiffchen wieder ganz in das Himmelsgewebe quer hineingezogen. Möge dein einziges Auge, Freundin, golden von seinem verhexten Licht, es gestehen, und diese fünf Krallen, die am Griff deiner Laute funkeln!

Aber fehlt der immer reinen und jungen, immer sich selbst gleichen, sehr strahlenden, sehr weißen Sonne, fehlt dem täglichen Erblühn ihrer Herrlichkeit, dem Edelmut ihres Gesichtes denn nichts? Und wer könnte sie anschauen, ohne nicht sogleich lachen zu müssen? Mit einem ebenso offenen Lachen wie jenes, mit dem man ein schönes kleines Kind empfängt, wollen wir unser Herz der guten Sonne schenken! Wie, in der winzigsten Pfütze, in der schmälsten einsamen Radspur an der Biegung der Landstraße wüßte sie für ihr feuerrotes Gesicht einen Spiegel zu entdecken, und allein die geheime Seele des Menschen sollte ihr so verschlossen bleiben, daß sie ihr das Ebenbild verweigerte und aus dem Grund ihres Dunkels ein wenig Gold?

Kaum hatte das räudige Geschlecht der Söhne des Staubes an der Brust der nährenden Erde zu stammeln begonnen, als sie im Drang der Eßgier die strahlende Wirklichkeit, die ewige Gotteserscheinung, in die sie zum Leben aufgenommen worden waren, vergaßen. Wie sich der Holzschneider, ganz darein vertieft, seine Platte der Faser des Holzes entlangzuschneiden, sich um die Lampe über seinem Kopf, die ihm leuchtet, wenig kümmert, so gab der Ackersmann, dem sich alle Dinge auf seine zwei Hände und den schwarzen Hinterteil seines Büffels beschränken, bloß darauf acht, seine Furche gerade zu ziehen, und vergaß das leuchtende Herz des Alls. Da erzürnte sich Amaterasu in der Sonne. Sie ist die Seele der Sonne, kraft der diese leuchtet, und das, was der tönenden Trompete der Luftstrom ist. ‹*Das Tier*›, sagte sie, ‹*liebt mich, wenn es seinen Bauch gesättigt hat, es genießt mit Einfalt meine Liebkosungen; es schläft in der Wärme meines Blicks, erfüllt vom regelmäßigen Schlag seines Blutes an die Wand seines Körpers, dem inneren Pochen des roten Lebens. Der rohe, gottlose Mensch jedoch ist des Essens nie satt. Die Blume betet mich den ganzen Tag lang an und nährt ihr ergebenes Herz an der Kraft meines Gesichtes. Der Mensch allein benimmt sich schlecht auf seinem Stengel: er entzieht mir den heiligen Spiegel in seinem Innern, statt mich darin zurückzustrahlen. Fliehen wir also. Verbergen wir diese verkannte Schönheit!›* Und alsogleich, wie eine Taube, die in ein Mauerloch schlüpft, nimmt sie an der Mündung des Flusses Yokigawa diese tiefe Höhlung, die dicht verschlossene Mundöffnung eines riesigen Felsenlagers ein.

Alles löschte plötzlich aus, und mit einem Schlag erschien der Himmel zur Tageszeit mit all seinen Sternen. Es war nicht die Nacht, sondern diese Finsternis selbst, die vor der Welt da war, die wirkliche Finsternis. Die gräßliche Urnacht berührte die lebende Erde. Es war eine große Leere am Himmel: der Raum war seines Mittelpunktes beraubt; die Gestalt der Sonne hatte sich zurückgezogen wie jemand, der weggeht, um einen nicht mehr sehen zu müssen, wie ein hinausgehender Richter. Nun wurden diese Undankbaren die Schönheit Amaterasus inne. Mögen sie sie jetzt im toten Luftraum suchen! Ein großes Jammern verbreitete sich über die Inseln, der Todeskampf der Reue, der Ekel der Angst. Wie am Abend die Mücken in Myriaden die verderbliche Luft anfüllen, fiel die Erde der Räuberei der Dämonen und Toten anheim, die man neben den Lebenden an dem Zeichen erkennt, daß sie keinen Nabel haben. Wie ein Steuermann, um die Entfernung besser zu durchblicken, die nahen Lichter löschen läßt, hatte sich durch die Abschaffung der Lampe in der Mitte der Raum um sie vergrößert. Und von einer unvermuteten Seite des Horizonts sahen sie eine seltsame außerhimmlische Helle wie die Grenze einer Nachbarwelt, der Widerschein einer jüngeren Sonne.

Da rührte die Götter und Göttinnen, die öffentlichen und häuslichen Geister, die dem Menschen zur Seite stehn und wie die Pferde und Ochsen seine unablässigen Gehilfen sind, das erbärmliche, dem Kläffen junger Hunde ähnliche Schreien des pelzlosen Geschöpfes. Und sie versammelten sich alle an der Mündung des Flusses Yokigawa, die des Meeres und die der Luft, wie Büffelherden, wie Sardinenbänke, wie Starenschwärme, an der Mündung des Bergstroms Yokigawa, dort, wo sich die Jungfrau Amaterasu in ein Erdloch versteckt hatte wie eine Honigwabe in die Höhlung eines Baumes, wie ein Schatz in einen Topf.

‹Die Lampe erlischt nur in einem helleren Licht. Amaterasu›, sagen sie, *‹ist hier. Wir sehen sie nicht, allein wir wissen, daß sie uns nicht verlassen hat. Ihre Herrlichkeit hat keine Einbuße erlitten. Sie hat sich wie eine Zikade in die Erde verborgen, wie ein Büßer ins Innere seiner eignen Gedanken. Wie locken wir sie wieder hervor? Welchen Köder halten wir ihr hin? Was können wir ihr anbieten, das so schön wäre wie sie selbst?›*

Alsogleich fertigten sie aus einem vom Himmel gefallenen Stein einen ganz reinen, vollkommen runden Spiegel. Sie rissen einen Kieferstamm aus und putzten ihn wie eine Puppe mit goldnen und scharlachroten Gewändern auf. Sie schmückten ihn wie eine Frau und setzten ihm den Spiegel als Antlitz ein. Und sie stellten ihn, den heiligen *Gohei*, aufrecht vor die besetzte Höhle, den Schoß, der die erzürnte Seele des Lichtes enthielt.

Welche Stimme, stark genug, die Erde zu durchdringen, wählten sie nun, um zu sagen: Amaterasu, ich bin da? ‹*Hier bin ich, und wir wissen, daß auch du hier bist. Sei gegenwärtig, o Gesicht meiner Augen! Komm heraus aus dem Grab, o Leben!*› Die vertraute Stimme, die erste Stimme, die sie vernimmt, sobald sie den Rand der Menschenwelt übersteigt, den beim ersten roten Strahl von überall her in den Gehöften schreienden Hahn! Er ist der Ausbruch des Schreis, die Trompete, die keine Dunkelheit zum Schweigen bringt. Des Nachts, am Tage, gleichgültig gegen die sichtbare Gegenwart seines Gottes oder gegen seine Abwesenheit, stößt er unermüdlich in sein Horn, spricht er mit Deutlichkeit seinen Glauben aus. Vor Amaterasu hin in die Erde brachten sie den großen weißen Vogel. Und alsogleich krähte er. Und nachdem er gekräht hat, kräht er noch einmal.

Alsogleich, als könnte es seine Verkündung nicht versäumen, erwachte alles Geräusch der Welt, das Gemurmel des Tages, der unbeendbare tätige Satz, die Ausfüllung der ganzen Zeit durch die vorwärtsdringende Masse des Wortgewimmels, zu dessen Ablauf der Bonze im Hintergrund seines Tempels mit seinem Schwungholz den Takt schlägt: alle Götter ließen sich miteinander vernehmen, arg verschieden vom Namen, der sie umfaßt. Es klang sehr zaghaft, sehr schwach. Doch Amaterasu in der Erde hörte sie und verwunderte sich.

Und hierhin nun müßte man das Bild der Uzume kleben, gerade so, wie es in den kleinen Volksbüchern den schwarzen Regen der Buchstaben unterbricht. Sie hatte alles ausgesonnen, die gute Göttin! Sie hatte die große Kriegslist erfunden. Seht sie, wie sie unerschrocken auf dem gespannten Fell ihrer Trommel tanzt, toll wie die Hoffnung! Und was sie vorbringt, um die Sonne zu befreien, ist bloß ein armes Liedlein, wie sie die kleinen Kinder erdichten: *Hito futa miyo* . . .

Hito futa miyo
Itsu muyu nana
Yokokono tari
Momochi yorodzu

das heißt: *Eins, zwei, drei, vier, fünf, sechs, sieben, acht, neun, zehn, hundert, tausend, zehntausend* – und das heißt auch: *Ihr alle, schaut auf die Tür!* – *Ihre*

Majestät erscheint, hurra! – Unsere Herzen sind ganz voll. – Schaut meinen Bauch und meine Lenden an.

Denn in der Raserei des Tanzens öffnet sie, wirft sie ungeduldig ihren Gürtel ab, und mit weit geöffnetem Kleid und unter Lachen und Schreien trippelt und springt sie auf dem schmiegsamen, tönenden Fell, das sie mit ihren harten Füßen betätigt. Und als sie ihren kräftigen rundlichen Mädchenkörper erblickten, drang das Behagen in alle Herzen ein, und sie begannen zu lachen. Die Sonne ist nicht mehr am Himmel, und dennoch ist kein Jammern, sondern sie lachen. Amaterasu hörte sie und war gekränkt in ihrem Herzen, und da sie ihre Neugier nicht bezwingen konnte, öffnete sie ganz sacht die Tür ihrer Höhle ein wenig: ‹*Warum lacht ihr?*›

Ein mächtiger blitzender Strahl durchschoß die Götterversammlung, drang über den Rand der Erde hinaus und entzündete am leeren Himmel den Mond; plötzlich flammte der Stern der Morgenröte am leblosen Himmel. Wie eine zu dick gewordene Frucht aufspringt, wie sich unter dem Kopfdruck des Kindes die Mutter öffnet, seht! vermag die blinde Erde das eifersüchtige Auge nicht länger zu halten, die brennende Neugier des in die Mitte gehörenden Feuers, das Weib, das die Sonne ist! ‹*Warum lacht ihr?*› – ‹*O Amaterasu!*› sagte Uzume.

(Und alle Götter zugleich sagten: ‹*O Amaterasu!*› und vollführten den Fußfall.)

‹*O Amaterasu, du warst nicht bei uns, du glaubtest uns ohne dein Gesicht zurückgelassen zu haben? Aber schau, dort ist eine Schönere als du. Schau!*› sagte sie und zeigte den *Gohei*, zeigte den heiligen Spiegel, der die Flamme zusammenfaßte und ein Gold hervorbrachte, das niemand zu ertragen vermochte. ‹*Schau!*›

Sie sah, ward eifersüchtig, entzückt, erstaunt, gebannt und machte einen Schritt aus der Höhle heraus, und alsogleich war es nicht mehr Nacht. Alle die großen Welten, die um die Sonne kreisen wie ein Adler über seiner Beute, waren erstaunt, den Tag an dieser ungewohnten Stelle erglänzen zu sehn, und die kleine Erde ward von Herrlichkeit förmlich verschluckt, wie ein Leuchter, der in seinem Lichte verschwindet.

Sie machte einen Schritt aus der Hütte heraus, und alsogleich stürzte der kräftigste der Götter vor und schloß die Tür hinter ihr. Und ganz aufrecht vor ihrem Bild, von sieben Regenbogen umgeben, anbetungswürdige Unschaubarkeit, lebendiges Feuer, aus welchem mit dem göttlichen Antlitz allein noch zwei rosenfarbene Hände und Füße und die Locken ihres Haares erschienen, die Junge, die Schreckliche, stand die wesenhafte, blitzende Seele da! Und wie sich die Lerche über dem funkelnden Visier in immer weiteren

Kreisen hinaufschwingt, so stieg die durch ihr Abbild zurückgewonnene Amaterasu wieder zum himmlischen Thron empor. Und das war der Beginn einer neuen Zeit, der erste Tag.

– Am Portal der Shintotempel gebietet die Erde in Gestalt jener Frau, die ihrem abtrünnigen Gatten ihre Brüste zeigte, mit einem Strohseil der Sonne noch heute Halt vor ihren Tiefen. Und im innersten Winkel des kahlen Heiligtums hütet man statt des eleusinischen Feuers einen kleinen Rundspiegel aus geschliffnem Metall.

DER REIS

Es ist der Zahn, was wir mit dem Eisen an die Erde legen, das wir in sie pflanzen, und schon ißt unser Brot an ihr in der Art, wie wir es alsbald essen werden. Bei uns im kalten Norden möge die Sonne nur Hand anlegen; sie ist es, die unsere Felder reift, wie es das ganz nackte Feuer ist, das unseren Fladen bäckt und unser Fleisch brät. Wir öffnen mit kräftiger Pflugschar in einem festen Boden die Furche, der die Rinde entspringt, die wir mit unserem Messer schneiden und zwischen unseren Kiefern zermahlen.

Hier aber dient die Sonne nicht bloß dazu, den häuslichen Himmel wie einen mit Kohlenglut angefüllten Backofen zu heizen: man muß vorsichtig mit ihr sein. Sobald das Jahr beginnt, kommt das Wasser, kommen die Regeln der jungfräulichen Erde. Diese weiten Felder ohne Gefälle, die sich vom Meer, das sie fortsetzen, kaum scheiden und die der Regen tränkt, ohne abzufließen, flüchten, sobald sie befruchtet sind, unter die bleibende Wasserfläche, die sie in tausend Rahmen fassen. Und die Arbeit des Dorfes besteht darin, die Brühe mit manchem Kübel anzureichern: auf allen vieren darin, rührt und verdünnt sie der Ackersmann mit seinen Händen. Der gelbe Mensch beißt nicht ins Brot, er schnappt mit den Lippen, er verschlingt, ohne es in seinem Mund zu halbdünner Speise zurechtzumachen. So kommt der Reis, wie man ihn kocht, im Dampf. Und die Aufmerksamkeit seines Volkes besteht darin, ihm alles Wasser zukommen zu lassen, das nötig ist, um der Glut gewachsen zu sein, die der Himmelsofen unterhält. Und auch, daß die Noriahs, wenn die Flut kommt, überall singen wie Zikaden. Und man kann nicht Zuflucht nehmen zum Büffel; sie selber, Seite an Seite ans gleiche Querholz geklammert und wie aus demselben Knie das rote Schuhstück zertretend, warten Mann und Weib die Küche ihres Feldes wie die Hausfrau die dampfende Mahlzeit. Und der Anamit schöpft das Wasser mit einer Art Löffel; in seiner schwarzen Soutane und mit seinem kleinen Schildkrötenkopf, der so gelb ist wie Senf, ist er der traurige Küster des Schlamms; wieviel Verbeugungen und Kniefälle, während das Paar der Nhaques mit einem an zwei Seile gebundenen Eimer in allen Grübchen den Saft des Sprühregens sammeln geht, um die essensgute Erde damit zu salben!

DER PUNKT

Ich halte an: mein Spaziergang hat, wie ein zu Ende gebrachter Satz, einen Punkt. Es ist die Aufschrift eines Grabes zu meinen Füßen, bei dieser Krümmung, wo der Weg abwärts führt. Von da aus nehme ich meinen letzten Augenschein von der Welt, ich betrachte das Land der Toten. Mit seinen Sträußen von Kiefern und Ölbäumen verstreut es sich und zerfließt inmitten der unergründlichen Ernte, die es umgibt. Alles ist in die Fülle vollbracht. Ceres hat Proserpina umarmt. Alles versperrt den Ausgang, alles zieht die Umgrenzung. Ich treffe gerade am Fuß der reglosen Berge wieder den dicken Strich des Flusses; ich stelle unsere Grenze fest; ich trage es. Meine Abwesenheit ist dargestellt durch diese mit Toten angefüllte und von der Ernte verschlungene Insel. Als einziger aufrecht unter dem begrabenen Volk und meine Füße zwischen den vom Gras ausgesprochenen Namen, spähe ich nach jener Öffnung der Erde, durch die der leise Wind wie ein Hund ohne Stimme unablässig seit zwei Tagen die riesige Wolke hineintreibt, die er hinter mir von den Wassern abgelöst hat. Es ist zu Ende, der Tag ist völlig zu Ende; es bleibt nichts mehr, als kehrtzumachen und den Weg zurückzuschreiten, der mich mit dem Haus verbindet. An jener Stelle, wo die Sarg- und Bottichträger halten, blicke ich lange hinter mich auf die gelbe Straße zurück, die von den Lebenden zu den Toten führt und die, wie ein schwelendes Feuer, ein roter Punkt am verhängten Himmel beschließt.

DAS ZURÜCKGELASSENE LAND

Das Meer hat uns wieder geholt. Es zerrt an unserem Ankertau, es löst die Flanke unseres Schiffs von der Landungsbrücke. Mit heftigem Beben vergrößert dieses mählich den Zwischenraum, der uns vom überfüllten Damm und vom Hafen der Menschen trennt. Und wir folgen den trägen Windungen des ruhigen, öligen Flusses. Dies ist hier einer von diesen Mündern, durch welche die Erde abgeschwemmt wird und das Meer, erstickend in einem Andrang von Schlamm, mit ihrem Grase vermengt, wiederkäuen kommt.

Von jenem Boden, den wir bewohnten, bleibt nichts als die Farbe, die grüne lösliche Seele. Und schon weist dort ein Feuer in der klaren Luft die Linie und die Wüste.

Ich fühle, während wir essen, daß man angehalten hat, und im ganzen Leib des Schiffs und in dem meinen den Atem des offenen Wassers. Man schifft den Lotsen aus. Von seinem tänzelnden Boote grüßt er unter dem Licht der elektrischen Lampe mit der Hand unser befreites Schiff; man reißt die Leiter los, wir brechen auf. Wir brechen auf in den Mondschein.

Und ich sehe über mir die gebogene Linie des Horizonts wie die Grenze eines übermäßigen Schlafs. Verzweiflungsvoll wie der geballte Schluchzer, mit dem man in den Schlummer zurücksinkt, flieht mein ganzes Herz das verlöschende Ufer hinter uns. O Meer, du bist es! Ich kehre heim. Es gibt keinen Schoß, der so gut ist wie die Ewigkeit, und keine dem unendlichen Raum vergleichbare Sicherheit. Unsere Nachrichten von der Erde hinfort das, was uns allabendlich zu unserer Linken das Antlitz des Mondes bringt. Ich bin von der Veränderung und vom Vielerlei befreit. Kein Wechsel als der von Tag und Nacht, keine Aussicht als den Himmel, kein Aufenthalt als diesen Schoß der Wasserflut, die ihn spiegelt. Reinigende Reine! Hier mit mir, um uns freizusprechen, das Unbedingte. Was gilt mir jetzt die Gärung der Völker, die Arglist der Ehen wie des Krieges, die Wirkung des Goldes und der wirtschaftlichen Kräfte und das ganze wirre Treiben dort. Alles beschränkt sich auf die Tatsache und auf die vielfältige Leidenschaft der Menschen und des Dings. Hier aber besitze ich in seiner Reinheit den ursprünglichen Rhythmus, die abwechselnde Darzeigung der Sonne und ihre Verbergung, und die einfache Tatsache, das Erscheinen der Sternbilder am Horizont zur festliegenden Stunde. Und den ganzen Tag erforsche ich, wie man in den Augen einer Frau liest, die versteht, das Meer und seine Spiegelung mit der Aufmerksamkeit dessen, der lauscht. Was ist mir, verglichen mit dem Preis des reinen Spiegels, die grobe Verwandlung eurer Tragödien und eurer Paraden?

(1900–1907)

EIN BLICK AUF DIE SEELE JAPANS

Vortrag vor den Studenten von Nikkô

Sehr geehrte Herren, mein Freund Goraï, Mitarbeiter von Professor Michel Revon bei der Zusammenstellung der bewundernswerten Sammlung ‹Anthologie de la Littérature Japonaise›, die immer auf meinem Schreibtisch liegt, hat mich gebeten, heute vor Ihnen über ‹Französische Tradition› zu sprechen: aber ich habe mich für nicht zuständig erklärt. Über sein eigenes Land zu sprechen ist fast so schwer, wie über sich selbst zu reden. Zwischen dem Bild, das wir uns von uns selber machen, und dem, das wir für die neugierigen und forschenden Augen von Personen abgeben, die eigens gekommen sind, uns zu beschauen, klafft ein Unterschied, in den Reisebeschreibungen uns einen pikanten Einblick geben können. Gewiß kann man solche Schreiber leicht der Naivität oder Bösartigkeit zeihen. Aber ist es sicher, daß immer sie es sind, die Unrecht haben, und daß wir allein für uns die unverbrüchlichen Zeugen sind? Wahr ist nämlich, daß die Menschen die meiste Zeit handeln, ohne zu wissen, was sie eigentlich tun; daß sie nicht so sehr aus vernünftigen und deutlichen Motiven heraus handeln, über die sie jederzeit Rechenschaft geben können, sondern aus Gewohnheit, indem sie instinktiv und ohne Überlegung auf den Reiz der Umstände, Pflichten und Notwendigkeiten antworten, durch erfahrungsgemäße Anwendung einer Lehre, die sie ohne Diskussion angenommen haben und die sie ohne Überlegung befolgen. Mit der ganzen Macht des Wortes ‹gewöhnen wir uns› an die Dinge, bewohnen wir eine bestimmte Ecke der Natur und der Gesellschaft, in naiver, bequemer, nichtsahnender und animalischer Weise, wie wir unseren eigenen Körper bewohnen – und wenn man uns einlädt, durch eine direkte Frage oder durch eine falsche Auslegung Rechenschaft von diesen oder jenen unserer Akte zu geben, so empfinden wir dieselbe Verlegenheit oder Entrüstung wie bei der Aufforderung, unser Auge oder unsere Nase zu rechtfertigen. ‹Das ist so, weil es so ist›, und wir machen uns keine Vorstellung von dem malerischen und originellen Eindruck, den wir auf Fremde machen. Diese allein können an jener Geste, an jener Art sich zu geben, an jener geistigen Haltung, die uns als etwas ganz und gar Unvermeidbares und Normales vorkommen, (ganz im Gegenteil zu uns) das Charakteristische, Besondere und geradezu Einzigartige feststellen.

Dem ‹Eingeborenen› könnte es von Vorteil sein, wenn er die Gründe des manchmal so bizarren und bestürzenden Eindrucks, den er auf seine Gäste und Besucher macht, zu verstehen suchte. Er besitzt für die Lösung dieser Aufgabe eine reiche Sammlung von Archiven, ich will sagen: von Fällen und Auskunftgebern, die ihm in Hinsicht auf sich selbst ein wenig die unabhängige und interesselose Position der Kritik geben, während zu gleicher Zeit eine Art von innerem Sinn und intimer Sympathie ihm erlauben, rückschauend zugunsten seines Kontos die Erfahrungen seiner Ahnen und Vorfahren mit derselben Fülle auszuwerten, als ob sie seine eigenen wären. Diese kürzere oder längere – bewußte oder unbewußte – Erfahrung nennen wir unsere nationale Tradition. Um Ihnen diese Tradition verständlich zu machen, gibt es ein ziemlich einfaches Mittel, um Ihnen – wenn ich sie nicht durch ein paar willkürlich gewählte einzelne Beispiele erläutern will – das Strafregister meines Landes vorzulegen und vor Ihnen aufzublättern. Ich weise jeden von Ihnen auf das Mittel hin, mit dem Sie eindringen können in den innersten Raum – in das Gewissen unseres Geistes, zu jener Art von Rat oder permanentem Parlament, wo alle Prozesse geführt werden, wo alle Beweise zur Verfügung stehen und wo alle Entscheidungen gefällt werden; und diese höchste gerichtliche Kammer, die unser ganzes Vorgehen enthüllt, jede unserer geistigen Gewohnheiten – ist unsere Sprache. Die französische Sprache ist das Ergebnis, aber gleichzeitig auch das vollkommenste Dokument unserer nationalen Tradition. Sie war das Hauptmittel beim Aufbau eines Volkes, das sich aus zwanzig verschiedenen Rassen zusammensetzte, aus dem übereinandergeschichteten Bodensatz, ich weiß nicht wie vieler Einfälle und Wanderungen, die je über jenes Gebiet der Erde gekommen sind. Hineingetrieben in das Randgebiet des europäischen Landzipfels, waren sie gezwungen, zwischen ihren Betten und Tischen eine Solidarität zu begründen, eine Vereinbarung, die übrigens die Verteilung des Bodens ihnen schon auferlegte.

Aber so verschiedenartig Frankreich tatsächlich in ethnischer Hinsicht ist, in geographischer Hinsicht ist es eins und unteilbar, und die Kräfte der Spaltung sind ungleich weniger mächtig in ihm als die Notwendigkeiten der

Konzentration. Es konnte zwischen den Franzosen nur geistige Streitpunkte geben, und daher war allein dem Verstande die Aufgabe anvertraut, die Beratungen zu ihrer Schlichtung zu führen. Jeder Bürger dieser zufälligen und bunten Versammlung, die aus den Ruinen des Imperium Romanum und aus den Geröllfeldern der Barbarei aufgetaucht war, fand sich so zum Redner berufen, zum Diplomaten und Juristen. Unter allerlei Zufällen ist er hergeführt worden, um hinter den allgemeinen und beständigen Notwendigkeiten das Daseinsrecht der Nation zu suchen.

Nehmen Sie hinzu, daß Frankreich durch seine geographische Beschaffenheit nicht der Sklave einer gegebenen Lage ist und daß es niemals zur endlosen Wiederholung ein und derselben Geste gezwungen war. Es lag vielmehr so, daß nichts innerhalb der Gemeinschaft des Abendlandes geschehen konnte, ohne daß Frankreich daran Anteil genommen hätte; es hatte sich unablässig mit allen Verlagerungen eines spielenden Gleichgewichtes zu befassen, bei dem seine Rolle immer die eines Organs war, das bald anregte, bald ausglich oder aufhielt. Endlosen neuen Problemen gegenübergestellt, brauchte der französische Staatsmann zu ihrer Lösung weniger eine empirische Praktik als eine Methode, ein allgemeines Prinzip der Beurteilung. Unser längster Krieg, der Hundertjährige Krieg, war nichts anderes als eine juristische Debatte, unterbrochen von Waffengängen. Die Vorsehung hat Frankreich seinen Platz am Kreuzpunkt aller Interessen des Kontinents gegeben, so daß einzelne Gründe und Tatsachen sein Schicksal auf die Dauer nicht regeln und seine Grenzen nicht konsolidieren können. Das Recht muß im Spiele sein. Die Verträge von Münster und Osnabrück sowie die von Utrecht, die Akte von Wien und Versailles enthielten nicht nur Gebietszuteilungen, sie waren vor allem Grundsatzformulierungen, und die neuen Striche auf der Karte waren nur deren Konsequenzen.

Und was für die Außenpolitik zutrifft, gilt auch für unsere Innenpolitik. Wie ich vor einigen Monaten zu Ihren Kameraden in Tokio sagte, hat jeder Franzose, Erbe zwanzig grundverschiedener Rassen, seit je für sich allein eine kleine Souveränität begründet, durch unaufhörliche diplomatische und juristische Verhandlung mit den benachbarten Souveränitäten, unter der Autorität einer Art zerstreuten, aber allmächtigen Tribunals, das man die ‹öffentliche Meinung› nennt. Daher bei uns die Wichtigkeit der Literatur und des Wortes, daher jener essentielle Charakter, der für beide den Hintergrund abgibt – nicht nur im Bereich der Prosa, sondern auch in der Poesie –, daß es sich nämlich um Ideen handelt, um Psychologie oder um Beschreibungen mit einer leidenschaftlichen Sehnsucht nach Genauigkeit. Es handelt sich immer um Auslegung und Selbstauslegung. Die Vervollkommnung und die

Wirkungskraft der Sprache war bei uns nicht nur der Ehrgeiz einiger Feinschmecker – sie hatten eine ausschlaggebende praktische Bedeutung: man konnte das Hauptinstrument unserer nationalen Einheit nicht genug lieben und pflegen –, das Instrument, das uns im Laufe einer unaufhörlichen Debatte erlaubte, uns der beständigen Sendung und der nicht abreißenden Kette von Verpflichtungen bewußt zu werden. So hat sich nach und nach jene gewohnheitsmäßige Haltung des Franzosen vor dem Leben ergeben: die Haltung der Diskussion. Er ist von Natur aus Jurist; er hat ein Bedürfnis, ‹die Gründe› eines Vorganges aufzufinden und sie in gerichtlicher Diskussion zu untersuchen. Literatur war in Frankreich nicht Ausdruck einiger Ausnahmegeister, sie war das Bedürfnis eines ganzen Volkes, das ununterbrochene Hin und Her zwischen seinen verschiedenen Strömungen, das Mittel der Assimilation eines jeden neuen Problems. Jeder Franzose hat immer Gelegenheit gehabt, vor einem Tribunal von Sachverständigen zu sprechen, die von ihm Rechenschaft zu fordern wußten über jedes Wort, das über seine Lippen kam.

Einer jener Franzosen, deren geistige Einstellung ich Ihnen soeben verständlich zu machen suchte, möchte Ihnen heute sein noch ganz naives Zeugnis vortragen, bevor Reflexion und Gewöhnung Zeit hatten, ihn zu verbilden und abzustumpfen – und alles, was ich Ihnen soeben sagte, hat nur das eine Ziel (während es zugleich Herrn Goraï eine kleine Genugtuung bietet), Ihnen verständlich zu machen, mit welchen Augen er *Sie* betrachten konnte. Obwohl Pilger auf zahllosen Wegen, so ist es doch sozusagen erst gestern gewesen, daß er auf diesen Inseln an Land stieg, deren Uferlinie seit so vielen Jahren seinen Horizont bildete. Hatte er erst einmal die Zone der Nützlichkeit durchschritten, wo ihm die Menschenfreundlichkeit (in Japan wie anderwärts) mit derselben Maschinerie von Apparaten und Bauwerken in seinen allgemeinsten Bedürfnissen entgegenkommt, so fand er sich einem Lande gegenüber, das nicht, wie so viele andere Länder Amerikas oder Europas, ein gewöhnlicher landwirtschaftlicher oder industrieller Nutzgegenstand ist, Hotellerie eines Tages oder einer Nacht, von der die Kundschaft ohne Aufhebens und ohne Schonung Gebrauch macht, sondern das vielmehr ein ererbter Bereich ist, dessen Sinn weniger die praktische Bequemlichkeit seiner jeweiligen Inhaber als die Inszenierung – rund um sie! – eines feierlichen und lehrreichen Schauspiels ist. In Japan gehorcht alles, vom Umriß eines Gebirges bis zu dem einer Haarnadel oder der Schale eines *saké* – alles gehorcht demselben Stil. Um die japanische Tradition zu finden, braucht man nicht – wie bei den Franzosen – bis in den inneren Hof, ins Gewissen, einzudringen, wo sich die Gedanken formen und die Haltungen aufrichten:

man braucht nur Ohren und Augen für dieses unwiderstehliche Konzert um uns zu öffnen, in das mit ihren Instrumenten und ihrer Stimme einzufallen die Aufgabe einer jeden Generation ist.

Hören wir auf dieses Konzert, doch um es zu verstehen, müssen wir zuerst Stille schaffen. Die Musik beginnt erst dort, wo der Lärm aufgehört hat. Lassen wir in uns diesen wirren Tumult von Anwandlungen und Worten fallen! Vielleicht, wäre ich einer Ihrer pilgernden Bauern, ließe ich über mir irgendeinen alten *Noritô* rezitieren und unterwürfe mich der Segnung mit jenem Ding, das wie ein Fliegenwedel aussieht, aber Reinigung und Sammlung vermittelt. Nun sehen Sie mich im Gefolge einer der vertrauten Figuren Ihrer Literatur, der Dichterin Murasaki zum Beispiel oder des Priesters Kennkô, der mich zu lautlosem Schritt auf dem Pfade der Geheimnisse verpflichtet. Mir ist, als ob ich zu meiner Rechten das Knistern vornehmer Seide höre oder das Klingeln des Rosenkranzes, der an eine Bettelschale anschlägt. Ich wandere dahin auf einer endlosen Allee, gesäumt von riesigen Zedern, deren farbige Stämme sich in einem schwarzen Samt verlieren: ein ungestümer Sonnenstrahl läßt plötzlich auf einem Steinkrug eine unentzifferbare Inschrift aufleuchten... Die Wendungen des seltsamen Weges sollen die Dämonen irreführen und mich auf immer trennen von einer unheiligen Welt. Auf einer Korallenbrücke überschreite ich einen Jadesee. (Ist es der See, der mit seiner flüchtigen Klarheit, die zwischen ausgebreiteten Lotosteppichen hervorbricht, meine unsichtbaren Begleiter entlarven wird?) Im Schatten der Jahrhunderte gieße ich mit einer Holzschale kaltes Wasser über meine Hände, so erschauernd kalt, daß ich zurückschrecke. Hinter der verschlossenen Tür erspähe ich eine langsam schwingende Glocke, eine brennende Kerze, und in der Ferne, aus der Wildnis des Waldes höre ich in Abständen die Stimme des Kuckucks, der auf die nie verstummende Predigt des Wasserfalls antwortet.

Vielleicht habe ich dort jene dem Japaner eigene Haltung vor dem Leben verstanden, die ich in Ermangelung besserer Worte – denn unsere Sprache bietet nicht viele Mittel zum Ausdruck jenes Gefühls – nennen möchte: Ehrerbietung, Ehrfurcht, freiwillige Hinnahme einer Überlegenheit, die der Intelligenz unzugänglich ist; Hintanstellung unserer persönlichen Existenz vor dem uns umgebenden Mysterium; Erfühlung einer Gegenwart um uns, die Feierlichkeit und Behutsamkeit erheischt. Nicht von ungefähr wird Japan das Land der *Kami* genannt, und diese traditionelle Beziehung scheint mir noch die richtigste und vollkommenste, die je Ihrem Lande gegeben wurde.

Japan ruht wie eine Gruppe erstarrter Wolken auf dem Schoß eines grenzenlosen Ozeans. Seine zerrissenen Ufer, seine Buchten und verborgenen

Durchfahrten bilden für den Seefahrer eine einzige Überraschung. Die Gebirge, die es stützen, sind die Pfeiler für eine der verworrensten Konstruktionen der Welt, die außerdem noch erschüttert wird durch seltsame Zuckungen, und ihr unsicherer Charakter wird bezeugt durch die Schauer, die einen noch kaum befriedeten Boden durchzittern. Es ist wie eine Theaterdekoration, die die Bühnenarbeiter soeben erst verlassen haben, deren Kulissen und Stützen sich aber noch bewegen. Die flachen Gegenden gehören zu den volkreichsten dieses Planeten; gewisse Gebirgsgegenden dagegen, die bedeckt sind von einem wahrhaften Dschungel, der an die Tropen erinnert, bleiben auf weite Strecken hin ebenso einsam wie am Tage der Schöpfung. Überall nur zehnfach geknickte Talschluchten, Wälder, schwärzer als die Nacht, undurchdringliches Dickicht von Schilf, Farn und Bambusrohr. Über all das fällt der Vorhang eines Regens, der zu gewissen Zeiten beinahe unaufhörlich herabrauscht, irren jene seltsamen Dämpfe, die sich Ihre alten Maler und auch die neuen so gut zunutze zu machen wußten, die gewisse Winkel der Landschaft wie absichtlich einmal verbergen und einmal enthüllen, als ob jemand sie unserer Aufmerksamkeit empfehlen und ihre verborgene Bedeutung für einen Augenblick darbieten wolle. Und über das ganze Land, Ebenen und Gebirge, Inseln und den Ozean beherrschend, erhebt sich wie der grandioseste Altar, den die Natur je ihrem Schöpfer erbaut hat, wie ein Meilenstein, würdig, den Punkt zu bezeichnen, wo sich die Sonne nach ihrem langen Lauf durch unbewohnte Wasserweiten anschickt, das Gebiet der Menschen zu bescheinen – das gewaltige Massiv des Fuji.

So sieht sich der Japaner, überall wo er seine Blicke schweifen läßt, umgeben von Schleiern, die sich nur heben, um sich wieder zu schließen – von schweigsamen und feierlichen Stätten, wohin lange gewundene Pfade gehen, solchen gleich, die zu einer Weihe führen –, von Todesschatten, von seltsamen Gegenständen, wie einem alten Baumstamm, einem Felsen, vom Wasser gefeilt und geformt, gleich unentzifferbaren geheiligten Zeichen – von Durchblicken, die sich ihm nur durch den Torbogen der Felsen oder den Säulengang der Bäume eröffnen. Die ganze Natur ist ein bereits fertiger Tempel, des Kultes harrend. In Japan gibt es nicht jene großen Flüsse, jene weiten Ebenen mit gestuften Horizonten, die den Träumer immer weiter mitziehen und sich demütig der herrischen Seemannskunst des Geistes anbieten. In jedem Augenblick finden sich der Schritt und die Phantasie des Wanderers aufgehalten durch eine deutliche Wand und ein dargebotenes Bild, das für sich und für die in ihm eingeschlossene Absicht die Huldigung seiner Aufmerksamkeit fordert. Der Künstler oder der Einsiedler braucht sie nur zu unterstreichen: durch Hinzusetzen eines *Torii* (das heißt eines Tempelportals), einer Laterne, eines prunkvollen Tempels oder eines schlichten aufragenden Steines. Aber niemals ist es das Gebäude, wie sehr es auch vergoldet sein mag, das mir (wie in Europa) das Wesentliche zu sein scheint. Stets ist es nur ein Schrein, eine Weihrauchschale, in einer Ecke aufgestellt, um die unermeßliche Feierlichkeit der Natur erfühlen zu lassen und, wenn ich so sagen soll, sie lesbar zu machen. Wie eine Handvoll Schriftzeichen oder einige Pinselstriche, begleitet von einem zinnoberroten Siegel, die der Dichter oder der Maler auf ein weißes Blatt Papier werfen.

Während der moderne Europäer in den Dingen, die ihn umgeben, nur einen Bereich erblickt, der für sein Wohlergehen oder seinen Nutzen bestimmt ist, so trifft es andererseits zu, daß für den überlieferungstreuen Japaner die Schöpfung in erster Linie das Werk Gottes ist, noch ganz durchdrungen von göttlichen Einflüssen – und wie man bei Ihnen auch in das Haus des bescheidensten Bauern nicht eintritt, ohne vorher die Schuhe abzulegen: mit welcher Ehrfurcht müssen da die Menschen sich in jenen Vorhof vor ihrer Wohnung begeben, und wie erst müssen sie sich in diesem Vorhof betragen, den die höheren Mächte uns gegeben haben und den sie zusammen mit uns bewohnen? Und ebenso, ich sagte es schon, wie ihre Tempel nicht auf Grund eines Planes erbaut zu sein scheinen, wie sie nichts anderes sind als die Erfüllung und Erhörung des geheimen Sehnens ihres natürlichen Ortes, nichts anderes – wie hier im heiligen Nikkô – als die durch die Kunst bewirkte Verdichtung der tiefen Schatten des Waldes, als die Lenkung der Stimme seiner stets strömenden Wasser, als das Festhalten von Gold und Purpur eines Sonnenstrahls, für alle Zeiten, auf dem dunklen Grunde des Blattwerks, als das Einfangen des Donners unter einer bronzenen Glocke, als (durch die Stufung der Portale und der Treppen) der Neubeginn und die Feier der Himmelfahrt einer Erde, die fast ohne Unterlaß der Wolke verbunden war, als eine Bestätigung (durch seine Alleen von riesenhaften Zeugen) für den zurückgedrängten Anruf des Heiligtums – so auch jene Pilgerscharen, die mit rührendem Eifer sich ohne Unterlaß in Ihren Tempeln drängen ... was verehren sie hinter jenen herabgelassenen Vorhängen? Einen Spiegel, der einem Widerschein des Himmels gleicht, einem Tropfen der Urwasser – den Namen eines Ahnen oder eines Heiligen auf einem Täfelchen –, eine Gestalt, die mit der Nacht verfließt, und vor allem jene Nacht selbst, jenes Geheimnis, vor dem ihr kindliches Herz sich in Ehrfurcht sammelt.

Eine Tatsache hat mich sehr überrascht: daß man nämlich aus der frühen buddhistischen Zeit Japans, in Nara zum Beispiel oder in den benachbarten Tempeln, viele und übrigens recht schöne Statuen findet. Später wurden diese genauen Darstellungen in dem gleichen Maße, wie Japan Zeit bekam, der importierten Religion seinen eigenen Charakter aufzuprägen, immer seltener. Diese Bildnisse lösen sich aber in immer größere Undeutlichkeit auf, bis sie schließlich – in den neueren Zeiten – genausowenig Form wie Stimme haben. Es ist aber auch etwas ganz und gar Unsichtbares im Innern der heiligen Höhle, das die Menschen zu erreichen suchen: jenes demütige Weib, das zwei- oder dreimal in die Hände klatscht, diese Gruppe von Bauern, die eine Handvoll Münzen in den Opferstock werfen, jenes junge Mädchen, das schwankend die Stufen des Tempels hinaufsteigt und am Ende des dicken, dreifach gedrehten Baumwollseils die Bronzestimme aufweckt.

In Japan ist also das Übernatürliche ganz und gar nichts anderes als die Natur, es ist buchstäblich die Übernatur, jene Region höherer Echtheit, wo das Gemeine übertragen wird in den Bereich der Bedeutung. Es widerspricht nicht ihren Gesetzen; nein, es unterstreicht ihr Geheimnis. Der ganze Zweck der Religion besteht darin, den Geist vor dem Unvergänglichen in eine Haltung der Demut und Stille zu versetzen. Daher erscheint mir der japanische Patriotismus vor allem als ein Zustand der Einheit mit dem Lande, ein inniges Sichsammeln vor dem Antlitz, das es uns darbietet. An allen berühmten heiligen Stätten fällt dem Besucher nichts so sehr auf, wie wenn er unter den Scharen freiwilliger Pilger die langen Reihen der Schüler sieht, die von ihren Lehrern an einen solchen bevorzugten Ort geführt werden, damit sie dort ihrerseits den Eindruck empfangen, dem sich unzählige Generationen nacheinander unterworfen haben. Diese Haltung der Ehrerbietung und Feierlichkeit nimmt die Seele nicht nur für gewöhnlich an gewissen Orten an, die als bevorzugte Sitze göttlichen Wirkens gelten, sondern auch gegenüber allen geschaffenen Wesen, die mit uns Schöpfung desselben Vaters und Offenbarung desselben Willens sind. Es gibt zwischen ihnen Beziehungen, die durch Gebärden und Riten übersetzbar sind. Ich erinnere mich, wie oft ich bei einem meiner ersten Besuche in Kyotô in einem der schönen Gärten spazierenging, die das Entzücken jener unvergleichlichen Stadt sind, und wie sehr es mich ergriff und berührte, als ich eine mächtige altersschwache Kiefer von einer Art riesiger Krücke unterstützt sah, die man ihr ehrfurchtsvoll angemessen hatte. Man spürte, daß dieser Baum nicht nur das war, was er für einen Menschen in Amerika oder Europa gewesen wäre – ein Bretterlieferant oder ein schwankender Statist in der Landschaft –, er war ein lebendes Wesen, eine Art von pflanzlichem Großvater, dem man eine kindliche Stütze bot. Nichts sieht man häufiger als einen Baum von ungewöhnlichen Ausmaßen, einen Felsen von malerischer Gestalt, geschmückt mit der Strohschnur, die ihn unter die Dinge des *Kami* versetzt und die Zeugnis gibt von der Aufmerksamkeit, den die Besucher ihm entgegengebracht haben, von der Dankbarkeit, die sie für seine Existenz hegen. Wenn ein Haustier zum Sterben kommt, trägt man es in den Tempel, wo der Bonze über ihm das *Nembytsy* rezitiert; kein Lebewesen, es mag noch so gering sein, das bei seinem Hinscheiden nicht eine religiöse Empfehlung verdiente. Ein Händler mit Rattengift läßt einen Dienst feiern für die Nagetiere, die sein Produkt ausgemerzt hat; ein Anstreicher für die alten Pinsel, die er abgelegt hat. Das Liebenswürdigste von allem aber las ich kürzlich in der Zeitung: die Gilde der Holzschnittmeister von Tokio habe einer feierlichen Zeremonie zu Ehren der Kirschbäume beigewohnt, deren Material sie sich bei Ausübung ihrer Kunst bedient hatten.

Diese Haltung frommer Ehrerbietung, der Vereinigung mit dem All der Kreaturen in einem rührenden Wohlwollen macht auch die geheime Kraft Ihrer Kunst aus. Es ist erstaunlich, zu sehen, wie oft in der Würdigung der Kunstwerke unser Geschmack sich um Jahrhunderte von dem Ihren entfernt. Unsere Vorliebe wandte sich den Stichen und Malereien der Ykijoje-Schule zu, die Sie dagegen als Zeugen einer Verfallsepoche ansehen, wobei Sie mir nachsehen wollen, daß ich persönlich hierfür ganz meinen alten Enthusiasmus behalten habe: für eine Darstellungsweise, die heftig ist, aufwendig, dramatisch, farbig, geistvoll, malerisch, unendlich mannigfaltig und beseelt vom Schauspiel des Alltags. Da nimmt der Mensch im malerischen Rahmen seiner Familie, mit seinen alltäglichen Verrichtungen den breitesten Raum ein. Ihr Geschmack dagegen wendet sich den alten Bildern zu, auf denen der Mensch fast verschwunden ist oder nur dargestellt ist durch einige mönchische Gestalten, die beinahe an der Unbeweglichkeit der Bäume und der Felsen teilhaben. Ein Karpfen – ein Affe, der an einem Zweig hängt – Blumen – eine Landschaft, die ein meisterhafter Pinsel durch einige Andeutungen aufgebaut hat, die aber genauso bestimmt sind wie die übereinandergetürmten Stockwerke der Schrift – das ist es, was uns die meisten jener unbezahlbaren *Kakemonos* zeigen, die ihre glücklichen Besitzer aus dem Schoße der Jahrhunderte heraufholen und vor uns mit unendlicher Vorsicht entrollen. Und manchmal ist für uns Barbaren, die wir immer überrascht oder unterhalten werden müssen, die erste Regung eine Enttäuschung. Uns fehlt jenes innige Mitgefühl und, wenn ich so sagen soll, jene Feuchte der Seele, mit denen wir uns diesem Entrollen des jungen Triebes, der soeben zu atmen beginnt, oder dem mächtigen Schwanzschlag des Fisches, der aus den Finsternissen des Schlammes in die Zonen der lichten Gewässer emportaucht, liebevoll vereinigen könnten. Nach und nach erst entdecken wir, daß diese köstliche Nachgiebigkeit, diese Genauigkeit, dieses herrlich Schwebende in der Bewegung zum Beispiel, die den Affen von den Spitzen seiner Krallen bis zum äußersten Ende des Schwanzes ergreift und einhüllt (es ist nicht der Affe, der in Bewegung ist, sondern es ist die Bewegung, die Affe ist) – daß diese weise und naive Wahl der Mittel, diese Geduld der Betrachtung, vereint mit der blitzhaften Schnelligkeit der Hand, diese entschlossene und zuchtvolle Unterdrückung der unnützen und fremden Elemente – aber hier, das ist das Leben selbst, das ist nicht mehr Kunst, das ist das Leben selbst, das wir bei seiner Arbeit überraschen! – wir entdecken, daß es göttlicher ist unter dieser anonymen Form. Hier ist das arme Stückchen Dasein, das dank dem demütigen und frommen Künstler für immer lebendig geworden ist. Und ebenso wie Ihre großen Herren von einstmals den Gold- und Kristallgefäßen eine einfache irdene Schale vorzogen, der jedoch der Töpfer die sanfte Kernigkeit des Fleisches und den Glanz der Tauperlen mitzuteilen wußte, so haben diese großen (oft priesterlichen) Maler, um das Ewige auszudrücken, nicht nur Symbole und Götter gemalt, sondern gerade das, was am zerbrechlichsten und alltäglichsten ist, was so frisch ist, daß es noch den Schauer der unsagbaren Quelle enthält: einen Vogel, einen Schmetterling – weniger: eine Blume, die sich öffnen, ein Blatt, das sich entfalten will. All dem haben sie durch einen einzigen Punkt ihres magischen Pinsels befohlen, da zu sein. Das Ding ist da, vor uns, lebendig und unsterblich, von nun an unzerstörbar in seiner vorübergehenden Existenz.

Ich will nicht dabei verweilen, so klar und selbstverständlich scheint es mir, wie dieses Gefühl der Achtung tief eingeschrieben ist in das Herz der japanischen Nation und wie es allen Modalitäten ihres praktischen und täglichen Lebens seine Richtung gegeben hat. Der Charakter des Bandes, das Ihr Volk mit seinem Souverän eint, ist wohlbekannt, aber darüber hinaus ist die Behauptung nicht übertrieben, daß in Ihrer alten Gesellschaft alle Beziehungen der Menschen untereinander – im Schoß der Familie, in der sozialen Gesellschaft, in der Gilde – wie die Riten einer Religion geordnet waren. In keinem Lande hat wohl das konfuzianische Prinzip der Umsicht in den Bewegungen eine allgemeinere und vornehmere Anwendung gefunden. Wahrhaftig: wenn man geheimnisvolle und göttliche Kräfte in der Materie annimmt, wieviel mehr muß man sie im lebendigen Menschen annehmen! Die japanische Grammatik ist gleicherweise wie auf die Unterschiede von Zeit und Gewißheit, so auch auf die Grade der zeremoniellen Regeln gegründet, mit denen wir uns des Wortes bedienen, je nach der Eigenschaft unserer Gesprächspartner und der Umwelt entsprechend, in der wir uns befinden. Sie trägt den Stempel dieser traditionellen Höflichkeit, von der ich wohl hoffe, daß Ihr Volk sie niemals aufgebe – trotz der vielen schlechten Beispiele, die man Ihnen gibt. Zum Beispiel sind wir Westler immer erstaunt über einen

Kutscher, der beim Überholen den anderen nicht beschimpft, wie das in Paris oder London der Fall wäre, sondern ihn höflich grüßt, wie um sich zu entschuldigen. Aber kann man es anders von einem Chauffeur erwarten, der – wie der Fahrer eines meiner Kollegen in Tokio – jede Woche hingeht, um auf dem Grabe der Siebenundvierzig Rônin Weihrauch zu verbrennen? Ebenso erklärt dies innige Gefühl von dem, was in jedem Menschen unverletzbar und heilig ist, die Auswüchse Ihres alten Ehrenkodex. Ein Mensch, der im innersten Heiligtum seiner Persönlichkeit beleidigt war, konnte nicht anders als verschwinden, wenn er nicht seinen Beleidiger verschwinden lassen wollte. Schließlich könnte ich diese Neigung und diese Religion des Geheimnisses auch noch wiederfinden in der Sorge, mit der Sie jene Gegenstände verbergen, die Ihnen am meisten am Herzen liegen, bis hin zu jener schwierigen Kunst der Schachteln und der vielfältigen Verpackungen, unter denen Sie Ihre Geschenke, Ihre Einkäufe und all Ihre kleinen häuslichen Schätze zu verhüllen und zu verbergen wissen. Aber ich will diese flüchtige und psychologische Skizze, der ich übrigens nur den Wert eines einfachen Entwurfs zuschreibe, einer summarischen Frage an Sie, durch einen Zug vervollständigen, der mir zu zeigen scheint, wie das eigentümliche religiöse Gefühl in Japan mit dem der ganzen Menschheit übereinstimmt. Ich lese soeben mit viel Bewunderung und Erbauung in den Erinnerungen eines Mannes, der sein Leben dem Dienst der Armen gewidmet hat und der inmitten der Bettler und Prostituierten in einem der elendesten Viertel von Kobe lebt. Nachdem dieser Mann Christ geworden war, sagte er uns: Was ihn an den Lehren des Evangeliums am meisten überrascht habe, sei das Gebot, den Nächsten nicht nur zu lieben, sondern ihn zu achten. Wir sollen ja die am tiefsten gefallenen Wesen, die materiell und geistig am meisten Erniedrigten nicht nur lieben, sondern wir sollen sie ganz besonders ehren und achten, weil sie wie wir Geschöpfe und lebendige Tempel Gottes sind; sie tragen die besondere Spur Seiner Hand an sich (wie jene Kiefer am Wege von Tokkaido, die ganz zerdreht ist, als ob sie um Auflösung flehte!). Nichts ist christlicher als diese hohe Haltung, und ich bin glücklich in dem Gedanken, daß es nichts gibt, was auch auf eine besondere und tiefere Weise japanisch wäre.

Meine Herren, ich muß um Entschuldigung bitten, weil ich Sie so lange aufgehalten habe. Es bleibt mir nichts mehr, als mit Ihnen einen Blick auf die durchwanderte Landschaft zu werfen und abzuschließen mit einigen Blicken auf das, was die Zukunft uns bieten wird.

Ich glaubte zu verstehen, daß der überlieferte Charakter der japanischen Seele die Achtung sei, die Ausschaltung der Persönlichkeit vor dem betrachteten Gegenstand, die willfährige Aufmerksamkeit für Wesen und Dinge, die den Menschen umgeben. Ihre Religion ist bisher nicht Verehrung eines transzendenten Wesens gewesen, sie ist aufs engste verbunden mit dem natürlichen und gesellschaftlichen Raum, in dem sie ausgeübt wird, und obwohl sie den Religionen Indiens und Chinas darin gleicht, daß sie auf die Idee einer bestimmten Offenbarung aus der anderen Welt verzichtet, unterscheidet sie sich dennoch ganz merklich sowohl von der einen wie von der anderen. Der Inder ist seiner Natur nach beschaulich. Er betrachtet immer das gleiche, ein Grün, das in Ewigkeit nicht besteht, ein Etwas, das sich auf ewig verbirgt und auf ewig verborgen ist. Das chinesische Volk, als unabsehbare Schicht auf der größten Anschwemmung dieser Erde ausgebreitet, hat den besten Teil seiner Beschäftigungen der Regelung seiner Beziehungen mit seinesgleichen, der Kodifizierung der sittlichen und praktischen Gesetze gewidmet, die Brüdern erlauben, ohne Gewaltsamkeit und ohne Prozeß die Erbschaft von Boden und Wasser zu teilen. Der Japaner ist Teil eines abgetrennten Ganzen, welches während Hunderter von Jahren bewiesen hat, daß es jeden Kontakt mit der übrigen Welt entbehren kann. Sein Land ist eine Art durch und durch gestalteten und geschmückten Heiligtums, auf dem er vom einen Ende des Jahres zum anderen – vom Januarschnee bis zu den tiefen Erdstößen unter dem heißen Regen der *Niybai*, von den rosigen Düften des April bis zum Erntefeuer – in ritueller Ordnung eine Zeremonie der Farbe und Fruchtbarkeit der anderen sich folgen und entwickeln sieht. Sein Leben besteht darin, an diesem erhabenen Kalender teilzunehmen, wie ein Kind aus alter Familie an den überlieferten Festen seines Hauses teilnimmt. Er schließt sich der Natur mehr an, als daß er sie sich unterwirft, er verbindet sich ihrer Feier, er betrachtet sie und tut dasselbe wie sie, er vollendet ihre Sprache und ihren Schmuck, sie leben zu gleicher Zeit. In keinem Lande gibt es ein tieferes Einverständnis zwischen Mensch und Natur, und in keinem Lande sonst ist eins vom anderen so sichtbar geprägt. Während zweier Jahrhunderte haben sie nichts anderes getan als einander zu betrachten. Lassen Sie mich den Wunsch aussprechen, daß diese Einheit weiterbestehen und daß die Lehre, die sie für die übrige Menschheit enthält, nicht aufhören möge; die fremden und banalen Bauten, ohne Beziehung zu dem Lande, das sie trägt, mögen nicht wie ein Gebrüll von Sklaven und Verdammten die Musik dieser verzauberten Inseln stören.

Jedesmal, wenn ich nach Frankreich zurückkehre, stelle ich mit tiefer Verstimmung das Umsichgreifen einer verbrecherischen Erfindung fest, einer Geißel, die schlimmer ist als die Reblaus, die allmählich die ganze Schönheit unseres Landes zerstört. Ich spreche von den mechanisch hergestellten Dachziegeln, jenem Zeug mit den künstlichen Linien, unbeweglich wie der Geist eines Aufsehers; ihr schreiendes Rot verdrängt nach und nach die schönen Ziegelteppiche, die von gedämpftem Purpur wie die Wolle von Bonkhona sind, die altehrwürdigen Dächer der Champagne und der Provence. Mitten in einer harmonischen Landschaft genügt ein einziger Fleck dieses schamlosen und unveränderbaren Rots, um alles zu zerstören – wie das Lachen eines Dummkopfs beim Spiel eines Orchesters.

Nun denn, ich fürchte, daß bei Ihnen ähnliche Schäden aufbrechen, wenn Sie nicht das Mittel finden, jene gefährlichen Materialien, den Eisenbeton und das Zink, zu zähmen. Es gibt einen alten chinesischen Aberglauben, den *Fong shyi*, der sagt, man könne nicht ungestraft die Harmonie der Natur zerstören. In dem Maße, wie man sie entstelle und man ihre Form und ihren Sinn zerbreche, würden die Bewohner dieser zerstörten Schöpfung ohne Schutz allen bösartigen Einflüssen ausgesetzt. Ich wünsche, daß dieser Tag für Japan niemals komme, daß vielmehr, nach den Worten Ihrer Nationalhymne, die friedliche Einheit von Mensch und Natur für alle Jahrhunderte weiterbestehe, ‹wie das Moos auf dem Stein›.

Juli 1923

DER AUFBRUCH DES LAOTSE

Als Laotse, der bereits ein vorgerücktes Alter erreicht hatte, am Fuße des Westpasses angelangt war, den er anderntags überschreiten sollte, um nicht wieder unter den Menschen zu erscheinen, suchte er den Gouverneur des Grenzortes auf, um ihm seine Aufwartung zu machen, und während sie gemeinsam den Tee zu sich nahmen, beglückwünschte ihn der Weise zu der angenehmen Lage der Stadt, die ihm anvertraut sei. «Ich habe mein Leben», so sagte er zu ihm, «in einer Ebene ohne Horizont verbracht; das einzige, von Wassern herrührende Geräusch, das man dort vernahm, war das Glucksen einer schlammigen Tunke, nach der die Füße eines Bauern auf dem Boden eines Loches suchen, um sie vermischt mit seinem eigenen Schweiß über seinen kleinen Acker zu gießen. Wie freue ich mich, diese ganz andersartigen Gebirge zu begrüßen, wo es überall von natürlichen Wasserläufen murmelt, und seinen heilsamen Anhauch auf dem Gesicht zu verspüren! In der Tat genießen die Untertanen Eurer Exzellenz die Vorteile der Ortsveränderung und zugleich die einer Seßhaftigkeit: denn als Bewohner der ersten Bewegung des Gebirges ergeht es ihnen wie dem Reisenden, der soeben sein Reittier bestiegen hat und der sich nur noch forttragen lassen muß.»

«Ich sehe aber», sagte der Präfekt, «daß Ihr selber kein Pferd habt mit Ausnahme der beiden schwerbeladenen Tiere, die hinter Euch einherziehen.»

«Der Paß, den ich überwinden muß», sagte der Weise, «ist nach allem, was ich heute erfuhr, sehr schwierig, und die Kräfte eines Lasttieres würden es nicht schaffen. Darum erlaube ich mir, Eure Hilfsbereitschaft in Anspruch zu nehmen. Die beiden Tiere sind nicht, wie Ihr annehmt, mit Waren beladen, die dazu bestimmt sein könnten, mir das Wohlwollen der Fremden zu verschaffen. Ach nein, es sind nur Bücherballen, alle Bücher, die ich seit

Beginn meiner literarischen Pilgerschaft geschrieben habe, oder richtiger gesagt, der ganze schmale Papierweg, den ich seit den Tagen meiner Jugend beschritten habe, und jeder meiner Schritte ist darauf in Schwarz eingetragen. Wie sich also wundern, daß das Rückgrat dieser armen Diener unter einer solchen Last nachgibt, wenn der Weg, den sie auf dem Rücken tragen, sich zu dem hinzugesellt, den sie unter den Füßen haben? Nähme ich sie mit mir, würden die Zollbeamten niemals damit zu Ende kommen, sie zu untersuchen, und ich fürchte, ich würde nie über die Grenze kommen.»

«Was soll ich aber tun», sagte der Präfekt. «Mein Haus ist viel zu klein, um so viel Papier aufzustapeln.»

«Möge Eure Exzellenz sich mit einem Pinsel und einer Schreibtafel bewaffnen und lediglich die Titel jedes einzelnen dieser Werke aufzeichnen; möge Sie außerdem sorgfältig deren Entstehungsjahr festhalten; sich eine Waage bringen lassen und sie wiegen; die Blätter zählen und ihre Maße nachmessen; das alles in ein vorbereitetes Verzeichnis eintragen; und dann an einem windigen Tage, nachdem Sie einen tüchtigen Haufen trockener Äste und Tannenzapfen zusammentragen ließen, den Inhalt dieser beiden Ballen freudig den Flammen übergeben. Und in der Tat, wenn ich vor mir einen lebendigen Weg sehe, den es zu bewältigen gilt, was mich die Menschen einstmals als Tao bezeichnen hörten, was soll ich dann noch mit diesem Kadaver einer Straße machen, die sich an meine Fersen heftet? Früher einmal habe ich von einem Eroberer sprechen gehört, der seine Schiffe hinter sich verbrannt hatte; bei mir geht es nicht nur um Schiffe, nein es ist die Straße selber, die ich von einem Ende zum anderen in Brand stecken möchte.»

«Wie, von all den Worten und Zeilen», sagte der Präfekt, «von all den Gefühlen und Gedanken soll nichts übrigbleiben?»

«Ihr sagt», entgegnete Laotse, «es bleibe nichts mehr zurück, wenn doch ihr Titel aufbewahrt wird? Was wird von Eurem Vater und von Eurer Mutter übrigbleiben, wenn nicht ihr ehrfürchtig auf einem Täfelchen verzeichneter Name? Nicht anders bei einem Buch, wenn wir seinen Titel kennen, wenn wir es in unserer Hand gewogen haben, wenn wir seine äußere Gestalt untersucht haben, wenn wir die Seele dieses einzigen Atemzuges eingeatmet haben, die einem Kenner genügt, um es auszukosten, was für ein Bedürfnis besteht dann noch für alles übrige?»

«Nichts anderes», sagte der Präfekt, «tat ein gewisser Kaiser, als er die von den Akademien aufgespeicherte Weisheit den Flammen übergab.»

«Mein Freund Konfuzius», erwiderte Laotse, «hat ihm darob große Vorwürfe gemacht, aber was wollte in Wirklichkeit Seine Majestät, wenn nicht den Pflichten seines Amtes gemäß dem blauen Himmel ein geeignetes Opfer bringen? Aus Odem und Speichel geschaffene Worte, gehören sie nicht dem Winde? Und die schwarzen Buchstaben, die sich durch ihr eigenes Gewicht loslösen, was gäbe es Besseres, um Asche daraus zu machen?»

«Ich will», entgegnete der Präfekt, «Eurem Wunsch willfahren, aber Ihr werdet ein gar winziges Andenken im Gedächtnis der Menschen zurücklassen.»

«Was bleibt von einem Freunde, wenn er entschwunden ist?» sagte Laotse. «Nicht seine ganze Biographie und die dickleibigen Erinnerungen an ein vielschichtiges Dasein, sondern eine vertraute Episode, ein Satz, dessen Schluß man sich nicht mehr entsinnen kann, nichts als ein Tonfall, und das genügt, damit er vor uns erneut ersteht. Nicht anders betrachten Sie in diesem Augenblick mein Gesicht, in das die Zeit ihr Dokument aus tausend feinen Linien eingetragen hat, Sie schätzen diesen monumentalen, durch die Weisheit noch gewachsenen Schädel, der später einmal die Bewunderung der Maler erregen wird. Morgen aber, wenn ich Ihnen den Rücken kehre, werden Sie nur noch meine Gestalt und meine Haltung sehen. Wenn ich bei dem kleinen Tempel dort oben an der ersten Wegbiegung angelangt bin, werden Sie noch das Freundeszeichen erkennen können, das ich Ihnen zuwinke. Später wird nur noch ein weißer Fleck zu sehen sein. Weiter oben werden Sie nichts mehr sehen, wenn nicht den verstörten Aufflug der Krähen, die meine Schritte aufgescheucht haben. Und noch später, wenn sie hinhorchen und irgend etwas hören, wird es ein Stein sein, den mein Fuß in einen unsichtbaren Abgrund herunterrollen läßt.»

«Und was bedeutet dieser schwache Rauch», entgegnete der Präfekt, «der dünne Faden, den ich in der Paßöffnung zum Himmel aufsteigen sehe?»

«Das sind meine beiden Strohsandalen», erwiderte Laotse, «die ich verbrenne, da ich sie nicht länger benötige; das sind meine Pilgersandalen, die ich den Berggeistern zum Opfer darbringe!»

Mount Kisco, N.Y., 14. Juni 1931

II DICHTUNG – KUNST – MUSIK

DIE MUSEN

(Nach dem Ostia-Sarkophag im Louvre)

Die neun Musen, und in der Mitte Terpsichore!
Gleich erkenn ich, Bacchantin, gleich dich, Sibylle! Keiner Schale bedarf ich in deiner Hand, noch gar des Busens
Zuckend in deinen Nägeln, Cumäische, im Wirbelsturm goldener Blätter!
Doch die breite Flöte in deinen Fingern, voller Munde gelocht, weist genug,
Daß du sie nicht mehr dem Atem zu fügen brauchst, der dich schwellt,
Der dich eben, o Jungfrau, aufrecht gestellt hat.
Keine Verkrampfung: nichts verwirrt die schönen Falten des Kleides vom Halse bis zu den Füßen, die es nicht sehen läßt!
Doch weiß ich genug, was mir das weggewendete Haupt sagt, die trunkenverschlossenen Züge und das hinlauschende Antlitz, funkelnd vom Jubel der Symphonie!
Nur einen Arm vermochtest du nicht zu verhalten. Er hebt sich, krampft sich,
Voll rasender Ungeduld, den ersten Takt zu schlagen!
Heimlicher Selbstlaut! Belebung des keimenden Worts! Klangübergang, dem die ganze Seele sich einschwang!
Terpsichore, die den Tanz erfand! Wo wäre der Chor ohne Tanz? Welch andre, die quellende Hymne zu keltern,
Zauberte, unentwirrbare Reigen erfindend, schwesterlich die unzähmbaren Achte in eins?
Bei wem – hättest du, mitten im Geist, schwingendes Mädchen, ihm nicht den groben Verstand zernichtet,
Zornigen Fittichs alles ins Salz des klappernden Feuers ihm fegend –
Bei wem gasteten sonst die keuschen Schwestern sich ein?
Die neun Musen! Keine für mich zuviel!

Hier auf dem Marmor erscheint mir die volle Novene. Rechts von dir Polyhymnia! Links vom Altar, an den du dich lehnst,
Hoch die gleichrangigen Frauen, der Fries deiner wortkundigen Schwestern.
Sagen will ich, mit welchem Schrittmaß sie mir standen, und wie sie sich ineinanderflochten
Durch andres, als was jede Hand
Pflücken geht an hingebotenen Fingern.
Und vor allem: Ich hab dich erkannt, Thalia!
Auf der gleichen Seite hab ich Klio erkannt, Mnemosyne erkannt, ich hab dich erkannt, Thalia!

Ich hab euch erkannt, vollzähliger Rat der neun inwendigen Nymphen!
Mütter der Laute, tiefe Erreger der Sprache und Knäuel lebendiger Frauen!
Schöpferische Gegenwart! Nichts würde, wärt ihr nicht neun!
Plötzlich, sieh, da der neue Dichter, schwanger von geistiger Sprengkraft,
Schwarzem Gebrüll des ganzen Lebens, verschnürt vom Nabel im bebenden Untergrund,
Aufbricht – der Ansturm
Sprengt die Klausur, der Atem von selbst
Vergewaltigt die schneidenden Kiefer –:
Ein Schrei – und die schauernden Neun!
Schweigen kann er nicht mehr, die Frage, die aus ihm trat, ist, wie Hanf
Taglöhnernden Frauen, für immer
Anvertraut dem weisen Chor des unauslöschlichen Echo!
Niemals schlummern sie alle! Doch eh Polyhymnia, die hohe, sich wiederaufreckt,
Ist es vielleicht, mit zwei Händen den Zirkel entspannend, Urania, Gleichbild der Venus,
Wenn sie, den Bogen ihm straffend, Amor belehrt;
Oder, die mit leiser Zehe, lachend, das Maß klopft, Thalia; oder im Schweigen des Schweigens
Seufzt Mnemosyne.

Älteste sie, die nicht redet! Älteste von Altersgleichen! die niemals spricht, Mnemosyne!
Sie lauscht, sie betrachtet,
Sie spürt (ist die innere Fühlung des Geistes),
Rein, schlicht, unversehrbar! Sie erinnert.

Sie ist das geistige Schwergewicht. Das Verhältnis, ausgedrückt in einer ganz schönen Zahl. Sie ist auf eine Weise, die unsagbar ist,
Gesetzt auf den Puls des Seins.
Sie ist die inwendige Stunde, der strömende Schatz, die wohlgespeicherte Quelle;
Das Gelenk hinüber zu dem, was nicht Zeit von sagbarer Zeit ist.
Nie sagt sie ein Wort; sie ist beschäftigt damit, nicht zu reden. Sie fällt überein.
Sie besitzt, sie gedenkt, und achtsam hängen die Schwestern alle an ihrer Wimper Bewegung.
Dir, Mnemosyne, diese erste Strophe, und das jähe Aufflammen der Ode!

So plötzlich aus der Mitte der Nacht wie der Zuck des dreizackigen Blitzes schlägt nach überall ein mein Gedicht!
Und keiner weiß es voraus, wo es unversehens die Sonne in Rauch setzt,
Eiche, Schiffsmast oder schlichte Stelle des Herds, und schmelzt den Topf zu Gestirnsglut!
O meine ungeduldige Seele! Nein, wir richten uns keine Reede! Wir stoßen, wir rollen keine Trireme
Bis in ein weites Mittelmeer flach hingebreiteter Verse,
Voller Inseln, den Händlern bequem, umsäumt von den Häfen der Völker!
Wir haben ein mühender Ding zu betreiben
Als deine Heimkehr, Dulder Odysseus!
Alle Pfade verloren! Ruhlos gejagt und gehütet
Von den Göttern heiß auf der Jagdspur, und doch sahst du von ihnen nichts als zuweilen
Nachts einen goldenen Streif auf dem Segel und, einen Aufblick lang, im Glanze des Morgens
Ein strahlend blauäugiges Antlitz, ein Haupt umkränzt von Eppich,
Bis zu dem Tag, da du einsam bliebst!
Welchen Streit, drüben auf Ithaka, durchfochten Mutter und Kind,
Indes du den Rock dir stopftest, indes du die Schatten befrugest,
Bis die lange phäakische Barke dich heimtrug, überwältigt von tiefem Schlummer.
Und dich auch endlich, so bitter es wird,
Ich muß die Ufer deines Gesanges meiden, Äneas, zwischen den beiden Welten die Breite ihrer priesterlichen Gewässer!
Welche Windstille ward in der Mitte der Zeiten, während im Rücken die Heimat und Dido sagenhaft lohen!

Du erliegst der rudernden Hand! Du fällst, Palinur, und deine Faust bändigt das Steuer nicht mehr.
Und vorerst sah man nichts als ihren endlosen Spiegel, doch auf einmal, während der riesige Furchenzug sich weitet,
Leben sie auf, und die volle Welt malt sich hin auf den magischen Teppich.
Denn nun hört im hellen Mondglanz der Tiber
Nahen den Schiffsbug, befrachtet vom Schicksal Roms.
Doch nunmehr, scheidend vom Spiegel des flüssigen Meers,
O Reimer aus Florenz, auch dich begleiten wir nicht, Schritt in Schritt, auf deiner Erkundungsfahrt,
Hinunter, hinauf bis in den Himmel, hinunter bis in die Hölle,
Wie wer den einen Fuß auf der logischen Scholle gesichert, den andern hebt in einem entschlossenen Ausschritt.
Und wie man im Herbst durch die Pfützen kleinen Gevögels tritt,
Entwirbeln deinem beschwörenden Gang schwarmweis die Schatten und Bilder!
Nichts mehr von alldem! Es ödet jeder beschriebene Weg, jede erklimmbare Leiter.
O meine Seele! Dein Lied besteht nicht aus diesen Lettern, die ich pflanze wie Nägel, sondern aus dem, was weiß bleibt auf dem Papier.
O meine Seele! Zimmern wir uns keinen Plan! Du meine wilde, bleiben wir frei und bereit
Wie die zerbrechlichen Scharen der zahllosen Schwalben, wenn ohne Stimme ertönt der Anruf des Herbstes!
O unduldsame Seele, vergleichbar dem kunstlosen Adler! Wie stellen wir's an, auch nur einen Vers zu passen? Dem Adler, der nicht einmal seinen Horst zu bauen versteht?
Nichts Knechtisches kenne mein Lied! Sondern so wie der Adler der See, der auf einen großen Fisch stößt,
Und man sieht nichts als ein blitzendes Flügelgewirbel und den spritzenden Gischt!
Aber ihr lasset mich nicht, Musen der Mäßigung.

Und du unter allen, Kupplerin, nimmermüde Thalia!
Du, du bleibst nicht zu Haus! Sondern wie der Jäger in der blauen Luzerne
Dem Hunde, den er nicht sieht, ins Geröhr folgt, so zeigt ein kleines Gezitter im Graswald der Welt dem stets gerüsteten Auge die Spur, die du ziehst;
Du Landstreicherin durch die Felder, gut gab man dir diesen Stab in die Hand!

Und in der andern, bereit, daraus das unauslöschliche Lachen zu schöpfen, hältst du, wie man ein mischleibig Tier auskundet,
Die unförmliche Maske, die Schnauze des Lebens, den grinsenden, furchtbaren Balg!
Da hast du's entrissen! Packst mit der Faust das große Geheimnis der Komik, die anpassende Falle, die hinüberverzaubernde Formel!

Klio indes, drei Finger am Griffel, wartet, stehend am Rand des glänzenden Schrankes,
Klio, der Seele Notar, gleich einer, die Buch führt.
Jener Hirt, sagt man, sei der erste Maler gewesen,
Der, auf der Felswand seines Bockes Schatten erspähend,
Den gehörnten Fleck mit einem Span seines Feuers umriß.
Demnach: was ist der Federkiel (gleich dem Stäbchen der Sonnenuhr)?
Nur der scharfe Rand unseres menschlichen Schattens, auf dem weißen Blatte umhergeführt.
Schreibe, Klio! Versieh ein jedes mit der richtigen Rune! keinem Gedanken
Versagt unser träges Dunkel den Schattenriß der Umschreibung!
O du Erkunderin, o du Lenkerin, o du Malerin unserer Schatten!

Ich habe die nährenden Nymphen gesagt; die nicht reden und die sich nicht zeigen; ich sagte die Musen des atmenden Geistes, nun sag ich die der Begeisterung.
Denn der Dichter, gleich einem Instrument, das man bläst
Zwischen Gehirn und Nüster (in einer Empfindung gleich dem scharfen Reiz des Geruchs),
Öffnet nicht anders als der kleine Vogel die Seele,
Wenn er, mit dem ganzen Körper zu singen bereit, sich mit Luft füllt bis ins innerste Mark!
Doch nunmehr sag ich die großen einsichtigen Musen.

Die eure mit ihrer Schwiele in der Falte der Hand!
Da ist eine mit ihrem Zirkel, und eine dort, die die Farben malmt, und jene noch, die mit allen Gliedern an ihre Tasten gebannt ist!
– Diese aber sind die Schaffnerinnen des inneren Tones, der Widerhall der Person, weissagerisch,
Die Emanation des tiefsten A, der Kraftstrahl des vergrabenen Goldes,
Welches das Hirn mit all seinen Wurzeln schöpfen geht wie ein Fettes aus dem Grunde des Eingeweids, es aufzuwecken bis in der Glieder äußerstes!

Dies leidet nicht, daß wir schlafen! Seufzer, voller als das Geständnis, womit die Erwählte im Schlummer beglückt unser Herz!

Kostbares Gut, ließen wir also dich uns entgehn? Welche Muse nennte ich, rasch genug, dich zu greifen, dich zu umfangen?

Diese, sieh, die in Händen die Leier hält,

Gleich eines Webenden Werkzeug, vielgittrig, um gefangenzunehmen,

Euterpe im breiten Gürtel, hehre Priesterin des Geistes, du hebst sie, die große tonlose Leier!

Das Ding, womit man die Rede flicht, das klingende Klarichord, das die Töne sinnreich verbindet.

In der einen Hand die Leier, dem Einschlag gleich über den Rahmen gespannt, und mit der andern

Regt sie, wie ein Schiffchen, den Klangstab.

Kein Anschlag, der nicht das ganze Lied schon enthielte! Sei Fülle, goldener Ton! ausladendes Orchester! Ergieße dich, hinreißende Rede! Daß wie ein See voller Quellen, aus allen klaffenden Pausen

Das neue Wort überborde! Ich höre, wie mit unaufhaltsamer Beredsamkeit die eine Note sich ausblüht!

Sie dauert, die Leier in deinen Händen

Durchdauert, wie das Zeilengerüst, auf dem der allmähliche Sang sich einschreibt.

Du bist die Singende nicht, du bist, derweil er sich ausformt, der Sang selbst,

Bist von dem Wort der Seele die Tat ihrer Selbstvertonung!

Die Erfindung der wundersamen Frage, das lichte Zwiegespräch mit dem unerschöpflichen Schweigen.

Verlaß meine Hand nicht, du Leier der sieben Saiten, Werkzeug des Übertrags und der Gleichnisbereitung!

Alles will ich sehn durch deine wohlgezogenen Drähte! So die Erde mit ihren Feuern wie den Himmel mit seinen Sternen.

Aber die Leier genügt nicht, und das klingende Gitter ihrer sieben gespannten Nerven.

Die der entrückte Blick vergißt,

Der kühn hinübersetzende, die Abgründe,

Dein Sprung, Terpsichore, genügt sie zu meistern nicht, noch verdaut sie das widerspruchskundige Werkzeug.

Hier braucht's den Winkel, hier öffne machtvoll den Zirkel, Urania, den Zirkel mit den beiden strammgerichteten Schenkeln,

Die sich im Punkt nur fügen, von wo sie sich spreizen.

Nicht ein Gedanke, wie plötzlich gelb oder rosa ein Planet am Gleicher des Geistes emportaucht,
Nicht (wie Plejaden) ein Bündel Gedanken
Im Aufstieg durch den wandernden Himmel,
Dem nicht die Zwischenmaße alle zu messen der Zirkel genügte, wenn er gleich der gespreizten Hand jedes Verhältnis berechnet.
Du unterbrichst nicht das Schweigen! Mit nichts vermengst du das Geräusch der menschlichen Rede. O Dichter, du sängest nicht gut,
Sänge dein Sang nicht im Gleichmaß.
Aber deine Stimme ist nötig im Chor, sobald auch für dich der Einsatz bereit ist.
O Grammatiker in meinen Versen, such nicht den Weg, suche die Mitte! Miß ihn, begreife den Raum, der begriffen ist zwischen diesen einsamen Feuern!
Daß ich, was ich sage, nicht wisse! Daß ich sei wie ein Klang an der Arbeit! Daß ich vernichtet sei in meiner Bewegung! (Nichts als den kleinen Druck meiner Hand, um zu lenken.)
Daß ich mein Schwergewicht wahre wie der wuchtende Stern quer durch die wimmelnde Hymne!

Und an das andere Ende des langen Schreines, Leere von der Fassungskraft eines Menschenkörpers,
Ist Melpomene aufgestellt, wie ein Kriegshauptmann und wie ein Baumeister von Städten.
Denn, das tragische Antlitz gehißt wie einen Helm überm Haupte,
Ellbogen am Knie, den Fuß auf gekantetem Block, erwägt sie die Schwestern;
Klio, an die eine Ecke gesetzt, und Melpomene steht an der andern.
Wann es die Parzen bestimmen
Und bald das Zeichen, die Tat, auf dem Zifferblatt der Zeit, wie die schlagende Stunde im Vollzug ihrer Zahl, sich auslöst,
An allen Winkeln der Welt anwerben sie dann die Schoße,
Ihnen die Spieler zu liefern, derer sie bedürfen,
Die gesetzte Stunde gebiert sie.
Nicht ihren Vätern ähneln sie nur, sondern in heimlichen Knoten
Den unbekannten Partnern, die sie kennen werden oder auch nicht, denen des Vorspiels und den andern des Schlußakts.
So ist auch ein Gedicht nicht wie ein Sack voller Worte, nicht allein
Diese Dinge, die es bedeutet; es ist selber ein Zeichen und eine eingebildete Tat, erschaffend

Die seiner Lösung nötige Zeit,
Und ahmt so, in ihren Federn und Gewichten erwogen, die menschliche Tat nach.
Und jetzt, Chorführerin, wirb an deine Truppe, damit jeder seine Rolle versehe, auftrete zur rechten Zeit und wieder verschwinde!
Cäsar besteigt das Richthaus, auf seinem Faß kräht der Hahn, du hörst sie beide, du verstehst sie beide vollkommen,
Zugleich den Beifall der Klassik und des Hahnes Latein.
Beide sind sie dir nötig, beide wirst du zu dingen verstehn, und den Chor gesamthaft zu nützen.
Der Chor rings um den Altar
Vollführt die Einzugsrunde, hält inne,
Wartet, und der belorbeerte Künder erscheint, und Klytämnestra, die Axt in der Hand, den Fuß in ihres Gatten Blut, die Sohle auf des Mannes Mund,
Und, mit seinen ausgerissenen Augen, der Rätselrater Ödip
Reckt sich auf im thebanischen Tore.
Aber der strahlende Pindar gönnt seiner jubelnden Schar als Pause nicht mehr
Denn ein überschwengliches Licht und dies Schweigen: daran zu trinken!
O der große Tag der Spiele!
Nichts kann sich daraus vereinzeln, sondern eins ums andre körpern die Dinge sich ihm ein.
Die Ode, rein wie ein herrlicher nackter Leib, gleißend von Sonne und Öl,
Holt sich alle Götter an der Hand herbei, um sie ihrem Chor zu vermischen,
Um in vollem Gelächter den Triumph, um mit Flügeldonner den Sieg zu empfangen
Derer, die zumindest durch die Kraft ihrer Füße überwanden des Leibes dumpfes Gewicht.

Und nun, Polyhymnia, o du, die sich hält in der Mitte der Schwestern, eingehüllt in deinen langen Schleier wie eine Sängerin,
Aufgestützt dem Altar, angelehnt an das Pult,
Genug nun des Harrens! Jetzt greife ihn auf, den neuen Gesang! Jetzt darf ich deiner Stimme, o meine Einzige, lauschen!
Sanft ist nachtens die Nachtigall! Wenn machtvoll und richtig die Geige anhebt,
Das Fleisch auf einmal gereinigt von seinem Taubsein, und auf der Resonanz unseres sinnlichen Leibes zu vollkommener Leiter sich straffen
Alle Nerven wie unter den emsigen Fingern des Stimmers.
Aber, wenn er dann seine Stimme erhebt, er selber,

Wenn der Mensch dann Geige und Bogen zugleich ist,
Und ein geisthaft Leben dröhnt durch die Verwandlungen seines Schreis,
O Phrase des Alto, recht und stark, o Seufzen des Hercynischen Waldes, o Schmettern über der Adria!
Weniger wesentlich widerhallt in euch das ursprüngliche Gold als dies Eingegossene jetzt in der Menschen-Substanz!
Das Gold, oder geistige Kenntnis, die jegliches Ding von sich selber besitzt,
Verwühlt im elementarischen Busen, eifersüchtig unter dem Rhein gehütet von Nixe und Nibelung!
Was ist Gesang, wenn nicht die Sage, die jedes
Von seinem innern Abgehege berichtet, Zeder wie Brunnen?
Doch dein Gesang, Muse des Dichters,
Ist nicht das Gesumm der Hummel, die schwätzende Quelle, der Paradiesvogel in den Levkojen!
Vielmehr, wie der heilige Gott jedes Wesen erfand, so steht deine Lust nach dem Besitz seines Namens,
Und wie Er im Schweigen sprach: «Es werde», also voll Liebe wiederholst du's, so wie es genannt ist,
Und stammelst wie das Kind die Silben: «Es ist».
O du Magd Gottes, voll der Gnade!
Aus ganzer Natur stimmst du ihm bei, betrachtest die Dinge in deinem Herzen, und suchst bei jedem: Wie läßt es sich sagen?
Als Er das Weltall ersann, mit Schönheit das Spiel verteilte und ungeheuer auslöste den Feierreigen,
Ein Unseres war da mit Ihm, sah allem zu, ergötzte sich in Seinen Werken,
Achtsam an seinem Tag, wirksam an seinem Sabbat!
So, wenn du redest, o Dichter, in ergötzender Aufzählung
Ein jedes beim Namen vorbringend,
Wie ein Vater rufst du's dann geheimnisvoll in seinem Ursprung, und im Maße du einstens
Teilnahmst an seiner Schöpfung, wirkst du mit an seinem Bestehn!
Wiederholung ist jegliches Wort!
Das ist der Sang, den du singst im Schweigen, und das die selige Harmonie,
Deren Fügen und Lösen du mit deinem Herzen ernährst. Und also,

Dichter, nicht sag ich, daß von der Natur du irgend Belehrung empfangest, du bist es vielmehr, der ihr auferlegt das Gesetz,
Du, im Erwägen aller Dinge.

Um zu sehn, was sie antworten werden, erlustigst du dich, sie beim Namen zu rufen, eines ums andre.
O Vergil unterm Rebenstock! Die breite, fruchtbare Erde
War dir nicht, dort drüben hinter der Hecke, wie eine Kuh,
Die wohlwollend den Menschen lehrt, Milch zu gewinnen, ziehend an ihrer Zitze,
Sondern als erste Rede, Römer,
Gabst du Gesetz. Du schilderst die Welt. Er erklärt dir alles, Kybele, er kennt deiner Früchte Formel,
Er ist gesetzt an die Statt der Natur, um zu sagen, was sie denkt, und besser als ein Stier! Seht: Frühling des Worts, seht: Sommers Witterung!
Und schon schwitzt Wein der goldne Baum! Schon löst sich aus allen Gauen deiner Seele
Der Genius los, vergleichbar den Wassern des Winters!
Und ich selber stoße den Pflug, und hart ackern die Zeiten des Jahres meinen starken, schwierigen Boden.
Dem Grunde verwandt und zäh,
Bin ich den Ernten zugewiesen und unterworfen dem Landbau.
Meine Wege reichen von einem Horizont bis zum andern, ich habe meine Flüsse, ich trage in mir eine Wasserscheide.
Wenn das greise Siebengestirn mir über der Schulter aufsteigt,
Nachtvoll, weiß ich dasselbe Wort ihm zu sagen, sein Umgang ist mir irdische Angewöhnung.
Entschleiert ist mir das Geheimnis; ich weiß, wie man redet; wenn ich will, so kann ich euch sagen,
Was ein jegliches «sagen will».
Ich bin eingeweiht in das Schweigen; es gilt die unerschöpflichen Festgebärden des Lebens, es gilt eine Welt sich anzueignen, es gilt ein unstillbares Gedicht zu erfüllen durch des Getreides und aller Früchte Erzeugung.
– Ich lasse dies Amt der Erde; ich fliehe zurück in die Räume, offen und leer.

O weise Musen, weise, weise Schwestern! Und du selbst, trunkne Terpsichore!
Wie dachtet ihr, diese Tolle zu fangen, an dieser und jener Hand sie zu halten
Und mit der Hymne zu knebeln, einem Vogel gleich, der nur im Käfig singt?
O Musen, geduldig ins harte Grabmal gehauen, die Lebende, Zuckende! Was kümmert mich eures Chors unterbrochener Takt? Ich raube euch meine Tolle zurück, meinen Vogel!
Diese da ist nicht trunken von heiterem Wasser und feiner Luft!

Rausch wie von rotem Wein und einem Rosenhaufen! Trauben unter dem nackten Fuß, daß es aufspritzt, und große gelbe Blüten, klebrig von Honig!
Die Mänade verstört von der Trommel! beim Gellen der Pfeife die Bacchantin gesteift im donnernden Gott!
Ganz brennend! ganz sterbend! ganz vergehend! Du streckst mir die Hand hin, du öffnest die Lippen,
Öffnest die Lippen, und mit dem sehnsuchtsbeladenen Blick: «Freund!
Zuviel, zuviel gewartet! Nimm mich! Was tun wir noch hier?
Wie lang noch willst du die Zeit hier vertun, brav und bieder, mit meinen weisen Schwestern,
Wie ein Meister im Trupp seiner Schaffnerinnen? Meiner weisen und wirkenden Schwestern! und ich bin heiß und toll, ungeduldig und nackt!
Was treibst du noch hier? Küß mich und komm!
Brich, reiß aus alle Bande! Nimm mich, deine Göttin, mit dir!
Fühlst du denn nicht meine Hand auf der deinen?»
(Und wirklich: ich fühlte ihre Hand auf der meinen.)
«Begreifst du nicht meinen Verdruß und daß meine Lust nach dir selbst steht? Oh, diese Frucht zu verzehren zwischen uns beiden, dies große Feuer zu entfachen aus unsern zwei Seelen! Zu lang, ach, zu lang!
Ach, allzulang schon! Nimm mich, denn ich kann nicht mehr! Zulang, zulang gewartet!»

Und wirklich, ich schaute und sah mich auf einmal allein,
Abgelöst, versagt, verlassen,
Ohne Pflicht, ohne Auftrag, draußen inmitten der Welt,
Ohne Recht, ohne Sache, ohne Kraft, ohne Zutritt.
«Fühlst du nicht meine Hand auf der deinen?»
(Und wirklich, ich fühlte, ich fühlte ihre Hand auf der meinen!)

O Freundin auf dem Dampfer! (Denn dies war das Jahr,
Da ich begann, die Zersetzung des Laubes zu sehn und wie die Feuersbrunst an die Welt griff,
Und um den Gezeiten des Jahres zu entgehn, erschien mir der fröstelnde Abend als Morgenröte und der Herbst als Frühling eines gestillteren Lichtes,
Und ich folgte nach wie ein Heer, das beim Rückzug alles hinter sich abbrennt. Immer
Weiter voran bis ins Herz des schimmernden Meeres!)
O Freundin! denn da war keine Welt mehr,

Uns einen Ort zu weisen im Geflecht ihrer vielverschlungenen Bewegung,
Sondern abgeschält von der Erde standen wir, eines beim andern, verlassen,
Wohner dieser dunkeln, wandernden Krume, ertrunken,
Verloren im Reinen des Raums, da, wo selbst der Boden von Licht ist.
Und allabendlich, hinter uns, wo wir das Ufer gelassen, gen Westen,
Bot sich uns wieder der gleiche verzehrende Großbrand,
Genährt vom ganzen gestauten Jetzt, Troja der wirklichen Welt in Flammen!
Und ich, wie eine brennende Lunte an unterirdischer Mine, dies heimlich mich zernagende Feuer,
Wird es nicht lodern zuletzt in den offenen Wind? Wer wird die große Menschenflamme verhalten?
Du selber, Freundin, deine großen Blondhaare im Winde des Meers,
Es gelang dir nicht recht, sie am Haupte zu bändigen; da stürzen sie! die lastenden Locken
Rollen dir auf die Schultern, und das große Flimmerjuwel
Weht auf, alles fliegt in den Glanz des Monds!
Und sind die Sterne selber nicht wie gleißende Spangen? Und ist nicht das ganze zerbrechliche Prunkwerk der Welt
Wie das königliche Haar einer Frau, das unter dem Kamm sich schon lockert?
O meine Freundin! O Muse im Winde des Meeres! O Denkbild, gelocktes, am Bug!
O Kummer! O Anforderung!
Erato! du schaust mich an, und ich lese einen Entschluß in deinen Augen!
Ich lese eine Antwort, ich lese eine Frage in deinen Augen! Eine Antwort in deinen Augen!
Das Hurra, das dich nun allseits ergreift wie Gold, wie Feuer im dürren Heu!
Eine Antwort in deinen Augen! Eine Antwort und eine Frage in deinen Augen!

Paris 1900
Futscheu 1904

DIE PARABEL VON ANIMUS UND ANIMA

Zum besseren Verständnis einiger Gedichte

Im Haushalt von Animus und Anima, von Geist und Seele, steht es nicht zum besten. Die Zeiten sind längst dahin – der Honigmond war rasch verflogen –, da Anima das Recht hatte, ganz ungezwungen zu reden, und Animus ihr voller Entzücken lauschte. Ist es nicht überhaupt Anima, welche die Mitgift eingebracht hat und den Haushalt in Gang hält? Doch für lange hat sich Animus nicht zu einer solchen subalternen Stellung herabwürdigen lassen, schon bald hat er sein wahres, eitles, pedantisches und tyrannisches Wesen zu erkennen gegeben. Anima ist eine Ignorantin, eine dumme Gans, die Schule hat sie nie besucht, während Animus einen Haufen weiß, er hat aus Büchern eine Menge aufgelesen, hat sich beigebracht, mit einem kleinen Kieselstein im Munde zu sprechen, und wenn er nun spricht, tut er das so gut, daß alle seine Freunde erklären, besser als er könne man nicht sprechen. Endlos könnte man ihm zuhören. Hinfort hat Anima nicht mehr das Recht, auch nur ein Wort zu sagen, er reißt ihr, wie man zu sagen pflegt, die Worte aus dem Munde, weiß besser als sie, was sie sagen wollte, und mit Hilfe seiner Theorien und irgendwelcher Reminiszenzen verdreht er alles, macht es so gründlich herunter, daß die Arme in ihrer Einfalt nichts mehr wiedererkennt. Treu ist Animus nicht, doch das hindert ihn nicht, eifersüchtig zu sein, denn im Grunde weiß er sehr genau, daß Anima das ganze Vermögen gehört, er selber hat keinen Rappen und lebt ausschließlich von dem, was sie ihm gibt. Auch hört er nicht auf, sie auszubeuten und zu quälen, um ihr Geld aus der Tasche zu ziehen, er zwickt sie, damit sie schreit, reimt sich Possen zusammen, erfindet allerlei, um sie zu quälen und zu sehen, was sie darauf sagen wird, am Abend im Café erzählt er dann alles seinen Freunden. Währenddessen bleibt sie ganz friedlich zu Hause, richtet das Essen und räumt nach diesen literarischen Versammlungen, die einen Gestank von Erbrochenem und Tabak zurücklassen, so gut es geht auf. Ohnehin sind das Ausnahmen; im Grunde ist Animus ein Spießer, der ein regelmäßiges Leben liebt, seine Gewohnheiten hat und es zu schätzen weiß, wenn man ihm stets die gleichen Gerichte vorsetzt. Doch da ereignet sich plötzlich etwas Ungewöhnliches. Eines Tages, da Animus unverhofft nach Hause kam, vielleicht hielt er auch nur sein Nickerchen nach dem Essen, vielleicht war er auch ganz vertieft in seine Arbeit, hört er Anima, wie sie ganz allein vor sich hin singt hinter verschlossenen Türen: ein eigenartiges Lied, etwas ihm gänzlich Unbekanntes, unmöglich, die Noten, die Worte oder die Tonart zu erraten; ein seltsames, wunderbares Lied. Seither hat er mit allerlei Finten versucht, sie dazu zu bringen, es nochmals zu singen, aber Anima stellt sich so, als verstände sie nicht, was er wolle. Sie schweigt, sobald er sie nur anschaut. Die Seele schweigt, sobald der Geist sie anschaut. Da hat nun Animus einen Ausweg gefunden, er weiß es so einzurichten, daß sie glaubt, er sei nicht mehr da. Er geht vors Haus, unterhält sich geräuschvoll mit seinen Freunden, pfeift, schlägt die Laute, sägt Holz, singt irgendwelche törichten Liedchen. Allmählich fühlt sich Anima sicher, schaut sich um, horcht, atmet auf, glaubt sich allein und öffnet ihrem göttlichen Liebhaber ganz leise die Türe. Doch Animus hat, wie man zu sagen pflegt, die Augen hinten am Kopf.

(1928)

BRIEF AN DEN ABBÉ BREMOND ÜBER DIE DICHTERISCHE EINGEBUNG

Mit dem ganzen Interesse, das Sie sich vorstellen können, habe ich Ihre beiden Bücher: ‹Reine Dichtung› – ‹Gebet und Dichtung› gelesen beziehungsweise erneut gelesen; sie rühren an die tiefsten Probleme der Seele und ihrer Ausdrucksmöglichkeit. Es sind wahrhaft sokratische Werke, die weniger Antworten als Fragen zum Thema haben, aber so gut gestellte Fragen, daß es unmöglich ist, sich ihnen durch Ausflüchte zu entziehen. Niemand schätzt es, auf so unerbittliche und zudringliche Art ‹ausgefragt› zu werden, und die Verlegenheit, die Gereiztheit der Leute, die Sie in ihren Vorurteilen aufstören, ist nicht minder begreiflich als die der Gesprächspartner des Seelenjägers.

Im Grundsätzlichen des Streites haben Sie tausendmal recht, und ich kann nicht einmal verstehen, daß hierüber irgendeine Meinungsverschiedenheit aufkommen kann. Die Dichtung, das würde selbst M. de La Palisse zugeben, ist das Werk einer gewissen ‹dichterischen Kraft›, die zur Einbildungskraft und zum Empfindungsvermögen unmittelbarere Beziehungen unterhält als zur vernünftelnden Vernunft. Doch will das keineswegs besagen, daß die Vernunft, der Geschmack und vor allem der Sinn für Maßhalten nicht eine bedeutende Rolle beim Schöpfungsvorgang zu spielen hätten, aber sie greifen erst in zweiter Linie ein und üben eine stützende und das Ganze überwachende Funktion aus. Die Dichtung entspringt einem gewissen Bedürfnis, mit Hilfe von Worten die Vorstellung, die man sich von irgend etwas gemacht hat, zu gestalten, zu verwirklichen. Die Einbildungskraft muß also eine lebhafte und starke, wenn auch zunächst und zwangsläufig unvollkommene und unklare Vorstellung von dem Gegenstand empfangen haben, den sie zu gestalten sich anschickt. Darüber hinaus muß unser Empfindungsvermögen auf diesen Gegenstand hin in einen Zustand des Verlangens versetzt worden sein, unsere Aktivität muß durch tausend vereinzelte Berührungen gereizt worden und sozusagen dazu angehalten worden sein, auf den Eindruck durch den Ausdruck zu antworten. Das Kunstwerk ist das Ergebnis eines Zusammenwirkens von Einbildungskraft und Verlangen.

Dies vorausgeschickt, kann man das Wort *Eingebung* in dreifach verschiedenem Sinne auffassen.

Der erste Sinn ist ganz allgemeiner Art und dem der Berufung ziemlich verwandt. Die Fähigkeit, etwas zu gestalten, Einbildungskraft und Verlangen in Einklang zu bringen durch eine Anpassung der Worte, stellt eine natürliche Gabe dar. *Nascuntur poetae.* «Sofern er nicht vom Himmel diesen verborgenen Einfluß empfangen hat ...» Sie führen Texte an, jedermann könnte zu diesem Thema unzählige Texte beibringen. In diesem Sinne spricht man davon, daß der Dichter inspiriert ist. In der Tat ist es so, als wenn von außen her plötzlich ein Hauch über unsere verborgenen Fähigkeiten wehte, um aus ihnen ein Licht und eine Wirkungskraft zu ziehen, als entlocke es uns in gewisser Weise unsere Wort-Fähigkeit. Der Hauch wäre zu nichts nütze, gäbe es nicht auch Kohlen, um ihn weiterzuleiten, und befänden sich diese Kohlen nicht in einer uranfänglichen Disposition hierzu.

Der zweite Sinn bezieht sich auf die tatsächliche Eingebung. Der Dichter wurde auf Grund eines Verfahrens, auf das die Studien des Pater Jousse ein gewisses Licht geworfen haben, durch eine Art rhythmische Erregung, durch Wiederholungen und ein verbales Wiegen, durch metrisches Rezitieren ein wenig in der Art volkstümlicher orientalischer Ekstatiker in Bewegung versetzt. Man sieht, wie er sich die Hände reibt, wie er auf und ab geht, den Takt schlägt, etwas zwischen den Zähnen brummelt. Und nach und nach beginnt unter diesem regelmäßigen Antrieb, zwischen den beiden Polen der Einbildungskraft und des Verlangens, die Flut der Worte und der Gedanken hervorzusprudeln. Alle Fähigkeiten befinden sich im Zustande äußerster Wachsamkeit und Aufmerksamkeit, jede bemüht sich zu leisten, was immer sie kann und was von ihr gefordert wird: das Gedächtnis, die Erfahrung, die Phantasie, die Geduld, der unerschrockene, ja manchmal heroische Mut, der Geschmack, der unverzüglich darüber entscheidet, ob etwas in Widerspruch steht oder nicht zu unserer noch unklaren Absicht, die Einsicht vor allem, die überschaut, bewertet, fordert, rät, zurückdrängt, anregt, trennt, verdammt, versammelt, überall Ordnung, Licht und Ausgewogenheit stiftet und verbreitet. Die Einsicht gestaltet nicht selber, sie schaut uns zu, wie wir gestalten. Um zu begreifen, was Eingebung ist, betrachte man einen Redner auf dem Rednerpodium, davongetragen durch die Zustimmung oder auch aufgepeitscht durch die Opposition einer Versammlung. Oder einen Mann in seiner Empörung, vollkommen besessen von einer großen Leidenschaft. Worte und Gedanken strömen von überallher zum Munde, während gleichzeitig eine verborgene, kühle Weisheit unter der Lava ihm augenblicklich anzeigt, was trägt und was nicht, was man sagen muß, was verbergen oder suggerieren, in welcher Reihenfolge, mit welcher Steigerung. Ist er erst wieder in seine natürliche Verfassung zurückverfallen, ist er selber über seine Beredsamkeit erstaunt. Selbst in einem Verwaltungsrat hört man auf den, der seine Ansicht mit Überzeugung und Leidenschaft vertritt. Man beglückwünscht ihn und sagt ihm: «Sie haben das richtige Wort gefunden, die überzeugenden Fakten, wahrhaftig wie in einer *Eingebung.*» Redner ist, wer es versteht, sich nach Belieben in einen Zustand der Entrückung zu versetzen, der Dichter nicht minder. Erregung führt nicht zu Unklarheit, sondern zu einer höheren Klarheit.

Mit einem Wort, Dichtung vermag nicht ohne Erregung zu bestehen, oder wenn man lieber will, ohne eine Regung der Seele, die jene der Worte regelt. Ein Gedicht ist nicht ein von außen zusammengesetztes eisiges Uhrwerk, oder es gilt dann nur noch Verse zu machen wie nach den Regeln des Schachspiels oder des Billards. Selbst die Einsicht betätigt sich in ihrer ganzen Fülle nur unter dem Antrieb des Verlangens.

Bei diesem zweiten Sinn des Wortes, so wie ich ihn erkläre, könnte man sich vorstellen, daß die Eingebung sich an jene Fähigkeit der Seele hält, die die Scholastiker mit ‹Begehrungstrieb› und ‹Fähigkeit, in Zorn zu geraten› bezeichnen. Wie es vor der Stimme den Hauch gibt, so geht dem Ausdruck das Verlangen, sich auszudrücken, voran und jener Drang der Seele, der sich beim Menschen durch Worte überträgt, wie er sich beim Tier durch Schreie oder durch Gesang überträgt. Aber in diesem Hauch, in diesem Verlangen waltet bereits eine Ordnung, und das Einsichtsvermögen ist daran beteiligt.

Doch gibt es noch einen dritten, viel subtileren Sinn des Wortes *Eingebung*, und hier erhält der Begriff der ‹reinen Dichtung›, wie Sie ihn gebrauchen, seine volle Rechtfertigung. Die Gewohnheit ist, wie man zu sagen pflegt, eine zweite Natur. Das will heißen, daß wir im Alltagsleben die Worte nicht recht eigentlich gebrauchen, insofern sie Gegenstände *bedeuten*, sondern insofern sie diese *bezeichnen* und es uns praktischerweise ermöglichen, sie zu nehmen und uns ihrer zu bedienen. Sie liefern uns von diesen Gegenständen eine Art tragbare, grobe Reduktion, einen Wert, so banal wie Geld. Der Dichter aber bedient sich der Worte nicht auf die gleiche Weise. Er bedient sich ihrer nicht aus Zweckmäßigkeitsgründen, sondern um aus all diesen Klangphantomen, die das Wort zu seiner Verfügung stellt, ein begreifbares und zugleich Freude erweckendes Gemälde herzustellen.

Die Gewohnheit, die an die Stelle der tatsächlichen Natur der Dinge eine zweite Natur setzt, das heißt einen rein praktischen, handhabbaren und wirksamen Wert, ist ihre Feindin geworden, eine Feindin, die es vom rechten Weg abzubringen und einzuschläfern gilt, wie einstmals die Flöte des Hermes dies mit dem grausamen Argus tat. Hierzu hilft die Wiederholung der Klänge, die Harmonie der Silben, die Regelmäßigkeit der Rhythmen und der ganze prosodische Gesang. Ist erst einmal der arbeitsame, alltägliche, unterwürfige Teil der Seele solcherart bezwungen und beschäftigt, vermag *Anima* sich inmitten der reinen Dinge mit unendlich leichtem und raschem Schritt zu bewegen.

Licht aus Sternenzeiten
Stille im Azur
Ebnet ein die Lichterspur
In den himmlischen Gebreiten.

Ich sage unendlich leicht und rasch, da jede Zudringlichkeit, jede profane Neugier, jede Ungelehrigkeit der göttlichen Hand gegenüber, die uns leitet, die Unberührtheit dieses Bildes gefährden müßte, das nicht vor uns auftaucht, sondern zu unserer Seite, und damit den Zauber zu zerstören, unseren barbarischen Wächter aufzuwecken drohte und die zweite besitzgierige und egoistische Natur zur Rückkehr veranlassen könnte. Ich verstehe unter ‹reinem Ding› nicht das Ding, soweit es uns zum täglichen Gebrauch dient, sondern insoweit es in der Fülle seines Sinnes ein Teilbild Gottes ist, begreifbar und Freude erweckend, und insoweit das vollkommene Wort, das ‹Wort› in seinem ureigentlichen Sinne, ich meine als Wurzel und Schlüssel, unserem Geist die vollkommene Einsicht vermittelt, doch immer eingewoben in jene Phrase, die uns mitfortreißt. Wir begreifen (im poetischen Sinne des Wortes), indem wir über das Vergehende hinweggehen.

In diesem Sinne nähert sich Dichtung dem Gebet, da sie den Dingen ihr reines Sein entlockt, das darin besteht, Geschöpf Gottes zu sein und Zeugnis zu Gott hin.

In diesem Sinne aber ist sie auch um vieles geringer als das Gebet, weil der Mensch für Gott allein geschaffen ist und nicht für die Dinge, und wenn es auch richtig ist, auf allen Wegen zu Gott zu streben, so ist der unmittelbarste stets der beste.

(1927)

DANTE

‹Liebe› heißt das Wort, in dem das ganze Werk Dantes sich erklärt. Dieses Wort steht für ihn sogar über der Höllenpforte geschrieben, es leitet ihn auf seinem Wege durch die drei Welten der Sühne. Das gleiche ist es, wie uns der Dichter in geheimnisvollen, zaubrischen Worten erklärt, in dem das Geheimnis der ‹Neuen Kunst› beschlossen ist, das gleiche, das seine Schilderung in jenes feierliche, liebliche Maß hüllt, ihm jene beglückende Entfaltung gestattet, deren innerste, unübertreffliche Süße selbst die schrecklichsten Gesichte nicht zu entstellen vermögen.

Für Dante ist die Liebe eine vollständige Liebe, das Verlangen nach dem Guten in seiner Absolutheit, das sich von seiner Kindheit an in seinem Herzen am unschuldigen Glanz der Augen einer Jungfrau entzündet hat. Zweierlei Liebe gibt es nicht, sagt Lacordaire. In der Tat spricht die Liebe zu Gott in uns die gleiche Fähigkeit an wie die Liebe zu den Geschöpfen, ein Gefühl, daß wir auf uns allein gestellt unvollkommen sind und daß das höchste Gut, in dem wir uns dereinst verwirklichen sollen, ein Wesen außerhalb unseres Selbst ist. Aber Gott allein ist diese Wirklichkeit, die Geschöpfe sind lediglich ihr Abbild, ein Abbild sage ich, nicht ein Phantom, denn es hat seine persönliche Schönheit, sein ihm eigenes Dasein. Dieses Abbild, diese Braut hat Dante, indem sie sich entfernte, auf den Weg der Verbannung gewiesen, hat ihn fern von einem undankbaren Vaterland zum Reich der Lebenden geladen.

Von der, die er liebte, getrennt zu sein, damit hat Dante sich nicht abgefunden, sein Werk stellt gewissermaßen nichts anderes dar als eine ungeheure Anstrengung der Vernunft und der Einbildungskraft, um diese Welt der Prüfung, in der er sich herumschleppt, diese Welt der Wirkungen, die, bedenkt man unsere Herkunft, das Reich des Zufalls oder einer unbegreifbaren Mechanik zu sein scheint, mit der Welt der Ursachen und der Zweckhaftigkeit zu vereinen. Ein gigantisches Ingenieurwerk ist es in etwa, die Zusammenfügung, die Wiedervereinigung der beiden Teile der Schöpfung, mit dem Ziel, sie in einer sozusagen unzerstörbaren Ausdrucksweise festzuhalten, um auf diese Weise wenigstens etwas von dieser Vision der Gerechtigkeit einzufangen, von der ein anderer großer Dichter gesagt hat, auf ihr allein beruhe die Freude Gottes.

Da nun die ganze ‹Divina Commedia› sich am Ende in der Begegnung Dantes und Beatricens erfüllt, in der gegenseitigen Bemühung der beiden durch den Tod getrennten Seelen, von denen jede darauf hinwirkt, sich selbst dem andern zuzuführen in der Solidarität dieser Welt, die sie auf sich genommen hat, darum habe ich es meinerseits nach vielen anderen Lesern versucht, mir diese entscheidende Begegnung vorzustellen und auszumalen; dieses Zwiegespräch zweier Seelen und zweier Welten bildet den Inhalt des Gedichtes, dem diese Zeilen als Einleitung dienen sollen.

Einige wenige Verse, die vom Überdruß an diesem unwürdigen, banalen Leben eingegeben sind, das im Grunde dem besseren Ich in uns so wesensfremd ist, diesem uns allen eigenen Ich, und nun spricht Dante. Auch er hat das gleiche Exil gekannt, in das wir ausgesetzt sind, man kann sogar behaupten, er sei der Prototyp des Verbannten; er, der ausgeschlossen ist von einer Welt, die in nichts Größe genug besaß, um ihn ganz zurückhalten zu können. Da er sie nicht wiederherzustellen vermag, unternimmt Dante es, diese Welt zu richten und auf dem Plan der Gerechtigkeit erneut zu vereinigen mit der Welt, zu der Beatrice ihn geladen hat. Da er in diesem Leben ein Spielzeug in der Hand des Zufalls gewesen ist, so beseelt den Dichter ein leidenschaftliches Verlangen nach Einheit, nach dem Absoluten, nach Notwendigkeit in der Teilhabe an einem Urgrund der Vernunft. Die menschliche Gesellschaft faßt er als eine Monarchie auf, in der sich jeglicher Einzelwille einer zentralen Vernunft einfügt. Da nun die irdischen Horizonte ihm dieses Bild eines vollkommenen Kreises nicht geben können, verfolgt er es von Stufe zu Stufe innerhalb jedes einzelnen der Ringe, die dazu da sind, unsere Unzulänglichkeit, die sich in unseren Lastern äußert oder in einer unserer besonderen Verfehlungen, durch die wir gegen die katholische und die universelle Wahrheit gesündigt haben, zu strafen oder zu läutern. Weder die Hölle vermag ihn aufzuhalten noch die schmerzlichen, ja auch köstlichen Umwege des Purgatoriums. Erst im dreiunddreißigsten Gesang des ‹Paradieses› findet er in dem unauflösbaren Bilde der Dreifaltigkeit das Grundgesetz jener konzentrischen Rose, deren sich übereinanderlegende Hüllen die erwählten

Orden symbolisieren, nach der Mitte geordnet je nach dem Grad ihrer Sehnsucht nach Gott. Ein letzter Blick auf diese Erde, die man ihm überantwortet hat wie einem zweiten Cäsar, um sie in der Vernunft und im Aufruf vor das Gericht zu einen – und zu seinen Füßen liegt Ravenna, die alte kaiserliche Stadt, ausgestorbene Basiliken ragen empor, deren Fundamente halb versunken sind und bei Sonnenuntergang von Wasser und Feuer verschlungen zu sein scheinen – ein letzter Blick auf diese Welt, die nunmehr für ihn ein Ende nehmen soll; und bereits hört er die ersten Worte Beatricens.

Was sagt sie? Beatrice, das bedeutet für Dante die Liebe; die Liebe ist in unserem Leben das Element, das wie kein anderes außerhalb unserer Macht steht, das unverdient, völlig unabhängig ist, meistens greift es in unsere kleine persönliche Welt, die wir uns mit unseren unzulänglichen Verstandesmitteln eingerichtet haben, wie ein zutiefst Unruhe stiftendes Element ein. Alle Vorwürfe, die die Tote ihrem Geliebten machen könnte, haben wir in dem herrlichen einunddreißigsten Gesang des ‹Purgatoriums› vernommen, in dem Dante im Anblick der Himmelsstatt, deren erste Stufen er gleich erklimmen wird, mit wahrem Adel in aller Demut Beichte ablegt. Und wir fragen uns: Ja, Dante, hatte nicht auch er eine Frage zu stellen, hatte er dieser Frau keinen Vorwurf zu machen, die ihn plötzlich so grausam im Stich gelassen hatte? Den Schatten, der ihm auf dem Wege der Verbannung vorausging, hat er ihn nicht oftmals gefragt: Warum? Warum hast du das getan? Auf diese Frage möchte Beatrice sofort antworten; nicht nur sie ist es, die der ewig Verbannte anzuklagen das Recht hat, sondern auch sein irdisches Vaterland, Florenz, dieses trostlose Italien des dreizehnten Jahrhunderts, das so bitter ist für eine Seele, die ganz von Ordnung und Vernunft besessen ist. Für alles findet die hohe Frau mit dem Diadem aus Olivenzweigen eine Rechtfertigung; denn, sagt sie, wäre diese Welt vollkommen, was bliebe in ihr dem Erlöser zu tun? Warum denn in den Dingen nur diese oberflächliche, scheinbare Unordnung sehen und nicht (achtet auf meinen Namen!) das Geheimnis der Freude, Lobpreisung und Glückseligkeit, das zu entdecken gerade der Auftrag eines Dichters ist? Diesem Verlangen nach dem Absoluten und der Notwendigkeit, die im Grunde das eigentliche Anliegen des Dichters ist, stellt Beatrice den Lobgesang der Freiheit entgegen, der wesensmäßig unverdienten Gnade eines lebendigen, stets neuen Gottes, der sich ständig in einem Zustand des Ausbrechens und Quellens befindet, eines Gottes, der keinerlei Zwang unterworfen ist von seiten der Schöpfung, die er aus dem Nichts gezogen hat, eines Gottes, der unablässig diesen Himmel ersinnt, in dem er thront, und dessen Absichten für uns nie vorausschaubar sein werden. Gott lehrt uns im Paradies die Dinge nicht, indem er sie uns erklärt, sondern indem er uns gewissermaßen lehrt, sie mit ihm zu machen, wie jener Hirte in der Idylle André Cheniers, der die Finger und die Lippen seines jüngeren Bruders auf die Flöte legt. Wie er uns teilnehmen läßt an seiner Schöpfermacht, so tut er das gleiche mit seiner Erlöserwirksamkeit, wenn er in unsere Hände nicht nur alles Materielle legt, sondern sogar die für ihn dargebrachten Seelen, die uns erwarteten und die in gewisser Beziehung nur von uns ihr Licht und ihr Heil empfangen konnten. Er hat es uns gestattet, ihm etwas Wirkliches zu geben, nicht nur eine Handvoll Weihrauch und Mehl, sondern auch alle diese unsterblichen Seelen oder diesen einen Bruder, der in unsere Hände gelegt ist. So verstanden, sind die Fehler, die wir den Dingen anhaften sehen, für uns nicht eine Quelle der Betrübnis, sondern der Freude. Luzifer allein hat sich für vollkommen gehalten und sich selbst genügend und ist sogleich wie ein Stein durch seine eigene Schwere hinabgestürzt. Weil alles Geschaffene unvollkommen ist, weil ihm ein gewisser Mangel innewohnt, eine gewisse wesensmäßige Leere, darum atmet es, darum lebt es, darum steht es in ständigem Tausch, bedarf es Gottes und der anderen Geschöpfe, gibt es sich hin zu allen Verknüpfungen der Dichtung und der Liebe. Und diese Verknüpfungen haben keinen absoluten Wert in sich selbst; es gibt keine Umschließung, die nicht überschreitbar wäre für die Gnade Gottes; keine Zahl, nach dem Worte des Psalmisten, in der sich seine Barmherzigkeit erschöpfte, keine Zahl, die für unsere Danksagung genügte. Diese Unbegrenztheit der Materie, die Pascal einen Schrecken verursachte und von der der gestirnte Himmel uns ein Bild vermittelt, wie uns die Überlieferung lehrt, dieses Sternengold, das mit einer großartigen Sorglosigkeit über den Abgrund verstreut ist, das genügt nicht! Nicht einmal unsere Dankesschuld abzutragen, wird es genügen – sagt Beatrice.

(1921)

DIE IGITURKATASTROPHE

Im vergangenen Jahrhundert lehrte man im allgemeinen, das Werk sei das Produkt des Künstlers, und so genüge es beinahe, den einen zu kennen, um das andere zu verstehen. Eine kurze Überlegung hätte indessen genügt, um zu begreifen, wie unvollständig eine solche Vorstellung ist. Die Auster ist keine Erklärung für die Perle, und die Gesinnung eines Arbeiters hat nichts zu tun mit dem Brokat, den er webt. In der Tat könnte man behaupten, von Zeit zu Zeit finde in der Geschichte der Menschheit ein Gedanke seinen Eingang, allmählich versuche sich ein Thema daraus zu entwickeln, das im Lauf der Jahre, ja der Jahrhunderte von überallher die Menschen oder die Werkzeuge eins ums andere um sich versammelt, die imstande wären, ihm zu voller Klangfülle zu verhelfen und seine Ausdrucksmöglichkeiten auszuschöpfen. Eines dieser Themen ist mit Hamlet aufgetaucht (vielleicht könnte man eine erste vage Andeutung bei dem großen Euripides entdecken), zwei Jahrhunderte mußten vergehen, ehe es die Atmosphäre fand, die seiner Entfaltung besonders günstig war. Ich möchte es als Hinneigung zur Nacht bezeichnen, als ein Gefallen-finden am Unglück, als das bittere Einvernehmen mit der Finsternis und als das Mißgeschick, ein Mensch zu sein. Das neunzehnte Jahrhundert zeigt uns einen ausgesprochen kühnen Stamm von drei Dichtern, deren große metaphysische Nacht, mit der keineswegs das Nichts gemeint ist, sondern das Schweigen des Lichtes (Dante), gewissermaßen das geistige Klima bildete, die Vorbedingung selber formte für ihr Wort und ihr Werk, den unerläßlichen Hintergrund für ihr Auftauchen. Und, seltsam genug, diese drei Nacht-Menschen waren in ungewöhnlicher Weise hellsichtige, erlesene, feinsinnige Geister, und unter den Meistern des Wortes und der Dichtung gehörten sie zu denen, die am besten über ihre Kunst gesprochen und am tiefsinnigsten ihre Triebkräfte und Möglichkeiten beschrieben haben. Das ist nicht nur ein zufälliges Zusammentreffen. Man könnte sagen, daß der zur Gewohnheit gewordene Zustand der Verzweiflung, der wahre Seelengrund dieser Bußverfolgten, ihnen die Hellsicht jener verleiht, die an die letzten Wirklichkeiten gerührt haben, sei es auf einem Totenbett, sei es hinter den Gitterstäben eines Gefängnisses, jener, die zugelassen wurden zum Rat der Not. Bei ihnen ist die Illusion ein für allemal paralysiert, mit ihr die Hoffnung, und so bewahrte sich die Einsicht in einer ganz unbefangenen Spekulation die einzige Fluchtmöglichkeit. Es bedurfte jenes undurchdringlichen Bleivorhangs hinter dem kristallenen Blickfang, damit das Bild sich in seiner Reinheit gestalten konnte.

Man hat sicher gleich verstanden, daß ich von Poe und Baudelaire sprechen wollte, alle beide Opfer dunkler Dämonen. Ich hätte noch gezögert, den Namen Mallarmés hinzuzusetzen, wenn nicht die kürzliche Veröffentlichung eines entscheidenden Dokumentes, ‹Igitur›, ein neues Licht (mit Licht ist hier gemeint, daß der Schatten die Gestalt erraten läßt und modelliert) auf die Vergangenheit und das Denken unseres verehrungswürdigen Meisters geworfen und uns in gewisser Weise die Urform preisgegeben hätte, aus der seine ganze Kunst hervorgegangen ist. Ich könnte ‹Igitur› auch mit einem Talon vergleichen, der von einem Scheckbuch zurückbleibt, wenn alle Blätter, mit Zahlen und Namen geziemend bereichert, zur Bank gebracht worden sind. Alle Themen, alle Gedanken, alle Bilder, das ganze Zubehör, das wir bis ins einzelne ausgeführt und von außen bearbeitet im Album der Prosa und der Verse beisammenfinden, hier sind sie im Zustand von Einfällen und Entwürfen, einer um den andern wiederaufgenommen und wiederholt im Skizzenbuch, noch eng verbunden mit der Seele. Die Lampe, der Spiegel, die Konsole, die Vorhänge, die Wanduhr, die Bibliothek, die Würfel, nicht zu vergessen in seiner durchsichtigen Leere *jenen Tropfen des Nichts, der dem Ozean fehlt*, den berüchtigten Flacon oder Ptyx. Das ganze reich ausgestattete, erstickende Mobiliar der Viktorianischen Ära (auch die Gas-Hängelampe mit ihrem kleinen Pfeifgeräusch, so gut beschrieben und empfohlen in einer der Nummern der ‹Letzten Mode›), in der ein neuer Träumer, die Zigarre in den Fingern, den Platz des Träumers vom ‹Raben› eingenommen hat. Draußen herrscht nichts als Nacht, keinerlei Hoffnung. Es lohnt sich nicht einmal, die Vorhänge hochzuziehen und durch das Fenster zu blicken. Allein wie der Schiffskommandant in seinem Kommandoturm, der ganz ausgestattet ist mit Erkundungs- und Richtungsorganen, so bemerkt auch der letzte Hamlet auf dem Gipfel seines Turmes, der von dort aus zwei Generationen *Untergegangener* folgt, während die unerbittliche Nacht draußen aus ihm für alle Zeiten einen *inwendigen Menschen* gemacht hat, daß er nur noch von Gegenständen umgeben ist, deren Aufgabe darin besteht, zu *bedeuten*, daß er in einem Zeichen-Gefängnis eingeschlossen ist. Eine Schule des Aufmerkens, eine Klasse der Ausdeuter, wir alle haben sie durchgemacht, sobald die Reihe an uns kam. Hamlet, Englisch-Professor. Ein Mann, dessen Broterwerb gerade darin bestanden hat, auszudeuten, zu übersetzen und zu erklären (und dazu ein ironisierender, abgebrühter Pariser nach Art eines Degas, gewohnt, halbverständliche Worte zu verstehen und sich mit ihrer Hilfe verständlich zu machen). Ein Professor des Aufmerkens.

Das Gedicht, oder richtiger gesagt das Drama ‹Igitur› (denn es ist ein Drama, das schönste, das erregendste, welches das neunzehnte Jahrhundert hervorgebracht hat, und, was auch immer der Verfasser von ihm gehalten haben mag, *es ist gebaut*, mit diesem fünfmal wiederholten Monolog und der kurzen Auflösung, wie ein plötzlich schwankender Fuß), stellt eine für uns bis zu diesem Tage unerkennbare Verbindung her zwischen den beiden Lebensabschnitten unseres Meisters, dem einen in der provinziellen Verbannung, geheimnisvoll und schmerzbeladen, dem andern in Paris, lehrreich und, nimmt man alles zusammen, heiter lächelnd. Und es ist höchst bezeichnend, daß die Laufbahn dieses Prinzen des modernen Helsingör erst dann ihren Abschluß fand, als er die letzte Geste Igiturs wiederaufgenommen und entfaltet hatte, diesen ‹Würfelwurf›, zur Nacht hinausgeworfen, im Grunde kaum etwas anderes als die Pascalsche Wette, diese großzügige Geste eines Grandseigneurs, der seine Börse wegwirft, diese Abdankung des Magiers, der nichts mehr von der Wissenschaft und der Kunst erwartet (mit einem Wort von der Chiffre), diese Erkenntnis, daß es dem Zufälligen niemals beschieden ist, etwas Absolutes zu gestalten und etwas anderes zu verwirklichen als eine schwankende und folglich leichtfertige Zusammenstellung. Im Augenblick, da im Werk Mallarmés, vor diesem Schlußauftritt, die Prosa den Vers ablöst und da mit der religiösen Erschütterung das dichterische Mark sich in andere Kanäle geflüchtet hat – denn nach der ‹Herodiade›, das muß man wohl zugeben, findet sich nichts mehr als verstaubter Trödel –, hat der Klausner des Kabinetts der Sinnzeichen, den ich soeben zu beschreiben versuchte, eine Entdeckung gemacht, die es ihm gestatten wird, ins Leben zurückzukehren, eine ungeheure Entdeckung, die aber in seinen Händen nutzlos bleiben wird wie das Telephon, der Photographenapparat und das Kinetoskop, die zunächst nichts anderes waren als Spielzeuge. Bis zu Mallarmé lebte seit Balzac die Literatur ein Jahrhundert lang vom Inventarisieren und Beschreiben: Flaubert, Zola, Loti, Huysmans. Mallarmé ist der erste, der sich vor die Außenwelt gestellt sah, nicht wie vor ein Schauspiel oder wie vor eine französische Schulaufgabe, sondern wie vor einen Text, mit der Frage: *Was will das besagen?*

Frage, die für ihn keine Antwort in sich beschloß oder eine Erklärung, sondern eine Vergegenständlichung erhielt durch das Mittel der beschwörenden Abkürzung, ich meine den Vers, so etwa wie ein Gelehrter, der behauptet, er habe ein Phänomen erklärt, wenn er es in einer schematischen Zeichnung dargestellt hat. Der Vers war für Mallarmé recht eigentlich das Mittel, die Wirklichkeit aus dem Bereich des sinnlich Wahrnehmbaren in den des Begreifbaren, vom Bereich der Tatsachen in den der begrifflichen Festlegung, von der Zeit in die Ewigkeit, vom Zufall in die Notwendigkeit übergehen zu lassen, indem er sie in ein undurchbrechbares Zahlensystem einschloß; an Stelle des Bildes, das sich in unseren Augen abzeichnet, diese Schöpfung zu setzen, die wir mit unserem Atem hervorrufen, das Ding nachzuahmen, indem wir es machen. In dieser Beziehung knüpft er an unsere reinste klassische, ausgesprochen französische Überlieferung an, ja man kann sogar behaupten, daß er deren Krönung darstellt.

So steht es um die Theorie. Mallarmé war stets der Meinung, die *Erklärung* der Welt sei durchaus möglich, sei es durch den Vers, sei es, sofern ich ihn im Verlauf unserer seltenen Gespräche richtig verstanden habe, durch eine Art szenischer oder programmatischer Darstellungsweise, die durch Tanz und Musik kommentiert worden wäre, sei es durch ein Buch, und diese Art typographischer Formel, die er im ‹Würfelwurf› verwirklicht hatte. Aber im Widerspruch zu einer solchen Möglichkeit gab es hinfort statt dessen nur noch eine Ballerina mit ihrem Gazeschleier, sie selbst ganz entpersönlichte Opern-Gaze, Entschweben und Lächeln. Und in der Tat, wenn diese Welt um uns herum als solche die einzige Wirklichkeit ist, wenn die Erklärung, die wir dafür finden können, nichts ist als Mimik und nicht ein Schlüssel, wozu sich dann noch abmühen, unseren dichterischen Quellen ein doppeltes Vergebens zu entlocken? Der Dichter weiß bereits das Wesentliche. Angesichts dieser ganzen Stofflichkeit, die ihn erdrückt, steht er nun da wie in der Parabel vom sinnenden Rohr Pascals, mit seinem ironischen, hellseherischen Blick bewaffnet. Er weiß, daß dies alles an sich nicht existiert und in seinen Augen das Faktum nicht den Anspruch zu ersetzen vermag. Hinter dem vielgestaltigen Triebwerk der Erscheinungsformen steht in Wirklichkeit das Vakuum, das Nichtgegenwärtigsein. Er hat das Ungeheuer in seiner Unverhülltheit erschaut. Damit ist das Igitur-Abenteuer abgeschlossen. Von der Nacht ist er zur Leere und vom Schwarz zum Weiß übergegangen, wie einst sein Auge vom dunkelverhüllten Fenster zurückfiel auf den bleiernen See zwischen den goldenen Ufern des Spiegels. Und kein Zweifel, das beste

Mittel, dem Nichtgegenwärtigen Ausdruck zu verleihen, ist immer noch, sich nicht damit zu befassen.

Mag dem so sein! Das Igitur-Abenteuer ist jedenfalls abgeschlossen und mit ihm das Abenteuer des ganzen neunzehnten Jahrhunderts. Wir sind herausgetreten aus der verhängnisvollen Erstarrung, aus dem Gefühl, der Geist werde durch die Materie erdrückt, aus der Faszination durch die Quantität. Wir wissen, daß wir dazu geschaffen sind, die Welt zu beherrschen. Die Sonne steht wieder am Himmel, wir haben die Vorhänge heruntergerissen und die Plüschmöbel zum Fenster hinausgeworfen, den Trödel aus den Warenhäusern und die ‹Gipsbüste der Pallas›. Wir wissen, daß die Welt tatsächlich ein Text ist, daß er zu uns spricht in aller Schlichtheit und Freude, von ihrem eigenen Nichtgegenwärtigsein, aber auch von der ewigen Gegenwart eines anderen, nämlich des Schöpfers. Nicht nur die Schrift, nein, auch der Schreiber, nicht nur ein Zauber- und Magierbuch, sondern das Wort, in dem alle Dinge ausgesprochen wurden. Gott! Wir wissen durch die Schrift – die Schrift und insbesondere durch die eine, durch die Heilige Schrift –, daß *wir in gewisser Weise der Anfang der Schöpfung sind, daß wir alle Dinge in Rätseln sehen und wie in einem Spiegel* (in eben dem Spiegel *Igiturs*), daß *die Welt ein Buch ist, das von außen und von innen geschrieben ist* (das Buch, von dem *Igitur* ein Faksimile herzustellen versuchte), und daß *die sichtbaren Dinge dazu gemacht sind, um uns zur Erkenntnis der unsichtbaren zu führen.* Mit welcher Aufmerksamkeit sollten wir sie also nicht nur betrachten, sondern sie auch erforschen und befragen, und wie muß man der Philosophie und der Wissenschaft dankbar sein dafür, daß sie uns hierzu so viele wunderbare Instrumente zur Verfügung gestellt haben! Nichts hält uns nun länger auf, mit den bis ins Unendliche vervielfachten Mitteln, die eine Hand auf dem Buch der Bücher, die andere auf dem Weltgebäude, die große symbolische Erkundung fortzusetzen, die zwölf Jahrhunderte lang das Anliegen der Glaubensväter und der Kunst bildete.

(1926)

PAUL VERLAINE

Dichter der Natur und christlicher Dichter

Als ich Student war und das endlose Trottoir der Rue Gay-Lussac mir wie eine Verlängerung des prahlerischen Geschlenders eines verblüfften Neulings der Zukunft entgegen vorkam, geschah es nicht selten, daß ich auf ein und demselben Spaziergang zwei Hinkemännern begegnete. Der eine war ein kleiner Mann mit Spitzbart, den Kopf mit einem Käppchen bedeckt, einen Zwicker auf der Nase; er erinnerte mich auf höchst unangenehme Weise an meine Lehrer vom Lycée Louis-le-Grand. Der andere wirkte auf mich viel anziehender mit seinem ungepflegten Vagabundenbart, seinem sichelförmigen Bein und seinem kleinen, verwegen und dennoch träumerisch dreinblikkenden Auge, wie er da, einen dicken Stock in der Hand, in der Nähe des Luxembourg dem Café François-Premier zustrebte, um dort seine Träume zu würzen,

In unrühmlicher Flut von schwarzem Mischgetränk.

Der eine der beiden Hinkefüße war Pasteur, der andere Paul Verlaine. Verlaine verehrte ich. Nach Baudelaire waren seine Verse, sei es in den Seiten der kleinen Zeitschrift ‹Lutetia›, sei es in den schmalen, halb verstohlen erscheinenden Bänden, die der Verleger Vanier von Zeit zu Zeit aus dem Schatten von Notre-Dame hervortreten ließ, die große Entdeckung meiner Jugendzeit. Immer wieder sagte ich mir die herrlichen Verse des ‹Guten Liedes›, der ‹Galanten Feste› auf, die uns um jene Zeit die Komponisten noch nicht entwendet hatten, und vor allem jene ‹Lieder ohne Worte›, die für mich den unvergleichlichen Reiz besaßen, unter dem unmittelbaren Einfluß Rimbauds geschrieben zu sein.

Treuer noch als so mancher Gefährte meiner frühen Träume hat Paul Verlaine mich nicht verlassen. Zu Victor Hugo habe ich immer nur ein kühles Verhältnis gehabt. Die Namen Leconte de Lisle und Flaubert sind mir vollkommen gleichgültig geworden. Richard Wagner ist für mich in dem Augenblick, da ich seine Musik nicht mehr im Konzertsaal, sondern im Theater gehört hatte, mit einem Schlag unter den Ruinen seiner Pappmaché-Walhalla versunken.

Mochte ich ihn auch noch so oft für längere oder kürzere Zeit vergessen haben, stets hörte ich zuletzt wieder hinter mir auf dem Asphalt das Klopfen des Stockes und den hinkenden Fuß dieses armen Pilgers, der für mein Ohr die Mahnungen seiner ‹Dichtkunst› zu skandieren scheint:

Préfère, poète, préfère, préfère, préfère l'impair!

Das Hinken Verlaines, diese Gangart eines Verwundeten, zwischen Himmel und Erde sich fortbewegend, dem eines großen Vogels vergleichbar, dem man die Schwungfedern durchschnitten hat, diese Parallelität und Ungleichheit in einem, diesen Fuß, der sich dem Aufschwung des Flügels versagt und weiterhin schmerzhaft seinen Weg durch den Schmutz sucht, während über ihm der Sitz des Geistes sich verzweifelt zu erheben trachtet, diesen Engel, der wie bei Baudelaire das eingelullte Tier nicht mehr ablöst, sondern in aller Kläglichkeit mehr schlecht als recht mit ihm sich einzurichten sucht, dieses Thema, den Zusammenprall dieser hartnäckigen Doppelnote, es will mir scheinen, ich hörte das unablässig hinter meinen Fersen her, während ich mich bemühe, Sie *per angula ad augusta* (aus der Beengung zum Erhabenen) durch das Werk des rührenden Dichters mitzureißen, vom azurnen Rain am Wald der Ardennen bis zu jenem leuchtenden Fleck, ich meine zu der unsichtbaren Sonne Gottes über einer Gefängnis- oder einer Spitalmauer.

Nicht ohne Grund hat man behauptet, jeder Dichter sei ein Prophet, wie dies der doppelte Sinn des lateinischen Begriffs *vates* besagt. Von Beginn an hat er ein Gefühl seiner Berufung, ist er sich dessen bewußt, was er zu sagen hat, und alles dessen, was das Leben, um diesen dunklen Schrei, der sich in ihm regt, zu speisen, ihm an Stoff und Gelegenheiten bieten wird. So hat auch Baudelaire noch auf den Bänken des Lycée jenes Distichon geschrieben, in dem die Erfahrungen eines langen Lebens festgehalten sind und in dem im vorhinein alles zusammengefaßt ist, was ein bitteres Schicksal diesem schwachen, abgründigen Herzen vorbehielt:

die Geliebten alle,
Gefäße sind's voll Galle, die man geschloßnen Auges trinkt.

Verlaine, auch er scheint vom Augenblick seiner Anwerbung an in diese S. Truppe der Verfluchten Dichter, deren Namen er später auf die blutbefleckten Seiten des Ruhms eintragen sollte, mit dieser seltsamen Gabe der Voraussicht ausgestattet gewesen zu sein. Nicht nur hat er gewußt, daß er mit zweiundfünfzig sterben müsse (die Jahreszahl findet sich in einem seiner Gedichte), nein, von der Schwelle seiner Laufbahn aus hat er ihren erschütternden Ablauf vorausgesehen und beschrieben. Nicht ohne Rührung liest man auf der ersten Seite seines ersten Buches, in den ‹Saturnischen Gedichten›, den folgenden Text:

Die Weisen alter Zeit – die wohl die unsere wert –
Vermeinten – und der Punkt ist auch erst schlecht geklärt –
Jed Heil und Unheil sei am Himmel abzulesen,
Es sei an einen Stern geknüpft der Seele Wesen.
(Verspottet hat man viel – und dabei nicht bedacht,
Daß oft das Lachen lächerlich, enttäuschend macht –
Die Deutung der Geheimnisse der Nacht.)
Wer unter dem SATURN *zum Leben ist erwacht,*
Dem fahlen Stern, den die Schwarzkünstler lieben,
Dem ist in Zauberbüchern vor allem zugeschrieben
Sein gutes Maß an Unglück, an Galle gleiches Maß.
Die Phantasie – erregt und schwach – bewirkt wohl, daß
Bei ihm Verstandes Mühn vergeblich wirkt.
Die Adern ihm ein Blut, wie Gift so fein, durchzirkt;
In lavagleichem Brand es spärlich rinnt und wellt,
Sein trübes Ideal zerreibt es, bis es fällt.
So leiden und so sterben, die der Saturn regiert
– Wenn freilich jeder auch sein Leben ja verliert –,
Denn unentrinnbar sind auf ihrem Weg durchs Leben
Sie einem bösen Einfluß preisgegeben.

Und ein paar Seiten weiter:

Seele, so sterbensbang, des Lebens leid,
Verlorne Brigg, ein Spielball der Gezeiten,
Grausigem Schiffbruch mach dich nun bereit.

Und etwas später dann, auf unheimliche Weise mitten in seinen hochzeitlichen Freuden des ‹Guten Liedes› einen falschen Ton anstimmend, dieses Gedicht, das sich wie eine schmutzstarrende Straße des Quartier Latin auf einen winzigen Winkel dort oben am hoffnungsschwangeren, heiteren Himmel öffnet:

Der Schenken Lärm, der Schmutz der Bürgersteige,
Im Dunkel der Platanen dürft'ge Zweige,
Der Omnibus – Orkan aus Stahl und Dreck –
Quietscht wacklig auf vier Rädern wieder weg
Und rollt die Augen rot und grün dabei,
Arbeiter paffen dreist der Polizei
Die Klöbchen ins Gesicht, gehn zum Verein,
Asphalt voll Löcher, glitsch'ger Pflasterstein,
Randvolle Gossen, Traufen, nasse Wände:
Das ist mein Weg – der Himmel winkt am Ende.

Die Zusammenhänge zwischen Umwelt und Künstler sind durchaus nicht bloße Erfindung der Kritik. Der Dichter ist ein Mensch, der an der Stelle alles dessen spricht, was um ihn herum schweigt, nicht nur für jene Anwärter auf ein Dasein, die die Feder eines Balzac oder der Stift eines Daumier bis zur Würde eines Typus erhoben hat, sondern für diese Natur, die von uns und mit uns nach einem geheimnisvollen Wort des großen Buches auf die *Offenbarung durch die Kinder Gottes* harrt. Vergil wäre kaum für uns vollkommen verständlich ohne die Lombardei, Rembrandt nicht ohne das *Zentrum* Amsterdams, in dem er einen steil zurückgeworfenen Strahl auffing, Edgar Poe nicht ohne die düsteren Weiher in Virginia, überschattet von Zypressen, die überzogen sind vom langen Geflecht des ‹Spanischen Mooses›, Baudelaire nicht ohne das abgründige, romantische Paris, von dem die Stiche eines Méryon und eines Constantin Guy uns ein Bild vermitteln. Das gleiche gilt für Verlaine: wenn wir unter den Einwirkungen von Schicksal, Vorsehung und Zeit, unter dem Raunen des Flügels und dem Gebrechen des Knies den ursprünglichen Klang herauszuhören versuchen, uns einfangen lassen vom formenden Klima, dann sind es die Ardennen, deren kräftiger Waldruch uns über einem Horizont von Raps, Wiesen und Getreidefeldern erreicht.

Vertraut war die Stimme – und lieb?

Es ist die Stimme einer Kindheit im tiefsten Walde, es ist der ergreifend modulierte Ton der *langue d'oïl* (des Nordfranzösischen), der verfängliche Reiz des regennassen Landes, der auf das Herz wirkt wie das südliche Licht auf die Vernunft. Die eine klingt nach, der andere schwingt weiter. Die eine befiehlt, der andere fordert. Die eine raunt, der andere lauscht.

Seltsamer, sanfter Klang, dem lauscht der lange Wald...
... Wie man auf einer Flöte treulose Weise spielt.

Ich habe Verlaine einen Sohn der Ardennen und der Ardoise (des Schiefers) genannt. Und in der Tat ist's der Schiefer, glaube ich, der mir als Auftakt zu diesem Vortrage den richtigen Ton eingibt, nicht nur dieses blaue Visier, das unsere Schlösser der Loire auf so noble Weise krönt, auch nicht der, der in den Versen des alten Du Bellay, auf jeden Schimmer achtend, lächelnd bezeugt:

Mehr mir als griechischer Marmor der feine Schiefer gefällt.

Vor allem meine ich den Schiefer der Maas, den von Fumay und Belgien, dieses Bündel schwarzer Blätter, die den Archiven der Natur entrissen sind, diese unterirdisch aufgespeicherten Andenken an jene nordischen Himmel, die zwischen die Sonne und uns ständig einen Schleier der Schwermut legen, zu denen dieses Land der Wälder und Schwaden im langen Lauf der Zeit seine Treue- und Witwengelübde hinaufschickt. Der Schiefer, der stets feuchter und düsterer ist als der Regen! *O diese schönen dunklen Teiche*, schreibt der Dichter später, *die heiter und unheilverkündend unter stürmischem Wind im herben Grase plätschern!* Ich selbst füge noch hinzu: O ihr langen Windungen der Sambre, o ihr Kanäle vom Belœil, o düstere Sommernachmittage, du schwarzblaues Auge der düsteren Najade unter der Brücke von Charleville! Als der Ergründer der Pariser Hölle, den Mund noch glühend von seinem ersten Schluck Alkohol, nach Paliseul hinauffuhr, der Heimat seiner Familie, in der noch viele Leute seinen Namen tragen, da war es die frische Seele des Schiefers, die ihn empfing, und im Anhauch einer wiedergewonnenen Reinheit der Anruf der Tiefe und des Blattwerks! Der herbe Harzgeruch, das flüchtige Wohlgefallen an den Gräsern des Wassers, das gleich darauf in einem einzigen Strahl davonspringen wird, aufschäumend über dem Stein, der es zerteilt, die Linde, die der Abendwind bewegt, drunten im engen Bett die feierlich, beinahe düster dahinfließende Maas, diese ganze Landschaft: mir will scheinen, ich atmete ihre Atmosphäre ein vom ersten Versband Verlaines an, als sei der Klang des Heimatbodens darin vernehmbar. Wie eine Fensterscheibe, an der der Atem anläuft, so möchte man sagen, der Schiefer habe dem Vagabunden seine undurchsichtige Seite hingehalten, ganz durchtränkt von Finsternis und schimmernd vom drübergleitenden Lichterspiel, auf daß er die Spur einer unsicheren und dennoch geschickten Hand darauf abdrücke.

Doch genug der traurig-ernsten Eindrücke! Der Schiefer ist nicht nur Kutte und Panzer, er ist auch eines jener Prunkgewänder ‹in den Farben der Jahreszeit›, mit denen einst die Märchen unsere Phantasie verzückten. Ein Lächeln genügt, und Nebel und Schiefer heben ihr Lied an. Ich denke an jene Dächer von Chimay, die ich vergangenes Frühjahr sah, feurigrot, glühend, ich wollte sagen: wild gurrend wie das Farbenspiel eines Gefieders.

Denn noch eines suchen wir: die feinste Tönung,

wird später der Dichter in seiner Poetik sagen:

Nicht die Farbe, nur den Übergang,
O daß Traum und Traum zusammenklingen,
Kann nur so gelingen –

der Traum mit dem Traum zusammenklingend, das Gefühl mit dem Vers, die Wirklichkeit mit der inneren Schau.

Buntschillernd wie die Seele unter dem Strahl einer noch schwanken Sonne, so versteht nichts so gut wie der Schiefer, wenn der Mond nach langem Mühen sich aus dem gewaltigen Wolkenbergsturz siegreich herauslöst, gelb zu lachen und sich in Dinge einzumischen, die ihn nichts angehen. Für junge Herzen ist dieses Wasser in ihrer mitternächtlichen Betrachtung das Lebenswasser geworden: rasch einen Schluck!

Vergessen! Rasch getrunken
das Lebenswasser hier.
Es trägt den Mond zu dir,
in seinen Schoß versunken.

Der Dichter der ‹Galanten Feste›, wie hat er es verstanden, von diesem Zauberwesen zu sprechen! In dem Bericht, den er von jener Reise nach Holland veröffentlicht hat, spricht er sehr fein von diesem Täuschungselement, das dort in der Landschaft sich regt. Man könnte sagen, die Natur mache sich unsere Nichtgegenwärtigkeit zunutze, diesen Schlaf, in den wir gewiegt worden sind, um darin zu etwas anderem zu erwachen, sie nutze das, um mit vereinfachten Elementen eine Art magischen Spiegel zu bilden, eine Beschaulichkeit, in der mit einer gewissermaßen abstrakten, verzauberten, der Zeit entzogenen und ihres nutzbringenden Charakters entkleideten Aktualität vermischt, Vorahnung und Erinnerung sich miteinander vermählen. Die Wirklichkeit ist Täuschung geworden und die Täuschung Anspielung, Anspielung an ich weiß nicht welche tantalisierende Jenseitigkeit, von der uns morgen die Sonne nur noch einen schwachen Abglanz vermitteln wird. Dieses Hinhorchen auf das sie umgebende Geheimnis, dieser Hang zum Träumen, diese Fähigkeit zur Verwandlung, dieses langsame Einvernehmen mit dem Unsichtbaren, das verleiht allen diesen Volksliedern ihren ergreifenden Klang, nirgendwo anders als zwischen der Oise und der Aisne konnten sie aufblühen, ihnen haben die beiden schlechten Gesellen, Verlaine mit Rimbaud zusammen, ihre Technik entlehnt. Als ich noch ein Kind war, konnte ich nicht ohne ein Gefühl von Heimweh jenes Gedicht, jene Klage hören, die mir unsere alte Magd Victoire Brunet sang, die Tochter des Jagdhüters, und von der Gérard de Nerval in ‹Sylvia› spricht:

Au pont du Nord
un bal y fut donné–

Es geht dann weiter:

Les cloches du Nord
se mirent à sonner…

Diese Fähigkeit zur Illusion, dieses Bedürfnis nach Verwandlung, diese bittersüße Notwendigkeit, zugleich hier und am andern Ort zu sein, dieses leidenschaftliche Einverständnis mit dem Traum, das alles wird zum entscheidenden Charakterzug der Bürger dieses mystischen Landstrichs, den ich mit Shakespeare einfach den ‹Ardennerwald› nenne, diesen Wald, der vor den Toren von Paris beginnt und sich bis an Deutschlands Tore erstreckt. Der gleiche ist es, den wir auf den Gemälden Watteaus wiederfinden, auf der ‹Einschiffung nach Cythera› zum Beispiel, in der Musik Grétrys, jener Musik, der wir das Beste an Verlaine verdanken, jener Musik, die diesen ‹Siebenjährigen Dichtern›, von denen Arthur Rimbaud spricht, als Anregung diente. Hier ist einer, der sich mit der Hand das Auge eindrückt, um sich die innere Schau zu verschaffen.

Um der Gesichte willen sein Auge flach sich drückend.

Ein ganzer Abschnitt des unvergleichlichen Dokumentes, der ‹Höllenzeit›, wird diesem Verlangen nach der Flucht aus der Wirklichkeit gewidmet, einer Flucht, die diese Wirklichkeit zwar unberührt ließe, es uns aber erlaubte, sie mühelos zu überschreiten, vom Gedanken zum Sinn überzugehen, *das Reich des Geistigen zu betreten.* Dem Seelengrund der Ardennen ist entstiegen, was man mit symbolistischer Schule bezeichnet, die will, daß die Kunst es sich weniger angelegen sein lasse, die Wirklichkeit auszudrücken als sie zu bezeichnen: ein System von Wort-, Farb- oder Klangübereinkünften zu erfinden, die es uns erlauben, mit ihr in Beziehung zu treten, mit ihr zu verhandeln.

O geh nicht hin,
O wähl die Worte nicht ohn all Mißtrauen,
Nichts ist so teuer uns als jener Lieder Grauen,
da Ungestalt und Klargestalt sich einen.

Der Verlaine, über den ich zu Ihnen heute sprechen möchte, ist dieser Bürger der Ardennen, der Sohn der Ardoise, dieser Mann des Nordens und Ostens, der sein ganzes Leben hindurch unablässig die große Glocke von Metz, die sogenannte Muta, gehört hat, wenn sie auf den Schlag der Glocke von Senlis antwortet. Nicht der traurige Irrfahrer, der sokratische Bettler, den ich einst im Quartier Latin antraf, als er bestimmt gerade aus der Herberge ‹Zum Teufelsfurz› heraustrat, jener, der Journalisten und Medizinstudenten als Spielzeug diente und der so jämmerlich von einem Spital zum andern, von einem Schankwirt zum andern sein Felleisen aus Laster, Ideal und Talent herumschleppte, um in dem Bett einer Kebse zu enden, auf dem Tisch neben sich die Werke Racines.

In einem höchst sonderbaren Buch eines ehemaligen Magistraten und Untersuchungsrichters ist M. Léon Le Fèbre de Viry der Aszendenz Verlaines nachgegangen, der, wie Sie wissen, väterlicherseits vollständig Ardenner Herkunft war. Ich entsinne mich noch der Erschütterung, die mich befiel, als ich in Ausführung einer Dienstreise in der Gegend der Schlachtfelder von 1914 vor mir an der Schwelle eines Dorfes, als wäre es der Name selber dieses Weide- und Waldlandes, dessen Antlitz ich zu erfahren, zu belauschen und zu begreifen versuchte, diese Inschrift auftauchen sah: ‹Verlaine›. Zwei andere Weiler, nicht weit von dort, tragen diesen Namen mit seinem bitteren, dumpfen Klang, der auf geheimnisvolle Weise weiterklingt. Die Verlaines sind nicht nur das Produkt dieses Winkels, nein, sie waren hier die Herren. Auf dem Bastardwege, das stimmt, aus einer der besten Luxemburger Familien, den Ochains, hervorgegangen, beriefen sie sich auf eine authentische adlige Herkunft und nicht minder auf verwandtschaftliche Beziehungen mit Wilhelm dem Eroberer, dessen Wappen sie trugen: «Auf rotem Grunde drei silberne Leoparden übereinander, goldüberhöht und gekrönt»; ein Siegel auf dem Brief eines Vorfahren, 1794 datiert, zeigt eine Krone mit sieben Perlen. Der Bohemien von Paris und London wäre wahrlich höchst erstaunt gewesen, wenn man ihm gesagt hätte, daß er in alle die *schmutzigen Schänken und Commis-Voyageurs-Kneipen* den Anhang eines Erben der Plantagenets schleppe. An Ginstersträuchern fehlt es wahrlich nicht zwischen Bertrix und Libramont! und ein Strohhalm wird nie fehlen als Zier auf dem prahlerischen Filzhut dessen, der sich schalkhafterweise gelegentlich Paulus de Berlanensibus oder der Kandidat Pablo von Herlagnez titulierte.

So sieht der Boden aus, dem unser Dichter seinen Namen verdankt, den ältesten Quellen entlehnt, dieser Name, der nach Ansicht gewisser Ideologen eine geheimnisvolle Verwandtschaft mit unserem Charakter und unserer Berufung hat, ist es doch der Name, der dazu dient, uns zu berufen.

Gallischer Flutschwall, Strom römischer Wucht,
Und – etwas frank dazu – guter Germanenlehm.

Immerhin bemerkt M. Le Fèbre Viry, daß seit einer Reihe von Generationen die Verlaines in dieser ganz ländlichen Umwelt der ‹Ruhelosen und Aufsässigen› auftauchen. «Sie scheinen», sagt er, «in jeder Generation ihre ganze Ehre dreingelegt zu haben, die Nutzung des Vaterteils nicht weiterzuführen, sondern ihren Besitz in Pacht zu geben und statt dessen planlos herumzuziehen und den Boden von Villeroux bis Sibet, von Sibet bis Worhet, von Worhet bis Nives zu bebauen, um schließlich nach Passabras weiterzuziehen und dann nach Arleville:

Und so geschoben
Im Sturmestoben
Von jeder Statt,
Treib ich dahin
Und bin darin
Ein welkes Blatt.»

Es ist ein Wurf von Wildschweinen, Raufbolden, Alkoholikern, Händelsüchtigen, und wie später unser Dichter sagen wird, ‹Sonderlingen in jedem Betracht›. «Von ihnen allen», sagt M. de Viry, «die wir geneigt sind, als die acht Ahnenteile des Verlaineschen Erbes zu bezeichnen, hat Paul nicht von ihnen dieses vielfeldrige Wappen erhalten, seinen Charakter, eine seltsame Zusammensetzung aus mancherlei Familiengut, das er den verschiedenen Ahnenteilen entnahm. Von diesen zu ihm lassen sich Varianten feststellen, die auf Verwandtschaften, Fusionen zurückgehen und die im Schmelzprozeß dazu beitragen, das Rätsel zu entziffern.»

Der Urgroßvater ist ein Kärrner, Seemann auf einer dieser neuen Wege, die Ludwig XIV., um die Lande des Deutschen Reiches zu umgehen, quer durch die Ardennen schlagen ließ. Und in diesem Zusammenhang kann ich nicht umhin, mir jenen packenden Vers ins Gedächtnis zu rufen aus einer der Gedichtsammlungen, die ich soeben nachgeschlagen habe:

Und diese Not, die Landstraße zu fürchten.

Der Großvater, Revolutionsheld, Gotteslästerer und Liederjan, ist ein von Literatur kaum beleckter Wildschütz. Der Vater ein Gelegenheitssoldat, der 1814 für Frankreich optiert und von Garnison zu Garnison seine gutmütige brave kleine Frau mitschleppt, aus Fampoux im Departement Nord stammend, sie soll eines Tages die Mutter des armen Lelian werden.

Die Gerechtigkeit indessen gebietet, darauf hinzuweisen, daß sich unter den weiteren Verwandten Verlaines zahlreiche Priester befanden. «In dieser Hinsicht», bemerkt M. de Viry, «konnte der Redner, vertraut mit den Familienlegenden im Ardennerland, 1895 in seiner Abdankungsrede auf einen Großneffen von Madame Verlaine (der Großmutter) hinweisen, der als Doyen des Kapitels der Kathedrale von Namur verstorben war, und neun Priester aufzählen, weltliche so gut wie Ordensgeistliche, alles nahe Verwandte des Dichters, um nur den einen Teil dieses schönen Priester- und Mönchsstammes ins Gedächtnis zu rufen.»

Bis zu dem Augenblick, da der Frischling aus dem Ardennerwald endgültig die Kraft verloren hatte, um seine arme beschädigte Pfote aus der Pariser Falle herauszuziehen – und ist es nicht auffällig, daß das Schicksal sich des andern von der Landstraße Begeisterten, daß es sich Arthur Rimbauds ebenfalls beim Bein bemächtigt? –, versucht unser Dichter stets in einem der gesunden Winkel der niemals vergessenen Heimat seine Genesung und sein Heil zu finden und all das, was in dem Worte Kindheit für ein Herz an läuternder Kraft mitschwingt, das ganz gewiß seine Unschuld, aber nicht seine Einfalt verloren hatte. Paliseul ist es, wo ein Teil seiner Familie auf würdevolle, anständige Weise lebt und wo fromme Frauen und tüchtige Priester zu wiederholten Malen und nicht ohne Erfolg den Versuch unternahmen, dem Paria zu Hilfe zu kommen. In Coulommes in Frankreich verfolgt er für einige Zeit sein seltsames Unterfangen, sich ländlich seßhaft zu machen, denn Verlaine war Bauer, daran erinnert uns dieser melancholische Vers:

Unser Versuch im Ackerbau hat schlecht geendet.

Immerhin nicht so traurig, hat er uns doch in Ermangelung einer Ernte solch wunderbare Verse eingetragen:

Das Gold der Halme sinkt, wenn Sensen zischend sausen.
Eintaucht ihr Blitz, zuckt auf und strahlt zurück.

Rethel ist es, wo er sich in aller Harmlosigkeit einredet, wenn nicht die Sprache, so wenigstens den englischen Akzent den Schülern eines kleinen klerikalen Kollegs beizubringen; dort macht er auch die Bekanntschaft von Lucien Létinois. Verlaine ist Bauer geblieben, das bleibt das Beste an ihm; niemand hat mit feinerem Sinn für Einzelheiten und die Innigkeit, mit mehr Anmut und Gutmütigkeit die Poesie des Dorfes und der Kleinstadt geschildert.

Hört ihr's? So summt der Topf, und an der Wand
Mit frohem Puls das Tick-Tack ihn begleitet.
Das Fenster tut sich auf ins weite Land.

Und bis zum Ende blieb er dem Andenken an seine Eltern treu:

O guter Vater, gute Mutter, sagt er,
O ebnet mir den Weg,
Geleitet mich zur Herrlichkeit;
Vielmehr zum Herren fleht
Für einen armen Sünder im Gebet,
Unwert des Fegefeuers noch zur Zeit.

O neuer Wald, voll Märchen-, Waffenklang,
... Wo nicht sehr fern die See laut träumt,
Ein mächt'ger Nachhall dessen, was da war.
Wo ich erlebt, für Monde fast allein,

Einsam verborgen – unters Gras geduckt –
Dies Einst, das schlummert zu des Waldes Füßen.

Ich habe selber dieses Land bereist, mit dem mich die Erinnerung an zwei Dichter verbindet und das ein wenig auch meine Heimat ist. Unglücklicherweise konnte ich es nicht zu Fuß tun, doch das Auto hat dank der Gewaltsamkeit selber, mit der es uns in die Landschaft einführt, mit der es uns diese sozusagen mit einem Schlag ins Gesicht versetzt, dank dem unmittelbaren Sinn, den es uns von dem Gesamt und dem geographischen Aufbau vermittelt, sein Verdienst neben der dumpfen, heimlichen Einprägung des Sandlatschers. Statt sie über uns ergehen zu lassen, beherrschen wir sie, und über die Gegenwart hinaus geben wir uns Rechenschaft von der Absicht. Ich will also versuchen, so klar als irgend möglich für Sie zu analysieren, zu entwirren, was sich von dieser Ardennerlandschaft in buntem Wirbel auf dieser raschen Rundreise mir in die Augen geworfen hat. Der Bewohner der Täler, und Frankreich ist ein Land der Täler, hat auf der einen Seite das auf ihn Zukommende und auf der andern etwas, das sich davonmacht, auf der einen Seite erwartet er einmal, daß diese Windung, an der der Lauf sich verlangsamt, überwunden wird, die Bewegung und das Unerwartete, auf der andern steht ihm die Zuflucht zum Aufbruch, die Aufforderung zum Aufbruch stets offen. Der Bewohner der Ebene befindet sich im Stande einer universellen Verfügbarkeit, er hat keinen Grund, gerade hier und nicht anderswo zu sein; empfindlich gegen den Wind, ist er der Gast einer Möglichkeit, die sich rings um ihn als Kreis darbietet. Der Ureinwohner jedoch eines alten Landes wie des Ardennerlandes und, soweit ich mir hierüber Rechenschaft zu geben vermag, unseres Zentralplateaus, befindet sich im Innern von etwas Hergerichtetem, nicht an einem Durchgangsort, sondern in einer Residenz, einem Rahmen, der vor ihm da war und der ihn zur Zustimmung nötigt. Er kann mit seinen Füßen und seinen Augen nicht mehr machen, was er will, er ist der Pensionär eines bereits erbauten Hauses und einer möblierten Wohnung, er ist der Mitverschworene jener Absicht, die die Natur erkennbar zu machen sich angelegen sein ließ, jener auf immer eingenommenen Haltung, die ihm dazu verhilft, sein ‹Hier› zu sagen mit Hilfe jener Geste, die sie macht, mit Hilfe jener allgemeinen Bewegung, die ihm ihre eigenen Bedingungen auferlegt. Er ist Teil eines Planes, ist hineingezogen in eine Reihe von Plänen, einer nach dem andern. Er hat sich mit diesem Loch in der Erde abzufinden, darin er ist und darin er gut untergebracht ist. Es geht dabei um etwas Besonderes, das bereits vor ihm da war. Das Unmittelbare ist für ihn bedingt durch das Spätere, die Gegenwart durch die Entfernung, der Traum durch die Absicht, das Einzelne durch das Gefüge, die Zukunft durch die Gewohnheit, das Sichtbare durch das Unsichtbare, was vor ihm ist durch das, was hinter ihm ist. Und während mein Wagen mich rasch, wenn ich die Vordergründe betrachte, und immer langsamer und langsamer, wenn ich mich an den Horizont klammere, wie die Finger über die parallelen Seiten jener langen Bodenharfe gleiten ließ, die die Japaner Kôtô nennen, wollte es mir scheinen, als hörte ich Lied und Gegenlied jenes Landes, das nach und nach Leben annimmt durch den Flug meiner vier Räder. Und sein Grundzug schien mir die Beständigkeit zu sein, die Linie, diese wellige Linie, darin Leonardo da Vinci die Signatur selber des Lebens erblickt, die melodische Wellenbewegung bis ins Unendliche gestützt und wiederaufgenommen, eine weniger gegliederte als eher ausströmende Phrase. Rings um uns steigt etwas an und sinkt wieder zusammen wie beim Atmen. Der Gedanke, den die Verkettung der Hügel untereinander eingibt, die sich die Hand reichen, die wie ein kühner Pinselstrich geschwungene Linie der Wälder, die eine klarer und manchmal ganz rot vom morschen Gehölz, und jene von einem erschreckenden Schwarz der Tannen, unterstreichen das noch mit kräftigen Zügen. Getrennt durch saures Weideland, erkennt man eine hinter der andern die Reihen des sagenhaften Waldes, der ansteigt und sich schließlich mit einem drohenden Himmel verschmilzt. Das Gebell der Hunde, die blutgierig ihrer Spur nachsetzen, der Hörnerklang, der sich dort in der Ferne verliert und auf ein anderes ersticktes Horn antwortet, wenn sie auch in der verlassenen Landschaft nicht vernehmbar werden, so doch in der verborgenen Erzählung, die jene an unserem Wagenschlag vorbeifliehende Wirklichkeit tief in unserem Innern hervorruft.

Doch es ist an der Zeit, unseren Dichter selber zu Wort kommen zu lassen. Hier eine Nachmittagsstimmung:

Dornröschen schlief. Es schlummert' Aschenputtel.
Frau Blaubart? Harrte ihrer Brüder!
Und Däumling, fern vom bösen Menschenfresser,
Im Grase ruhte und Gebete sang.
Der Vogel zeitenblau die Luft durchschwebte.
. . . . Das ist die Stunde
Da der Tag hingeht, und voller Güte sprach
Das Land zum Herzen: . . . Stirb nun . . . bleib . . .

Und an anderer Stelle:

Zahllose Wälder sind in meiner Heimat;
Wolfsaugen glühen manchmal dort im Dunkeln,
Wo Heidelbeeren stehn an grüner Eiche Fuß.
Im herben Nordwind, der Erfrischung bringt,
Sprüht rein das Wasser aus dem Felsenquell.
Die Schieferdörfer unter blauen Dächern
Umschließen Ackerland und Weidegrund.

Und diesen Eindruck von einem leuchtenden Nebel. (Achten Sie darauf, wie Verlaine es versteht, uns den Eindruck einer Landschaft zu vermitteln ohne jede materielle Einzelheit, nur mit Hilfe von Anspielungen und Zeichen.)

Gestaffelte Reihen der Hecken:
Unendlich kräuselnder Gischt
Im lichten Nebel als Helle
Voll Heuduft der frischen Mahd.
In des Sonntags Verlorenheit
Tummeln dabei sich auch
Prächtige Schafe, so mollig
Wie ihr weißes Vlies.

Soeben brach sich die Woge
Anrollenden Glockengeläuts,
Ein Flötenschall nur
Im milchigen Himmel.

Und nun wird es wohl an der Zeit sein, unseren Reisenden, beinahe hätte ich gesagt unseren Pilger, auf der Bahn dieses Schicksals zu begleiten, das ihn in der verhängnisvollen Gestalt der Landstraße mit ihrem unwiderstehlichen Gefälle mitreißt, jenem reglosen Flecken Erde zu, zu jenen arbeitsamen Menschenansammlungen hin, die man bis zu den Wogen eines Meeres in der Ferne dort rauchen und leuchten sieht, über den Dünen dort, überspielt von Spiegelungen und Dämpfen. Das Ardennerland bereits hinter sich ist nichts anderes mehr als jene romantische Bucht aus Felsen und starren Bäumen.

Und nun ist es das mächtige Land im Norden, wellengestaltig, sich ausbreitend und manchmal anschwellend wie der Busen einer Matrone, den Traum und Seufzer heben, und das bald mit seinem Niveau in Wettstreit treten wird mit jenem Meer, das dort in der Ferne es in Ewigkeit unterweist. Diesem Lande gehörte Verlaine durch seine mütterlichen Fasern an.

Im Land meiner Mutter ist fruchtbare Erde,
Wo der Mensch, gut und stark, als der Ebene Fürst
Geduldig schafft bis zur Erntezeit.
Selten nur trifft man Baumgruppen und Wasser.
Industrie hat zuweilen dies Bild entstellt,
So voll von Frieden der Vorzeit und ländlicher Art.

... Kühles, warmherziges Volk, nicht ohne ein christliches Fühlen.
Schön diese Landschaft ganz überragt
Selbstvergessen der maßlose Bau
Gotischen Stadtturms vor ausgewogenem Himmel;
Bezeugt der Vergangenheit Pflichten und Rechte,
Hoch droben der große flandrische Löwe
Golden brüllt hinaus in heutige Luft: Wagt, sie zu nehmen!

Aber der Schiefer wird sich in diesem belgischen Gallien, in dem unser Abenteurer den wesentlichsten und schmerzlichsten Teil seines irdischen Auftrags erfüllen soll, unaufhörlich an seine Blicke und an seine Schritte heften. Sie haben ihn da und dort leuchten gehört durch die schönen Verse hindurch, die ich Ihnen soeben ins Gedächtnis rief. Hier ist er, schwarz, violett oder blau, wie er sich durch den Wogenschlag der Bäume und Erntefelder seinen Weg bahnt, durch die Dämpfe des Borinage, durch die weit voneinander getrennten Erdaufwürfe, durch euer Delta, ihr belgischen Freunde, und dieses ganze üppige landwirtschaftliche und industrielle Ägypten, bis zu den Warttürmen von Nivelles und von Brügge, bis zu dem Pfeil von Antwerpen, bis zu den fünf Türmen von Tournai! Überall über den menschlichen Ansammlungen und Straße an Straße mit ihren kleinen Häusern im grellen Backstein! sieht man die Prozession jener großen gepanzerten Mütter sich verteilen, ich meine der Kirchen, nicht diese zusammenraffenden Pfeile, nein, gewaltige, mächtige Persönlichkeiten, deren jede ihre Silhouette und ihre Haltung hat, schwarz wie Nonnen und schwerfällig wie Ammen. Viele von ihnen haben wie ein Vertrauenszeichen an ihrer äußersten Spitze eine schwere Träne des Himmels in seinem Trauergewande aufgefangen. Die Glockenspiele verleihen ihnen von Zeit zu Zeit eine Stimme, sie schwatzen miteinander über die weiten Räume, und die Bronze macht sich in lauten Rufen, in tiefen, aufreißenden Schreien zur Interpretin des Schiefers. Man schätzt sie, dort oben, diese kommunalen, schirmenden Zeugen, ganz rieselnd von Musik und Regen.

Der letzte, oder richtiger gesagt der vorletzte dieser Richtpfähle, die durch

Belgien hindurch den Weg unserer armen, gequälten Seele anzeigen, ich meine den alten Kirchturm, der mit seinem Schatten neben Breughels Grab das volkstümlichste Quartier von Brüssel überragt. Nicht weit von dort buchtet sich diese Hohe Straße, die von übelbeleumdeten Hotels umstellt ist und zu dem mittelalterlichen Hal-Tor führt. Hier war es, daß im Juli 1873 ein unglückseliger, vom Alkohol verwirrter, brüllender und schwankender Mann Arthur Rimbaud verfolgte, den er soeben durch einen Revolverschuß am Handgelenk verletzt hatte. Ich will nicht weiter auf diese entsetzliche Geschichte eingehen, über die so viele Menschen mit einer gewissen schlecht verhehlten Genugtuung sich ausgelassen haben. Bereits winkt uns am Horizont der unbegrenzten Ebene ein anderer Leuchtturm. Es ist der Wartturm von Mons und darunter dieses zentrale Gebäude, in dem die göttliche Gnade das Kind des Zornes erwartete.

Hier hatte sie ihm Stelldichein gegeben. Hier sollte in einem herzzerreißenden Ausbruch nach den Seufzern und dem Gestammel des ‹Guten Liedes›, nach den schnarrenden, dürren Tönen von Mandoline und Gitarre der ‹Galanten Feste›, in einem Gewaltakt der beständige Rat der christlichen Erde, das beharrliche Wirken einer von der Taufe gezeichneten und bußfertigen Natur auf ein ergriffenes Herz und ein gezüchtigtes Fleisch seinem Höhepunkt zustreben.

Sie entsinnen sich gewiß der Beschreibung, die Verlaine uns von dem Gefängnis in Mons hinterlassen hat. Ich halte es für eines seiner schönsten Gedichte.

Jüngst hab' ich das beste der Schlösser bewohnt
Im schönsten, quellenreichen Hügelland...

... Ein gut verschloßnes Zimmer, Tisch und Stuhl,
Ein schmales Bett, wo ganz bequem man ruhte,
Ausreichend Licht und Raum genug,
Das war mein Los in langen Monden dort,
Und nie beklagte Monde ich und Raum
Und alles sonst; jetzt ist mein Standpunkt der,
Daß ich, nun wo die Welt mir wieder aufgetan,
Die beiden Jahre in dem Turm fürwahr ersehne.
Denn das war ja der ehrbar wahre Friede,
Dies harte Bett, der einzige Stuhl, der Tisch,
Der Friede, den man sucht mit ganzer Seele...

... Wahrlich im Unglück ist ein Schatz zu heben ...

... Wohltätig rann der Tage Einsamkeit
Zwischen dem Studium und dem Gebet,
Und Handarbeit ein wenig Ausgleich schuf.
Den Heiligen gleich, ward mir mein Himmelsteil ...

... Nicht dasein mehr, gesellt verborgnen Herzen,
Den stillen, die im Schweigen Gott erwirbt,
Fühlen, daß gut und weise man heranreift ...

... Das war die Freiheit – einz'ge! – ohne Bürde,
Das war die Würde in der Sicherheit!
O Ort, den – kaum verlassen – man beklagt.
Du Zauberschloß, wo meine Seele wurde;
Du kühle Bleibe, wo der Sturm sich legte
Meines Verstandes, den mein Blut verschwemmte ...

... Der Gnade SPENDER *sei für stets geliebt!*

Ich habe selber in Begleitung meines Freundes Louis Piérard dieses Gefängnis von Mons besucht und die Zelle, die heute die Nummer 1 trägt, in welcher der Dichter einige Monate verbrachte, die besten zweifellos seines Lebens, er hat durchaus recht, das zu sagen. Ich habe seine Unterschrift im Gefangenenverzeichnis nachgeprüft. Ich bin mit meinen Schritten den seinigen nachgegangen in dem kleinen dreieckigen Garten mit dem Schmuck der fahlen Blumen, dessen Runde er in den Erholungsstunden machte. Und ich habe mich diesem Gruß angeschlossen, den er an das Land richtete, das ihm nach alledem so viel Gutes angetan hatte:

O Belgien, das mir so harte Muße gebracht,
Dank! Zur Besinnung ließest du Zeit!

Gewiß, diesem gerührten Dank schließt sich sofort ein Batzenstück eines Straßenjungen an:

Aber, o Belgien, genug der eigensinnigen Haft!
Öffne doch endlich, denn freilich ist es für diesmal genug!

Mit einer gewissen frommen Ergriffenheit können wir diese strengen Mauern betrachten, ist es doch dank dieser Internierung, die sie ihr auferlegt haben, daß diese arme kleine unverkümmerbare Seele

Unstetes, lockendes Seelchen,

diesen Tropfen Honig geliefert hat, womit sie sich rechtfertigt, und dank dem das christliche Frankreich, ich meine das heutige, seinen ersten Dichter erhielt.

Sie alle wissen, unter welchen Umständen sich diese Bekehrung vollzogen hat. Der Gefängnisdirektor hatte soeben Verlaine das Urteil überbracht, das ihn, leider zu Recht, von einer ständig geliebten Frau trennt. Es ist der endgültige Bruch. Und nun kann ich nichts Besseres tun, als dem Dichter das Wort zu überlassen:

Seit ein paar Tagen hing an meiner Zellenwand unter dem kleinen kupfernen Kruzifix eine, wenn auch ziemlich abscheuliche, Darstellung des Herzens Jesu: ein langes pferdeähnliches Gesicht Christi, ein stark abgezehrter Oberkörper unter breiten Gewandfalten, schmale Hände, auf das Herz weisend.

Das strahlt und sich verblutet,

wie ich es etwas später darstellen sollte in ‹Weisheit›.

Ich weiß nicht, was oder wer mich plötzlich in die Höhe riß, mich aus meinem Bett warf, ohne daß ich auch nur die Zeit fand, mich anzukleiden, und mich in Tränen unter Schluchzern zu Boden warf, zu Füßen des Kruzifixes und jenes Bildes daneben, Mahnbild der seltsamsten, in meinen Augen aber der erhabensten Andachtsübung aller Zeiten und der katholischen Kirche.

In dieser bußfertigen Haltung wollen wir mit Ihrem Einverständnis Paul in seiner Schwäche verlassen, anderen, die es mit mehr oder weniger Barmherzigkeit oder Gerechtigkeit übernehmen werden, die Sorge überlassend, den kläglichen Bericht dieses armseligen Lebens zu Ende zu führen. Ein mutiger Versuch, sich aufzurichten, gefolgt von neuerlichen Rückfällen, und dann findet er sich endgültig mit dem Schmutz ab. Das gerechteste Urteil in dieser Hinsicht scheint mir Huysmans in seiner Vorrede zu der Ausgabe der ‹Religiösen Dichtungen› ausgesprochen zu haben.

Im übrigen sei festgehalten, wenn bei Verlaine das Fleisch schwach war und der Wille häufig zerrüttet, so blieb das Urteilsvermögen stets gesund und der gesunde Menschenverstand, der gesunde Menschenverstand eines Landpfarrers, der blieb ungetrübt; er hat es nie für nötig befunden, seine Verirrungen nachträglich durch Theorien zu rechtfertigen noch andere für sein Unglück und für seine eigenen Fehler verantwortlich zu machen.

Wenn ich bestraft mich fühle, so ist's, weil mir's gebührt.
Kein Mann und keine Frau schuld daran ist.
Doch hoff ich fest, einst werd auch ich geführt
Zu Frieden und Vergebung, verheißen jedem Christ.

Was seine oftmals über Familie und Vaterland ausgedrückten Ansichten betrifft, so sind sie solcherart, daß der bourgeoiseste unter den Bourgeois nicht zögern würde, sie zu unterschreiben.

Lediglich über den christlichen Dichter möchte ich noch ein Wort zu Ihnen sprechen, über diesen christlichen Dichter, der auf so traurige, so schmerzhafte Weise mit dem verworfenen Dichter zusammenhauste.

Diese Tragödie des ewigen Streites zwischen dem Ideal und den niedrigen Bedürfnissen des täglichen Lebens, diese Unvereinbarkeit zwischen der inneren Schau und der äußeren Wirklichkeit, zwischen Verlangen und Möglichkeit, dieser Mißklang zwischen einem hellhörigen Ohr, zwischen dem Liede auf dem Grunde einer Seele, die bereit ist, sich aufzurichten, und dem grausamen Mißverstehen, wie viele Opfer dieses ewigen Streites hat das verflossene Jahrhundert uns nicht gezeigt! Außer den beiden großen Namen, die ich Ihnen soeben ins Gedächtnis gerufen habe, wie manch anderer drängt sich unserer Erinnerung noch auf: Keats, Mallarmé, Villiers de l'Isle-Adam, Gérard de Nerval, Francis Thompson, Germain Nouveau, wie viele andere noch, deren Angedenken bereits erloschen ist! Weder der Traum noch der Alkohol, noch die Wollust haben diesen Verschütteten auch nur die geringste Hilfe zu bringen vermocht, deren einer uns sagt, daß sie

unter einem Leichenberge
Umkommen regungslos in riesigem Bemühn.

Das Ringen all dieser Unglücklichen, denen es wie den meisten unter uns nicht gelungen ist, mit diesen sie zu innerst bedrängenden Fragen fertig zu werden, hat mit dem armen Verlaine schließlich sein Ende gefunden. Diesem Herzen, das Gewissensbisse vergiften und zerreißen, diesem stammelnden, zum Schweigen gebrachten Munde Baudelaires wird hier endlich der Weg freigelegt zur Beichte. Das Böse, in all seinen Formen, verwirrt nur und stumpft ab, aber dieses kräftige, harmonische, alle Bande sprengende Aufjubeln der Seele, das zu bewirken ist allein der Wahrheit gegeben, jener Wahrheit, die sich, wie wir soeben sahen, in der Tiefe des Gefängnisses von Mons jenem endlich aufgegriffenen Vagabunden offenbarte. Denn es steht geschrieben, daß die Wahrheit uns erlösen soll.

Ich will nicht behaupten, es habe nicht auch schon vor Verlaine in Frankreich eine christliche Dichtung gegeben. Von Lobgesängen und Kantaten, von dieser Art frommer Strafarbeiten, die man auch als ‹Schulaufgaben› bezeichnen könnte, Schulaufgaben, die mehr oder weniger geglückt sind, von denen fließt unsere Literatur nur so über. Blättern wir andererseits das Werk unserer großen offiziellen Dichter durch, das eines Victor Hugo, eines Lamartine oder Musset, so fehlen darin weder schöne Ausbrüche noch melodische Kantilenen, noch beredsame Apostrophierungen, im Wechsel mit Schmähungen und Lästerungen. Aber das Neue bei Verlaine, ich wiederhole es, bestand darin, daß er ein christlicher Dichter war; das christliche Dogma bestand für ihn nicht in einem Thema, das Gelegenheit gab zu weitschweifigen Auslassungen und Deklamationen, nein, es bedeutete ihm die entscheidende Nahrung seiner Seele, seines Herzens und seines Denkens, nicht etwa ein bitteres oder ein süßes Dessert, sondern das Brot, das schlichte tägliche Brot. Zwischen ihm und den Barden mit ihrem blumigen Stil, die zwischen zwei guten Mahlzeiten nach Harmonium und Baßhorn greifen, besteht der gleiche Unterschied (wobei ich mich wohlgemerkt ausschließlich auf dem Gebiet der Literatur bewege) wie zwischen einem gewohnheitsmäßigen Besucher der Sonntagsmesse und einem Menschen, der unter dem Antlitz Gottes lebt, wie Benedikt Joseph Labre einer war.

Verlaine war weder der mürrische, redselige Widersacher noch der dreispitzgeschmückte Schweizer, der der Prozession vorangeht und gebieterisch mit seiner Hellebarde auf den Boden klopft; er war der Zöllner im schmutzigsten Winkel der Kirche, der Sünder, der unter Tränen beichtet. In seinen besten Gedichten, die zugegebenermaßen nicht sehr zahlreich sind, hat man den seltenen Eindruck nicht etwa von einem Autor, der spricht, sondern von einer Seele, die am Sprechen zu hindern dem Autor nicht gelingen will. Es ist die Stimme des ‹Guten Liedes›, nun aber geläutert durch das Unglück und die Buße, wie von Tränen erstickt.

Hört auf den sanften Sang,
Der schluchzt, euch zu gefallen.

Eine Stimme erhebt sich. Was sagt sie? Was hat sie uns noch zu sagen, diese Stimme, «die uns liebvertraut war»?

Erlauben Sie, daß das kritische Urteilsvermögen, welches sich für einen Augenblick verzaubern ließ durch die Klänge einer so reinen Stimme, seine Rechte wieder wahrnehme und daß ich Ihre Aufmerksamkeit bei den schönen Versen, die ich Ihnen soeben zu Gehör brachte, auf dieses Charakteristikum des Ardennerwaldes lenke, von dem wir vorhin sprachen, das heißt auf die Linie, die Beständigkeit, die Modulation, den Gesang, der wiederaufgenommen und sozusagen halblaut von der Gegenmelodie gestützt wird. Bis zu Verlaine war der französische Vers entweder eine redselige Abhandlung oder eine zündende Ansprache, manchmal auch Musik, aber meist die Musik eines Schlaginstrumentes mit einem hartnäckig klopfenden Rhythmus. In Verlaine aber findet der Gedanke des weisen Chinesen seine Veranschaulichung: *Vollkommen ist die Zahl, die jeden Gedanken an Zahlen ausschließt.* Bei den schönen Versen, die Sie soeben gehört haben, denken Sie gewiß nicht daran, ihre Elemente einzeln herauszulösen. Nicht aus Silben sind sie gebildet, sondern von einem Maß beseelt. Nicht mehr ein logisches, hart zurechtgeschnittenes Gebilde ist es, nein, ein Hauch, es ist das Atmen des Geistes, Zäsuren gibt es keine mehr, nur noch eine Wellenlinie, eine Folge von Schwellungen und Entspannungen. Die Zahl der Silben ändert sich, ohne daß wir es bemerken, dem Reim gelingt es, beinahe unmerklich ersetzt zu werden durch die Harmonie der Klänge. Wir haben nicht mehr einen Redner oder einen Schulmeister vor uns, nein, einen Inspirierten, jemand, in dem sich die Erinnerung regt und der nun geschlossenen Auges ein Lied anstimmt.

Ein besseres Beispiel könnte ich kaum finden als ein Gedicht, das Verlaine in England geschrieben hat, kurze Zeit nachdem er aus dem Gefängnis von Mons entlassen wurde, und das den Titel ‹Bournemouth› trägt. Es ist auf erstaunliche Weise geglückt. Sie finden darin nebeneinander das Waldthema, das dem Kinde von Paliseul so am Herzen liegt, das Glockengeräusch und dazu dieses Seufzen des Meeres zu Füßen des Verbannten, das eben erst wieder schmerzliche Erinnerungen in ihm wachgerufen hat.

Der Abend wird dunkler und eisig. Der Landesteg zittert.
Die Brandung durchstöhnte das knarrende Pfahlwerk
Und fiel dann in grausamem Takt
Als schwere Kaskade, wie einst meine schuldigen Tage
Verdrossene Laune beständig zerhackte:

In seelenleere Herzenseinsamkeit;
Der Kampf des Meeres und der Winterstürme,
Zerknirschter Stolz, der röchelnd Reden führt,
Und jene Nacht, die Hinterhalt durchkriecht,
So unheilschwanger, Vorgeschmack der Hölle!...

Hör da! wie Flötenklang drei Glockenschläge
Und nochmals drei und noch! Vergeßne Abendglocke
Erklingt, hör da, sagt: Friede diesem Ringen!
Fleisch ward das Wort, um deinen Fall zu sühnen,
Welt ward erlöst, die Jungfrau hat empfangen!

So spricht denn Gott durch seines Hauses Stimme
Auf halber Höhe rechts am Saum des Waldes...
O Rom, o Mutter! Ruf und Brauchtum mahnen
Ans einzige Heil allzeit. Des Kreuzes Rat
Erfährt das Herz voll Trauer und voll Aufruhr.

Aus diesen Texten, die ich Ihnen soeben vorgelesen habe, würden Sie einen falschen Eindruck gewinnen, wenn Sie annähmen, die Bekehrung Verlaines habe zu nichts anderem geführt als zu einer sentimentalen Selbstbespiegelung. Unser Dichter hat als Erbe einen bemerkenswerten Sinn für Theologie und Liturgie mitbekommen. Eine Stelle in seinen ‹Bekenntnissen› zeigt ihn, wie er sich mit dem Katechismus Gaumes auseinandersetzt, geradezu gierig verschlingt er die Lehre über die Eucharistie und eignet sie sich zutiefst an. Diesem liturgischen Verlaine will ich meine letzten Beispiele entlehnen. Es handelt sich hier gewissermaßen um den letzten Seufzer des Dichters, im Augenblick, da er an seiner Krankheit zugrundegehen wird und an diesen Ausschweifungen, mit denen er sein Bedürfnis nach Zuneigung zu täuschen suchte:

Ich möchte, wenn mein Leben noch zu gestalten wäre,
Daß eine stille Frau mit mir zusammen sei . . .
. . . Die Freundschaft, doch zwischen Mann und Weib ist göttlich sie!
Der niedrige Altar . . .
Gleich nach dem prächtigen Gruß.

So klingen die ländlichen Vespern, in denen wir sofort den bäurischen Verlaine wiederfinden. Bewundern Sie, wie diese im Grunde so kunstvolle

Dichtung sich mit einer naiven und ungezwungenen Kunst, die man nur noch bei La Fontaine findet, auf das natürlichste mit dem ursprünglichsten und alltäglichsten Französisch verschwistert.

Ich will mit einem kleinen bezaubernden Gedicht schließen, das besonders gut in diese letzten Tage der Fastenzeit paßt; es ist aus dem Gegensatz zwischen dem Frieden und der Feierlichkeit der liturgischen Zeremonien gestaltet, die sich im Innern der Kirchen während der Karwoche entfalten, und diesem grimmigen, mürrischen Märzwetter, das uns so scharf das Gesicht peitscht.

Nachdem die Glocken entflogen.

Über diesem ‹Alleluja!›, über diesem plötzlichen schallenden Gelächter mitten aus Tränen heraus wollen wir den Sohn der Ardoise verlassen. Ich bringe den Mut nicht auf, ihm auf dem Wege seiner letzten Gedichtsammlungen zu folgen, in denen das Rülpsen der Trunkenheit dem Todesröcheln vorauseilt.

Verlaine hat sich endgültig gehenlassen. Er ist nur noch der Mensch des niedrigen Volkes, ein Wrack dieser menschlichen Wüstenlandschaft, von der in der ‹Weisheit› die Rede ist:

Gerüche. Leerer Lärm. Wo immer schweift das Herz,
Beständig dies schwindelnde Stäuben von Sand,
Beständig der Aufruhr des schuldigen Dings,
Wo sich das Herz vor Einsamkeit entsetzt.

Aus dem noblen Gewand des Dichters ist ein vollkommen zerfetzter Lumpen geworden, der Vers, nur noch stockend hervorgebracht und zugleich seines Klangs und seines Sinnes beraubt, ist nur noch etwas Schmerzliches und Schmutziges, das hinkt und schwankt. Das Ende ist glücklicherweise nahe. Von Verlaine ist nichts mehr übrig, aber bevor er sich davonmachte, hat er uns wenigstens die Belehrung dieser drei Verse hinterlassen:

Die Kunst ist, liebe Kinder, nur ganz man selbst zu sein.
Und wer mich liebt, mir folge, und wer mir folgt, mich liebe!
Und liebt mich, folgt mir keiner, so gehn wir halt allein!

(1937)

ARTHUR RIMBAUD

Arthur Rimbaud war ein Mystiker *im Zustand eines Wilden*, eine versickerte Quelle, die aus einem gesättigten Boden hervorbricht. Sein Leben, *ein Mißverständnis*, der vergebliche Versuch, durch die Flucht jener Stimme zu entrinnen, die ihn umwirbt, ihm keine Ruhe läßt, und die zu erkennen er sich weigert, bis er schließlich, bezwungen, ein Bein verstümmelt, auf dem Spitalbett in Marseille, es weiß!

Das Glück! Sein Zahn, im Tode sanft, warnte mich beim Hahnenschrei – ‹ad matutinum›, beim Christus venit – in den finstersten Städten. – Wir sind nicht auf dieser Welt! – Durch den Geist gelangt man zu Gott! ... Diese Minute des Erwachens hat mir die Schau der Reinheit gewährt ... Wenn ich von diesem Augenblick an immer ganz wach bleibe ... (und wie sonst die berühmte Stelle aus der ‹Höllenzeit› lautet) ... *O quälendes Mißgeschick!*

Man vergleiche unter mancherlei Texten den Hinweis, den ich der ‹Heiligen Chantal› (beim Abbé Brémond erwähnt) zu entlehnen wage: *Bei Tagesgrauen hat Gott mich beinah unmerklich ein Fünkchen Licht hoch droben in der letzten Spitze meines Geistes auskosten lassen. Alles übrige meiner Seele und ihre Fähigkeiten haben sich dessen nicht erfreut: doch währte es nur etwa für die Dauer eines halben ‹Ave Maria›.*

Arthur Rimbaud erscheint im Jahre 1870, in einem der traurigsten Augenblicke unserer Geschichte, inmitten völliger Auflösung, im Bürgerkrieg, in der gänzlichen materiellen und moralischen Niederlage, in der vollsten positivistischen Erstarrung. Plötzlich erhebt er sich, ‹wie Jeanne d'Arc!›, ruft er später kläglich aus. Man muß in dem Buch Paterne Berrichons den tragischen Bericht dieser *Berufung* nachlesen. Ein Wort hat er nicht gehört. Ist es eine Stimme? Weniger noch: eine leichte Modulation im Stimmfall, doch das genügte, um ihm fortan ein Ausruhen zur Unmöglichkeit zu machen und auch die ‹Kameradschaft der Frauen›. Wäre es also verwegen, zu denken, daß es ein höherer Wille ist, der ihn erweckt? in der Hand dessen, aus der wir alle sind: ein stummer Wille, der beschlossen hat zu schweigen. Ist es das Übliche, ein sechzehnjähriges Kind mit Ausdrucksmöglichkeiten eines Mannes von Genie begabt zu sehen? So selten wie jene Lobpreisung aus dem Munde eines Neugeborenen, von der uns unanzweifelbare Berichte erzählen. Und wie soll man ein derart seltsames Ereignis bezeichnen?

Ich habe, ein Funken Goldes, vom reinen Licht gelebt! Aus Freude wählte ich einen närrischen, verwirrten Ausdruck, so gut es ging. Ein- oder zweimal wird die Note von einer paradiesischen Reinheit, von einer unendlichen Süße, von einer quälenden Traurigkeit für die Ohren, einer verworfenen, abgestumpften Welt vernehmbar, mitten im Getöse einer grobschlächtigen Literatur. Und das genügt. *Ich habe mein Blut in Gärung versetzt. Meine Pflicht ist mir erlassen.* Fortan ist er verstummt. Einem entsiegelten Herzen vertraut man keine Geheimnisse an. Es bleibt ihm nichts anderes zu tun als zu schweigen und hinzuhorchen, wissend, wie überdies jene Heilige: *Gedanken reifen nicht davon, daß man sie ausspricht.* Mit einer glühenden, tief verwurzelten Neugier, mit einem geheimnisvollen Einverständnis, das nicht mehr in ‹heidnischen Worten› ausgedrückt werden kann, betrachtet er diese Dinge, die uns umgeben und von denen er weiß, daß wir sie nur im Spiegel und in Rätseln erblicken; ‹ein gewisser Anbeginn›, ein Köder. Ein ganzes Leben währt nicht lang genug, um dieses von den Erforschern des zu Ende gehenden Jahrhunderts uns erschlossene All geistig zu durchdringen, um die Schöpfung zu ergründen, um zu erfahren, was sie *bedeutet*, um zuletzt diese auf dem Grunde seines Selbst sich marternde Stimme mit einigen wenigen Worten zu versehen.

Es bleiben uns noch ein paar Blätter seines ‹Tagebuchs eines Verdammten›, wie er es in seiner Bitterkeit nennt, ein paar Seiten, die uns von unserem Eintagsgast zurückgelassen wurden an jenem Ort, den er für immer geräumt hat, *um nicht jemanden so wenig noblen wie unsereinen zu sehen.* So kurz auch die dichterische Laufbahn Rimbauds gewesen sein mag, so ist es gleichwohl möglich, drei Epochen, drei verschiedene Schreibweisen deutlich zu unterscheiden.

Die erste Epoche zeichnet sich durch Gewaltsamkeit aus, durch nackte Männlichkeit, das blinde Genie bricht sich Bahn wie ein Blutstrahl, wie ein Schrei, den man nicht zu unterdrücken vermag, in Versen von einer geradezu erschreckenden Gewaltsamkeit und Schroffheit:

Du Leib, durchzuckt von unermeßner Qual,
du trinkst aufs neu des Lebens Schrecken, fühlst,
wie fahle Würmer dir in deinen Adern gären!

Paris bevölkert sich von neuem

Und doch, o Weib, du Klumpen Eingeweide, süßes Mitgefühl!

Die Barmherzigen Schwestern

Wie rührend ist es doch, Zeuge zu sein dieser Art *Mauserung* des Genies und zu sehen, wie Blitze diese Züge aufhellen unter einem Schwall von Flüchen, unter Schluchzen und Gestammel. Bereits in den frühesten Stücken Rimbauds findet man Verse, wie die etwa:

Da mählich er nun Sieger, er Herr wird aller Dinge
und sich auf alles schwingt wie hoch aufs Roß.
Was man nicht weiß, mag schrecklich sich erweisen!

Der Schmied

Die Epoche des Erleuchteten bildet die zweite Epoche. In einem Brief vom 15. Mai 1871 und auf einigen Seiten der ‹Höllenzeit› – mit der Überschrift ‹Wortalchemie› – hat Rimbaud mit einer rührenden Ungeschicklichkeit versucht, uns die Methode dieser neuen Kunst begreiflich zu machen, die mit ihm anhebt und wirklich eine *Alchemie* ist, eine Art Transmutation, eine geistige Abklärung der Elemente dieser Welt. Hinter diesem Verlangen, zu fliehen, das ihn erst mit dem Tode verläßt, diesem Verlangen, zu ‹sehen›, das ihn, da er noch ganz Kind war, sein Auge mit der Faust eindrücken hieß (‹Die siebenjährigen Dichter›), steckt wahrhaftig etwas anderes als ein verschwommenes, romantisches Heimweh. *Das wahre Leben ist das gegenwärtige nicht. Wir leben nicht auf dieser Welt.* Nicht darum handelt es sich, zu fliehen, sondern darum, ‹Ort und Formel› zu finden, ‹das Eden›; unseren Urzustand als ‹Söhne der Sonne› wiederzuerobern. – Des Morgens, wenn der Mensch und sein Erinnerungsvermögen noch nicht zur gleichen Zeit erwacht sind, oder im Verlauf eines langen Marschtages über Landstraßen, vollzieht sich zwischen Seele und Körper, während sie einer rhythmischen Entrückung unterworfen sind, eine Aufspaltung der Kontinuität. Eine Art ‹offener› Hypnose stellt sich ein, ein höchst seltsamer Zustand reinster Aufnahmefähigkeit. Die Sprache in uns nimmt weniger die Bedeutung eines Ausdrucksmittels an als die eines Zeichens; die Worte, die unvermutet an die Oberfläche des Geistes dringen, der Refrain, das Besessensein von einem kontinuierlichen Thema führen zu einer Art Beschwörungszustand, der schließlich das Bewußtsein zum Gerinnen bringt, während unser innerer Spiegel, verglichen mit den Dingen der Außenwelt, in einem Zustand beinahe *körperlicher* Empfindsamkeit gelassen wird. Ihr Schatten fällt *unmittelbar* auf unser Einbildungsvermögen und *dreht sich* um sein irisierendes Farbgeschiller. Diesen Doppelzustand des Marschierenden übermitteln ‹Die Erleuchtungen›: einerseits die kurzen Verse, die an Kinderreigen gemahnen und an die Worte eines Librettos, andererseits die in Verwirrung geratenen Bilder, die an die Stelle der grammatikalischen Durcharbeitung treten, sowie eine Art unmittelbarer, metaphorischer Paarung, die an die Stelle der äußeren Logik tritt. *Ich wurde zur Märchenoper.* Der Dichter findet den Ausdruck nicht mehr, indem er nach den Worten sucht, sondern indem er sich in einen Schweigezustand versetzt und indem er die Natur, die Gestalten des Empfindungsvermögens, ‹die einhaken und zerren›, über sich hingehen läßt. Die Welt und er selbst entdecken sich eine durch den andern. Bei diesem Erfindungsmächtigen verschwindet das Vergleichswort *wie*, die Halluzination stellt sich ein, beide Glieder der Metapher scheinen für ihn einen nahezu gleichen Wirklichkeitsgrad zu besitzen. *Jedem Wesen scheinen mir verschiedene* ANDERE *zugehörig zu sein. Dieser Herr weiß nicht, was er tut, er ist ein Engel. Diese Familie ist ein Wurf Hunde.* Extreme Praktiken, eine Art ‹materialistische› Mystik, die dieses dennoch starke, vernunftgeleitete Gehirn in die Irre zu führen vermocht hätten. *Ich konnte nicht fortfahren, ich wäre wahnsinnig geworden, und außerdem . . . war es schlecht.* (Worte an Isabella Rimbaud.) Doch ging es darum, überzugehen ins Reich des Geistigen, dieser ‹nichtgegenwärtigen› Natur die Maske herunterzureißen, endlich in den Besitz des allen Sinnen zugänglichen Textes zu gelangen, ‹der in einer Seele und einem Körper einbeschlossenen Wahrheit›, einer Welt, die unserer eigenen Seele angepaßt wäre. *Er wollte die Wahrheit schauen, die Stunde des Verlangens und der endgültigen Erfüllung. Ob es nun ein Abirren vom Mitleid war oder nicht, er wollte es so. Ihm stand zumindest genügend irdische Macht zu Gebot.* Man sehe sich daraufhin das Märchen an, das die zerstörerische Seite bei Rimbaud verdeutlicht. (‹Die Erleuchtungen›).

Dritte Epoche. Mehrfach bereits habe ich die ‹Höllenzeit› erwähnt. Der endgültigen Analyse, die Paterne Berrichon uns von diesem düsteren, so bitteren und dennoch von einer geheimnisvollen Süße durchwehten Buche gegeben hat, vermag ich nur weniges hinzuzufügen. Hier, zur vollen Reife seiner Kunst gelangt, läßt Rimbaud uns jene wunderbare Prosa vernehmen, die bis in ihre letzten Fasern hinein wie das trockene Kernholz einer Stradivarius ganz getränkt ist von dem begreifbaren Klang. Nach Chateaubriand, nach Maurice de Guérin hat unsere französische Prosa, deren Entwicklung sich in ihrer reichen, von der unserer Dichtung völlig abweichenden Geschichte ohne jede Unterbrechung, ohne irgendeine Lücke vollzogen hat, nun diese Stufe erreicht. Alle Möglichkeiten des Zwischensatzes, das ganze Zusammenspiel der Endungen, das reichste, feinst entwickelte, dessen irgendeine menschliche Sprache fähig ist, sind endlich voll ausgenutzt. Das Prinzip des ‹Binnenreims›, des Dominant-Akkordes, von Pascal bereits aufgestellt, ist hier mit seinem ganzen Modulationsreichtum und mit einzigartigen Akkordbrechungen entfaltet. Wer einmal der Verzauberung Rimbauds erlegen ist, kann sich ihr fürderhin so wenig entziehen wie dem Zauber einer Wagnerschen Melodie. Der Denkweise ebenfalls nicht, die nicht mehr in logischen Entwicklungen verläuft, sondern wie bei einem Komponisten in melodischen Linien und in der Verknüpfung der aneinandergereihten Noten unter sich; dazu ließe sich noch manches bemerken.

Ich lege die Feder nieder und sehe abermals dieses Land vor mir, das seinige war es, eben erst habe ich es durchwandert: die Maas, rein und schwarz, Mézières, die alte Festung, zwischen rauhe Hügel eingekeilt, Charleville in seinem Tal, mit all seinen Hochöfen und dem Donnergrollen. (Dort ruht er unter einem weißen Kindergrabstein.) Und dann diese Ardennergegend, spärliche Ernten, eine kleine Gruppe Schieferdächer, und ständig am Horizont die legendäre Linie der Wälder. Quelland, wo das klare Wasser, verfangen in seinen Tiefen, sich langsam über sich selber wirbelt; die meergrüne Aisne, übersät mit Wasserrosen, und drei lange Schilfreihen, die aus dem Jadegelb aufragen. Und dann jener Bahnhof von Voncq, jener traurige Kanal, aufs Unabsehbare von einer doppelten Pappelreihe gesäumt: dort erwartet der Amputierte an einem trüben Abend bei seiner Heimkehr aus Marseille den Wagen, der ihn zu seiner Mutter zurückbringen sollte. In Roche dann das große Haus aus rauchgeschwärzten Steinen mit seinem hohen bäurischen Dach und der Jahreszahl 1791 über der Eingangstür, die Kornkammer, in der er sein letztes Buch schrieb, der Kamin, mit einem Kruzifix geschmückt, in dem er seine Manuskripte verbrannte, das Bett, in dem er seine Schmerzen erduldete. Und ich betaste vergilbte Papiere, Zeichnungen, Photographien, jene so tragische unter anderen, auf der man Rimbaud erblickt, schwarz wie ein Neger, kahlgeschoren, die Füße nackt, in der Kleidung jener Galeerensträflinge, die er einstmals bewunderte, am Ufer eines äthiopischen Stromes, Porträts, mit Graphitstift gezeichnet, und jenen Brief schließlich von Isabella Rimbaud, worin sie die letzten Tage ihres Bruders im Spital der Unbefleckten Empfängnis in Marseille schildert.

«... Er betrachtete mich, den Himmel in den Augen ... Da sagte er mir: es muß alles vorbereitet sein im Zimmer, alles schön geordnet, der Priester wird wiederkommen mit den Sakramenten. Du wirst sehen, man wird Kerzen bringen und Spitzendecken, überall muß man weiße Tücher ausbreiten ... Im Wachzustand vollendet er sein Leben in einer Art beständigem Traum: er sagt augenblicklich wunderliche Dinge, ganz sanft, mit einer Stimme, die mich verzaubern müßte, wenn sie mir nicht das Herz durchbohrte. Was er sagt, sind Träume – und doch ist es keineswegs so wie in seinem Fieberzustand. *Man könnte denken, und ich glaube es, er tue das absichtlich.* Während er das vor sich hin murmelte, sagte mir die Schwester ganz leise: ‹Er hat also noch stärker das Bewußtsein verloren?› Aber er hat es gehört *und wurde ganz rot;* er hat nichts mehr gesagt, doch als die Schwester wieder draußen war, sagte er mir: ‹Man hält mich für verrückt, und du, glaubst du das auch?› Nein, ich glaube es nicht, es ist ein beinahe immaterielles Wesen, und seine Gedanken entschlüpfen ihm gegen seinen Willen. Manchmal fragt er die Ärzte, ob sie die ungewöhnlichen Dinge sehen, die er bemerkt, und er spricht mit ihnen und erzählt ihnen mit großer Sanftheit in Worten, die ich nicht wiederzugeben verstehe, seine Eindrücke: die Ärzte schauen ihm in seine Augen, in seine schönen Augen, die noch nie so schön waren und so hellsichtig, und sagen sich unter sich: sonderbar. An Arthur ist irgend etwas, das sie nicht begreifen. Die Ärzte kommen nur noch selten, weil er häufig weint, wenn er mit ihnen spricht, und das bringt sie außer Fassung. Er erkennt jedermann, mich nennt er gelegentlich Djami, aber ich weiß, daß er das absichtlich tut und daß sich das auf diese Weise in seinen beabsichtigten Traum einfügt; im übrigen bringt er alles durcheinander und ... *kunstvoll.* Wir befinden uns in Harrar, wir brechen nach Aden auf, man muß Kamele auftreiben, eine Karawane organisieren; er geht ganz leicht mit dem neuen, mit Gelenken versehenen Bein; wir machen ein paar Spazierritte auf schönen, reich gezäumten Mauleseln; dann muß man arbeiten, die Bücher in Ordnung halten, Briefe aufsetzen. Rasch, rasch, man erwartet uns, laß uns die Koffer schließen und aufbrechen. Warum hat man ihn schlafen lassen? Warum helfe ich ihm nicht, sich anzukleiden? Was wird man sagen, wenn wir heute nicht ankommen? Man wird ihm nicht aufs Wort glauben, wird kein Vertrauen mehr in ihn haben! Und dann fängt er an zu weinen und beklagt meine Ungeschicklichkeit und meine Nachlässigkeit, denn ich bin ständig bei ihm und damit beauftragt, alle Vorbereitungen zu treffen ...»

Ich gehöre zu jenen, die ihm aufs Wort geglaubt, die Vertrauen in ihn gehabt haben.

Juli 1912

EINFÜHRUNG
IN DIE HOLLÄNDISCHE MALEREI

Wenn ich den Eindruck zu schildern und in Worte zu fassen versuche, den nach nur zu kurzen Begegnungen dieses Land bei mir hinterlassen hat, so verspüre ich nicht gleich das Bedürfnis, zu meinen Bildeindrücken Zuflucht zu nehmen. In Holland findet das Auge, wenn es die Blicke umherschweifen läßt, nicht einen dieser fertigen Rahmen, in den jeder seine Erinnerungen und seine Träume einordnen kann. Die Natur hat ihm keinen klar umrissenen Horizont gewährt, sondern lediglich diese vage Verschmelzung zwischen einem stets wechselnden Himmel und einer Erde, die über alle Farbtönungen der Leere entgegeneilt. Unsere Mutter Natur hat hier nicht darauf geachtet, ihre Absichten zu verkünden und mit allem Pomp zu plakatieren mit Hilfe jener gewaltigen Bauten, der Gebirge, sie zu dramatisieren durch Dämme, sie auszuschmücken durch Vorsprünge und Abhänge, durch die langen, ständig wieder unterbrochenen und dann wieder aufgenommenen Aufschüttungen, in denen die Melodie der Erdgestaltung sich entfaltet und erschöpft. Keine Einschnitte, keine überraschenden Bilder, kein abruptes Dazwischentreten oder gar eine unwiderstehliche Verlockung wie im Loire- oder Seine-Tal, keine dieser Wehre und Riffe, wie die Bewegung der Erde sie dem Lauf des Wassers entgegensetzt oder ihm aufzwingt. Hier ist man Bewohner oder Gast einer liquiden oder vegetativen Fläche, einer geräumigen Terrasse, auf der das Auge sich so leicht fortbewegt, daß es dem Fuß keinerlei Wunsch übermittelt. Alles ist eingeebnet, die ganze Weite dieser geduldigen Erde, jederzeit bereit, sich in Farben und milchige Dämpfe zu verflüchtigen, wurde dem Menschen überantwortet, auf daß er daraus seine Weide und seinen Garten mache. Mit seinen Dörfern und Kirchtürmen, mit seinen großen Blumensträußen hier und dort, ich meine die Bäume, hat er es selber übernommen, den Horizont zu gliedern. Die geradlinigen Kanäle, deren beide Ufer dort hinten zu einem spitzen V zusammenlaufen und uns die Entfernung zu schätzen erlauben, das Vieh auf dem ins Unermeßliche sich dehnenden Grün, zunächst nur als Herden zu erkennen, dann bis ins Unendliche sich verlierende verstreute Punkte, die von Raps übersonnte Lache, die vielfarbige Palette der Hyazinthen- und Tulpenfelder, sie sind es, die uns einen Anhalt geben. Und dennoch hat man keinen Augenblick, steht man in der Mitte dieses emailgrünen Zifferblatts, den Eindruck von Reglosigkeit. Nicht nur die endlos sich wandelnde Schatten- und Lichtgebung im Ablauf des Tages unter einem gewaltigen Himmelsgewölbe ist es, an der unablässig etwas vor sich zu gehen scheint und etwas bedacht wird. Nicht nur dieser beständige Wind ist es, der mächtig wie ein Sturm, feucht und leicht wie der menschliche Odem, wie die Wärme auf unserer Wange von einem Menschen, der uns gleich anreden wird, dieser heitere Wind, der in uferlose Fernen von den Windmühlen weitergegeben wird, die das Wasser schöpfen und die Nebel teilen, nicht er allein ist es, der zwischen jedem neuen Einsatz dies Gefühl der Zeit uns einschmilzt, das Bewußtsein für den metaphysischen Lauf, den allgemeinen Zusammenhang, diesen unendlich feinen, mannigfaltigen Gang der Dinge, die alle zusammen rings um uns mit-sind. Wir nehmen diese Art friedlicher, harmonisch zusammenklingender Arbeit zur Kenntnis, oder soll ich eher sagen dieses Wägende und gewissermaßen langsam Berechnende, das für die Nachgiebigkeit einer gelösten, aufgeschlossenen, erquickten Seele bald nichts Fremdes mehr bedeuten kann. Ist es erst befreit von einem Gegenstand, der sich brutal seinem Blick aufdrängt, weitet sich das Denken auf die natürlichste Art in der Betrachtung. Man wundert sich nicht, daß hier das Land ist, in dem Spinoza sein mathematisches Gedicht ersonnen hat. Es stellt sich in uns etwas ein, das der Denkweise von Seeleuten entspricht: weniger Augenmerk für die unmittelbaren Umstände als ein Mitschwingen mit den Elementen, ein Blick, den die Gewöhnung an Entfernungen rasch und scharf gemacht hat, weniger Sinn dafür, das Kommende vorzubereiten als die Erscheinungen wahrzunehmen. An dieser Stätte, die ganz durchdrungen ist vom Meer, an der das Gras sogar und die Blätter von diesem verborgenen Saft leben, den sie eben dem Meer entlehnten; wie sollte man da glauben, die Seele des Menschen sei diesem tiefsten Zusammenhang entzogen, wenn an ihm sogar die Wangen der jungen Mädchen ihren Blütenglanz entzündet haben?

Um mich besser verständlich zu machen, wähle ich einen Vergleich aus dem Seelenleben. Wenn sich in uns die großen fundamentalen Wandlungen unseres Denkens, unseres Fühlens und unseres Charakters vorbereiten und vollziehen, wenn wir unter den kleinen Tagesereignissen unwiderstehlich in uns die Durchbruchchancen einer dieser Sturmfluten wachsen fühlen, die man auch eine große Liebe nennt, einen großen Schmerz oder eine religiöse Bekehrung, wenn wir bemerken, daß bereits die ersten Dämme nachgeben, daß an unserem Horizont der Pegelstand sich gehoben hat, daß alle Ausgänge unserer Seele versperrt sind, wenn wir uns von einem Feld zurückziehen, gestern noch unberührt war und heute schon überflutet ist, und wir feststellen, daß auf dem Grunde der entlegensten und durch die größten Windungen geschützten Zufluchtskammer unseres Wesens das Wasser langsam Strich um Strich steigt und daß die letzten Hilfskräfte und Verteidigungsmittel bedroht sind durch den Einbruch des Fremden: wie sollte man da nicht an Holland denken, an die Mittagsstunde, da auf Tausenden von Schiffen unter dem Klatschen des dreifarbigen Feldzeichens der Gott der Wogen im Triumph Einzug hält und in all seiner Macht Besitz ergreift von diesem Netz von Adern und Arterien und einmal mehr diesem Land, das ihm zu eigen ist, seinen Besuch abstattet? Unter diesem gewaltigen Ansturm füllen die Schleusen sich, heben die Brücken sich eine nach der andern; wohin man schaut, sieht man sie wie Waagen sich betätigen, die alten gestrandeten Barken machen sich von ihrer Schlickumklammerung frei, die Abzugskanäle der Deiche schäumen auf, und die Sieben Vereinten Provinzen spüren bis auf den Grund ihres Herzens einmal mehr diesen lebenspendenden Schock, den die Grabplatte des großen Admirals Ruyter so herrlich *immensi tremor Oceani* nennt. Und ebenso kann es ein andermal geschehen, daß die Seele, für einen Augenblick von diesem Angreifer bei der Gurgel gepackt, fühlt, wie nach und nach dieser Griff sich lockert und das Wasser, das sie zu überfluten drohte, davoneilt, wieder fällt, durch alle Ausgänge entweicht, ohne daß irgend etwas imstande wäre, es zurückzuhalten, und dabei ein Stück von uns selbst mitträgt. Die Länderstriche, die man verloren wähnte, tauchen einer nach dem andern wieder auf, das Auge, das unserm Arme zuvorkommt, ergreift erneut Besitz von diesen verjüngten, befruchteten Flächen.

Man sollte es aufgeben, die Niederlande verstehen zu wollen, wenn man nicht, sobald man sich mit ganzer Seele darin versenkt hat, unter seinen Füßen diese latente Nachgiebigkeit spürt, wenn man nicht fühlt, wie man selbst einbezogen ist in diese Art kosmischen Rhythmus, wie eine Brust, die sich abwechselnd hebt und senkt.

Holland ist ein atmender Körper, und diese unermeßliche Tasche der Zuidersee mitten darin, was wäre sie anderes als eine Art Lunge? Zweimal am Tage saugt es mit ganzer Brust und ganzem Magen das Meer ein wie eine gewaltige Flut salziger Milch, und zweimal am Tage vollzieht sich auf diesen

Wassern, die für einen Augenblick ausgeglichen sind, der gewaltige Austausch dessen, was ankommt, mit dem, was darauf wartete, hinauszuziehen. Es ist, als hätte eine Glocke geläutet, die Börse hat ihre Pforten geöffnet, ich meine die Börse in ihrem doppelten Sinn: dem des Behältnisses – und welches wäre weiter offen als diese Faktorei, in der im Austausch gegen alle Reichtümer Indiens, gegen alle Waren, die die Apokalypse aufzählt, *Purpur, Seide, Hölzer, Eisen, Marmor, Elfenbein, Gewürze und Wohlgerüche, Wein und Öl und Weizen, und die Lasttiere, und die Sklaven, und die Menschenseelen,* Rhein und Maas das ihrige auszuladen sich treffen – und auch im Sinne eines Marktes, auf dem alles, was es nur gibt, sich in Werte verwandelt, von seiner stofflichen Eigenschaft in die allgemeinere Würde von Zeichen und Angebot übergeht, um, wie man sagt, seinen *Kurs* zu erhalten.

Das Wort ‹Wert›, das sich wie von selbst in meine Ausführungen eingeschlichen hat, soll mir als Brücke oder Passerelle dienen, um die Entfernung zu überschreiten, die uns noch von jenem Treffpunkt trennt, zu dem an den feierlichen, aufmerkenden Wassern die Versammlung der alten Maler den modernen Touristen geladen hat. Ob es sich um die Banksprache handelt oder um die der Malerei, der *Wert* gibt neben den besonderen Eigenheiten die allgemeine, abstrakte Eigenschaft zu erkennen, soweit sie sich in einem bestimmten Verhältnis an den und den klar bezeichneten Gegenstand heften. Auf den Kaufmannswaagen handelt es sich dabei um ein Gewicht in reinem Metall; auf den viel heikleren der Kunst geht es dabei um unendlich zarte, gestufte, durch die Farbe gekennzeichnete oder auch nicht gekennzeichnete Beziehungen, die der Schatten mit dem Licht unterhält, um eine Art leuchtender *Titel.* Aus diesem Zusammenspiel der Werte, wenn es ihnen über alles ungeordnete Suchen der Natur hinweg gelungen ist, sich unter dem Pinsel des Malers zu verwirklichen und zu vereinigen, entsteht das holländische Gemälde, das heißt einer jener zauberhaften Zusammenklänge, ich nenne es auch batavische Magie, so richtig getroffen, daß die Zeit, der sie ihre Entstehung in ihrem flüchtigsten hinschwebenden Nu verdanken, fürderhin nicht imstande sein wird, sie aufzulösen. Ich denke zum Beispiel an das Gemälde von Van de Velde im Museum zu Amsterdam, der ‹Kanonenschuß› genannt. Man hat den Eindruck, als sei bei diesem Signal, bei diesem plötzlichen Abbrennen des Schalles in dichten Rauchschwaden der Lauf der Natur jählings stillgestanden: «Feuer!» und als habe das Aufhorchen des Meeres sich bis zu uns fortgepflanzt. Als sei durch diese stolze Anordnung der Rahen und Segel der umgebenden Unermeßlichkeit ein Befehl eingeschärft worden. Hier haben wir es mit einem der Gemälde zu tun, die man noch mehr hört, als daß man sie mit dem Auge aufnimmt.

Ich glaube tatsächlich, daß wir die holländischen Landschaftsbilder besser verstehen würden, diese Kontemplationsthemen, diese Quellen der Stille, die ihren Ursprung weniger der Neugier als der Sammlung verdanken, wenn wir es lernen würden, auf sie zu horchen im gleichen Augenblick, da wir durch die Augen unser Einsichtsvermögen speisen. Was an ihnen zu allererst überrascht, verglichen mit den überfüllten, mit Gegenständen vollgepfropften Rahmen der englischen oder französischen Malerei, ist die ungeheure Bedeutung des leeren Raums, verglichen mit dem gefüllten. Man ist überrascht über die lange Zeit, die der Ton, immer wieder aufgehalten durch das reiche Spiel der Nuancen, sich läßt, ehe er sich in einer Linie oder in einer Gestalt verfestigt. Die Weiträumigkeit verschwistert sich mit der Leere, das Wasser über der weit offen daliegenden Erde dient der Wolke als Lockung. Und man sieht, beinahe hätte ich gesagt, man hört, wie die transversale Melodie, einem Flötenspiel von kundigen Fingern, einem langgehaltenen Geigenton vergleichbar, sich aus der Verschwörung der Elemente löst. Schweigend gleitet eine Linie parallel zur andern Linie, nach einer nachdenklichen Pause läßt sich ein Schauspiel durch den Traum wiederaufnehmen und durch die Entfernung vergeistigen. Wie bei den japanischen Meisterwerken bildet das Dreieck beinahe überall das entscheidende Kompositionselement, sei es das vertikale und gleichschenkelige Dreieck, das sich in Segel und Kirchturm verwandelt, sei es das langgestreckte, ungleichschenkelige, das im Rahmen seinen Ausgangspunkt nimmt, um in eine dünne Spitze auszulaufen. Man denkt unwillkürlich an ein Solfeggienthema, das wir je nach Belieben aufsteigend oder absteigend skandieren können. Ob es sich nun hervorhebt und erweitert, wenn wir es im Crescendo hinaufführen bis zu den Flügeln jener Windmühle zum Beispiel, oder ob es wie bei Ruysdael polternd in Felsklumpen und Laubgewölben lastend niederfällt oder ob es sich wie ein endloses, hie und da mit Glockentürmen bemastetes Floß hinstreckt wie auf den Bildern van Goyens, immer ist es dieses Thema, das je nach den Launen unserer Träumerei Auftrieb verleiht und diesem zugleich flüssigen und starren Gebilde ein verborgenes Leben, darin die Dauer in ihrer Entrückung für uns zu Eis erstarrt ist. Und soweit es sich um diese der Natur oder dem menschlichen Dasein entlehnten Motive handelt, die eine solche Komposition beleben, ein sich drehendes Mühlrad, ein im Schlamm steckengebliebener Karren, die kleinen Gestalten, die dort hinten davonlaufen wie ein aufgescheuchter Triller, so vergleiche ich sie mit dem Fingersatz, der an der richtigen Stelle die schwingende Saite niederdrückt, mit dem Plättchen, das die Leier zupft. Hierzu eine Erinnerung: Ich entsinne mich, daß ich mich bei meinem ersten Besuch des Rijksmuseums in Amsterdam von einem kleinen

Gemälde am andern Ende des Saales angezogen, oder richtiger gesagt angesogen fühlte, das sich ganz bescheiden in einem Winkel versteckt hielt und das ich seither vergebens wiederzufinden suchte. Es handelte sich um ein kleines Landschaftsbild in der Art van Goyens, in einem einzigen Ton wie mit Goldöl über leuchtendem Rauch gemalt. Was mir aber auf die Entfernung einen Schauer übermittelte, was für mich diese gedämpft gehaltene Komposition wie ein Trompetengeschmetter erschallen ließ, das war, ich begriff es auf der Stelle, dort das zinnoberrote Pünktchen und daneben das Gran Blau, ein Körnchen Salz und ein Körnchen Pfeffer!

Bisher habe ich von der Gruppe der Landschaftsbilder gesprochen, die sich uns, wenn ich so sagen soll, im Schnitt oder im Profil darbieten. Es gibt aber noch eine ganze Gattung anderer Art, deren Prototypus die ‹Baumallee› Hobbemas ist oder die Gemälde eines Van der Neer, die sich uns von vorne darbietet. Eine Straße, ein Kanal, ein mehr oder weniger gewundener Wasserlauf erschließt vor uns einen imaginären Raum von der Mitte her und fordert uns auf, ihn zu erkunden. Oder hinter einem düsteren, durchgezeichneten Vordergrund, der sich wie eine Silhouette abhebt, taucht eine schimmernde Fläche auf, die die Wirklichkeit von unserer Sehnsucht trennt und jenseits der eine ferne Stadt auftaucht. Wir werden in das Innere der Komposition geleitet, ich hätte beinahe gesagt von ihr angesogen, und die Betrachtung verwandelt sich für uns in Verzauberung. Wo befinden wir uns? Wir hätten beinahe Lust, an unserem Absatz den Riemen jener Zaubersandale nachzuprüfen, jener nicht unähnlich, die Hermes, der Seelengeleiter, an die seine befestigte mit einer Geste, bei der die holländischen Künstler so häufig die Schlittschuhläufer mit Vorliebe überraschten.

Nur weiter! Und da wir hierzu auf so höfliche Weise ermuntert werden, laßt uns ruhig der Hand gehorchen, die sich in die unsere schiebt und uns auffordert, ihr zu folgen, noch weiter vorzudringen und von der Außenwelt in die Innenwelt hinüberzugleiten. Van der Neer und Hobbema haben uns in das Innere der Natur geleitet, andere werden uns unseren Platz im Innern der menschlichen Behausung zuweisen, und ein anderer, größer als sie alle, sogar im Innern der Seele, darin *jenes Licht aufschimmert, das jedes zur Welt gekommene Menschenwesen erleuchtet*, auf daß wir diese Düsternis befragen, die es aufzunehmen zögert.

Ich bin mir durchaus bewußt, mich in Widerspruch zu setzen zu der Mehrzahl der Kommentatoren und insbesondere zu dem berufensten unter ihnen, ich meine jenen feinsinnigen, kundigen Kritiker, jenen großartigen Schriftsteller, Eugène Fromentin, wenn ich der holländischen Malerei eine Art tiefere Berufung und ein verborgenes Gefälle zuschreibe. Jedermann ist die schöne Seite aus den ‹Alten Meistern› gegenwärtig; ich kann der Verlokkung nicht widerstehen, sie hier wiederzugeben.

Der Augenblick ist gekommen, weniger zu denken, weniger hoch zu zielen, genauer hinzusehen, besser zu beobachten und ebensogut wie bisher, aber anderes zu malen. Es entsteht eine Malerei für die Menge, für den Bürger, für den Mann der Arbeit und für den Parvenu, und eine Malerei für den ersten besten, die ausschließlich für ihn und ausschließlich von ihm geschaffen wird. Es handelt sich darum, schlicht zu werden für die schlichten Dinge und klein für die kleinen, zart für die zarten Dinge, sie alle zu umfassen, ohne Ausnahme und ohne Mißachtung, in ihre tiefsten Geheimnisse einzudringen und ihr Wesen liebevoll zu begreifen. Das lebendige Mitgefühl, die aufmerksame und stets geduldige Beobachtung sollen damit zu ihrem Rechte kommen. Fortan wird das Genie darin bestehen, von keinem Vorurteil mehr befangen zu sein, seines eigenen Wissens sich nicht bewußt zu werden, von dem Gegenstand seiner Beobachtung sich überraschen und nur von ihm allein und von den in ihm zu Tage tretenden Gesetzen sich in der Art seiner Darstellung beraten zu lassen.

Und dem fügt Fromentin hinzu, ohne sich anscheinend der klaffenden Lücke, ja des Widerspruchs bewußt zu werden, der seinen neuen Gedanken von dem vorangegangenen trennt:

Läßt man Rembrandt beiseite, der eine Ausnahme bildet in seinem Lande wie in allen Landen, zu seiner Zeit wie zu allen Zeiten – und hier muß ich ein Fragezeichen machen –, *so gewahren wir nur einen einzigen Stil und eine einzige Methode in den holländischen Ateliers. Das Ziel ist: all das nachzuahmen, was existiert, die Liebe zu wecken zu dem, was man nachahmt, und in klarer Weise einfache, lebendige und richtige Empfindungen auszudrücken. So hat auch der Stil die Einfachheit und Klarheit dieses Prinzips. Sein oberstes Gesetz ist Wahrhaftigkeit und Aufrichtigkeit. Vertraut, natürlich und charakteristisch, so tritt er uns entgegen. Er ist das Resultat einer Vielheit geistiger Qualitäten: der Naivität, des geduldigen Willens und der Rechtschaffenheit. All das erscheint wie eine aus dem Privatleben in die Kunst erfolgte Übertragung häuslicher Tugenden, die nun in gleicher Weise dazu dienen, eine gute Lebensführung und eine gute Malerei zu gewährleisten. Nimmt man der holländischen Kunst das, was man Rechtschaffenheit nennen könnte, so würde man ihr vitalstes Element nicht mehr verstehen, und es würde nicht mehr möglich sein, weder ihren geistigen Gehalt noch ihren Stil zu definieren. Aber ebenso wie es selbst in einem durch und durch praktischen Leben Elemente gibt, die die Betätigungen des Lebens auf eine höhere Stufe heben, so tritt uns auch in dieser als so positiv verkannten Kunst, in diesen berühmten Malern, die zum großen Teil nur als kurzsichtige Kopisten gelten, eine Höhe und eine Güte der Seele entgegen, eine innige Liebe für das Wahre, eine Vertraulichkeit des Verhältnisses zum Wirklichen, die ihren Werken einen Wert geben, den die Dinge selbst nicht zu haben scheinen. So entsteht das Ideale in dieser Kunst, das, teilweise verkannt und stark mißachtet, doch unzweifelhaft vorhanden ist für den, der es ernstlich erfassen will, und das äußerst anziehend ist für den, der es zu genießen weiß. Für Augenblicke macht ein Körnchen wärmeren Mitempfindens aus ihnen Denker, ja sogar Dichter.*

Dieser letzte Satz macht mir besondere Freude und berichtigt ein Urteil, das, mit viel zutreffenden, sehr feinen Beobachtungen vermischt, mir zu irren scheint. Ein Körnchen bedeutet sehr viel, wie ich soeben erst zu zeigen versuchte mit dem Hinweis auf das Körnchen blaues Salz und das Körnchen roten Pfeffer, und ich behaupte, daß dieses ganz verborgene Würzkörnchen keiner der Kompositionen der alten Maler abgeht. Keines, das nicht neben dem, was es ganz laut verkündet, auch noch etwas enthielte, das es ganz leise *sagen möchte*. An uns ist es, das zu hören, hinzuhorchen auf das *nicht laut Ausgesprochene*.

Fromentin und mit ihm die Mehrzahl der Kritiker der holländischen Maler haben sich täuschen lassen durch den Gegensatz ihrer Atmosphäre, ihres Gesichtspunktes und ihres Ausgangspunktes zu der Poetik, ich hätte beinahe gesagt zu der Rhetorik der klassischen und der barocken Kunst, die zu ihrer Zeit sich endgültig und auf großartigste Weise in Italien und Flandern entfaltete, zu jener klangvollen, großzügigen, prunkvollen, beredsamen, bombastischen und auf weite Strecken konventionellen Kunst. Um sie zu kennzeichnen, kann ich nichts Besseres tun, als eine weitere Seite den ‹Alten Meistern› zu entlehnen.

Es war Sitte gewesen, laut und groß zu denken; eine Kunst hatte bestanden, die darauf beruhte, eine Auswahl unter den Dingen zu treffen, sie zu verschönen, sie zu verbessern, eine Kunst, die im Absoluten eher lebt als im Relativen, die die Natur sah, wie sie ist, aber sich darin gefiel, sie darzustellen, wie sie nicht ist. Alles bezog sich mehr oder weniger auf die menschliche Gestalt, hing von ihr ab, ordnete sich ihr unter und schablonisierte sich darnach, weil tatsächlich gewisse Gesetze der Proportion und gewisse Attribute, wie Anmut, Kraft, Vornehmheit, Schönheit, die in der menschlichen Gestalt gründlich studiert und auf feste Regeln zurückgeführt waren, sich auch auf das anwenden ließen, was nicht der Mensch war. Das Resultat war eine Art von universeller Menschlichkeit, ein vermenschlichtes Universum, dessen Prototyp der menschliche Körper in seiner idealen Form war. Geschichte, Visionen, Glaube, Dogmen, Mythen, Symbole, Sinnbilder, alles das hatte nahezu allein die menschliche Gestalt auszudrücken. Die Natur lebte nur ein vages Leben um diese absorbierende menschliche Gestalt herum. Kaum, daß man ihr die Rolle eines Rahmens anwies, der von selbst verschwinden und in den Hintergrund treten müßte, sobald der Mensch erschien. Alles beruhte auf Auswahl und Synthese. Da jeder Gegenstand seine plastische Gestalt demselben Ideal entnehmen mußte, so entfernte man sich nicht von dem einheitlichen Schema. Auf Grund dieser Gesetze des historischen Stils war es zum Übereinkommen geworden, daß eine nur geringe Zahl von Sehebenen zugelassen wird, daß der Horizont sich zusammenzieht, die Bäume immer mehr verschwinden, daß der Himmel einförmiger, die Atmosphäre klarer und gleichmäßiger und der Mensch sich selbst ähnlicher wird, häufiger nackt als bekleidet, von einer stets vollendet schönen Gestalt und von schönem Antlitz, um so die beherrschende Rolle besser ausfüllen zu können, die man ihm anweist.

Indessen läßt sich nicht leugnen, daß neben dieser übersteigerten, atelierhaften und aufwendigen Kunst in der Volksseele zwischen Schelde und Maas ein gewisser kräftiger und sicherer Sinn für die unmittelbare Wirklichkeit bestand und das Verlangen, sich auf der Stelle die Augen daran zu weiden, wie Kinder, die für sich selber eine Marionetten-Vorstellung veranstalten. Die mittelalterlichen Buchmalereien, die Tafeln der Primitiven und die eines Breughel, eines Jordaens und eines Teniers legen Zeugnis ab für diese Billigung, für diese joviale Anteilnahme, diese rauhe Herzhaftigkeit, mit der die Flamen unentwegt dieses belustigende Leben rings um sich betrachten und diese gute Erde, die ihnen Bier und Speck liefert. Die große Neuerung der holländischen Kunst besteht aber darin, daß die Landschaft und was ich als Laiengestalten bezeichnen möchte fortan nicht mehr als Dekor oder menschliche Ausstaffierung besteht auf dem Hintergrunde einer religiösen, dekorativen, allegorischen oder dramatischen Szene: sie selbst, für sich allein, sind nun Gemälde geworden. Was sie zusammen betreiben, der Gemeinschaftsakt, dieser Pakt, den sie unter sich mit Farben und Linien eingegangen sind und den man als Komposition bezeichnet, das wird uns nunmehr zur ausschließlichen Betrachtung vorgelegt.

Und in diesem Zusammenhang ist es nicht unwichtig, festzuhalten, daß der holländische Maler nicht auf Jagd nach seinen Motiven geht, den Bleistift in der Hand, sich dem Zufall und dem Einfall überlassend. Er ist nicht gesonnen, irgend etwas festzuhalten. Das Repertoire, das ihn anzieht und das seiner Kundschaft gefällt, beschränkt sich auf eine recht kleine Zahl von Kapiteln. Ich will nur auf zwei Beispiele hinweisen. Fromentin stellt sehr richtig fest, daß das ‹Goldene Jahrhundert›, darin alle großen Maler ihre Blütezeit erlebten, zugleich auch das gewaltsamste und unruhigste der holländischen ist, das der Volksaufstände, der Glaubenskämpfe, der Schlachten und Handstreiche. Das alles hat auch nicht für einen Augenblick den friedlichen Pinsel der Künstler in Wallung gebracht. Man könnte meinen, daß für sie das Pulver niemals seine Sprache gesprochen hat, daß sie niemals eine in Brand gesteckte Strohhütte gesehen haben, den doppelten einander entgegenstrebenden der ausrückenden Truppen und einer fliehenden Bevölkerung, die Grimasse und die Verrenkungen eines verwundeten Bürgers, der sich in einer Blutlache windet. Für sie besteht der ganze Krieg in dem munteren Ringelstechen eines Wouwermanns auf der Schwelle zu einer durchsichtigen Landschaft.

Und andererseits ist die Epoche, von der wir sprechen, das Zeitalter der großen kolonialen Eroberungen, der Seeabenteuer, dieser Entdeckung der Welt, deren neue Hülle die Hafenkais bedeckt. Von alledem nimmt die Kunst keinerlei Notiz, ja man könnte meinen, sie empfinde auch keinerlei Neugier für sie. Kaum daß man höchst selten die Skizze eines Negers, eines Löwen oder eines Elefanten im Skizzenbuch eines Rembrandt entdeckt. Diese Bürger bezeugen ebensoviel Gleichgültigkeit für irgendwelche exotischen Neuigkeiten wie die hochmütigen Kunden eines Velasquez. Sie verlangen vom Maler etwas ganz Bestimmtes und nichts anderes. Die holländische Kunst wie die der übrigen Schulen entspricht einer bestimmten Richtung. Und diese Richtung verfolgt, wie wir gesehen haben, keineswegs die Pflege, die Erkundung und Inventarisierung der Wirklichkeit um ihrer selbst willen. Der Dichter greift aus ihr lediglich bestimmte Themen heraus und entlehnt ihr die Elemente für seinen Bildaufbau. Er entnimmt ihr nur, was ihm gefällt.

Ich wage es, den vermutlich recht kühnen Gedanken zu äußern, daß die holländischen Maler, wenn sie das Gegenständliche meiden, die literarische und dramatische Erzählung, die ihren Sinn in sich trägt, wenn sie sich namenloser Schauspieler bedienen und ihnen durch die Landschaft Halt geben, die ihrerseits wieder ihre Absichten dem allgemeinsten Vorhaben der Natur entlehnt, daß sie das tun, weil sie nicht irgendwelche Handlungen, irgendwelche Ereignisse darstellen wollen, sondern Gefühle. Wie die Landschaften, die ich soeben beschrieben habe, uns ein Raumgefühl vermitteln, so erwecken die intimen Szenen, von denen ich nun zu sprechen gedenke, in uns das Zeitbewußtsein. Sie haben ein sich verflüchtigendes Gefühl zum Inhalt. Ein Gemälde von Viel, von Vermeer, von Pieter de Hooch, das betrachten wir nicht, wir liebkosen es nicht eine einzige Minute lang mit einem überlegenen Augenblinzeln: vom ersten Augenblick an sind wir drin, sind dort zu Hause. Wir sind gepackt. Wir werden von ihm eingefangen. Wir fühlen seine Gestalt auf uns ruhen wie ein Gewand. Wir lassen uns von der Atmosphäre, die es einbeschließt, erfüllen. Durch alle Poren dringt es in uns ein, auf allen Bahnen des Gefühls und gleichsam durch die Kiemen unserer Seele. Sie fängt den Strahl auf, der von außen einfällt, teilt und verteilt ihn, in der Art etwa, wie die unsrige das tut. Sie ist ganz erfüllt von diesem Schweigen der augenblicklichen Stunde. Wir begleiten diese Arbeit, durch die die äußere Wirklichkeit sich am Grunde unser selbst in Schatten und Abglanz verwandelt, dieses Werk des Tages, das Strich um Strich auf dem Schirm, den wir ihm entgegenhalten, steigt und wieder fällt. Die Flucht der Zimmer und Höfe, der schmale Durchblick dort hinten auf den Garten, durch eine offene Tür oder durch eine Dachluke auf den Himmel vermittelt uns statt einer Zerstreuung einen stilleren Genuß unserer tiefen, sicheren Geborgenheit. Hier ist der uns zubestimmte Bereich. Wie eine plötzliche Berührung in uns eine Erinnerung oder einen Gedanken aufblitzen läßt, wie das langsame Zunehmen der Beleuchtung eine Gestalt herausmodelliert und ihr Rundung verleiht, so versteht es der holländische Künstler, diesen mystischen Beitrag zurückzuhalten und zu nutzen, den die Neigung des Tageslichts ihm verschafft, sei es nun, daß ein Van Ostade ihm diese Verschwendung an Menschen oder absonderlich bunt zusammengedrängten und durcheinandergewürfelten Gegenständen zu inventarisieren überträgt, sei es, daß noch häufiger eine äußerst gewissenhafte Aufmerksamkeit ihm den Empfang durch eine klare Ordnung und durch die strenge Sauberkeit des Frauengemachs vorbehält. Die wasserklare Durchsichtigkeit der Scheiben, die wechselnde Dichtigkeit der Atmosphäre je nach dem Milieu, das vielfältige Zwischenspiel der Wände und der sich spiegelnden Reflexe, die sie sich gegenseitig zuwerfen, das netzartige Gitter, das sich schräg auf der Wand abzeichnet und das auf der gegenüberliegenden Seite das starre Auge eines Spiegels verschlingt, der Gegensatz im Herzen eines Raumes zwischen der erhellten Seite und der, die es nicht ist, dessen, was sich anzündet, und dessen, was wieder erlischt, dieses Mobiliar von schweren Koffern mit stagnierenden Oberflächen und leuchtendem Kupferzeug, das dem Ganzen das richtige Verhältnis verleiht, all das schafft eine Art Talisman, eine Formel der Intimität, des verborgenen Zaubers, und man versteht, daß die Gestalten, die es bewohnen, diesem häuslichen Paradies nicht zu entrinnen vermögen. Welch ein Gegensatz zu gewissen modernen Bildern, die, man fühlt es ordentlich, explodieren und nach allen Seiten auseinanderstieben würden wie Brauselimonade, steckten sie nicht in einem Rahmen! Die flachen oder auch die gewölbten Spiegel, die zur Verwendung durch uns die Geschehnisse im Garten und auf der Straße zu uns ablenken oder versetzen, die Gläser auf dem Tisch, die erstarren oder schmelzen, die irisierenden Butzenscheiben, die sich geheimnisvoll auf dem Bauch einer Flasche abmalen oder auf der unbetastbaren Wölbung eines Glasballons, nur ihr Fortbestehen auf der Leinwand erlaubt uns, in ihnen das Bild des Gedankens zu erkennen, der seine Besitztümer umspielte.

Vorhin äußerten wir die Ansicht, das holländische Landschaftsbild weise stets in eine Richtung: noch richtiger wäre es zu sagen, die Anordnung der Interieurs weise auf einen Mittelpunkt, einen Schwerpunkt, einen Brennpunkt hin. Und gerade die offensichtliche Belanglosigkeit des Motivs lokalisiert ihn: ein kleiner Hund, den man streichelt, ein Finger, den man verbindet und dessen einzige Aufgabe darin besteht, die Aufmerksamkeit der Figur auf ihn selbst zu lenken, eine Feder, die man zurechtschneidet, bevor man ihr freien Lauf über das Papier gestattet, dieses Buch oder jener Arbeitskorb, in dem eine Hand lässig nach Sammlung sucht, einem Gedanken nachgeht, die Laute, die man stimmt, die Lippen, die zu singen sich anschicken, und auf dem Bild de Brouwers das runde schwarze Loch mitten im Gesicht, dem ein anderes durchsichtiges Rund von Rauch entschwebt, gerade das wirkt so befreiend, es übermittelt dem Geist das verborgene Zeichen, in dem die verschiedenen Elemente dieser harmonischen Gemeinschaft sich zusammenschließen. Unter diesen Themen kommen Festgelage und Konzerte am häufigsten vor. Jedes Mahl ist in der Tat in sich selbst eine Kommunion, ohne daß eine religiöse Absicht in mehr oder weniger latentem Zustand vorhanden wäre. Und es ist höchst bemerkenswert, daß, während in soundsovielen italienischen oder französischen Szenen die Prahlerei und Eitelkeit des Malers, der seine konventionellen Mittel zur Schau stellt, einen erhabenen Akt zur Bedeutung einer mondänen Zeremonie herabwürdigt, bei den holländischen Künstlern die Naivität und Herzlichkeit, mit der die Geladenen um den Tisch herum aus der gleichen Schüssel oder aus dem gleichen Becher genießen, dieser brüderlichen, fröhlichen Aufforderung, die sie aneinander richten, eine höhere Würde verleihen als lediglich die einer Mahlzeit. Ich denke an das Bild Rembrandts, auf dem der Maler in seiner Ausgelassenheit, den Degen zur Seite und als Edelmann verkleidet, mit der einen Hand eine willfährige Saskia fest an sich drückt und mit der anderen zum Himmel ein langgestrecktes Glas funkelnden Weines emporhebt, als einen Toast, den er seinem Denkbild zutrinkt. – Und auf der anderen Seite, welches Thema wäre wohl geeigneter, den Gedanken an einen innigen Bund der Seelen und ihrer gegenseitigen Zuneigung besser zu erwecken, als eines jener Konzerte, die so häufig dargestellt wurden durch den Pinsel eines Palamedes und eines Ter Borch, in denen die Stimme einer Frau und die Aufmerksamkeit eines Mannes sich vermählen – ganz zu schweigen von dem kleinen Hund, der wie ein Familienmitglied in einer Ecke herumstreicht: Gelegentlich ist es auch ein Zwiegespräch mit dem Spiegelbild, die Frau, die sich in einem Spiegel betrachtet; mit dem Abwesenden, jene andere Frau, die einen Brief liest; mit der Außenwelt, jene Magd im Fensterrahmen, die die Blumen begießt. Wo der oberflächliche Blick nur eine Hausfrau entdeckt, die ein würziges Gericht aufs Feuer setzt, eine Gastgeberin, die, den Stiel eines funkelnden Glases zwischen den Fingern, zwei Freunde empfängt (und um sie herum der dunkle Glanz der polierten Möbel, der Kronleuchter in der Mitte, der Blick des Spiegels zum zweiten Spiegel, oder die anderen Spiegel noch, die von den Tellern an den Wänden gebildet werden, oder die Rahmen, die bis zum Rande von einem unveränderlichen Schauspiel erfüllt sind), und beinahe hätte ich die fleißige Arbeit der Spitzenklöpplerin, an ihrem Kissen über den Faden gebeugt, vergessen, über jenem vermutlich, den die Parze unaufhörlich für uns abspult: in alledem, ich für mich weiß es, handelt es sich um die verborgene Geschäftigkeit Animas, um diese Chemie, diese Musik, diese Transaktionen, diese Beziehungen, um Interessenverknüpfungen, die auf dem Grunde unseres Denkens wirksam sind. Der Augenblick ist gekommen, da jemand eintreten sollte, um den verborgenen Pulsschlag nachzuprüfen, der das imaginäre Bild belebt: da ist auch bereits die Hand, die die Kranke kraftlos einer dunklen Arztgestalt hinhält: der Finger, der an der Pulsader den Gang und das schwache Klopfen belauert, weil der Herzschlag aussetzt. Jetzt bleibt in der verdunkelten Stube nur noch ein einziger Mann aufrecht stehen; der Schatten wächst und kommt von den vier Winkeln herbei, er hüllt ihn ein und legt ihm über die Schultern die Falten eines weiten schwarzen Mantels, aus dem eine halbbehandschuhte Hand hervorschaut.

Unter diesen Meistern, an deren Werke und Namen ich mich mit besonderer Freude erinnere, Gérard Dou, Mieris, Ter Borch, Metzu – und ich vergesse auch nicht diese Knirpse und Gnomen und Poltergeister mit ihren Prügeleien, ihrem Johlen und Pantinengeschlurre, alle diese Knäuel von schlagflüssigen Vollmondsgesichtern und klaffenden Wänsten, die uns ein Van Ostade und de Steen vorführen –, befindet sich einer, ich will nicht sagen, er sei größer, denn Größe hat hierbei nichts zu besagen, der aber vollkommener, seltener und erlesener ist, und falls es noch anderer Beiwörter bedürfte, so wären es solche, die einzig eine andere Sprache uns liefert, *eery, uncanny* (unheimlich und nicht geheuer). Seit langem schon war der Name Vermeer van Delft zu erwarten. Und sofort, dessen bin ich gewiß, stellt sich beim Leser wie die Farben eines Wappens in Gedanken dieses erregende Zusammenspiel eines himmlischen Blau und eines durchsichtigen Gelb ein, so lauter wie Arabien! *(Ich kleidete dich mit bunten Kleidern und zog dir purpurne Schuhe an.* Ez., XVI, 10.) Doch sind es keineswegs die Farben, über die ich mich hier auslassen will, trotz ihrer Qualität und diesem Zusammenspiel zwischen ihnen, das so genau und dabei so kühl ist, daß es weniger mit dem Pinsel erzielt zu sein scheint, als mit dem Verstande verwirklicht. Was mich so fesselt, ist dieser reine, von allem Irdischen losgelöste, gereinigte, von allem

Stofflichen entkleidete Blick von einer in gewisser Weise mathematischen oder engelgleichen Lauterkeit, oder sagen wir einfach photographischen, aber was für eine Photographie! auf der dieser Maler, eingeschlossen in das Innere seiner Linse, die äußere Welt einfängt. Das Ergebnis läßt sich mit nichts anderem vergleichen als mit den heiklen Wundern der Dunkelkammer und dem ersten Erscheinen auf der Daguerrotyp-Platte jener Gestalten, die mit einem sicheren und spitzeren Stift als dem eines Holbein gezeichnet waren, ich meine mit dem Sonnenstrahl. Die Leinwand hält seinem Strich eine Art geistbegabten Silberspiegel entgegen, eine Zaubernetzhaut. Dank dieser Läuterung, diesem Einhalten der Zeit, diesem Werk des Glases und der Stanniolfolie wird für uns die äußere Anordnung bis in das Paradies der Notwendigkeit eingeführt. Vor unseren Augen betätigt sich eine Waage, auf der der Ton nach Kommas und Gran abgeschätzt wird und auf der alle Linien und Oberflächen zu einem geometrischen Zusammenspiel geladen sind. Ich denke an jene Kompositionen aus Quadraten und Rechtecken, zu denen ein offenes Spinett den Vorwand liefert, ein Maler vor seiner Staffelei an der Arbeit, eine Landkarte an der Wand, ein halbgeöffnetes Fenster, die Ecke eines Möbels oder einer Zimmerdecke, die durch das Zusammentreffen dreier Oberflächen entsteht, die Parallelstreifen der Deckenbalken, der rautenförmige Fliesenbelag unter unseren Füßen. Und vor allem an die beiden unvergleichlichen Seiten im Museum von Den Haag und Amsterdam, die ‹Ansicht von Delft› und ‹Die kleine Straße›. Das eine, auf dem Trapeze und Dreiecke, diese kunstvolle Heraushebung von langgezogenen Dächern und Giebeln, sich aneinanderreihen, vorbereitet durch ein unwirkliches Wasser und in der Mitte unter dem Bogen eines Brückleins durch den Ausblick auf die dritte Dimension aufgeteilt wie eine Kavalkade von Lehrsätzen; und das zweite, auf dem die Verteilung der Senkrechten und der Schrägen, der Öffnungen und der Wandflächen sich vor unseren Augen postiert mit der offensichtlichen Absicht einer Kundgebung: alles ist aufgebaut auf der Beziehung der drei Türen untereinander, einer geschlossenen, einer ins Dunkel führenden und der in der Mitte, die ins Unsichtbare führt. Aber ebenso wie Vermeer es versteht, die Achsen sich überschneiden zu lassen, die Räume zu weiten, Körperhaftes auf die Fläche zu übertragen, so hat er es auch zu einer Meisterschaft in der Kunst gebracht, den entscheidenden Punkt durch Kurven zu umschreiben. Man sehe sich daraufhin die Spitzenklöpplerin (im Louvre) an, über ihren Stickrahmen gebeugt, bei der die Schultern, der Kopf, die Hände mit ihrem doppelten Fingerwerkzeug, alles zu der Nadelspitze leitet: oder diese Pupille mitten in einem blauen Auge, darin ein ganzes Gesicht zusammengefaßt ist, ein ganzes Wesen, eine Art geistige Koordinierung, ein von der Seele losgeschleuderter Blitz.

Es gibt noch ein anderes Gemälde von Vermeer, Holland wird es auf alle Zeiten bereuen, daß es sich dieses Bild entgehen ließ. Heute befindet es sich in New York und gehört der Sammlung Friedsam an. Und in dem Augenblick, da wir in unserem Querzug durch die holländische Malerei von einem urtümlichen Symbolismus übergehen zu einer stets bewußteren Herausstellung der Erscheinungsformen, bereitet es mir eine besondere Freude, die ersten Schritte unter dem Beistand des klarsten, des durchsichtigsten Malers zu machen, den es auf der Welt gibt und den man einen Betrachter der offenbarten Gewißheit nennen könnte. Das in Frage stehende Bild heißt ‹Allegorie der Frohen Botschaft›. Es stellt eine sitzende Frau dar in einem Gewand, das etwas an die ‹Unbefleckte Empfängnis› von Murillo erinnert, halb zurückgebeugt, die Augen zum Himmel erhoben und die Hand auf ihr Herz gedrückt. Sie lehnt sich an einen kleinen Tisch, der wie ein Altar drapiert ist und auf dem man ein aufgeschlagenes Buch erkennt, ein Kruzifix und einen Kelch. Hinter ihr ein großes Gemälde, das die Kreuzigung darstellt. Den rechten Fuß hat sie auf eine Kugel gesetzt, sie stellt die Welt dar. An der Decke, an einem Faden aufgehängt, eine andere Kugel, diesmal aus Kristall. Am Boden ein angebissener, fortgeworfener Apfel und eine Schlange, die sich unter der Last eines dicken Buches, vermutlich der Bibel, windet, das sie zermalmt. Zur Linken einer jener schweren, reich bestickten Vorhänge, wie wir sie auch auf anderen Werken des Künstlers finden, und der, wie ich vermute, wie die Zeltbehänge des alten Tabernakels, wie das buntschillernde Gewand des Patriarchen Joseph, den Schleier über den sakramentalen Gestalten darstellt. Und was wäre leichter, als den Symbolismus der dreifachen Kugel zu deuten, der Weltkugel, die die Kirche, erfüllt von ihrem hohen Ideal, unter ihre Füße tritt, der sündhaften Frucht, die, kaum gekostet, weggeworfen wird, und dieser vollkommenen, klar durchschaubaren Wahrheit, die sie in ihrem heißen Verlangen erblickt? Was gäbe es ergreifenderes als dieses Kruzifix aus starrem Holz, das allgegenwärtig und tragbar an seiner Stelle der aufgeopferte Gott hierher bestellt hat, der uns auf dem Gemälde im Hintergrunde des Gemachs, ja des Ganzen dargestellt ist?

Und zu meinem großen Bedauern fehlt es mir an der Zeit, um von jener seltsamen blumenbekränzten Fee aus der Sammlung Czernin in Wien zu sprechen mit ihrem Buch und ihrer Trompete, die ein phantastisch aufgeputzter Maler kopiert.

Eine chinesische Legende berichtet, wie ein Abgesandter der Han-Kaiser, der sich eines Tages in den Bergen im dichtesten Nebel verirrte, plötzlich vor einer halbverfallenen Stele stand, auf der er mit großer Mühe die Inschrift entziffern konnte: ‹Grenze zweier Welten›. Es ist nicht gerade der Nebel, an dem es in Amsterdam fehlte, noch mitten in einem Mäandergeschlinge von Kanälen dieses Ineinanderübergehen von Illusion und Wirklichkeit, von Gebäulichkeiten und Perspektiven, noch das Bild, das eine lauernde Wasserfläche uns von allen Dingen liefert, verlassen wir doch nie ihr Ufer, diese Verdoppelung, die sie von allem bewerkstelligt, und dieses Gespenst, in das sie uns verwandelt, sobald wir uns über sie beugen. *Grenze zweier Welten!* Finden wir sie nicht auf einer anderen Ebene in den Museen wieder unter dem flüchtig spiegelnden Glanz und Firnis, wenn wir unsere schwankende Gegenwart gegen jene Bildnisse halten, die die Kunst für uns am Fenster der Vergangenheit zur Starre gebannt hat? Wie wirklich sie doch sind, wie gut sie ihre Pose einhalten, wie kleben sie doch an ihrem eigenen Fortbestand! Sie machen, wie wir so treffend auf französisch sagen, *acte de présence*. Ich will damit sagen, daß sie nicht nur eine Gegenwärtigkeit bilden, sie üben sie tatsächlich aus: durch sie hindurch stellt sich eine wirksame Solidarität ein zwischen uns und der Welt dort im Hintergrunde, die von der Sonne bereits verlassen ist. Wir tragen in uns genügend Vergangenheit, um sie mit der ihrigen zu verschmelzen, und die Verfahrensweise, deren wir uns bedienen, um unserem eigenen Dasein zu genügen, ist dieser Nutzbarmachung der Dauer nicht fremd, dieser Verfestigung des Gesichtes in Zügen, die es zum Beharren befähigen. Zwischen Lebenden und Toten ist dank dieser Abdrücke der Verkehr noch nicht eingestellt. Keine konventionellen Ähnlichkeiten sind es, keine abstrakten Zeichen, die wir nachschlagen. Hinter diesen feuchten Lippen, diesen blutbelebten Wangen, diesen Augen, die zu leben aufgehört haben, aber nicht zu fragen und zu antworten, fühlen wir, was unter ihnen mitschwingt, es hervorbringt, nährt und gestaltet: eine Seele in ihrer Ausdrucksfülle, die sich an die unsrige wendet, sie zu einem Gespräch aufruft, jemand, der sein Gesicht preisgibt. Soeben sprach ich von der seltsamen Anziehungskraft, dem Gefälle oder dem Gewicht der holländischen Landschaften und Interieurs, die weniger auf uns zugehen, als daß wir uns auf sie hinbewegen. Ebenso verspüren wir vor den Porträts eines Frans Hals, gelegentlich sogar vor denen eines Becker oder eines van der Helst, eine Art Anruf durch eine Melodie oder den Anruf einer Seele, eine spirituelle Aufforderung, ein Ausströmen eines Wortes. Die übertriebene Sicherheit, mit der diese Verstorbenen, den Bierkrug oder eine Gitarre in der Hand, oder zwischen ihren Fingern die Hand einer stillenden Gattin, im voraus die Selbstüberzeugung mimen, die wir von unserer Glaubwürdigkeit haben, entbehrt nicht der Ironie; nicht ohne ein recht unsicheres Gefühl sehen wir, wie auf dem schirmenden Glas das Spiegelbild unserer eigenen Augen sich mit dem gemalten Blick vermischt. Und bald ist es nicht mehr ein einzelnes

Gesicht, das zu uns durch den Schatten hindurch aufsteigt, auf einmal ist es eine ganze Gesellschaft dieser Mitbürger des Erebos, die durch ein Aufeinanderbezogensein von Gesichtern und Stellungen jene Stunde in der Zeit wieder lebendig werden lassen, die sie miteinander geteilt haben: vergoldet, verbrämt, soutachiert, mit Federbusch geschmückt, oder im Gegenteil streng drapiert in den Gewändern der Nacht, haben sie dem Aufgebot nicht widerstehen können; das alte Zeichen vereint sie noch einmal, oder der Tisch dort, auf dem das Silber sich häuft, sofern es nicht die Geräte eines vorgetäuschten Gelages sind, jener Pokal, an den ein Lebender seine Lippen nicht setzen könnte. Die Reihen dieses Empfangskomitees, dieser Vorhut, die uns aus dem Grabe entgegengesandt wurde, oder soll ich sie im Gegenteil die Nachhut einer Armee auf dem Rückzug nennen, erheben sich einer über den andern, um mit einem beharrlichen gemeinsamen Blick etwas zu betrachten, das hinter uns aufgestellt ist in unberechenbarer Entfernung. Und nicht immer ist es nur Gold, nicht immer sind es Wein und die Früchte der Erde, die als Vorwand für diese posthumen Sitzungen dienen. Nicht Weine und Früchte sind dort im Mittelpunkt jenes Bildes von Rembrandt im Haag zu sehen, das jedermann kennt, dort liegt ein Leichnam, nicht der Leichnam Christi, irgendein Leichnam nur. Und auf dem Gemälde von Amsterdam ist die Demonstration noch weiter getrieben: der Thorax ist seiner Eingeweide und des Herzens entleert und öffnet seinen gähnenden Bogen; mit einem Meißelschlag hat der sezierende Arzt die Schädelwölbung jenes Kopfes gesprengt, dessen Maske jener des menschgewordenen Gottes nicht unähnlich ist, und mit wissenschaftlichem Blick versucht er, sich in den Windungen eines blutigen Gehirns zurechtzufinden.

Aber erst in Haarlem, in dem entzückenden kleinen Museum, das einst ein Hospiz war und das man jetzt das Frans-Hals-Museum nennen könnte, dort fühlt man sich am unwiderstehlichsten überfallen von einem gefährlichen Zauber, eingenommen und mitgerissen durch eine Art okkulten Absinkens, das wie ein Vorrücken des menschlichen Lebens auf sein Ende zu ist. Zunächst durchschreitet man den Saal der ehrbaren und gestrengen De Bray und gelangt in einen andern, in dem ein entfesselter Riese, dessen Lachen man vernimmt, noch ehe man die Schwelle überschritten hat, uns poltrig empfängt. Nicht um eine Gesellschaft um ihn herum handelt es sich, die uns erwartet, es ist ein Gewühle, in dem jeder sichtlich bemüht ist, in der allgemeinen Zurschaustellung soviel Ehre wie nur möglich einzulegen und den größten Nutzen aus dem blühenden Gesicht zu ziehen, das die Natur ihm mitgegeben hat. Was für Schärpen, was für Gürtel, welch ein Kampf zwischen Orange und Blau, was für Uniformen, Federbüsche, Hüte, Spitzen und

Samt, aus dem eine zurückgeschlagene Franse und eine vornehme Hand hervorragen! Das alles brüllt einem ins Gesicht, ein allgemeines Hurrahgebrüll ist das. Von allen Seiten wird man angerufen, alle sprechen auf einmal, alle zugleich und jeder für sich versuchen sie, sich einen Platz in der vordersten Reihe zu verschaffen. Gewiß, weder mit Farbe noch mit Talent hat man gespart, das ist mit beiden Händen zugleich gemalt, als hätte man mit Posaunen und Saucen draufgespritzt! Gehen wir weiter!

Gleich darauf, welch ein Gegensatz, welch eine Veränderung bereits! Nun ist's vorbei mit dem wilden Gewirbel von Tambourmajoren und der ausgelassenen Heiterkeit eines Wachkorps. Hier handelt es sich nicht mehr um große Kinder, die sich belustigen, das sind verantwortungsbewußte Männer, die miteinander Rat pflegen. Der Maler hat alle Frivolität von seiner Palette verbannt und nur noch Schwarz und Weiß darauf gelassen, dieses Schwarz und Weiß von Frans Hals, das nicht die abwechselnde Verneinung von Licht und Schatten ist, sondern ihre Bestätigung im Positiven, die materielle Beschaffenheit des einen und des andern. Ich habe ein Gemälde vor mir, in ihm modulieren den von seitwärts hereinfallenden Strahl vier Girlanden von Hüten, Gesichtern, Halskrausen und Händen. Unser Augenmerk ist ins Innere verwiesen. Die Hauptgestalt kehrt uns den Rücken, wir sehen ihr Gesicht lediglich im Profil. Und jener Kamerad am Tischende, der sich mit Behagen den Magen streichelt; wenn sein ganz von Bedeutungslosigkeit gedunsenes Gesicht auch uns zugewandt ist, so ist der Blick seiner beiden Augen, das eine im Licht, das andere im Schatten, einzig auf diese Trinkgemeinschaft gerichtet.

Noch eine weitere Tür müssen wir durchschreiten, und wie gebannt bleiben wir mitten im letzten Saal stehen, denn bei den beiden sich gegenüberhängenden Rahmen wissen wir nicht mehr, ob uns von diesem Hintergrunde, der ebenso schwarz ist wie die Draperie einer Leichenfeier, Lebende oder Tote anschauen. Eines dieser Gemälde stellt den ‹Regentenrat› dar, das andere die ‹Regentinnen› der gleichen Vereinigung. Dem Komitee der fünf finster dreinblickenden Damen, vor das wir zitiert sind, die Stirn mutig bieten, das können wir nicht, ohne zugleich im Rücken die fahle Aufmerksamkeit der sechs andern geisterhaften Marionetten zu fühlen, die dort dank den Bemühungen eines Erkunders des Acheron aufgestellt sind. Weder bei Goya noch bei Greco gibt es etwas ebenso Meisterhaftes und zugleich Grauenerregendes; die Hölle selbst verursacht uns weniger Schrecken als diese Zwischenzone . . . Alle Konten sind abgeschlossen, es liegt kein Geld mehr auf dem Tisch, dort ist nur noch das endgültig geschlossene Buch, dessen Deckel das Glänzende eines Knochens an sich hat und der Schnitt das feurige

Rot der Höllenglut. Die erste der Regentinnen an der Ecke des Tisches, jene, die uns eigentlich zu Anfang am meisten Mut einzuflößen schien, sagt uns mit diesem schrägen Blick und dieser offenen Hand, die auf die andere, die geschlossene weist: *Nun ist's zu Ende!* Und was die andern vier Nachtmahre betrifft . . ., doch entledigen wir uns zunächst jener hier, die der Präsidentin einen Zettel bringt; vermutlich steht unser Name darauf. Wir haben es mit einer Art Frauentribunal zu tun, dessen Plastrons und Manschetten Masken und Hände isolieren und starr unterstreichen und damit den Charakter des Gerichthaften betonen. Es hat sich nicht vor einem Kruzifix zur Sitzung versammelt, sondern vor einem Gemälde, auf dem das dunkle Gestade eines trüben Flusses dargestellt ist. Gelänge es uns, unsere Aufmerksamkeit von der skeletthaften Pfote abzuwenden, die sie flach auf ihrem Knie spreizt, dann würden der harte Blick, die verbissenen Lippen, das Buch, auf das sie sich stützt, es uns hinlänglich bedeuten: auf diese Dame können wir nicht zählen! Und was die Präsidentin in der Mitte anbelangt, mit ihren Handschuhen und dem Fächer, den sie mit gesuchter Geste hält, so sagt uns dieses seifige Gesicht, in dem ein grausames Lächeln sich zu einem Schnabel spitzt, daß wir es bei ihr mit etwas noch Unversöhnlicherem zu tun haben, als die Gerechtigkeit es ist, nämlich mit dem Nichts. Das beteuert uns gleichfalls die Beisitzerin zur Linken mit den beiden streng auf den Tisch gelegten Händen, mit den beiden schwarzen Augenhöhlen, die bis zur Seele hinabreichen. Doch wie soll man diesen phosphoreszierenden Ausfluß beschreiben, diese vampyrische *Aura*, die von diesen fünf Gestalten ausgeht wie von einem Leib, ja ich wäre beinahe versucht zu sagen, sofern dergleichen möglich wäre, von einer in Auflösung befindlichen Seele.

Und nun, es ist bereits höchste Zeit, kehren wir uns wieder um und wenden uns der Gruppe hinter uns, diesen sechs Herren von jenseits des Grabes, zu: da ist gerade einer, der sich in der Mitte seinen Gefährten und zugleich uns zugewandt hält, eine der Hände mit verstohlener Geste auf die Hüfte gelegt, die uns anscheinend winkt, und die andere auf die Brust, als wollte sie für ein Herz Zeugnis ablegen, das nicht mehr schlägt. Sein Empfang entbehrt nicht ganz einer gewissen Schwermütigkeit und Leutseligkeit als Antwort auf das etwas spöttische Wohlwollen jenes Greises dort oben in der rechten Ecke, der ganz diskret wie die Beschließerin gegenüber, seine Muhme, unsern Namen bringt. Die ganze Gruppe beschreibt ein längliches Dreieck, das von zwei dreigliedrigen Figuren gebildet wird, die eine in die Breite gezogen, die andere nach oben gestreckt. Es beginnt bei dem Hüter des Buches, der unter einem gewaltigen Deckel aus tiefster Dunkelheit steckt. Die Hüte! Gerne hätte ich wenigstens einen Satz dem nächtlichen Schwarm dieser schwarzen Vögel gewidmet, die der ganzen holländischen Malerei wie mit einem rauschenden Flügelschlag frische Luft zuführen. Der Schatten ist es, den wir hervorrufen, die beständige Gegenwart unserer innersten Undurchsichtigkeit über unserer Stirn. Von der Seite her hält dieser Hüter die ganze Versammlung unter seinem drohenden Blick: die Linke stützt er auf ein geschlossenes Buch, und mit der Rechten auf dem Schnitt verweist er auf die heimliche Auskunfterteilung. Dann wandelt sich die Komposition und wendet sich nach oben, indem sie sich nach rechts erweitert, um in einer Konstruktion aus wechselndem Licht und Schatten zu enden, aus Leinen, dunklen Stoffen, Halskrausen und Kopfbedeckungen, die durch jene beiden Masken ihre Rechtfertigung erhalten, von denen man sagen möchte, sie seien für uns weniger durch die Kunst des Malers als durch die eines Einbalsamierers zur Reglosigkeit erstarrt. Das eine ist der blutunterlaufene Leichnam eines Trunkenboldes, den man offensichtlich an einem finsteren Orte eben von der Stange heruntergenommen und schlecht und recht mit einer Art schwankendem Filz bedeckt hat; der andere, auf den das ganze Licht sich sammelt, ist eine Art leere Marionettenhülle; sie gehört sowenig dem Leben an, sowenig der schwarze Spitzhut, den man ihr über die Stirn gestülpt hat, über diese Stirn, von der eine verblichene Perücke herunterhängt, noch zu seinem Schädel gehört oder dieser schreiend rote Kahlkopf zu seinem Körper, der unter der Zusammenballung all dieser Düsternis einen wahren Knalleffekt auslöst. Die Person Nummer zwei, die sich mit einladender Miene uns zuwendet, scheint uns bedeuten zu wollen, daß man zu unserm Nutz und Frommen den Leichenwagen seines vornehmsten Fahrgastes entledigt hat. Und so endet der lebenstrotzende Frans Hals. Das sind die Bilder, in denen der fröhliche Spaßmacher des Korporationengetümmels von einst sich im Alter von achtzig Jahren gefiel.

Es war unumgänglich, daß wir von einer erfahrenen, rauhen Hand diesen Stoß empfingen, um für uns zu entdecken, daß Holland nicht, wie so viele oberflächliche Beobachter gern nachplappern, buchstäblich das Land der Bürgerlichkeit und Nüchternheit ist, sondern im Gegenteil das Land, in dem der Grund allem Anschein zum Trotz am unsichersten ist, in dem Wirklichkeit und Abglanz sich gegenseitig durchdringen und durch die schmiegsamsten und feinsten Adern miteinander in Verbindung stehen, in dem der Maler die Substanz der Zeit erfaßt, ohne ihre Arbeit aufzuhalten, und in dem die Kunst weniger die Natur verwandelt, als sie durch eine Art stiller Sättigung aufsaugt. Man fühlt, daß hier alles dem Wirken der Geduld ausgesetzt ist.

Grenze zweier Welten! Es gibt kein Land, in dem sie leichter zu überschreiten wäre, wenigstens will es mir so scheinen. Ich hätte nicht einmal das klare und harte Wort ‹Grenze› im französischen Wortsinn hier anwenden sollen, ich hätte von Verbindung, von der Fähigkeit zur Berührung und zur Vermischung sprechen sollen. Ebenso wie Holland um uns herum eine Art Vorbereitung auf das Meer ist, eine Einebnung aller Erhebungen und ein Gleichmachen der Oberfläche bis zum fernsten Horizont, eine Vorwegnahme des Wassers durch das Gras, ebenso müßte man mir nicht lange zureden, und ich würde erklären, das Anliegen der holländischen Kunst sei eine Art Verflüssigung der Wirklichkeit. Zu allen Schauspielen, welche sie ihr darbietet, fügt sie noch das Element des Schweigens hinzu, dieses Schweigens, das die Seele zu erlauschen erlaubt oder wenigstens auf sie zu horchen, und das Element jenes Gespräches jenseits der Logik, das die Dinge miteinander führen, einzig aus ihrem Mitsein und ihrer gegenseitigen Durchdringung heraus. Es erlöst die Wesen vom Augenblick, und sobald sie in der Wesentlichkeit gewaschen sind, erstarrt es sie unter der Lasur allein durch jenen Blick, der sie gemeinsam ins Auge faßt in einer Bezogenheit, die ihr Recht auf Auflösung aufhebt. Sie verstehen vielleicht jetzt besser, warum ich dem Besucher dieser Museen empfahl, das Ohr ebenso wachzuhalten wie die Augen, denn das Auge ist das Organ der tätigen Anerkennung, der geistigen Eroberung, während das Gehör das des Aufnehmens ist.

Sollte ich mich also in Gedanken wieder nach Amsterdam begeben, dann werde ich weder die Eisenbahn benutzen noch Flugzeug oder Auto. Sofern es bislang einen der gewöhnlichen Wege gab, um mich herzubringen, so ist er durch meine Gleichgültigkeit für ihn und durch den Nebel ausgetilgt. Hier bewege ich mich nun auf einer Art Barke im Mäander des alten *Zentrums* und tauche mein geistiges Ruder in das dumpfe Wasser. Ich nehme teil an dieser Beschwörung der Fülle durch die Leere, an dieser vielfältigen Zuflüsterung des grenzenlosen Meeres bis in die tiefsten Tiefen der Menschenstadt, an diesem schmiegsamen, weichen, bebenden Stoff, der nur noch Empfindlichkeit für die Farbe ist, an dieser Eigentümlichkeit, die die seine ist, von allem die Oberfläche abzulösen, an diesem alles umkehrenden Blick, an dieser beständig unklaren Grenze zwischen dem Beständigen und dem Zufälligen, an diesem übergenauen Echo, durch das alles Bestehende Denkbild des Bestehenden wird. Ich gleite dahin über eine Täuschung, die vor mir jenen Brückenbogen in ein rundes Auge verwandelt. Ich werde darauf gelenkt, daß zwischen den beiden Parallelwänden zu meiner Rechten und meiner Linken möglicherweise eine Erscheinung auftauchen könnte, die die seitlichen Öffnungen mir noch vorenthalten, und dort taucht sie bereits auf in jenem Sonnenviereck am äußersten Ende des überschatteten Kanals, stumm und plötzlich. Ein Schiff! Die Bewegung der großen menschlichen Arterie hinter mir, der Amstel, kündet sich mir an durch das träge Aufwogen des Wassers, dem schwächere Wellen folgen.

Ein Vers, den ich irgendwo einmal las, kommt mir ständig wieder in den Sinn: *In gleicher Höhe steigt dies Wasser in jedes Menschen Brust empor.* Dieses allgemeine Niveau, diese Ebene, auf der sich Sichtbares und Unsichtbares scheiden, dieses Bereitsein, das wie eine Leinwand jedwedem Ding hingehalten wird, auf daß es sich darauf zur Darstellung projiziere, hier besitzen wir es in aller Offenheit. Wie viele Menschen beugen sich über dieses Wasser und lassen seine Gegenwart bereits durch eine ganz geringfügige Zuckung Wirklichkeit werden, die verdunkelt ist unter einer dicken, darüberlagernden Schicht aus Staub und Abfällen! Um daraus schöpfen zu können, kennen die alten Frauen, die Nicolas Maes so gerne malte, einen sicheren Zugang. Man sieht die eine dort (auf dem Gemälde im Buckingham Palace), wie sie, den Finger auf dem Mund, eine Treppe hinabsteigt: nicht eine präraffaelitische Fee, nicht eine jener ‹Märchenprinzessinnen›, die die Dichter und Künstler meiner Generation angeregt haben, sondern irgendeine ganz gewöhnliche Hausfrau, und dadurch gerade für meinen Geschmack viel ergreifender, Anima in höchst eigener Person, die Schürze umgebunden, im Trott all ihrer häuslichen Beschäftigungen. (Auf einem anderen Bilde sieht man, wie sie die Magd ausschilt, die über eine zerbrochene Vase Tränen vergießt.) Hier sieht man sie in den Keller hinuntersteigen, wie ich einstmals meinem Vater dorthin folgte, als ich noch Kind war und ihm den Korb mit den leeren Flaschen nachtrug. Und weiter hinten stellt ein kleineres Bild sie dar, wie sie im Begriff ist, ein altes Faß abzuzapfen, das gedämpfte Licht ihrer Laterne mischt sich mit dem Strahl, der durch ein Kellerloch einfällt. An solchem unterirdischem Gepansche habe ich selbst teilgenommen. Dieser Schlüssel, der dort weithin sichtbar an der kahlen Wand hängt und den uns die beiden Gemälde in Brüssel zeigen, ich weiß, welche Tür er aufschließt. Ob es sich um den Nektar von Konstantia handelt oder eher noch um die göttliche Weisheit, um diese Art Schriftregen, der von dem Strahl dort oben über meinem Haupte herniederfällt auf den Tisch, vom verschlossenen Buch zur aufgeschlagenen Bibel und schließlich zu meinem persönlichen Handbuch auf den Knien, stets handelt es sich um die gleiche schweigsame Arbeit der Betrachtung und des Abfüllens, und dieser Hahn, sofern es nicht ein Trichter ist, aufgehängt neben der Büste der Pallas, ist das dazugehörige Symbol. Maes kann sie an ihrem Spinnrad darstellen oder beim Schälen einer Kartoffel, er kann neben sie einen Spitzenrahmen stellen, der die ermüdenden Verschlingungen der Auslegungskunst versinnbildlicht, immer ist es Anima, Anima, die alte, ebenso erhaben, wie wenn sie geschlossenen Auges ganz allein vor dem gedeckten Tisch ihr Gebet verrichtet.

Mitten unter den Juden, inmitten des Kapernaums und Plunders eines ganzen, längst erloschenen Mittelalters, einer Welt des Aufbruchs und des Sich-neu-Einrichtens, eines Hin-und-her-Schiebens von altem Trödel, sollte der Müllerssohn aus Leyden mit seiner dicken runden Nase und diesen gierigen Augen auf dem Grunde gewaltiger Augenhöhlen, die wie fressende Krater wirken, dieses Schloß Animas bewohnen. (Alles ist Auge in diesem fleischigen Gesicht, selbst der mächtige Mund zwischen den muskulösen Wangen, der eigentlich zum Schnappen und Kosten gemacht ist. Man betrachte daraufhin das Porträt in der Münchner Pinakothek. Sein ganzes Leben lang hat Rembrandt unaufhörlich sein eigenes Gesicht befragt.) Heute noch kann man sein Alchimisten-Laboratorium besichtigen, seine Fallgeräte für Lichtstrahlen (die anderen Maler bedienten sich des Lichtes, Rembrandt aber fabriziert es, handhabt es; er nimmt daraus, was er braucht, wie sein Vater aus dem Luftzug sich etwas herausschnitt, um damit seine Mühlenflügel zum Drehen zu bringen), dieses Atelier, in dem er beim Knirschen der Schiffswinden das Papier über dem Kupfer bedruckte, nicht so sehr mit Tinte, scheint mir, als mit jener besonderen Qualität von Nacht, die man nur in Amsterdam erhält; diese ganz ausgeklügelt hergerichtete Höhle, mit ihrer Batterie von Läden, die sich auf ein kostbares, geizig sich versagendes Licht öffnen, strahlt heute noch von seinem Ruhme und ist von ihm erleuchtet. Ich will für den Augenblick noch nicht ausführlicher von Rembrandt sprechen. Es handelt sich da um eine Schwelle, die zu überschreiten mir für den Augenblick noch nicht ansteht. Mein Thema, zu dem alles Vorangegangene lediglich als Einführung dient, besteht in einer Auslegung, die ich gleich nach so manchem anderen Forscher für die ‹Nachtwache› versuchen will. Man lasse mir nur die Zeit, solange ich den Vorhang lüfte, einen nachdenklichen Blick auf jene Galerie zu richten, die zu meiner Linken und zu meiner Rechten in einem wunderbaren Ausblick bis zu jenem großen leinenen Rechteck führt, vor dem wir stehenbleiben werden.

Meine Feder, die so häufig bei einem Schriftsteller Pfadfinderdienste für seine Gedanken leistet, hat soeben das Wort ‹Vorhang› niedergeschrieben: aber es wäre nicht richtig, daß der Maler (ich spreche vom Maler im allgemeinen) die Absicht hegte, zwischen der Außenwelt und uns irgendeinen Vorhang beiseitezuziehen. Eher könnte man sagen, daß er ihn an den vier Ecken befestigt hat. Nun flattert er nicht mehr, aus dem schwankenden Blickfeld ist eine Seite geworden, eine begrenzte und klar umrissene Füllwand, auf die der Künstler diese innere Schau eines sinnvollen Gesamtbildes projiziert, eine Komposition im Hinblick auf eine Wirkung, ein Gebilde, das durch den Zusammenhang seiner verschiedenen Elemente einen Sinn ergibt, ein Schauspiel, etwas, das die Zeit, die man auf seine Betrachtung verwendet, lohnt.

Die italienische Malerei ist ganz und gar aus dem Mosaik und dem Fresko hervorgegangen. Sie ist ein Schmuck auf der Wand, ein flachgewordenes, bemaltes Relief. In den Kirchen oder auf der Wand im Palast hat der Künstler um Themen, die ihm Religion, Mythologie oder Geschichte liefert, einer dramatisch sich gebärdenden Eingebung gehorchend, wenn es nicht nur zu häufig eine konventionelle Rhetorik ist, große Kompositionen gestaltet, die wie Opern tönen. Der menschliche Körper ist mit Meisterschaft in der ganzen Fülle seiner edelsten Möglichkeiten ausgenutzt, alles, was seine Nacktheit oder die Draperien, die ihr Fülle verleihen, an beredten Haltungen zu liefern imstande sind, das streicht die Bürste, ich wollte sagen die Kelle des Malers im Wettkampf mit dem Meißel des Bildhauers auf riesige Flächen, umkränzt die vielgliedrigen Gewölbe und Bögen. Michelangelo in der Sixtina, Tintoretto in Venedig tun sich darin gütlich. Aus dieser Gesamtkomposition hat das Augenblinzeln des Patriziers Stücke herauszuschneiden gestattet und die Leinwand es ermöglicht, sie mitzunehmen und sie in einem Rahmen zu isolieren. Jeder hat sein individuelles Stück Teppich, um darauf seine Kunststücke zu vollführen. Alle möglichen Heiligen und Helden, bekleidete und unbekleidete Damen kommen uns da aus dem Firnis heraustretend entgegen. Die Landschaft oder Architektur dahinter ist wie ein Bühnenhintergrund behandelt, von dem sich die Szene abhebt, die für uns dem profanen oder dem geweihten Gepränge entlehnt ist. Für den Künstler geht es nur darum, uns etwas zu zeigen, vor allem seine Geschicklichkeit.

Die flämische Malerei gleicht darin der italienischen, daß sie wie diese es sich zur Aufgabe gestellt hat, die Gegenwart zu verherrlichen, uns mit dem Blumenstrauß, der sich der Betrachtung darbietet, die Lust, anderswo zu sein, zu nehmen. Der Bewohner des Raumes – oder seine Einrichtung – paktiert mit dem materiellen Inhalt durch das Mittel dieser fiktiven Anwesenheit. Wir machen die Wände bewohnbar, indem wir sie mit diesem Überdauern des Imaginären tapezieren. Wie die italienische Malerei von der Mauer und dem Kalkbewurf ihren Ausgang nimmt, so die flämische von der Wolle. Bald schon finden wir an Stelle des weiten flatternden Blattwerks und der buntschillernden Gesellschaft des alten Arras hier um uns herum Posten beziehende Schildwachen, Porträts, Abgesandte unserer Ahnen bis zu uns hin, unsere Meister, jene, die für uns einstehen und in der Zeit und im Geiste bürgen: oder aber es ist eine Auslage von Blumen, Wildbret und Früchten, auf denen der Blick, während draußen schlechtes Wetter herrscht, tüchtig zu schmausen eingeladen ist; hierin unterscheiden sich die Bacchanale eines Rubens und eines Jordaens kaum, auch nicht diese nackten Frauen, die frisch sind wie ein großer Strauß Junirosen! Das Gemälde ist nicht mehr das Werk einer Spitze, die in ein sich wehrendes Material einschneidet, nicht die Bildung harmonischer Körper zwischen mächtig formenden Händen, die Verkettung, der melodische Übergang einer Bewegung zu einer anderen; es ist, aus einem aufjubelnden Innern aufsteigend, das Aufblühen des Fleisches, die Speise einer überschäumenden Neigung. Blut und Saft, die sich Bahn brechen durch einen weichen Stoff und das pflanzliche und menschliche Wachs. Im Augen- und Mundwinkel dieser Gesichter auf den Porträts glaubt man das Wasser jeden Augenblick hervorquellen und das Blut aus der blauen Ader heraustreten zu sehen. Selbst auf den Heiligenbildern haben wir es nicht mehr mit der zeremoniellen Anordnung einer Komposition zu tun, es ist der Drang zu einem gemeinsamen Ausdruck, der durch das Gefühl an eine Gruppe gerichtete Anruf, wie jene Aufforderung, die der Galgen, die Prozession, die Darstellung eines Aufzuges oder einer Kirmes an die Ausführenden und an die Menge richten. Der Figurant ist an die Stelle des in einer vorgeschriebenen Haltung erstarrten Modells getreten. Er achtet nicht mehr auf uns, er hört auf ein Wort, das aus dem Innern des Rahmens kommt.

Und damit wären wir wieder bei der holländischen Malerei angelangt, in der Rembrandt nicht, wie Fromentin das möchte, eine Ausnahme bildet, sondern viel eher die letzte triumphale Stufe. Wäre es sehr verwegen von mir, zu behaupten, wie der Italiener von der Wand und der Flame von der dicken Wolle, so gehe der Holländer vom Wasser aus, noch genauer gesagt, von dem gereinigten, gefrorenen, endgültigen Wasser, nämlich vom Spiegel, von dem Glas über dem Silber? So mancher Abschnitt meiner vorangegangenen Abhandlung hat an die Tätigkeit dieses Spions gemahnt. Das minuziöse Auge eines Gérard Dou, eines Mieris, eines Ter Borch – und was soll man erst von einem Vermeer sagen – verfügt über eine photographische Fähigkeit. Es saugt das Schauspiel auf und verleibt es einer Netzhaut ein, die unveränderlich ist wie das Gewissen. Es gestaltet auf dem Wege des Verkleinerns und Konzentrierens. Die Wesen und Gegenstände schließen unter sich so enge Bekanntschaft, daß sie kein Verlangen mehr haben, sich zu trennen. Und überdies kümmern sie sich in den meisten Fällen überhaupt nicht mehr um uns. Ihr Interesse liegt irgendwo im Innern. Nicht sie kommen auf uns zu, sondern wir fühlen uns zu ihnen hingezogen und schlagen den Hohlweg eines Hobbema ein, es sei denn, wir seien aufgefordert, unseren Obulus – den Obulus an Charon – auf den Tisch der fünf Regentinnen in Haarlem zu legen.

Der Tag, an dem die Malerei aufhört, nur eine zeremonielle und dekorative Rolle zu spielen, und dafür anfängt, ohne Partei zu ergreifen, eine vernunftbegabte Linse auf die Wirklichkeit zu richten und das Repertoire dieser vielgliedrigen Gestaltungen oder gleichzeitigen Themen zu bilden, durch die die Geschöpfe, indem sie sich miteinander vereinigen, lernen, als Linien und Farben einen Sinn sichtbar zu machen, bedeutet ein großes Datum in der Geschichte der Kunst. Der holländische Künstler ist nicht mehr ein Wille, der einen vorgefaßten Plan ausführt und ihm Mittel und Bewegungen unterordnet, er ist ein wählendes, zugreifendes Auge, ein malender Spiegel; alles, was er macht, ist das Ergebnis einer Spiegelung, einer geschickten Exponierung der Platte hinter der Linse; von allen Gestalten, die er uns vorsetzt, könnte man sagen, sie kämen von einer Reise aus dem Lande des Stanniols zurück. Diese Abstufung des Schattens, diese Handhabung der Farben um den Brennpunkt herum, die Verflüchtigung oder Heraushebung der Einzelheit, die einer Intensität und einem Zusammenreißen der Aufmerksamkeit entspricht, dieser leuchtende Fleck, der alles auf sich hin ordnet und auf seltsame Weise um sich herum alle Möglichkeiten des Funkelns, der Abschattierungen, der Spiegelungen und Echos zu wecken vermag, diese Bedeutung, die der Leere und dem reinen Raum beigemessen wird, all dieses Schweigen, das einen Gegenstand freilegt, indem es den Blick einfängt, das alles hat nicht Rembrandt allein erfunden und angewandt. Er ist nicht der erste und auch nicht der einzige, der es verstanden hätte, einer Leinwand eine Seele zu verleihen, indem er sie, wenn ich so sagen darf, von hinten beleuchtet hat, und der es verstanden hätte, auf den Strahl durch den Blick zu antworten, einen Blick, der das Gesicht schafft, indem es dieses beleuchtet. Aber da, wo die anderen ängstlich ein Verfahren erprobten, hat er es mit der Vollkommenheit und Autorität des Meisters angewandt. Alle diese Porträts um uns herum sind nicht menschliche Dokumente, die erforscht und ausgearbeitet sind mit dem Fleiß eines Historikers oder eines Moralisten; diese Männer, diese Frauen haben mit der Nacht Bekanntschaft geschlossen, sie kommen auf uns wieder zu, weniger zurückgestoßen als aufgehalten durch eine dichtere Umgebung, ganz gebadet von einem Licht, das sie der Erinnerung entlehnt haben, sie sind selbstbewußt geworden. Sie finden sich hier ein, um dort ein Echo wachzurufen, wo im Herzen des Künstlers wie im tiefsten Schoß der Natur die schöpferische und die nachschöpferische Fähigkeit schlummert. Auf ihrem Wege ins Nichts haben sie kehrtgemacht. Auf endgültige Weise ist ihnen gelungen, was unser schwaches Gedächtnis nur tastenderweise zu verwirklichen versucht. Vom Stempel der Persönlichkeit geprägt, stellen sie, indem sie es isolieren, jenes Bildnis wieder her, jenes Abbild Gottes, das von

Umständen und Aufgaben bearbeitet wurde und unter dem Alltag begraben schlummerte.

Daher rührt die ganz besondere Atmosphäre, die den Gemälden und Radierungen Rembrandts entströmt, eine Traumsphäre, etwas Gedämpftes, Eingeschlossenes, Wortkarges, eine Art Verwesung der Nacht, eine gewisse mentale Säure im Kampf mit der Finsternis, die unter unseren Augen endlos ihre nagende Tätigkeit fortsetzt. Die Kunst des großen Holländers besteht nicht mehr in einer überschwenglichen Bejahung des Unmittelbaren, einem Einbruch der Einbildungskraft in das Reich des Gegenwärtigen, einem Fest, das unseren Sinnen bereitet wird, in der Verewigung eines Augenblicks der Freude und Farbe. Man könnte glauben, der Maler begleite jede der Gesten seiner Modelle, jede ihrer Handlungen, jede der Übereinkünfte, die sie mit ihrem Nachbar treffen, auf seiner nachträglichen Reise über die Oberfläche und das Unmittelbare hinaus, auf einer Reise, die sich endlos hinauszieht und die schließlich weniger im Umriß als in einer Schwingung verläuft. Der erste Eindruck wurde von der Erinnerung wachgerufen, die Erinnerung ihrerseits erreicht die sich übereinanderlagernden Schichten des Gedächtnisses, erschüttert sie, beruft um sich andere Bilder.

Von diesen Ausflügen in die Tiefe kehren die Gestalten Rembrandts verändert zurück, angetan mit seltsamen Hüllen. Man könnte meinen, sie fänden einen Gefallen daran, uns in die Irre zu führen, ein Kostüm auf sich zu nehmen, das ihnen nicht gehört, Augenblick und Bild mit dem Imaginären zu vermischen. Anima ist nicht mehr die kluge Hausfrau, die wir eben noch auf den Gemälden eines Nicolas Maes bewunderten; sie hat ihre Gewänder und Unterröcke hochgehoben und tappt nun durch den Lethefluß hindurch. Hier ist sie, mit einem Federhut bedeckt oder einem silbernen Helm, oder sie schickt sich an, mit dem Schwert in der Hand dem Holofernes das Haupt abzuschlagen. Wenn es in der Kunst ein Altes und ein Neues Testament gibt, auf der einen Seite Personen und ein Material an Formen, Wesen und Ideen im Rohzustand und noch ganz neu, ich hätte beinahe gesagt, noch ganz grün, noch blutend und schreiend von Aktualität, der wir sie eben erst entrissen haben, und im Gegensatz hierzu im Reich des Geistigen, also sozusagen in den Grundgewölben des Tempels von Jerusalem Reserven, unermeßliche Vorratskammern, in denen Standarten und Symbole, von der Vergangenheit hervorgebracht und ausgearbeitet, auch weiterhin in die Zeit eingehen und mit einem neuen Sinn versehen mit jedem einzelnen Augenblick des Romans des Dauernden, so wie er unter der Sonne der Lebenden seinen Ablauf nimmt, verborgene Beziehungen unterhalten, dann borgt sich der Sohn des Lichts und des Schattens in diesem zweiten Reich seine Eingebungen. Daher rührt das Verführerische, das die jüdische Rasse, die ganz eingefangen ist im Unvordenklichen und in dem unermüdlichen Aufwühlen des Buchstabens und des Eßbaren, auf ihn ausgeübt hat. Er braucht nur durch das Guckloch seiner Tür zu schauen, um sich als Zeitgenosse Abrahams und Labans wiederzufinden: allenthalben in der Runde schlürfte er diesen Wohlgeruch ein, diesen *foetor judaicus*, der die Pferde Pharaos zum Wiehern reizte. Wenn er die weiten Gräben seiner Lebens- und Atemmaschinerie, ich will sagen seiner dicken Nase mitten im Gesicht, weit aufbläht über seiner Arbeit, sich an seine Palette macht mit einer Spitze, die ebenso sicher ist, wie es die Waffe der semitischen Schreiber war, dann ist es nicht das Brodeln und Geschrei eines großen Hafens und eines großen Marktes, das er hinter sich hört mit jenem Auge, das jeder Künstler hinten trägt: nicht der schwere Schritt der Hendrike Stoffels, den er auf dem Speicher hört, auch nicht der vom Husten unterbrochene schrille Gesang des reizenden Titus, den seine erste Frau ihm hinterlassen hat: es ist die Hütte auf dem Gipfel des Berges der Verklärung, von der zu reden nicht verstattet ist, die Verzauberung und das Dürsten nach ihr hat er am Herzen der alten Rabbiner gestillt. Dort auf der obersten Stufe mitten in einem Gemäuerkatarakt legt ein Hoherpriester, gekrönt mit einer Tiara, funkelnd von Edelsteinen und Vergoldungen wie eine Pinie, die im ersten Sonnenstrahl ganz übertaut ist von den Tränen der Morgenröte, ein nacktes Kind in die Hände einer Schifferin des Het Y, und in der Ferne erblickt man die beiden Führer und Zeugen des Exodus sich erheben, die Säulen Joachim und Booz. Die Wahrheit ruht im Innern, und nur im Erforschen werden wir in sie eindringen: ob es sich nun um das gewaltige Buch handelt, zu dem der Mennonitenprediger mit beiden Händen seine Kongregation einlädt (bestehend aus der dicken Frau, die vor ihm sitzt); oder um den ausgenommenen Kadaver, den ein Professor mit der Spitze des Skalpells demonstriert; oder um die Werkstatt des Tischlers von Nazareth mit der Wiege des Jesus-Kindes in der Mitte; oder um das offene Grab, aus dem das menschgewordene Wort gebieterisch mit jener erhobenen Rechten, die die Welt erschaffen hat, seinen Freund zurückruft. Nirgendwo aber hat man vor einem Gemälde Rembrandts den Eindruck des Dauernden und Endgültigen: um eine überaus flüchtige Verwirklichung handelt es sich, um eine Erscheinung, um ein wunderbares Wiedereinfangen des Vergangenen: für einen Augenblick hebt sich der Vorhang, um gleich wieder zu fallen, das Abbild verflüchtigt sich, der Strahl neigt sich um einen Grad und löst das Blendwerk wieder auf, der Besucher, der eben noch da war, ist verschwunden, kaum daß wir ihn *in dem Augenblick, da er das Brot brach*, bemerkten oder, falls er noch da ist, ihn an diesem feierlichen Bitten, an diesem magischen Aufleuchten erkennen; so könnte man eher von seinem Überdauern sprechen. Es liegt darin etwas Analoges zu dem Phänomen der Flut, von dem ich vorhin sprach, zu diesem wechselnden Leben, das Holland beseelt, zu diesem Hochstand dergestalt, daß man bereits von allen Seiten her spürt, wie der Ebbe wieder ihr Recht eingeräumt wird. Bei Rembrandt aber handelt es sich nicht um jenes Wasser, das unsere Gewänder aufzubauschen und in unsere Substanz einzudringen kommt. Es handelt sich um das Licht, das für ihn innerste Kraft ist und zugleich Stütze und Emanation des Gedankens. Wie hat er doch das Licht geliebt! Wie hat er doch sein Spiel und seine Absichten begriffen, diese Wände, die sich von allen Seiten am Himmel öffnen und wieder schließen, diese feierliche Neigung des Strahls, der unsere innerste Behausung und unser Gedankeneigentum zu besuchen, zu durcheilen und zu erforschen kommt! Ägypter und Griechen errichteten auf festem Grunde und in der klaren Luft der Vernunft nackte, lichtüberflutete Gestalten, ein Gespräch mit Göttern in der weihevollen Distanz. Rembrandt aber ist der Meister des Lichtstrahls, des Blicks und alles dessen, was sich unter dem Blick zu leben und laut oder leise zu sprechen anschickt, des Blicks, der weniger erleuchtet, als daß er Gestalten und Gegenstände zu harmonischer Beziehung geduldig aufruft. Für dieses Zwiegespräch zwischen dem Draußen und Drinnen will ich hier drei Beispiele anführen.

Das erste ist das berühmte Porträt des Bürgermeisters Six, das bekanntlich einen ans Fenster angelehnten, lesenden Mann darstellt. Ich erblicke darin eine Darstellung des Malers selber, der zugleich zwei Welten angehört, der Innenwelt und der Außenwelt, und der sich der Wirklichkeit bedient, um das Zauberbuch zu entziffern. Bei dem zweiten handelt es sich um die Darstellung Samsons, der den Philistern in die Hände gefallen ist, man kann es im Museum von Frankfurt bewundern. Samson ist hinterrücks gestürzt und streckt alle viere in die Luft, von einem panzerbewehrten Stockmeister mit festem Griff und von einem närrischen Gesellen in Schach gehalten, der ihn mit seiner Hellebarde bedroht. Niemand hindert uns, darin eine Darstellung des Genies zu erblicken, das von seinen Gläubigern und Kritikern zu Boden geworfen wurde. Wer aber ist diese Frau, die auf die erleuchtete Türöffnung hinflieht und in ihren Fingern diese dicken Goldlocken emporhält, die sie eben erst der mit dem Öl des Herrn geweihten Stirn entrissen hat? Ist es Dalila? ist es die seltsame Fee, die wir gleich auf der ‹Nachtwache› wiederfinden werden? oder ist es nicht eher die göttliche Gnade, welche diese Handvoll als Erstlingsopfer dem animalischen Vlies eines ehrgeizigen, nun aber gedemütigten Künstlers entrissen hat? Bei der dritten Leinwand handelt es sich um die Danae der Eremitage. Mit weitausholender Geste hat sie die

Laken zurückgeschlagen und bietet dem verheißungsvollen Strahl nicht nur ihr Gesicht dar, sondern auch ihren entblößten Leib, ihren ganzen Körper, bereit zur Empfängnis.

Mit einem halb zögernden, halb vorwärtsdrängenden Schritt haben wir die wunderbare Galerie durcheilt, und nun sind wir im Hauptsaal angelangt, den für sich allein diese große Schaustellung beansprucht und ausfüllt, ich meine die ‹Nachtwache›. Ihr einen Besuch abzustatten, durch ganz Holland hindurch und mitten in Amsterdam, im Mittelpunkt stehend der ganzen Malerei des Goldenen Jahrhunderts, auf die von ihr ein Schimmer fällt, das hatte ich mir schon längst geschworen über den Tantalusqualen der Lektüre von Fromentins Buch.

Was unmittelbar, sobald man die Augen wieder öffnet, sobald man sich erst wieder erholt hat von dem Schock bis ins Mark hinein durch dieses in den verborgensten Winkeln des Geistes aufgehäufte und aufgestaute Gold, durch dieses Licht, das wie ein geläutertes und aufgewertetes Element wirkt, wie sichtbar gewordener Gedanke, von dieser gewissermaßen psychologischen Ohrfeige, was unmittelbar überrascht, ist die Komposition. Die beiden Hauptgestalten, die eine, der Gildenmeister, in Schwarz mit einer roten Schärpe, und die andere – die andere, ja was soll man sagen, womit ist sie bekleidet –, die schleppen die ganze Kohorte hinter sich her, ja die stehen mit einem Fuß bereits auf dem Rahmenrand! Einen Schritt weiter, und man erkennt, wie der Veteran seinen leuchtenden Gefährten dazu ermuntert, und sie würden aus dem düsteren Portal in ihrem Rücken, aus dem sie aufgebrochen sind, in das Reich des Unsichtbaren hinüberschreiten. Was aber sollen alle diese anderen aufgescheuchten Gestalten hinter ihnen, schließlich haben sie nicht ohne Grund sich gerüstet und schwingen diese zusammengewürfelten Waffen in der Luft herum, werden nicht auch sie sich in Bewegung setzen? So ist es auch, vom Vordergrund bis zum Hintergrund hat der Maler alle Steigerungen und Stufungen einer Bewegung angeordnet, die sich vorbereitet, wir selber spüren, wie wir diese Gleichgewichtsbewegung auf dem vorgesetzten Bein nachahmen, wenn das Knie des nachgezogenen sich bereits spannt, um dem Blick zu folgen! Die Fahne ist entfaltet, die Trommel tönt, oder wird gleich ertönen, ja mir scheint, ich höre einen Flintenschuß. Sicher hat ihn der wunderliche Zwerg abgeschossen. Welch sonderliches Kostüm! und was bedeutet diese ganz mit Laub umkränzte Pickelhaube? Und neben ihm die brave kleine Frau, einen weißen Vogel am Gürtel hängend, wie eine Laterne erstrahlend! Auch sie schreitet auf den Hintergrund zu, und mit diesem sonderbaren Ausdruck, den sie dabei auf uns richtet, denn offensichtlich hat sie es auf uns abgesehen, sie will uns, so scheint es, etwas erklären.

Warum drängen die beiden so stürmisch in der umgekehrten Richtung, der allgemeinen Bewegung entgegen? Sie können doch bestimmt nicht hoffen, das Gefälle des Blocks aufzuhalten. Eher schon wirken sie daran mit: es erweckt den Eindruck, als wollten sie einen Riß herbeiführen. Mit einer Schrägstellung arbeiten sie auf die Richtung hin, welche die lange Lanze eines der Akteure im Hintergrund anzeigt. Dieser Riß hat auf der rechten Seite der Komposition zwei Dreiecke herausgelöst. Und nun, da ich darauf achte, bemerke ich, daß die Komposition sich aus vier Dreiecken aufbaut, von denen das erste im Vordergrund, um mich in der Sprache der Heraldiker auszudrücken, als *Schild* die drei anderen abschirmt. Neben diesen hauptsächlichen Feldern gibt es übrigens noch alle möglichen zusätzlichen, teils parallelen Pfeilrichtungen. Was hat das alles zu bedeuten?

Nicht in der äußeren Bildlegende muß man die Erklärung suchen. Jedes große Kunstwerk gehorcht wie die Verwirklichungen der Natur selber einer ihm innewohnenden Notwendigkeit, die dem Künstler mehr oder weniger deutlich bewußt ist. Wie der Anatom, der in den Organen eines anderen Spezimen die vereinfachende Erklärung sucht für eine physiologische Erscheinung, für die die Gattung, die er gerade untersucht, ihm nur eine unvollständige Veranschaulichung liefert, so werden wir bei Betrachtung einer bestimmten Gattung holländischer Bilder, von der wir bisher noch nicht gesprochen haben und die offensichtlich weitab liegen von unserem augenblicklichen Thema, seltsame, vielleicht aber sehr aufschlußreiche Anregungen empfangen.

Darum ein Wort über die Stilleben.

Vorhin forderte ich Sie auf, mit mir die Stilleben der flämischen Meister zu betrachten, die eines Snyders zum Beispiel oder eines Fyt, diese nahrhafte Anhäufung von Fleisch, Gemüsen, Fischen und Früchten, bei der der Magen ebenso auf seine Rechnung kommt wie die Augen, diese Trophäen, wie das herrliche Gemälde von de Heem im Brüsseler Museum, die zwischen Melonen, Trauben und Granatäpfeln bei einer großen Schale mit Pfirsichen ihren Ausgang nehmen und in einem sich heraufwindenden Lianengeschlinge ihr Ende nehmen in einer Kristallkaraffe, die mit einer immateriellen Flüssigkeit gefüllt ist. Die holländischen Stilleben zeigen nicht diese eigentümliche Überfülle und Üppigkeit. Wenn man mit der Aufmerksamkeit, die sie verdienen, lang genug die Bilder eines Claesz, eines Heda, eines Van Bejeren, eines Willem Kalff betrachtet hat, kann einem unmöglich entgehen, wie wenig Abwechslung sie für ihre Themen und für die Komposition verwenden, mit welcher Hartnäckigkeit sie sich hinter einem bestimmten Programm verschanzen, und man fragt sich schließlich, ob diese Beschränkung, diese

Bevorzugung bloß das Ergebnis des Zufalls und einer Routine ist oder ob diese Voreingenommenheit nicht einen verborgenen Grund hat. Was sehen wir in der Tat auf diesen Leinwänden, die wahre Wunder einer friedlichen Zurschaustellung sind und eher eine Erbauung für die Seele bieten als für die physisch erregbare Einbildungskraft? Beinahe immer, ja manchmal ausschließlich Brot, Wein und Fisch, das heißt die Gegenstände des Eucharistischen Mahles. Sehr häufig findet man auch auf ihnen eine mitten durchgeschnittene oder halb geschälte Zitrone, deren Spirale herunterhängt, und eine Perlmuttermuschel, auf einen Fuß aufgesetzt, der sie isoliert und ihr zu einer gewissen Bedeutung verhilft. Und schließlich alle möglichen Schalen und Teller, die eine Bewegung auslösen und sich ihre Schätze untereinander weitergeben. Und unmöglich kann einem entgehen, daß die Komposition überall die gleiche ist. Einen stabilen und unbewegten Hintergrund, und im Vordergrund alle möglichen Gegenstände in einer gestörten Ordnung. Man meint, sie müßten jeden Augenblick herunterstürzen. Eine Serviette oder ein Tischtuch, die verrutscht sind, eine Messerscheide, die herunterfällt, ein Laib Brot, der sich wie von selber in Scheiben aufteilt, ein umgestürzter Kelch, alle möglichen Vasen oder durcheinandergebrachte Früchte und schiefstehende Teller. Im Hintergrunde aber, oder aus den Speisen heraus sich wie eine durchschimmernde Darbringung erhebend, erkennt man aneinandergereiht einige dieser schönen Gläser, von denen sich überall im Lande noch Beispiele finden. Meiner Meinung nach erfüllen sie nicht bloß eine dekorative Rolle, ihr tieferer Sinn besteht nicht nur darin, das innere Licht einzufangen, wie die Spiegel auf den Gemälden eines Mieris oder eines Gérard Dou gewissermaßen die Aufgabe des Gewissens eines abgeschlossenen Raumes zu übernehmen, sie sind Symbol für irgend etwas. Warum auch nicht sich vorstellen, daß diese beständige Beziehung eines schmalen, wie eine Flöte langgezogenen Glases und eines breiten Kelches, zu dem sich häufig eine ovale Schüssel zugesellt, mit voller Absicht herbeigeführt wurde? Die Flüssigkeit in ihrer Ausgewogenheit im großen Glase, ist das nicht das Denken im Ruhezustand, diese durchschnittliche Höhe, die als Ausgangslage dient für unseren psychischen Pegelstand, während in dem schlanken Horn mit seinem rötlichen Elixier, das sich in die Nacht bohrt und das häufig ein flüchtiger Strahl preisgibt, eine Art Huldigung an die Nachwelt zu erblicken, hierzu wäre ein Mallarmé, wie ich übrigens auch, durchaus bereit. Diese gewissermaßen moralische Reglosigkeit im Hintergrund, diese Aufreihung der halb sphärischen Zeugen, sie erst verhelfen diesem materiellen Gewirbel im Vordergrund zu einem Sinn. Das holländische Stilleben besteht in einer Zusammenstellung, die im Begriff ist, sich aufzulösen, sie ist etwas der Dauer Ausgeliefertes. Und wenn die Uhr, die nur zu häufig Claesz mit besonderer Vorliebe auf den Rand seiner Tischplatten stellt und auf denen die Schnittfläche der entzweigeschnittenen Zitrone das Zifferblatt nachbildet, nicht genügte, um uns darauf hinzuweisen, wie dann nicht in der herunterhängenden Schale dieser Frucht die entspannte Feder der Zeit erkennen, die etwas höher die Muschel der Perlmutterschnecke uns in ihrem wieder aufgezogenen und erneut eingesetzten Zustand zeigt, während der Wein daneben in dem Ehrenpokal gewissermaßen ein Gefühl der Ewigkeit eingibt?

Eine Zusammenstellung, im Begriff sich aufzulösen, ja das ist ganz offensichtlich die ganze Erklärung für die ‹Nachtwache›. Der ganze Aufbau von vorn nach hinten beruht auf dem Prinzip einer immer größeren Beschleunigung, wie beim Einsturz eines Sandhaufens. Die beiden Gestalten im Vordergrund sind aufgebrochen, die der zweiten Reihe haben bereits den Fuß vorgesetzt, die im Hintergrund messen vorerst nur den zu durchlaufenden Weg mit dem Blick ab, dessen Richtung seitlich der besinnliche Mann mit der Hand anzeigt, aber schon haben sich, wie leichtere Körner, die sich loslösen, auf der rechten Seite der Knirps mit dem Pulverhorn und links der kleine Hund in Galopp gesetzt. Die Lanze in der Hand des sonnenhaft erstrahlenden Kapitäns spielt die gleiche Rolle wie vorhin der Wein im Glas (der die Fähigkeit zum Ausschwingen darstellt), und die Zitronenschale dient gewissermaßen als Waagebalken und latenter Regulator für die Bewegung, die das Ganze belebt. Die drei rotgekleideten Schützen in der zweiten Reihe, der eine, der seine Waffe lädt, der andere wie hinter seinem Vorgesetzten gekauert und auf der Lauer, darin drückt sich die ganze Unruhe angesichts eines Abenteuers aus, von dem sich deutlich zeigt, daß es seine Gefahren mit sich bringt. Wie aber der Phantasie widerstehen, dieser leuchtenden Fee, dieser unaufhaltbaren Botin des Jenseits, die als Beglaubigungsschreiben an ihrem Gürtel eine Taube trägt? Und schon hat sich ihr maskierter Akolut einen Weg ins Innere gebahnt mitten durch die Gruppe der Ritter des Abenteuers, deren rot und schwarz gestreiftes Banner über ihm ein funkelnder, meerfarbener Edelmann flattern läßt. Doch im Hintergrund, aus der mächtigen Architektur eines düsteren Portals vorbrechend, sieht die Nachhut reglos über den Kopf der Gefährten hinweg, die Zug um Zug den Schritt nach vorne getan haben, der Zukunft entgegen, und mißt sie ab: um schon rascher mit ihr in Berührung zu kommen, haben sie sich vermutlich mit diesen langen Piken bewaffnet! Helme, einen Harnisch, eine Schärpe, ein Seidenkoller sieht man erglänzen. Selbst der hohe Hut auf dem Kopf eines närrischen Gesellen wirkt wie ein Leuchtturm, wie ein Beobachtungsturm. Die Zuschauer, das spürt man, werden sich in Mitwirkende verwandeln, sie sind bereit, die Trommel ertönt, denn diese Seite, die einer der düstersten Traumoffizinen entlehnt ist, schwirrt gleichwohl von einem seltsamen stummen Lärm: die Trommel, das Gebell des kleinen Hundes, das Wort auf der frischen Lippe des Kapitäns Cocq, dieses Gespräch von Auge zu Auge zwischen den Zeugen zur Rechten, dieser Flintenschuß und der andere, zukünftige, den der Schütze zur Linken mit aller Umsicht in den Lauf seiner Waffe steckt. Man bricht auf!

Man bricht auf. (Ja gewiß, so brach man einstmals auf!) Zur Eroberung der Welt? Geht es um den Ozean selber, auf dessen Haupt die beiden Hauptleute dieser seltsamen Kumpanei, der eine schwarz, der andere leuchtend, den Fuß zu setzen sich anschicken? geht es um den großen ‹Aufbruch› Hollands? sind es jene Gestade an den vier Enden der Welt, an denen Soldaten, Seeleute und Kaufleute Amsterdams sich in ein Palaver einlassen werden und auf die die Vergangenheit mit der Hand der Zukunft hinweist, als wollte sie sagen: dort siehst du, was wir in wenigen Augenblicken vollführt haben werden? Geht es um jene gewaltigen, von Reichtümern überbordenden Inseln jenseits von Indien und China, die mit dem glorreichen Schiff Bataviens zu vertäuen sie sich anschicken? Möglich ist es. Aber dieser einzigartige Aufbau in der Malerei aller Zeiten, der in Wirklichkeit Studium und Analyse einer Auflösung darstellt, erlaubt auch eine andere Auslegung. Es handelt sich um eine psychologische Seite, es handelt sich um den Gedanken selber, mitten bei der Arbeit überrascht im Augenblick, da er darin eindringt und eine Bresche schlägt, die die Erschütterung des ganzen Gebildes zur Folge hat. Bereits hat der Wille sich in Bewegung gesetzt, bereits hat das Einsichtsvermögen mit seiner vom Handschuh befreiten Hand, mit seiner mächtigen, arbeitsamen Hand einen Plan entworfen, während der ‹Sohn der Sonne› horcht und hinterherzieht, während im Hintergrunde Klugheit und ratende Vernunft die Bewegung stützen und die kritischen Fähigkeiten sich Auge in Auge untereinander verständigen. Ein ständiges Summen erfüllt den Bienenstock, der kurz vor dem Ausschwärmen steht. Ganz im Hintergrunde, am Ausgang des Gildenhofes, im Schatten des Banners, das eine Hand bereits wie ein Segel dem Winde überläßt, der angefacht wird vom Geiste, das Ganze beherrschend und das Unternehmen nachdenklich überblickend, entdeckt man Teilnehmer, alle diese Herumsteher, die noch nicht entschlossen sind; was anderes wäre das, als all das in uns, das zum Überdenken, zur Erinnerung, zur gedanklichen Verknüpfung, zum Beharren und zur Eingebung fähig ist, dieser ruhige, lichte Blick, der mit dem Horizont das unerläßliche Einvernehmen herstellt. Ja gewiß, bereits ist jemand da, ein langes Holz in der Hand, der auf den Fischzug von Entsatz ausgeht! Man bricht auf! Ausgerüstet mit allerlei Waffen, mit allen möglichen Kopfbedeckungen versehen, wie der Zufall sie bringt, hat sich das ganze bunt zusammengewürfelte Personal unserer Phantasie in Bewegung gesetzt zur Eroberung dessen, was noch nicht besteht, und in der Ecke zur Linken der wunderliche Zwerg, der sich das Pulverhorn aufgehalst hat und den Stößel, der läuft am raschesten voraus.

(1935)

DIE GLASMALEREIEN DER KATHEDRALEN FRANKREICHS

Der Sohn Adams, der in einer Kirche niederkniet und sein Antlitz seinem Herrn zuwendet, hat Gott gegenwärtig vor seinem inneren Auge, vor Ihm ist er auf eine Gegenwärtigkeit gerichtet, aber seine Ohren verspüren seitwärts, rechts und links von seinem Kopf eine Gemeinschaft. Er betet von Angesicht zu Angesicht die unaussprechliche Einheit an, aber der Gott, der dort ist, ist der Gott der Heerscharen, und der Sohn des Weibes, der sich vor ihm einfindet, weiß, daß er nicht allein ist in der Wüste, sondern daß er einbezogen ist in eine lebendige Zahl, in eine geistige und in eine physische Fülle, in eine Unendlichkeit, die ihre Gestalt weniger einer äußeren Umgrenzung zuschreibt als einer inneren Bezogenheit. Was drückt dieser gläserne Vorhang um ihn herum aus, dieses glühende Bekenntnis aus pulverisierten Farben und leuchtenden Punkten, die weniger die Bedeutung einer Erzählung als die einer gleichzeitig ertönenden Hymne und einer ständigen Explosion haben. Was auf Erden nur Pigment war, ist durch die Transparenz im Himmel verherrlicht.

Klang der Einsamkeit, Musik des Stilleseins nennt es Johannes vom Kreuz.

Und doch ist es etwas anderes! Die Musik wird von Akkorden gestützt und genährt, sie bildet eine Folge, eine Melodie, einen Satz. Sie ist etwas Kontinuierliches, hier aber ist alles gleichzeitig, alles funkelt zusammen, alles arbeitet gleichzeitig, alles ist Zusammenklang ohne Anfang und Ende. Während auf Erden die Farbe eine Hervorbringung der Dinge ist, sei es nun Mineral, Pflanze oder lebendes Wesen, soweit sie vom Strahl befragt werden, während dies ihr Mittel ist, sich nach außen hin unter diesem Blick zu verwirklichen, ist sie hier rein und losgelöst vom Gegenstand, als ob das Gefühl sich von unseren Organen getrennt hätte. Die Wände aus farbigem Glas um uns herum, das ist die fühlfähige Materie in ihrer Abstraktion, die empfänglich ist für den Strahl der Vernunft, die Eigenschaft auf wunderbare Weise von der Substanz abgehoben, wir sind eingehüllt von der unendlich feinen, unbeständigen, zarten Empfindsamkeit! Indem sie dem Strahl seinen eigenen Anspruch auf Dunkelheit streitig macht, liefert sie das Lösegeld einer Farbtönung, eben das Rot, Blau oder Grün. Was der Wald im Frühling oder Herbst zu vollbringen versucht hatte mit der unendlichen Vielfalt des Blattwerks im Zustand des Reifens und Absterbens: Ausströmen und Abglanz oder Filter und Spiegelung des Abglanzes zu sein, hier ist es festgehalten und um uns herum aufgehängt; keine Öffnung, über die nicht ein Schleier gespannt wäre, wenn es nicht Purpur ist, dann wenigstens Grau in Grau, eine Art trübes Wasser wie ein grünlicher Nebel, durch Scharlachpunkte unterbrochen. Hier ist das wiedergefundene Paradies. Wir sind eingehüllt und durchdrungen von seinem latenten Gemurmel, von diesen aufglänzenden Finsternissen, von seinem unzählbaren Rat. Zu unserer Rechten wie zu unserer Linken wird es uns bewußt.

Denn ein Ausruhen ist das nicht! Das lebt und bebt, das schlummert und schimmert, das entzündet sich und brennt, Blitz oder Funke, Rubin, Smaragd oder Kobalt, und unter dem Pfeil, der es durchdringt wie das Blut die sauerstoffgenährten Lungen, macht es Sinne und Seele frei, zeugt es, indem es sich verzehrt, von der inneren Kraft. Alle diese Farben, alle diese verschiedenen Punkte, das alles bleibt nicht reglos, das alles erhitzt und singt, allein schon durch seine Vielfalt ruft es ein wunderbares Laubwerk hervor! Doch das ist nicht alles! Die Sonne stand zur Rechten, nun ist es Abend, sie steht zur Linken: sie stand tief, nun ist sie aufgestiegen, während ihr Strahl sich senkt; die Mittagsblume erlischt, während der nordische Löwe sein Brüllen und Funkeln anhebt und der Purpur dem Violett folgt: alle Stunden des Amtes folgen solcherart aufeinander von Laudes bis Komplet! Eine Stunde lang habe ich in Anbetung verharrt – vor dieser Jungfrau in Blau, umringt von einem Vergißmeinnichthof, die dort thront im Oberfeld der sogenannten Belle Verrière. Der ganze strahlend reine Ruf dieser Stunde unter allen Stunden, des Morgens zehn Uhr am Tage nach Ostern, diese reinigende Frische, die Freude draußen, die man verspürt wie ein geläutertes Gewissen, das Hinzutreten der Wolke, die kommt und wieder geht, das war sogleich übermittelt, es war wie ein Antlitz, das sich nach und nach belebt und lächelt und plötzlich ernst wird, und schon sehe ich es wieder, dieses göttliche Lächeln inmitten der knieenden Engel! – So überlebt der Rauch das Sühneopfer, so entbrennt die Seele des Greises, nicht auf die gleiche Weise wie die eines jungen Mannes, und so folgt einer langen Glut die lautere Zustimmung aus der Tiefe eines erlösten Herzens.

Doch habe ich den Eindruck, als sei die Unbeständigkeit dieses mystischen Blattwerks, vom wechselnden Stande des Tages ganz zu schweigen und von der unaufhörlichen Veränderung des Himmels über unserem Frankreich, als sei das nicht allein die Wirkung des Geplauders der zerteilten Farben, der Vielfalt der Töne, sondern eher die ihrer Spannungen untereinander. Das Glas setzt dem Licht einen Widerstand entgegen, und der Widerstand ist verschieden je nach dem Pigment, mit dem es getränkt wurde. Den Augenblick verwandelt es in Dauer. Jede Farbe ist mit einem Merkzeichen des Widerstandes ausgestattet, den es für den von außen eindringenden Strahl einzuschränken und zu durchdringen gilt. Er hält die Sonne auf, er zwingt sie durch seinen Widerstand, auszuharren und weiterzubestehen. Jedes dieser durchschimmernden Bretter, die die Wände des Gebäudes zieren, ich spreche vor allem von den unteren, ist ein Zusammenklingen von Widerständen. Der französische Künstler dieser *langue d'œil*, in der die Nasale und Diphthonge eine so feine und kunstvolle Rolle spielen, und dazu alle die Wirkungsmöglichkeiten des stummen *e*, zwang dem Geschmetter der lateinischen Silben Zurückhaltung und einen gebrochenen Akkord auf, weil er das Bedürfnis empfand, hier und da mit etwas Dunkel und einem matteren Ton eine zu helle Flut abzuschirmen und der geistigen Kraft des Lichtes das Retardierende der Betrachtung und, ich weiß nicht was, an büßerischer Bitterkeit beizumischen. Der Leser wird verstehen, was ich sagen will, wenn er sich von mir bei der Hand nehmen und einladen läßt, auf der rechten Seite aus der Reihe der sieben großen, triumphalen Fenster der Apsis von Chartres jenes zu betrachten, das, entsinne ich mich recht, von den Pelzmachern gestiftet wurde, und dabei auf diesen prächtigen roten Akzent von Levkojen neben dem Ultramarin und dem lichten Azur zu achten, das ein säuerliches Zitronengelb noch stärker hervortreten läßt. Zur Darstellung der Flamme bedarf es nicht nur der Salamander, sondern hier und da, um sich gegen eine zu kräftige Wirkung zu schützen, einer schirmenden Schicht. Daher dieser Email-Farbauftrag, dieses Verstreichen wie mit glühender, dickflüssiger Erde, die der Künstler über bestimmte Fensterstücke gestrichen hat, vor allem in den unteren Partien, während er den oberen ihren heilsverkündenden, trompetenhaften Glanz und den Rosen ihr orchesterhaftes Aufblühen belassen hat. Geheimnisvoll funkelnde Texte, von kurz aufleuchtenden Sternen unterbrochen, der Purpur von Tyrus, mit schimmernden Edelsteinen besetzt, die Seidengewänder der Königin von Saba, der Mantel des Juni, auf dem Glühwürmchen und Seufzer neben heißen Rufen aufleuchten! O Christ, das also ist deine ganze Innenwelt, das also ist dein Schweigen, das also ist das Tabernakel vor Gott, darin dich zu sammeln du aufgerufen bist, während auf all diesen Fenstern ein Firmament Wache hält, ein Firmament aus Hoffnungen, Daseinsfreude, Impulsen, Erinnerungen, Heilskunde, Gedanken gewölbt, die reihum auftauchen und wieder erlöschen, aus dem Ansporn der Heiligen und der Umdüsterung der Reue, ein sakramentales Gewebe aus Verzeihen und Sünde, Verdunkelung und Erhellung und aus der gewaltigen Offenbarung der dich umgebenden Wahrheit!

(1937)

BEETHOVEN

In der Hölle erduldet man die Verzweiflung, wir aber sind die Verdammten der Hoffnung. Dieses Heimverlangen, diese Gegenwärtigkeit des Nichtgegenwärtigen, dieser Kelch der Schönheit, das alles gehört zum Geheimnis der großen Seele Beethovens, dem Ausdruck zu verleihen ist der Sinn seines gesamten Werkes. Die stets dreimalklugen Biographen können sich nicht genug darin tun, auf die ‹Liebschaften› des armen großen Mannes hinzuweisen. Ihnen kommt die Bedeutung einer Randfloskel zu, eines vorübergehenden Ansporns, irgendwelcher flüchtiger Züge, mehr nicht. Sowenig für Rimbaud die Frau stark genug war, um dieser gewaltigen Lese als Kelter zu dienen. Die Füße auf dieser Welt, die Ohren nach und nach ihrem Lärm verschlossen, lauscht Beethoven mit seinem Herzen auf das verlorene Paradies. Es ist etwas ganz anderes, Musik lässig herunterzuschlingen (vor allem, wenn sie ausgespien, wiedergekäut, banalisiert und sozusagen bereits verdaut ist durch den Höllenschlund des Radios), oder aber, ein ungeschickter Bereiter, es mit dem Tier selber aufzunehmen und zu versuchen, Körper an Körper sich mit seinem Muskelgang zu vereinigen und, um sich ihm innerlich anzupassen, vorzutäuschen, selber im Besitz seiner treibenden Kraft zu sein. Da Wald und Meer brausend durch das offene Fenster meiner Jünglingsstube hereinstürmten, versuchte ich, mit zwei gierigen Augen und der zögernden Palette meiner beiden ungestalten Hände die letzten Sonaten Beethovens, die bei den Virtuosen weniger beliebt sind, zu lesen und zu begreifen. Ich habe sie trotzdem, wenn ich so sagen will, ‹glänzend gespielt› gehört von diesen entsetzlichen Kerlen, jedesmal wieder mit dem Gefühl, das Wesentliche sei ihnen entgangen. Niemals habe ich dabei diesen Urschauer wiedergefunden, den die Entdeckung von etwas noch Unberührtem einem ungeschickten

Kinde verursacht. Meine Hände, außerstande, dem blendenden Wurf und wilden Galopp der Sechzehntelnoten zu folgen, bahnten sich mühsam den Weg von Akkord zu Akkord, die Seele, von oberst zu unterst weit aufgerissen, versuchte, ihre Botschaft zu ergründen, sie aus Eigenem zu ergänzen, verstümmelt wie sie war, aussetzend, zerrissen und zugleich zerreißend. ‹Ein Schluchzer›, das Wort schreibt sich nicht so leicht hin, und doch, welch anderes sollte man gebrauchen, um diese bittere Verkrampfung des Herzens begreiflich zu machen, wenn die rechte Hand, schwerfällig unterstützt von der linken, Stufe um Stufe, manchmal möchte man denken rückwärts, die qualvollen Stufen der Halbtöne hinauf- oder hinabsteigt? Es ist nicht der Augenblick, zu rasch zu machen und weiterzugehen, bevor man nicht den ganzen Saft dieser Früchte des Baumes der Erkenntnis von Gut und Böse gekostet hat, dessen Schößlinge wir so lange an den Ufern des Toten Meeres gesucht haben. Nach soviel dilettantischen ‹Schöpfungen› haben wir auf dem Grunde unser selbst die Erbsünde gefunden; es ist schwer, sie nicht mit dem zu verwechseln, was ich einst ‹das Mißgeschick, leben zu müssen› nannte. Die rechte Hand mit ihren drei oder auch nur zwei gleichzeitig gespielten Noten, sie langsam wiederholend, befragt grausam und zärtlich, unermüdlich, unerbittlich, indem sie eins ums andere alle Register unserer Empfindsamkeit abtastet, sie befragt den Seufzer des Anfangsthemas, sie hört ihn, fordert ihn heraus, verhüllt ihn, überwindet ihn, durchdringt ihn, die linke Hand haucht ihn aus oder donnert ihn aus der tiefsten Tiefe herauf. Und dann fängt der zweite Satz an, in einer Aufwallung von Themen und Schreien, die linke Hand stützt die rechte und entreißt ihr von Zeit zu Zeit das Wort, das männliche Element ist zum Schluß stärker als das weibliche, wie ein von Leidenschaft erfülltes Herz, das sich in einem Wirbel von Tränen, Anrufen, Gebeten und einem Wutschrei erklärt! All das ist ein Bild dessen, was unsere Seele, der Liebe Gottes preisgegeben, im Jenseits erfahren wird. Ein neuer Ansturm bereitet sich vor, während der erste uns noch Bestürzungen und Schauern überläßt! Ein zweiter und noch einer, *bis alles bezahlt, bis wir alles bis zum letzten Obolus beglichen haben! L'istesso tempo della fuga!*

(1939)

III RELIGION

DIE MESSE FERNAB.

INTROITUS

Abermals die Verbannung. Die Seele, ganz allein droben in ihrem Schloß, hält Einkehr abermals,
Und am Horn des Corcovados der Glanz des ersten Sonnenstrahls.

Ohne daß je ein Haus beendet ward, so viele Länder hinter mir, begonnen kaum.
Meine Ehe ist jenseits des Meers, ein Weib und die Kinder, die ich hatte, im Traum.

All die Augen, drin ich im Nu gelesen, daß sie mich kannten, als ob sie lebendig wären, die mir vertrauten Menschenscharen,
All das ist abermals den Dingen gleich, die niemals waren.

Hier hab ich zum Gesellen nur noch das Licht, das steigend sich erhitzt,
Den Berg als ewig schwarzen Grund und jene Palmen, wie in Glas geritzt.

Und wenn nach stundenlosem Tag die Schöpfung aus dem Nichts sich abermals verdichtet,
Besuch den Ozean ich wieder, dem weiten Strandweg jeden Abend treu verpflichtet:

Das Meer und die große Lagerstatt ringsum, wo plötzlich Millionen Lichter glänzen,
Amerika mit all seinen Bergen im Abendwind wie Nymphen mit krönenden Federkränzen.

Den Ozean. Er rollt durch das Tor dort heran und pocht an die hohe Uferwand,
Unter regenverhängtem Himmel schlägt er Kerzen fünfzig Fuß in die Höhe längs dem Strand.

Mehr Ruhe hat mein Geist nicht als das Meer, derselbe Schmerz uns sinnlos plagt.
Derselbe große Fleck der Sonne mittendrin sonst nichts, und diese Stimme, die erzählt und klagt.

Sieh, schon hat den Himmel mählich angesteckt die Nacht.
Der Tag nach sechs Tagen, was sieben macht, und keiner, der mich nicht näher zu Gott gebracht.

Wenn meine Füße erst zur Ruhe kommen, wenn mein Herz erst mit der Nacht den Bund eingegangen,
Was wird, sobald alles zu End ist, auf immer anfangen?

Werd ich im Himmel sich etwas für mich verdoppeln sehen wie die Lichter bei der Einfahrt auf den Hafenmauern,
Oder wie das Sternbild bei dem Kreuz des Südens, man nennt es Alpha des Kentauern?

Auch wenn du mich auf immer zu dir nimmst, so nahe, daß es übersteigt den Sinn,
Werd ich deiner nie gewisser sein, mein Gott, als ich es gegenwärtig bin.

In dieser Stunde, da ich mit dir bin – abgesehn von ihrer Dauer ist sie leer –,
Sind vergangen alle Dinge, die, wie man sagt, vergehn, als dein Zeuge biet ich dafür Gewähr.

Nicht umsonst vergehn sie wohl, sie erschöpfen bis zur letzten Strophe das Gedicht,
Bis zu jenen Palmen im Abendwind! das Schauspiel alles anderen nur deiner nicht.

Dies Gewirr von Blättern und Farn in der Sonne, wo ich weile in meinem fünfzigsten Jahr,

Es wäre nicht schwerer, man müßte bloß das Auge schließen, es auszulöschen
als ehedem das Vaterland, wo ich geboren war.

Wär es das Antlitz, einst geliebt, wenn seines Lächelns Zauber begann,
So wär es nicht schwerer den Augen, die sich schließen, aus ihm auf immer
Erinnerung zu machen daran.

Was täten sie nur, mein Gott, all die armen Dinge, denen keine Dauer
beschieden,
Wenn sie durch ihr Wesen, das Werden ist und Vergehn, nicht bezeugten,
daß du dort bist und hienieden?

Schade, daß sie den Augen nicht entgehen können, ohne zu zerreißen das
Herz.
Doch wenn es drum geht, sie sterben zu sehen, dann geht es hier so gut wie
anderwärts.

Dort in dem Land, das ich ließ, Europa, wähnt man, nicht schnell genug
gingen die Dinge.
Wie waren sie stolz auf ihre große Weltausstellung voller Lärm und möchten
nun, daß sie gleich wieder in Stücke ginge.

Dies Leben von sechzig Minuten, sie fanden's zu lang, immer im gleichen
Trott.
Drum her mit dem großen Konsumverein, her mit dem Krieg, zu zerstören
alles andere außer Gott.

Hier hör ich nichts mehr, ich bin allein, bloß jene Palmen, die sich wiegen,
Der Wundergarten nach deinem Bild und die Dinge, wie sind sie ver-
schwiegen!

Sie sind für einen Augenblick, aber dennoch ist es schön gewesen!
Es muß einer von seiner Kunst nichts verstehen, um aus der deinen Fehler
zu lesen.

Muß nie einen Satz geschrieben haben, die Kunst für zwei Worte, zusammen
in einem Bilde sich aufzuheben,
Um zu übersehn, daß es stimmt, dieser Falter plötzlich auf der Rose, stumm
wie der Pinsel, dem Maler gegeben.

Ein Wort ist's, notwendig uns aufgetragen, das wir von selbst auf der Lippe finden.
Wie hätten die Dinge einen *Sinn*, wär ihr Sinn nicht, hinzuschwinden?

Wie könnten sie vollständig sein, wär ihnen, anzufangen und zu enden, als Los nicht verhängt?
Und ich selber, der ich spreche, was spricht wenn nicht, was unsterblich ist in uns und zu sterben drängt?

Wenn nicht, was hinstirbt vor Überdruß in dieser schönen Dinge Mitte.
Spräche die Welt nicht so viel von dir, an meinem Überdruß ich nicht so litte.

Wär ihre Stimme so rührend nicht, und sprächen sie nicht so schön von anderm hienieden,
Die Geschöpfe stellten keine Frage an uns, und wir stünden mit der Rose in Frieden.

Doch wenn die Worte nicht zum Sprechen dienen, was nützen sie mir?
Und erstatten sie dir nicht, was in ihnen ist, wozu dienen die Nachtigall und der Saphir?

Um zu finden, was zu sagen nottat, um uns mit dir über uns selbst auseinanderzusetzen in dem von uns entdeckten Wort,
Ist's nicht zuviel, wild durch das Meer und den Himmel zu schweifen bis an der Erde äußersten Ort.

Wo ist es denn, dies endlich wesentliche Wort, noch teurer als der Diamant,
Dieser Wassertropfen, auf daß er in dich zerfließe, unsere Seele, wie sich die Liebende im Geliebten fand?

Dies Wort, wie Zustimmung zum Tod, dein Dasein über alle Bilder hinaus!
Sterben ist kein zu teurer Preis, steigt dein Sein noch größer daraus!

Mein Gott, warum hast du mich verstoßen? Meine Seele, warum bist du betrübt?
Was will der Feind in mir, der verweilt und Widerstand übt?

Nun auf! um von der Stätte, wo ich war, zu der zu gehen, wo ich noch nicht bin.
Daß ich, als die Himmelslampe bleichte, mich mit dem Morgenlicht erhob, hat diesen Sinn.

Zur Stunde, da die großen Palmen erwachen, rieselnd vom Morgen betaut,
Und da man am Ende der Siedlerstraße einen goldenen Streifen, das Meer, erschaut.

Wer von dem, was nur Schönheit war, zu dem, was Liebe ist, sich schwingt,
Muß dem Ruf willfahren, der vor dem Ruf des Tags erklingt.

Wie schlimm wär es, allein zu sein, welch Glück ist's: Du bist hier.
Wär ich nicht hier, es dir zu sagen, vielleicht blieb es verborgen dir.

Was macht hernach diese weltliche, sichtbare Schönheit aus? Das erklärende Wort
Mir zu geben, unsäglich sanft erwartet er mich dort.

Wenig ist es, dich zu kennen, seh ich dich nicht, wenig, dich zu sehen, berühr ich dich nicht, und
Wenig ist es, mir die Augen aufzutun, öffne ich dir nicht den Mund.

Wie der Fisch im lebendigen Wasser schluckt und wider die Strömung schwimmt,
So, der an dich gebunden ist, der Zeit entgegenklimmt.

Die Dinge lassen allmählich von mir, und ich will meinerseits von ihnen lassen.
Nur entblößt vermag man der Liebe Ratschluß zu fassen.

Die Glocke tönt. Der Priester ist da. Das Leben ist fern. Die Messe hier und heut.
Zu Gottes Altar tret ich ein, zum Gott, der meine Jugend freut.

DIE LEGENDE DER PRAKRITI

Ähnlich jenem gewissermaßen zähklebrigen Zustand in der Geistesverfassung eines Dichters, wenn die Gedanken noch nichts anderes sind als eine irgendwo anhebende Kondensation, als ein träges Sich-dagegen-Wehren, sich von einem vagen Zentrum der Verdichtung entfernen, da beginnt die Geschichte des Lebens auf der Erde, wenigstens kann man das vermuten, in dem Augenblick, da das Wasser die Fähigkeit der Adhäsion erwirbt, da die Lymphe Feuchtigkeit wird, da alle möglichen Fermente auf den ursprünglichen Saft einwirken, da Schleim und Eiweiß sich auf die Suche nach einer Hülle machen, da die kosmische Brunst hier und da sich auf gewaltige Behältnisse von blutigem Schleim und Speichel stürzt. Das ist der Augenblick, da jene Schnecken auftauchen, die den Eindruck eines über der Spirale ausgearbeiteten Eies erwecken: das runde Wesen, das sich im Schutze seiner kalkigen Tunika über seine eigene Existenz befragt; – Sterne, denen der eigentliche Sinn noch fehlt und deren Zacken nach allen Richtungen hin weisen; ‹gefaßter› Schleim – und all das, was mit dem Meeresboden verhaftet das Pflanzen- und Gurkenhafte nachahmt. Es ist das Reich der Wirbellosen. Dann erscheinen auf dem solcherart verwirklichten Grunde alle möglichen Abarten, Komplikationen und Einzelheiten, die vermehrte Fähigkeit, aus einer einmal gegebenen Situation einen Nutzen zu ziehen, alles, was bei der Verdauung auf Prise auszugehen vermag, die Mähne als Sinnes- und Greifwerkzeug, ein immer weiter vorgetriebenes Bestreben des Ausstrahlungsprinzips. Die Kolonien der Schwämme, der Korallen, der Infusorien, die Molluskenbänke schieben sich zusammen. Und ganz am Ende dieses ersten Tages erscheinen die ersten Wirbeltiere in der Gestalt von Skorpionen und Lampreten.

Jetzt sieht Prakriti allmählich klar, ihre Ideen werden ständig brillanter, ihre Pläne zeichnen sich deutlich ab. In dem allgemeinen Geflute begreift sie nun endlich, welchen Nutzen man aus etwas Festem und Unabhängigen ziehen kann. Sie schlägt ihren ‹Kreationen› vor, sich dieser Art inwendigen und geschmeidigen Stabes zu bedienen, den sie ihnen zur Verfügung stellt, und darüber ihr persönliches Gehäuse zu bauen. Man kann das Mineral noch zu Besserem nutzen als nur dazu, die Umrißlinien aufzuzeigen und als Begrenzung und Schild zu dienen. Was draußen war, schau, das kann man auch nach innen stecken, man kann daran einen ganzen Organismus befestigen und aufhängen, und mit diesem Plan im Kopf läßt sie ihre weiteren Flöße vom Stapel.

Sobald die Neuigkeiten der dritten Jahreszeit in Umlauf gesetzt sind, hat alles sein Aussehen gewechselt. Den verschwommenen Träumen, dem Gewundenen, den Seesternen, dem embryonal Zusammengekauerten, den geschmacklosen Inkrustationen, den schlaffen Abtriften ist die Erscheinung großartiger Herrschaften gefolgt, und eine weitere Schicht im Stapel der aufsteigenden Fossilien kündet uns den Anbruch der Herrschaft des Fisches an. Das ist das Datum, da zum erstenmal die Unabhängigkeit verwirklicht ist, da Sinn und Ausrichtung erkenntlich werden, das der Kopf mit all seinen Anhängseln und Verästelungen ist, sich herauslöst, da eine Antriebsmaschine in den Dienst eines unabhängigen Willens gestellt wird, da draußen Herauswachsendes, Anfänge von Gliedern in Gestalt von Schwänzen und Flossen dem Tier es ermöglichen, statt passiv sich seiner Umwelt gegenüber zu verhalten, sie zur Dienstbarkeit zu nötigen. Die Jagd macht es notwendig, Fähigkeiten des Aufmerkens, des Verständnisses und der Unterscheidung in ihm zu entwickeln.

Bisher haben wir uns nur mit dem Meer beschäftigt, mit den Wassern. Über die trockene Erde schweigen sich unsere Archive noch lange Zeit aus. Die Genesis zeigt sie uns einfach am dritten Tage, da sie den Auftrag und demzufolge auch die Fähigkeit erhalten hat, *das grünende Gras und jenen in ihm beschlossenen Samen* hervorzubringen: und das, ehe noch der Taufschleier des Dampfes, mit dem sie umhüllt war, von ihr genommen wurde und ihr erlaubte, die Sonne zu betrachten, den Mond, die Sterne und das ganze unzählbare Universum, dessen nicht wahrnehmbarer Daseinsgrund sie ist, ehe noch die gleichförmige und beständige Dauer *(tempus)* rhythmisiert und durch alle erdenklichen verschiedenen Zeiten *(tempora)* aufgeteilt worden ist, ehe noch die Maschinerie der Zeit sich für sie in Bewegung gesetzt hatte (Gen 1, 14, 15). Wenn der Vorhang sich über dem Akt hebt, zu dem wir nunmehr gekommen sind, dann finden wir Prakriti ganz mit ihren Konfitüren beschäftigt. Mit Feuer angetriebene Maschinen sind überall in Betrieb, die Waagen heben und senken sich, die Kontinente sind einem Wechselregime von Herausheben und Baden unterworfen, gewaltige pflanzliche Kataplasmen werden zum Kochen gebracht, zusammengepreßt, geknetet, mit Salz und Sand überstreut, mit kräftigen Saucen angerührt, auf daß diese mineralische Nacht Wirklichkeit werde, in der das Feuer seinen Nährstoff findet und die heutigen Menschen das Material für ihre Küchen. Gewaltige Vorräte werden für künftige Jahrhunderte in Silos gelegt, unerschöpfliche Zisternen von brennbarem Sirup, die Basen unserer paläontologischen Bibliothek werden gelegt, kurz dessen, was man die Hauptwerke und die ersten stammelnden Verse unserer kosmischen Bibel nennen kann.

Wenn die Farben der ersten Kapitel der Geschichte der Erde beim Lesen zu trocknen beginnen, dann sehen wir, wie das Werk der allgemeinen Kolonisation auf verschiedenen Fronten vorrückt. Zuallererst sehen wir hier die Tiere mit einer Röhre (den Tracheen) anrücken und umherwimmeln, denen möglicherweise die Tausendfüßler und Asseln vorangingen – Insekten, in denen unsere alte Großmama zwei Ideen miteinander verknüpft hat, die hartnäckig tief in ihrem Gedächtnis verankert waren, die der Kette oder der gegliederten Zahl und die des Sternes. Außerhalb des Gefäßes kriecht das ganze Volk der Gleiter und Amphibien, Schildkröten, Krabben, Eidechsen herum. Und hier schlängeln sich durch die Gräser die Reptilien, in denen der Lungenbeutel und die Schaffung einer Innenwelt es möglich gemacht haben, sich von der Wasserbehausung freizumachen. Und da in diesem Augenblick über Thetis die Aufforderung hinwegbraust, sich von einem Element ins andere zu begeben, so erlaubt es eine geniale Vervollkommnung der Flossen plötzlich dem Reptil, sich in der Luft zu halten, und wir sehen im fossilen Dampf eine Art Fledermaus kläglich herumflattern und ein mit Zähnen versehenes Geflügel, das ebenso lächerlich wirkt wie die ersten Automobile und das Flugzeug des Herrn Ader.

Angesichts solcher beachtlichen Ergebnisse ist es nicht zu verwundern, daß die gute Pächterin, deren Hühnerhof wir gerade inventarisieren, von einem Anfall der Begeisterung gepackt wurde oder, richtiger gesagt, von einem Anfall wahren Größenwahnsinns. Das Meer hatte es ihr seit langem ermöglicht, sich wirklich eine Erfahrung auf dem Felde der Konstruktionen anzueignen. Hier nun ist sie dabei, die ganze Weite dieses gewaltigen Reiches zu erkunden, Geschwader von Ichthyosauriern und Plesiosauriern, dreieckigen Meerungeheuern auszurüsten. Es ist eine Überschwemmung von Reptilien, diese stromlinienhaften Rümpfe, die durch wellenförmige Bewegungen die Welle nachahmen, sich überallhin schlängeln, und Neptun betrachtet voller

Neugier auf der Spitze seines Dreizacks diese neuen Bewohner des Abgrunds. Was ihr auf dem Wasser gelungen war, warum sollte sie es nicht auf der festen Erde versuchen, um so mehr, als der Pflanzenozean, mit dem sie nun fertig werden mußte, das kohle- und kalkhaltige Gestrüpp, deutlich das Bedürfnis nach Prachtsexemplaren und imponierenden Modellen zu verstehen gab. Es sind wahre animalische Tanks, die man ersinnen muß, um sich eine Passage durch das Buschholz der Sagopalmen, Farne und Lianen zu erzwingen. Die Erde bebt, entwurzelte Bäume stürzen nieder, die Wälder erschallen vom Lärm des Krachens, Niederreißens und gewaltigen Gestampfes, und in der Lücke tauchen ungeheure Wesen auf. Die ersten zeigen sich uns in einer schiefen und zusammengekauerten Haltung von Amphibien, die hinter sich ein langes Reptilienerbstück herschleppen, den Schwanz, der ihnen nach Art von Raupen erlaubt, am klebrigen Grund haftenzubleiben und schlecht und recht das Gleichgewicht zu halten. So vollzieht sich eine Berichtigung in ihrer Statur, der Bauch wird Brust und Bug, der Körper folgt der Aufrichtung des Kopfes. Prakriti richtet ihre Reptilien schlecht und recht auf einer Art grob hergestellten Vorderachse auf, sei es mit vier Pfoten wie der Diplodokus, sei es nur auf zweien wie der Tyrannosaurus, und alle diese Halbaufgerichteten, die eine Vorahnung des Straußes, des Känguruhs, des Affen und des Menschen sind. Das Tier ist endgültig dem Abgrund entronnen und geht seinem Schicksal entgegen. Mein Gott, wie linkisch das alles noch ist, wie verstört, sperrig, eine Art grober Entwurf, ein Künstler, der auf das Provisorium mit einer Improvisation antwortet! Man fühlt es, wie sie schwankt zwischen Gewohnheit und Eingebung, zwischen dem, was ist, und der unerbittlichen Forderung dessen, was zu sein verlangt und eher schlecht als recht das Neue ans Alte anzupassen sucht. Wer könnte zum Beispiel ohne Mitgefühl diese schwabbeligen und lächerlichen Stummelgebilde betrachten, die diese tölpelhaften Saurier von Beuteltieren auf eine fernere Zukunft hin bewegen, bevor sie an der Schulter Adams Arm und Hand werden, die allwissende und allmächtige Hand?

Die Studien sind beendet, es gilt nur noch alle diese absurden Gerippe dem Kehrichthaufen zu überantworten, der Augenblick ist gekommen, einen weiteren Schritt zu tun und sich dieser Reptilienplage zu entledigen, die entschieden ihren Dienst geleistet hat, aber nicht länger der neuen Lage entspricht. Der Boden ist fest geworden und erfordert nicht länger das glatte Anhaften der Schnecke. Legen wir für einen Augenblick diesen Gedanken der Greifarme in der Luft beiseite – wir werden ihn später wiederfinden. Für den Augenblick ist keines dieser Glieder zuviel, damit ein nach vorn Gerissenwerden dem blinden Gestoße des Anhängsels entspreche. Das ist die Heraufkunft der Vierfüßer, des Säugetieres, das das Reptil ablöst, die Trächtigkeit tritt an die Stelle der Brut, die Geschmeidigkeit an die des Panzers, das schlagende Herz, das warme, atmende und bebende Fleisch tritt sein Recht an. Der Schwanz reduziert sich, verringert sich und bleibt nur noch der gewissermaßen psychologische Appendix, der wie ein sentimentaler Schnörkel die Kruppe unserer Vierfüßer beschließt. Einzig der Rüssel, die starken Waffen am Kopf des Büffels und auf der Nase des Rhinozeros erinnern noch an das frühere Reptil und das ganze Hindernis, durch das der Neuangekommene sich den Weg bahnen mußte.

Heften wir unsere Augen auf diese im Aufwallen begriffene Natur, auf die Epoche, da die feierliche Sabbatglocke noch nicht geläutet und Gott, wie uns der Dichter Leconte de Lisle sagt, indem Er durch Sein Monokel einen strengen Blick dorthin wirft, *in Seiner Schöpfung keuchte*. Aus dem Meere, dampfend wie eine Suppenschüssel und wie ein Salat vom heißen Odem umgerührt, erheben sich wie organische Wirbel und wie unförmige Blöcke von erstarrenden Bewegungen die großen Phantasiegebilde der Trias zum Ansturm auf diese unkonsistenten Erhebungen, auf denen die Pflanzenbänke wie Schimmelgewächse sich mit Dampf und Regen mischen wie unter ihren Wurzeln der weiche Schlamm mit dem Seeschleim; der Ozean entsendet seine Kriechmaschinen. Es ist das große Reich der Schlange, das dem des Menschen voranging, die klebrige Oberfläche, aus der der Dichter des Buches Hiob die Ringe des Leviathan und das Rückgrat Behemoths auftauchen sah. Soll man annehmen, daß von jener großen Katastrophe am Himmel, dem Ereignis des ersten Abends, da der Morgenstern herabgeschleudert worden war, eine Welle und ein Echo bis hin zu dem liquiden Ohr Prakritis gelangt sei und daß sie für ihre Inspirationen etwas daraus geschöpft habe? Hier hat sich nun von allen Seiten der Abgrund mit Drachen bevölkert, es sind deren genug, um die Heldentaten des heiligen Michael und des heiligen Georg hinlänglich zu versehen. Womit soll ich diese ungeheuerlichen Systeme vergleichen, diese Streckwesen, die dazu geschaffen sind, genau dem Schlamm anzuhaften, die Materie wahrhaft zu possedieren und späterhin einen Stützpunkt darin zu finden? Bis zu dem Augenblick, da das Aufrichten, die schräge Haltung, schließlich der Gang möglich werden und das Schwimmen, wie einst inmitten der Wogen, so nun durch den pflanzenhaften Schwamm hindurch. Sind sie nicht ein Abbild der menschlichen Gemeinschaften und dieser überdimensionalen Reiche, die Daniel und Johannes uns eben unter dem Bilde von Tieren ausmalen? Entwürfe, Gewundenes, kühne und provisorische Zusammenfügungen nicht zusammengehöriger Gliedmaßen, Hydren, an denen unzählige Köpfe den Körper zu entlasten trachten. Das sind die antiken Mythologien, denen unsere modernen Theorien folgten, diese Schlangen mit Pfoten, diese wandelnden Türme von Babel, diese anmaßenden Tausendfüßler, die von ihrer eigenen Ungeheuerlichkeit selbst überrascht und durch sie behindert sind, diese wahren Wirbelbänder, diese Schildkröten, die gepanzerten Wanzen gleichen, diese Schwimmdocks, diese Eidechsen, hoch wie Bäume, deren diabolische Schnauzen von den klebrigen Flügeln der Pelikane geohrfeigt werden. Alles ist nicht zusammenpassend und ist zugleich Übertreibung, ein Durcheinander von Erinnerungen und Verheißungen, der reine Stoff, der zu zeigen versucht, wessen er fähig ist, und diese Inspiration von Heldenepen und Verwünschungen inszeniert, das erste selbständige Geblöke, das in der kosmischen Werkstatt erschallt. Hier sind sie nun: diese lustigen Spielzeuge, die die ewige Weisheit zu ihrer Zerstreuung anfertigen ließ. *Der Drache, den Du schufest, um damit zu spielen* (Ps 103, 26).

Das ist der Augenblick, da der Schöpfer der Weltkugel ein doppeltes Diadem aus Eis aufsetzt, der Wechsel der Jahreszeiten stellt sich ein, die moderne Flora und Fauna wird eingeführt oder ausgebessert, die Stimme der Vögel läßt sich vernehmen, alles wird neu gemacht, zweckhaft, nach Maß und Analogie des Menschen. Das ist das Morgengrauen der Geschichte, der Frühling über dem Paradies. *Die Blumen sind auf unserer Erde erschienen, die Zeit des Zurechtschneidens ist gekommen, die Stimme der Taube ist zu vernehmen, erhebe dich, du Geliebte meines Herzens, und komm!* Es ist die letzte Aufrichtung, der Mensch, der sich endlich von der Erde loslöst, der endgültig seine Statur eines Kindes Gottes annimmt und seinen Platz im Paradies der Lüste.

Das ist das Paradies, entstellt durch die Ursünde, in dem wir uns seitdem unentwegt ergehen, den Hammer des Geologen am Gürtel, die grüne Botanisiertrommel umgehängt, das Netz in der Hand und die Nadeln am Hut, wie eine verborgene Tür, die ein unsichtbarer Engel bewacht. Von dem Augenblick an, da wir die Geladenen Prakritis sind und ihren Sabbat teilen, haben wir Zeit genug gehabt, ihre Art, zu Werke zu gehen, zu studieren und zu begreifen. Nutzen wir den Augenblick, da sie anscheinend schläft, um unsere Notizen zu überprüfen. Welche Widersprüche und welch ein Eigensinn zugleich in den Ideen, welch eine Routine und welche Phantasie, welche Naivität und Listigkeit, welch ein Erhaltungstrieb und welch ein revolutionäres Rasen, welche Duckmäuserei und welch ein Gepolter, welch eine Geduld und welch ein Erwachen! Man könnte denken, nach Jahrhunderten und Jahrtausenden, während denen sie ein ganzes Gewächshaus und eine Menagerie aufgestellt hat, empfinde sie plötzlich einen Widerwillen, werde es ihr übel davon, fege sie den Arbeitstisch mit einem Ärmelzipfel blank und fange von neuem an, stürze sich in neue Kosten. Sie wirft ganze Ordnungen mit ihren Arten, Abarten und Spezies auf den Kehrichthaufen und behält nur eine Laus und eine Heuschrecke zurück. Und gleichzeitig legt sie gewisse Prinzipien auf dem Grunde ihrer selbst sorgfältig in Verwahr, von denen sie niemals abläßt, die Symmetrie zum Beispiel, gewisse Ideen, deren Ableitung sie stets weiterführt, wie der Stern, den man überall wiederfindet, angefangen bei der ursprünglichen Zelle bis zu den wissenden und arbeitsamen Händen, die der Mensch am Ende seiner Arme auf die ganze Schöpfung legt und zu Gott erhebt. Man kann sich ihr anvertrauen, um bis in die letzte Einzelheit alle Möglichkeiten einer gegebenen Situation und Form auszunutzen. Wenn zum Beispiel das Thema der Palme, oder das des Farns, oder das des Pilzes zum Wettbewerb aufgefordert ist, dann läßt sie Varianten zu Zehntausenden antreten. Sie gibt sich eine unendliche Mühe, um auf die Brust ihrer Vögel oder ihrer Fische die ihnen zugehörigen Wappen zu malen. Es gibt eine ganze dekorative und gärtnerische Seite in der Natur, eine Ankleidetechnik, von der die materialistische Wissenschaft es bisher nicht für nötig befand, sich Rechenschaft zu geben (sowenig wie von vielen anderen Dingen). Sie verbirgt ‹Überraschungen›, Rätsel im Innern mancher ihrer Schöpfungen, wie der Zuckerbäcker ein Baby als Talisman in den Drei-Königs-Kuchen einbäckt. Und ein andermal langweilt sie sich, stellt sie sich dumm, besteht hartnäckig auf etwas, erlaubt sie sich alle Mißbräuche der industriellen Herstellung, und vermehrt auf Kosten hervorragender Typen die gewöhnlichsten, so daß man glaubt, sie könne nicht mehr einhalten. Oder aber sie Paul Verlainehat offensichtlich einen Auftrag erhalten und hört mitten in der Ausführung auf; man könnte denken, es sei ihr zu schwer vorgekommen, oder plötzlich beschäftige sie der Gedanke an etwas anderes. Sie träumt, gähnt, sagt ja, sagt nein, versteht alles verkehrt, überläßt sich Späßen einer Schwerhörigen, wofern es sich nicht einfach um Possenreißerei handelt. Zum Beispiel sagt man ihr: *Pferd*, und sie fabriziert auf der Stelle die lächerliche kleine Schachspielfigur, die man Seepferdchen nennt und die sie in ihr Aquarium entläßt. Sie setzt einen Drachen in einen Nachttopf. Oder aber sie ist von einer falsch angebrachten Begeisterung gepackt: man hatte ihr *Eidechse* gesagt, und sie macht einen *Ichtyosaurier*; man hatte ihr gesagt: *Schachtelhalm*, und sie führt mit allem Ehrgeiz *Equisetum* ein, so groß wie Tannen und vollkommen unverwertbar. Wir werden nie damit fertig werden, die Verschläge, die Abteilungen für Auf-Rechnung-Angefertigtes und für Ladenhüter zu besuchen, verfehlte Stücke, Experimente und Schulstücke zu besichtigen. Die Museumskonservatoren wühlen darin mit Rührung herum wie ein

Schneider in den Kleidern seiner Großmutter. Doch zum tiefsten Wesen der Natur gehört Humor und Schelmerei; man könnte denken, Prakriti wisse genau, daß ihr Schöpfer sie nur erschaffen habe, um sich durch sie belustigen zu lassen, wiewohl sie so tut, als merke sie es nicht. Sie führt ihre Rolle nicht schlecht durch, sie ist nachsichtig. Und wenn man sie schilt, dann schließt sie die Augen, und mit einem zaubrischen Lächeln enthaucht sie einer Rose, die so rein ist wie der Atem eines jungen Mädchens, einen Schmetterling.

Wir gelangen jetzt zur sechsten Vignette unseres kleinen Buches, unter der wir die Worte finden: ‹Erschaffung des Menschen›, zu jenem Abschluß der sechs Arbeitstage, der die Einführung des Sabbats vorbereitet, da Gott sich von Seinem Werk zurückgezogen hat und, wenn man so sagen soll, genügend Abstand gewonnen hat, um zu erklären, daß es *gut*, daß es *wirklich gut* sei, das heißt, sein Stadium der Vollkommenheit und Endgültigkeit erlangt habe, und nun den ganzen Besitz Seinem Stellvertreter überläßt, auf daß Er ihn nun bearbeite und von dort aus ihm Sinn, Opfer und Geist aufsteigen lasse.

(1934)

DOCH HINDERE MAN NICHT DIE MUSIK

Meine Damen

Es bedeutet eine große Ehre für mich, bereitet mir aber eine nicht minder große Verlegenheit, von den Organisatoren Ihrer Liga dazu ausersehen zu sein, anläßlich Ihrer Jahresversammlung das Wort an Sie zu richten. Meine Rolle in Ihrem Kreise in meiner Eigenschaft eines neuen Gemeindemitgliedes dieser mächtigen Kirche von Saint-Pierre de Chaillot, deren Front Mgr. Gaston soeben neu aufrichten und deren Inneres er erweitern ließ, sollte eher darin bestehen, ganz schlicht zuzuhören und zu lernen, statt vor Ihnen eine zögernde und unerfahrene Stimme vernehmen zu lassen. Allein schon der Gedanke, Sie könnten von meiner Seite was immer es sei erwarten, das einem Ratschlag ähnelt, erfüllt mich mit Verwirrung. Nur zu gut kenne ich die Lächerlichkeit von Unverheirateten, die ohne zu zögern Pläne für die Erziehung jener Kinder entwerfen, die zu haben sie niemals fähig waren, und jener Zimmerkapitäne, die ihre widersprüchlichen Signale über kühnen Zweimastern durchkreuzen, in denen tagtäglich Menschen herumstromern, die sich im Schmerz und im menschlichen Elend üben. Meine konsularischen und diplomatischen Funktionen, die mich je nach den Launen des Windes in alle möglichen Länder verschlagen haben, deren sprachliche und geistige Eigenheiten näher zu ergründen ich jeweils kaum die Zeit fand, haben aus mir eine Art ewigen Dilettanten gemacht, einen Eingeladenen, der stets auf der Schwelle einer flüchtigen Gastfreundschaft abgefangen wird, eines jener Benützer der Wartesäle, die nie die Zeit finden, ihren Koffer auszupacken, noch ehe die mit andern Weggenossen auf der großen Landstraße angeknüpfte Unterhaltung sich durch einen eiligen Händedruck wieder aufgelöst hat. Es scheint, als sei wahrhaftig für diesen von Berufes wegen Verbannten jenes

Psalmwort gesprochen worden: *Wie ein Schattenbild wandelt vorüber der Mensch.* Und tatsächlich gewinnen die Gesichter, mit denen er Umgang pflegt, unter dem banalen Schleier eines uniformen Lächelns weder Dichte noch Bestand. Er weiß, daß der morgige Tag sie für immer auflösen wird und sie in das Nichts zurückverweist, dessen Fragwürdigkeit sie für ihn nie vollständig abstreifen. Für ihn sind es nicht Männer und Frauen, es sind Schatten auf einem Lichtschirm, deren Sprache ihn durch den Nebel erreicht. Er weiß, daß im nächsten Augenblick das alles verschwunden sein wird. Wo soll man in einem solchen Leben die Nahrung jener christlichen Nächstenliebe finden, ohne die unsere Seele um die Hälfte ihrer natürlichen Auswirkungen gebracht wird? Es wird uns anempfohlen, *unsern Nächsten wie uns selbst zu lieben.* Können wir aber vor diesen vorübergleitenden Schatten auf der Wand, denen der unsrige sich zugesellt, behaupten, sie ständen uns nahe? Eher könnte man sagen, sie gehörten einer anderen Welt an, von unserer eigenen durch ein unzerbrechliches Kristall getrennt. Der Verbannte ist also genötigt, sich in sich selbst zurückzuziehen und auf allgemeinere Dinge hinzuhorchen, abseits der alltäglichen Beschäftigungen dieser Welt, die sich keinerlei Mühe gibt, ihm ihren trügerischen Charakter zu verheimlichen. Von diesen allgemeineren Dingen möchte ich heute zu Ihnen sprechen, nicht mit der Autorität, das sei mir fern, aber mit jener gewissen Erfahrung eines zur Aufmerksamkeit und Stille Gezwungenen.

Aufmerksamkeit! Stille! Ja, auch das sind christliche Tugenden, und die Andachtsbücher lehren uns, daß sie lange Jahre hindurch das Vorrecht des Hauses von Nazareth waren. Und vielleicht schaffen die schwermütigen Viertelstunden, die sich für einen einsamen Reisenden auf dem Deck eines Ozeandampfers oder unter dem Vordach eines Bungalow tief im Innern Brasiliens und Chinas hindehnen, günstigere Vorbedingungen als das Klima, das zwischen der Avenue Marceau und der Avenue Präsident Wilson herrscht, wo die Elektrizität uns daran hindert, die Sterne zu sehen, und wo mondäne Beschäftigungen uns nötigen, von Tag zu Tag den wesentlichen Besuch zu verschieben, den wir jener großen Dame abzustatten planten, ich meine unserer eigenen Seele. Um eine Zufluchtsstätte bereit zu halten, ein künstliches Asyl gegen die wilde Verlockung der Gelegenheiten und die Verzauberung durch Eitelkeiten, dazu dienen gewiß diese schönen Kirchen wie jene, die heute mit ihrem stolzen Kampanile diesen Hügel von Chaillot beherrscht, von dem aus fortan die albernen Minarette des Trocadero nicht länger die Aussicht stören werden. Der biblische Dichter sagt uns, daß solche Einsamkeiten für die Seele eine abgeschlossene Stätte sind, wo sie zu sich selber findet und sich erfrischen kann, *gegen Hitze und Unwetter geschützt*; dort auch vollzieht sich von Zeit zu Zeit jenes Wunder, von dem ein anderer Dichter spricht, wenn er dem Herrn dafür dankt, *ihm die Ohren vervollkommnet zu haben*, jene Ohren, die schließlich dem Menschen nicht allein dazu gegeben wurden, um den Klatsch der Sprechzimmer und den Lärm des Radios auszukosten. Vielleicht daß Gott seinerseits ebenfalls von Zeit zu Zeit uns etwas zu sagen hat, Er, dessen Name selbst Wort ist: vielleicht daß, um Ihn zu vernehmen, es nicht ganz nutzlos ist, etwas von jener unschätzbaren Kunst zu erlernen, ich meine von der Kunst des Zuhörens.

Gerade von dieser Kunst des Zuhörens Ihnen heute etwas sagen zu wollen, werden Sie einem Dichter nachsehen, wobei er jenes wunderbare Verset aus dem Ekklesiastikus als Text nimmt, den er gar häufig zu zitieren pflegt und der für sich allein einen ganzen Moral- und Askesetraktat enthält: *Non impedias musicam*. Doch hindere man nicht die Musik. Welche Musik? Zunächst jene dieses Konzertes, die das Leben des Menschen ist; bei ihm steht uns die Wahl nicht frei, welchen Platz, ob klein oder groß, wir einnehmen wollen. Wir sind keine Zikaden, die aus vollem Halse schreien, an die Rinde einer Kiefer für die Dauer eines Sommertages angeklammert. Wir haben darauf zu achten, was rings um uns vor sich geht, und ein gut Teil unseres Schicksals hängt ab von der Feinheit unseres Gehörs, von unseren Einsichtsfähigkeiten und von der Virtuosität unserer Reflexe. Um dieses Gleichnis bis zur letzten Konsequenz zu führen, möchte ich behaupten, daß es in jeglicher menschlicher Musik drei Dinge zu beachten gilt: erstens die Partitur, die für uns gewissermaßen das Schicksalsbuch ist und die wir laufend Seite um Seite vom Blatt lesend zu entziffern haben; das zweite ist der Taktstock des Dirigenten, der uns Rhythmus und Stimmung anzeigt; ich kann ihn kaum besser vergleichen als mit jenen großen Moralgesetzen, die jenseits aller Einzelinitiativen eine allgemeine Vorstellung und einen gemeinsamen Rhythmus zur Geltung bringen; das dritte ist die Aufmerksamkeit, nicht nur auf das, was unsere Nachbarn am nächsten Pult machen, sondern auch der Kontrabassist und weiter weg der Cymbalist, der, wie wir wissen, seit siebzig Takten an nichts anderes denkt als an das Ereignis in dem Musikstück, das der Zusammenprall seiner beiden Kupferplatten bilden wird. Wir erfahren nur zu sehr auf unsere Kosten, daß jede falsche Note, daß jede schreierische Phantasie auf der Stelle bestraft wird, bestraft zunächst einmal durch unser Leid und unsere persönliche Demütigung, bestraft im übrigen durch die Verwirrung, die wir rings um uns in der Orchestergemeinschaft verbreiten und die eine Buße rechtfertigen wird.

Doch möchte ich bei Ihnen nicht den Glauben erwecken, als bestünde die Musik, jene Musik, von der Sokrates, sofern wir Platon Glauben schenken wollen, an seinem letzten Tage erklärte, er wolle ihr, hätte er noch länger gelebt, den Rest seines Lebens widmen, für uns lediglich in einem einsichtsvollen Befolgen eines vorgezeichneten Programmes, einer mehr oder weniger herzlichen Unterordnung unseres Willens unter die Notwendigkeit eines Übereinkommens. Andererseits gibt es, das wissen wir alle, selbst wenn wir die einzigen wären, die darauf horchten, eine so wirksame Musik, mit einer derartigen Kraft der Durchdringung und Überredung ausgestattet, daß sie allein ausreichen würde, um uns von Taubheit zu heilen, von jener so boshaften und hartnäckigen Taubheit, daß der Herr uns im Evangelium sagt, man werde mit ihr nur durch Gebet und Fasten Herr. Jesus, so fügt der heilige Geschichtsschreiber hinzu, nahm mit seinen Fingern etwas von jener ‹roten Erde›, die nach der Genesis dem ersten Adam zugleich zu seinem Wesen und seinem Namen verhalf, befeuchtete sie mit Seinem Speichel, das heißt mit der Feuchtigkeit selbst Seines Wortes, legte sie auf die Gehörgänge des Eingemauerten und hob seufzend die Augen zum Himmel, wobei Er sagte: *Eppheta!* das heißt *Öffne dich! Tritt heraus, o du begrabenes Wesen! zu lange schon haben die Geschöpfe jeden Zugang zu deiner Seele versperrt. Hör auf das, was dein Schöpfer Seinerseits dir zu sagen hat. Woraus ist jenes mächtige Wort geschaffen? woraus, wenn nicht aus jenen Silben selbst, aus denen unser Name zusammengesetzt ist.* Dieses Wort war es, das Matthäus an seinem Pult eines Steuereinnehmers vernahm und Maria Magdalena unter Tränen bei der Zypresse von Jerusalem. Manchmal wurde kein Laut ausgestoßen, ein Blick genügte, wie bei dem Apostel Bartholomäus. Jener geheimnisvolle und unwiderstehliche Name ist es, der uns ins Dasein gerufen hat und den wir erneut als das Sakrament einer letzten Firmung in unserm zukünftigen Leben empfangen werden. Es handelt sich nicht um eine der üblichen Berufungen, es handelt sich um eine Klang-Wesenheit, die auf die ganze Tonleiter unserer Schwingungsfähigkeiten abgestimmt ist; auf alles, was in uns, schlecht und recht durch ihrem Zweck entfremdete Schlüssel bezwungen, an Möglichkeiten nach der Seite des Klangs und der Harmonie hin besteht, nach der Seite der Erweckung des ersten Adam und der Auferstehung des zweiten Adam. Von ihr hat der Dichter gesagt:

Meine Seele, einer aufgehängten Leier gleich,
Ertönt, sobald man sie berührt.

Den Namen dieser erlesenen Musik kennen Sie, es ist die Berufung. Sie wurde von unzähligen Priestern, unzähligen Nonnen, unzähligen Missionaren, unzähligen Laien, die heroisch ihrer schlichten Alltagsarbeit nachgingen, nicht nur vernommen, sondern auch begriffen. Nur zu häufig geschieht es, daß wir auf den ersten Anhieb nicht begreifen. Man muß es uns erklären, dieses Thema, muß es uns Stück für Stück in den Mund schieben, wie eine Mutter dem kranken Kinde einen Löffel und dann noch einen Löffel Zuckerwasser gibt. Nichts anderes tat Unser Herr auf dem Wege nach Emmaus, wenn das Evangelium uns sagt, Er habe den beiden Jüngern *die Prophezeiungen erschlossen.* Das Brot genügt nicht, man muß es in Stücke brechen, nach denen unsere Lippen und unsere Zähne zu greifen imstande sind, und die Zunge, einen Geschmack daran zu finden. Darum sagt uns auch das Evangelium, die Jünger hätten ihn *am Brot-Brechen erkannt*, ich will sagen, an jener Modulation des Wortes, die auf unser klägliches Ohr abgestimmt ist.

Diesen Anruf, der uns von außen erreicht und von dem uns die Sulamitin in der Dichtung Salomons spricht, wenn sie uns sagt, sie habe die Stimme jener Taube vernommen, die niemand anderer ist als der Heilige Geist – gibt es nichts in unserer Seele, das imstande wäre, ihm zu antworten, wenn doch der göttliche Besucher selbst sie drängt, ihrerseits *ihre Stimme vernehmen zu lassen, da sie sanft ist?* Besteht die Wohltat der Gnade nicht tatsächlich darin, in uns die Kräfte des Gestehens und des Ausdrückens freizulegen nach jenem Psalmwort: *Gesang sind mir deine Satzungen?* Gewiß, für einen Christen wird selbst die Moral, dieses scheinbar so eisige und harte Ding, sofern sich die Liebe mit ihr vermählt, ein Quell dichterischen Ausdrucks derart, daß der heilige Paulus uns seine getreuen Epheser schildern kann, als täten sie nichts anderes, als nach den Eingebungen des Heiligen Geistes zu singen und den Mund zu öffnen. Wer also hat diese verborgene Stimme freigemacht, diese Gefangene? Das Evangelium lehrt es uns: *Die Wahrheit*, sagt es uns, *wird euch freimachen.* Was ist Wahrheit? Ich fasse sie nicht im Sinne einer einfachen intellektuellen Feststellung auf. Wenn wir eine schöne Dichtung lesen, wenn wir die Klänge einer inspirierten Musik hören, wenn zum Beispiel bei Homer Priamus sich zu Achill begibt und den Leichnam seines Sohnes fordert, dann sind wir ergriffen, sind bis zu Tränen bestürzt, weil es wahr ist; weil der Dichter oder der Komponist etwas gefunden hat, das den verborgensten Fasern und den tiefsten Tiefen unseres Wesens entspricht, dem, was der heilige Jakob als *unser natürliches Angesicht* bezeichnet. Und dann erkühnen auch wir uns, mitgerissen durch diese erbarmungsfähige und wohlwollende Gegenwart, die sich uns naht und die mit ihren wunderbaren Fingern die Mächte der Finsternis und der Trägheit beiseite schiebt, dann erkühnen auch wir uns, unsere rauhe und mißtönige Stimme vernehmen zu lassen. Sie war es, die, ohne daß ihre Lippen sich bewegten, aus dem Herzen unzähliger Mystiker aufstieg, von denen die Legende berichtet. Sie war es, die der heilige

Franziskus aushauchte, als er zwei abgestorbene Äste aneinanderrieb, die an seinem Ohr beredsamer klangen als alle Geigen eines Stradivarius. Und wie lautet das unauslöschliche Thema unseres Gesanges? Das Buch Exodus sagt uns, *Moses, in dem das alte Gesetz Gestalt annahm, habe sich nur stotternd ausgedrückt.* Später war es dem Propheten Ezechiel erst gelungen, nur die Hälfte zu erlernen, nur die erste Silbe jenes Anrufes, den Gott den Menschen in den Mund zu legen sich selber vorbehalten hatte: *A a a.* Und erst viel später, auf dem Berge der Seligkeiten, erschien der Sohn Gottes dann, um dieses zerschnittene Substantiv zu vervollständigen, darin die Benennung selbst Seines Auftrages als Wort Gottes besteht: *Abba,* das heißt *unser Vater. Der Geist,* sagt uns der heilige Paulus, *begehrt für uns mit unaussprechlichen Seufzern, denn wir haben den Geist der Kindschaft empfangen, in welchem wir Abba, Vater, rufen.*

Ich komme zum Ende meiner Ansprache und entschuldige mich, versucht zu haben, Sie in wenig aufgesuchte Gegenden mitzureißen, zu denen Sie sich vielleicht einen leichter begehbaren Pfad gewünscht haben. Allein wie ich Ihnen eingangs gesagt habe, da ich zu meinem großen Bedauern keinerlei Erfahrung in praktischer Nächstenliebe besitze, bin ich wohl genötigt, Sie über den Horizont über mir zu unterhalten, der unabänderlich sich über meiner Laufbahn eines Seefahrers wölbte und der kein anderer ist als der Horizont der Meere. Schließlich ist das Meer etwas Gesundes und Notwendiges für unser materielles Dasein. Erleben wir es nicht alle Jahre, wie Vergnügungsfahrten organisiert werden, die es den Städtern ermöglichen sollen, diese freie und belebende Luft zu atmen? Warum sollte es also verboten sein, von Zeit zu Zeit eine kleine Expedition nach der Ewigkeit hin zu organisieren, deren Klima schließlich für eine christliche Brust nicht ganz uneinatembar sein sollte? Was sonst würde in uns diese Lust zu singen erwecken, an welcher der heilige Paulus das Zeichen eines geläuterten Gewissens erkennen wollte, wenn wir nicht auf dem Grunde von uns selbst diesen *Basso continuo* vernähmen, den Rat und das Murmeln jenes Ozeans, in dem wie gewaltige Wogen ein Vers der Heiligen Schrift über dem andern aufschäumt, unablässig aufgerührt und aufgewühlt durch den Wind des Heiligen Geistes? Wenn wir aufmerksamer auf das Wort Gottes hören, ist es übrigens so sicher, daß wir dann aufhören würden, unserm Nächsten nützlich zu sein? Ich entsinne mich eines Briefwechsels, den ich vor einigen Jahren mit einem Manne führte, dessen Name kaum geeignet ist, in diesem Raume zu ertönen. Es ging dabei um eines jener Bücher, wie deren heutzutage viele erscheinen und in denen man zum Heile für unseren Egoismus das Leben der gescheiterten Klassen schildert, und mein Briefpartner fragte mich mit einer gewissen boshaften Ironie, wie ich es selbst halte mit meiner Pflicht eines Christen, für das Volk und für die Armen zu leben. Es kam mir damals ein Gedanke in den Sinn, den ich Ihnen unverändert anvertraue. Das Wort *für* hat zwei Bedeutungen, es heißt ‹zum Besten von›, und es heißt ‹an Stelle von›. *Zum Besten von*, das ist nur zu wahr, wer nachprüfen würde, was ich unmittelbar für meinesgleichen getan habe, der würde feststellen, daß ich kläglich versagt habe. Aber *für* will auch sagen *an Stelle von*. Alle diese Umdüsterten, alle diese Verschuldeten, alle diese Zerschlagenen, alle diese Seelen ohne jeden Horizont, abgestumpft in Alltagsmühen und Elend, in enge Mauern eingezwängt, unter einer erdrückenden Zimmerdecke, sie haben das Recht, uns zu fragen: «Ihr, die ihr Muße habt, die ihr gebildet seid, die Möglichkeit habt, euch umzuschauen und nachzudenken, was habt ihr gemacht mit dieser Freiheit, mit diesem Licht, mit dieser Stellung von Bevorzugten? Was habt ihr uns zu berichten von diesen höheren Gefilden, zu denen wir euch im Grunde abgesandt haben, auf euch zählend, daß ihr uns Neuigkeiten von dort brächtet, ein Echo, einen Abglanz, so schwach sie auch sein mögen? Wie habt ihr euch dieses Auftrages entledigt, zu dem ihr an unserer Statt bestellt wart? Dieses Verwalteramtes, das euch anvertraut war?» Welch ein Glück, wenn es uns möglich ist zu antworten: «Die Gipfel sind schwer zugänglich. Möge es dem Himmel gefallen, daß mit Hilfe der Gnade Gottes unsere Stimme, unser Verlangen, unser Gebet, das wir nicht nur in unserem eigenen Namen erheben, sondern im Namen all derer, für die wir stellvertretend und verantwortlich sind, dorthin gelangt seien, und wäre es auch nur für einen Augenblick, wo der Fuß nur schwer hingelangt.» Und da fallen mir jene Verse eines Dichters ein, der zu beschreiben versucht, was ihm der Aufstieg einer Feuerwerksrakete bedeutete, was aber für uns auch das Aufsteigen der Tonleiter und das eines Gedankens und eines Gebetes ist:

Unbezwingliche Gewalt
Wie mein Hoffen auf sich schwang
In den Höh'n verloren erschallt
Rasend Lied und Schweigegesang . . .

Erschallt, was? Die Stimme! jene Stimme der Seele, die im Herzen jedes Einzelnen von uns schlummert und deren Aufschwung länger nicht zu verhindern der heilige Dichter uns auffordert!

(1937)

MITTAGSWENDE

Erste Fassung

PERSONEN

YSE

MESA

DE CIZ

AMALRIC

VORWORT

So du dich nicht erkennst, o du
Schönste unter den Weibern.
Hohelied, 1, 7

Scheinbar gibt es nichts Banaleres als das doppelte Motiv, über dem sich dieses Drama aufbaut, das heute nach langen Jahren der Öffentlichkeit übergeben wird. Als erstes der Ehebruch: Gatte, Frau und Liebhaber. Als zweites der Kampf zwischen der religiösen Berufung und den Lockungen des Fleisches. Kein banaleres Motiv, aber auch ein ebenso uraltes, und beinahe wage ich zu sagen, in einem gewissen Sinne auch kein heiligeres, klingt doch der Gedanke dieses Kampfes zwischen Gesetz und Gnade, der sich unter den verschiedensten, unter den unerwartetsten Formen zu erkennen gibt, der Kampf zwischen Gott und dem Menschen, zwischen Mann und Frau, in den Erzählungen des Alten Testamentes, und zwar gerade in den bedeutungsreichsten, ständig mit.

Das Fleisch begehrt wider den Geist, wie uns warnend bedeutet wurde, und der Geist begehrt wider das Fleisch. Der erste Aspekt dieses Konfliktes bildet den Gegenstand der verschiedenartigsten Dichtungen, Romane und Dramen. Ist es aber andererseits so sicher, daß die Sache des Geistes, der gegen das Fleisch begehrt, jemals in seiner grausamen Unerbittlichkeit und, wenn ich so sagen soll, bis zur letzten Ausschöpfung der Akten vertreten worden ist?

Ein Mann, seiner Bildung und seinem ganzen Wesen nach kaum darauf vorbereitet, verspürt in sich, sehr gegen seinen Willen, den Ruf Gottes, einen unabweislichen Ruf. Nach langem Widerstand, der ihn bis an das Ende der Welt führt, entschließt er sich, diesem Rufe Folge zu leisten. Er läßt seinem immer noch erschaudernden Willen freien Lauf und findet sich am Altare ein; von Gott selbst wird ihm die Antwort zuteil. Eine klare Antwort. Eine unumwundene Abweisung, ein unumstößliches Nein, ohne jede nähere

Erklärung. Damit sieht er sich verstoßen, ohne daß das Bewußtsein dieses unerbittlichen Rufes in ihm erloschen wäre. Von neuem hebt für ihn die Verlassenheit, die Verbannung an. Für den Augenblick ist es das Meer, und für lange Tage zwischen Himmel und Wasser eine bestimmte einmalige Konstellation. Es ist Mittag.

Und wie konnte es anders kommen, als daß ihn schließlich auf diesem Schiff eine Frau erwartete? ‹Du wirst Gott, Deinen Herrn, lieben›, sagt das allererste Gebot; nicht nur auf Stein ist es geschrieben, nein, in das Herz des Menschen, und bei einigen Menschen, was läßt sich dagegen machen?, in feuriger Schrift, ‹aus ganzem Herzen, aus ganzer Seele und aus ganzer Kraft›. Für den Augenblick ist nicht mehr von Gott die Rede, nein, hier, mir gegenüber, hält sich, ohne daß ich mich ihm zu entziehen vermöchte, dieses Abbild Gottes, das seine Augen auf mich gerichtet hat. An diesem Wendepunkte des Lebens ist der Augenblick gekommen, da die zentrale Frage sich erhebt, der auszuweichen nicht länger möglich ist.

‹Mesa, ich bin Yse, ich bin es.›

Aus der Gnadenordnung und aus der Naturordnung erhellt, daß zwischen den Geschöpfen Gottes ein Band der Liebe bestehen soll. Nicht nur ein allgemeines Band, sondern eine besondere Beziehung, dergestalt etwa, daß der Schlüssel des einen sich erst im Herzen eines andern findet. So sehen wir im Bereich der materiellen Welt, daß dieses oder jenes Tier zu seiner Ernährung des Fleisches eines anderen Tieres bedarf. Und ebenso diese oder jene Frau dieses oder jenes Mannes, diese Seele einer anderen Seele. Das letzte Ziel, das versteht sich von selbst, kann nichts anderes als Gott sein.

Wie nun, wenn der Weg zu Gott versperrt ist durch ein unüberwindliches Hindernis in Gestalt des Sakramentes, das die Ehe ist?

Die beiden Liebenden haben sich darüber hinweggesetzt. Und hier fordern sie nun wider alle Vernunft einer vom andern dieses Element, dieses innere Aliment, man nennt es das Feuer, und das Geschöpf maßt sich seinen Gebrauch lediglich zu seiner eigenen Zerstörung an. Statt sie zu erleuchten, verbrennt es sie. Statt sie zur höchsten Vollendung zu bringen, verzehrt es sie. Statt des Heils bringen sie einander gegenseitig die Verdammnis.

Solches tun im zweiten Akt dieses Dramas Mesa und Yse auf dem Friedhof von Hong-Kong. Von einem Geschöpf Gott zu fordern ist gefährlich. Der Prophet sagt: ‹Mitten aus dir heraus werde ich ein Feuer hervorgehen lassen, das dich verzehren wird.› In der Ehe geht es um zwei Wesen, die sich aufeinander einstimmen, im Ehebruch um zwei Wesen, die sich gegenseitig verdammt haben.

Da setzt nun der dritte Akt ein.

Es hat nicht lange gewährt, da stellen die beiden Liebenden fest, wie unentbehrlich sie einander geworden sind, ohne daß das Verbot als solches das Verlangen in ihnen zum Erlöschen gebracht hätte. Je stärker das gegenseitige Verlangen ist, um so weniger ist der eine fähig, noch etwas zu bringen oder dem andern ganz zu eigen zu sein. Die Situation ist verzweifelt. Für Yse bleibt nichts anderes übrig, als zu versuchen, sich ihr zu entziehen, um jeden Preis, einerlei wie! mit der Frucht, die sie empfangen hat. Schließlich ist die Frau ein Wesen, auf dem der Zwang des Geschehens lastet.

Aber sie ist überdies ein Wesen, auf dessen Stirn das Wort GEHEIMNIS geschrieben steht. Sie birgt in sich die Möglichkeit zu Unbekanntem. Ein geheimnisvolles, mit Sinn beladenes Wesen. Ein geheimnisvolles, sich selber unbekanntes Wesen, das ein Eingreifen von Außen zu seiner Verwirklichung erheischt.

‹Mit den Banden Adams werde ich dich ziehen›, sagt der Prophet Hosea. Was der Leidenschaft versagt bleibt, wer weiß, ob nicht das Opfer es auf die eine oder andere Weise zu erlangen vermag.

ERSTER AKT

Das Deck eines großen Postschiffes, mitten auf dem Indischen Ozean zwischen Arabien und Ceylon.

AMALRIC: Sie haben sich einwickeln lassen.

MESA: Die Sache ist noch nicht entschieden.

AMALRIC: Dann lassen Sie die Finger davon. Glauben Sie mir, ich schätze Sie sehr: lassen Sie die Finger davon.

MESA: So schlecht scheint mir die Sache nicht zu sein.

AMALRIC: Aber der Mann, der sie unternimmt?

MESA: Schon recht, er hat auch seine guten Eigenschaften.

AMALRIC: Ich hasse Schwächlinge und fürchte mich vor ihnen.
Lassen Sie sich nur beschwatzen. Nehmen Sie ihn nur zu sich! Und es wird Ihnen gehen wie mit entkorktem Selterwasser, mit einer dieser spitzigen Sodawasserflaschen, bei denen man nicht mehr weiß, wie sie abstellen.
Ich rate Ihnen gut, nehmen Sie sich in acht, mein kleiner Mesa.
Und was halten Sie von seiner Frau?
Da kommen sie.

Yse, de Ciz erscheinen auf Deck, sie kommen die Treppe von den Kajüten der ersten Klasse herauf. – Acht Glockenschläge.

YSE: Mittag.

De Ciz: Gleich wird man unsern Standort anschlagen. *Die Sirene heult.*

Mesa: Welch ein Schrei in dieser Feuerwüste.

De Ciz: Ssss! Seht nur! *Er schiebt die Persenning mit dem Finger zur Seite.*

Yse: Aber laß doch die Persenning zu, um Himmels willen!

Amalric: Ich bin geblendet wie von einem Flintenschuß! Das ist keine Sonne mehr!

De Ciz: Das ist der Blitz; wie reduziert und wie schlaff man sich fühlt in diesem Brutofen.

Amalric: Alles ist entsetzlich klar. Zwischen dem Licht und dem Spiegel. So schrecklich zur Schau gestellt kommt man sich vor wie eine Laus zwischen zwei Glasplättchen.

Mesa: Wie schön, wie hart!
Die See mit dem schimmernden Rückgrat,
Wie eine Kuh liegt sie da, man hat sie zu Boden geworfen, mit dem glühenden Eisen wird sie gezeichnet.
Und er, ihr wißt schon, ihr Geliebter, wie man sagt, nun ja, das Bildwerk, das man im Museum findet,
Baal,
Diesmal ist's nicht ihr Geliebter, der Henker ist's, der sie opfert.
Das sind keine Küsse mehr,
Nein, in der Flanke das Messer.
Und Antlitz an Antlitz stößt sie zurück, Stoß um Stoß.
Formlos, farblos, klar, majestätisch, gewaltig, schnaubend vor Zorn,
Vom Lichte getroffen, wirft sie nichts andres zurück als Licht.

Yse: Ah, wie heiß es ist! Wieviel Tage haben wir noch bis zum Feuer von Minnicoi?

Mesa: Das kleine Nachtlicht auf den Wassern, ich entsinne mich gut.

De Ciz: Wissen Sie, wieviel Tage noch, Amalric?

Amalric: Ehrlich gesagt, nein! Und wieviel Tage genau seit unserer Abfahrt? Das hab ich vergessen.

Mesa: Die Tage gleichen einander so sehr, beinahe möchte man sagen, es ist nur ein einziger langer Tag, licht und dunkel.

Amalric: Ich liebe ihn, diesen langen, reglosen Tag. Da fühl ich mich wohl.
Ich liebe sie, diese große Stunde, schattenlos geht sie vorüber.
Ich lebe, ich sehe.
Ich schwitze nicht, ich rauche meine Zigarre, ich bin zufrieden.

Yse: Er ist zufrieden! Sie auch, Herr Mesa?
Sind Sie zufrieden? Ich, ich, ich bin nicht zufrieden. Ich muß nach den Kindern sehn.

Bleiben Sie hier.
Ich verbiete Ihnen, in den Rauchsalon zu gehen. Sie müssen alle beide hierbleiben,
Um mit mir zu plaudern und mir die Zeit zu vertreiben,
Ciz, holen Sie mir meinen Liegestuhl, und auch meinen Fächer, und die Kissen,
Und dann noch meine Maniküretasche, und auch mein Buch, und auch mein Riechfläschchen. Das ist alles. *Sie gehen beide.*

AMALRIC: Na also. Nicht wahr, sie ist bezaubernd?

MESA: Sie wissen, daß ich von Frauen nicht viel verstehe.

AMALRIC: Das stimmt. Und die Frauen werden sich nie mit Ihnen auskennen.
Ich ja, ich schätze Sie und kenne Sie. – Sie liebt mich, das ist eine Tatsache.
Und doch gefallen Sie ihr, und sie fürchtet sich vor Ihnen und möchte wissen, was Sie von ihr denken?

MESA: Ich glaube, es ist ein freches, kokettes Frauenzimmer.

AMALRIC: Wenn Sie das meinen. Davon verstehen Sie nichts. Mein Lieber, sie ist ein herrliches Weib.

MESA: Das käuen Sie mir unentwegt vor, seit wir aus Marseille ausgelaufen sind.

AMALRIC: Es ist aber auch wahr, und ob es wahr ist! Und mit Ihrem angeblichen Nichtverstehen! Na, na, so zerstreut Sie auch sein mögen, ich glaube, daß ich Ihnen das doch in den Kopf gesetzt habe!
Die Szene, die Sie mir gemacht haben, neulich abends! Und diese Zigarette, die man Ihnen anbot,
Ihnen, der Sie nie rauchen, und mit welcher Andacht Sie die zu Ende geraucht haben! Schon gut, das ist kein Grund, rot zu werden.

MESA: Sie sind albern.

AMALRIC: Mein Lieber, ich liebe nur die Blonden.
Kokett ist sie nicht, nehmen Sie sich in acht, das ist eine Amazone, die geht auf Eroberung aus.
Unterjochen muß sie und tyrannisieren, oder sich hingeben,
Ungelenk wie ein mächtiges, stampfendes Roß!
Eine Rassestute, und mich ihr auf den Rücken zu schwingen, das würde mich reizen, wenn ich nur die Zeit hätte.
Aber es fehlt ihr der Reiter, mit ihren Fohlen, die hinterdreintrotten. Wie ein ungezäumtes Pferd stürmt sie herum.
Ich sehe sie schon, kopflos drauflosgaloppierend, alles niederstampfend, und zuletzt bricht sie sich das Genick.
Sie ist eine Fremde, unter uns

Fühlt sie sich nicht zu Hause, in fremder Umgebung.
Die Frau für einen Chef: große Aufgaben, das würde sie zähmen, eine prächtige Goldschabracke,
Und dabei selber ein Chef!
Aber ihr Gatte da, dieser hübsche Junge,
Dieser ausgemergelte Provenzale mit den schmachtenden Augen, diese Sorte von Ingenieur mit seinen Luftgeschäften,
Das müssen Sie doch einsehen, das ist eine wahre Sünde für sie. Ihr Kinder anzudrehen, das hat er verstanden, sonst nichts.
Es macht einem Angst, sie alle hier unterwegs nach China zu sehen.
Sie werden sie auf dem Halse haben. Geben Sie acht, mein kleiner Junge.
– Da kommt sie.
Yse kommt zurück. – De Ciz kommt zurück und schleppt und trägt die verschiedenen Gegenstände mit, um die man ihn gebeten hat, und breitet sie auf Deck aus.

YSE, *lachend, sie alle drei, einen nach dem andern, ansehend:*
Ich selbst, ich bin nicht befriedigt!
Auf Mesa zeigend: Und hier ist noch ein anderer, der nicht befriedigt ist.
Auf de Ciz zeigend: Und noch ein anderer, der nicht befriedigt ist!
Das langweilt ihn, mir einen Stuhl herzubringen. Im Augenblick brauche ich ihn nicht einmal.
Warum nur ist er nicht zufrieden? Immer sieht er so aus, als gäbe er sich Mühe und wolle lächeln. Ich aber, ich bin zufrieden. *Sie lacht hell heraus.*

MESA: Sie sind zufrieden, und Amalric ist befriedigt.

DE CIZ: Weil er Erfolg hat.

AMALRIC: Ich? Vergangenes Jahr hat es mich gründlich erwischt,
Ausgeschwenkt wie ein Bierglas! Maski! man fängt von vorne an.

MESA: Weil man ohne ihn nicht auskommt.

AMALRIC: Weil er beschäftigt ist.
Vieles, ohne das ich nicht auskomme. Vieles, das ohne mich nicht auskommt.

YSE: Amalric. Sie werden Erfolg haben. Sie haben geschickte Hände. Was Sie tun, das machen Sie richtig.

MESA: Er hat angenehme Hände. (Denn die Dinge sind wie eine Kuh, die es versteht, sich nicht melken zu lassen, wenn sie nicht will.)

DE CIZ: Er kann sich auf sich selber verlassen. Überall ist ihm sein Platz sicher, wo immer es sei.

YSE: Und ich habe nirgendwo einen Platz. Ein Liegestuhl, auf einen Koffer geschnürt, ein Schlüsselbund in der Handtasche,
Das ist mein Haushalt und mein Herd!

MESA, *auf die Sonne zeigend:* Dort ist er, unser Herd, für uns unstetes Volk!
Findet ihr nicht, daß er eingefeuert ist, wie sich's gehört?
Befriedigt oder nicht, was macht das schon?
Schaut nur die Sonne an und ihre Milliarden Strahlen, ganz mit der Erde beschäftigt,
Wie eine alte Frau mit den Maschen auf ihrer Stricknadel.

YSE: Mich bringt sie um. Ich kann ihre Kraft nicht ertragen.

AMALRIC: Die volle Kraft der Sonne, die volle Kraft meines Lebens.
Es ist gut, daß man dem Tod ins Antlitz sehen kann, und ich habe die Kraft, ihm Trotz zu bieten.

MESA: Mittag am Himmel, Mittag am Scheitelpunkt unseres Lebens.
Und nun sind wir hier vereint, umkreisen das gleiche Alter unserer Vergänglichkeit, mitten hineingestellt in den geschlossenen Horizont, frei, ausgestellt,
Abgestoßen von der Erde, rückwärts blickend und vorwärts.

YSE: Hinter uns Wasser, und vor uns abermals Wasser.

DE CIZ: Wie bitter, länger nicht mehr jung zu sein.

MESA: Entsetzlich, nicht länger lebendig zu sein!

AMALRIC: Wie schön es ist, nicht tot zu sein, sondern lebendig.

YSE: Der Morgen war schöner.

MESA: Der Abend wird noch schöner sein.
Haben Sie gestern gesehen,
Wie er mitten aus dem gewaltigen Element der See
Erstand, grünes Laubwerk
Und Teiche, rosa und tabakfarben, und Streifen feurig rot im flirrenden Chaos, dem lichten,
Farbe aus Farbe sinternd, Farbe aus allen Farben der Welt.
So
Wie der junge Mann mit dem jungen Mädchen
Sich ergötzt am grünsten Grün.
Der Heilige aber triumphiert an seinem letzten Tage, wenn endlich
Der langgereifte Wohlgeruch tief in seinem Herzen aufbricht.

AMALRIC: Keine Stunde ist besser als diese. Ich verlange nur
Eines: klar zu sehen.
Richtig zu sehen.
Die Dinge, so wie sie sind,
Das ist doch viel schöner, und nicht wie ich sie mir wünsche; was ich tue und was ich zu tun habe.

DE CIZ: Es ist keine Zeit mehr zu verlieren.

MESA: An Zeit fehlt es nicht, nein, wir versagen vor der Zeit.

AMALRIC: Laßt nur geschehen. Mir soll das Glück nur in die Quere kommen. Mir entschlüpft es nicht.

YSE: Und trotzdem, wie seltsam!
Die Vögel und die grauen Fische haben ihren Platz, wo sie sich niederlassen, eine Hecke, ein Loch unter einem Weidenstrunk.
Wir andern aber, wir vier, wir sind nirgendwo zu Hause.
Da schlenkern wir nun herum auf dem Deck eines Schiffs, mitten auf der unberechenbaren See!
Ihr andern, ihr seid frei! Ich aber, ich armes Weib mit diesen Kindern in meiner Schürze, vier Glieder hat jedes!
Und ich muß wie ein Junggeselle mit diesen drei Männern leben, die nicht von mir lassen! Und mein Haus
Ist dieser Liegestuhl, und auf dem Gepäckschein acht Stück,
Drei Kajütenkoffer, drei Koffer und zwei Kisten unter Deck, eine Reisetasche und ein Hutkoffer. Meine armen Hüte!

MESA: Da haben wir das Alter erreicht, wo es nicht länger beruhigend ist, frei zu sein.

AMALRIC: Nur nicht geunkt. Prüfen wir unsere Gesichter wie beim Pokerspiel, wenn die Karten ausgeteilt sind.
Gemeinsam sind wir verstrickt in diese Partie wie vier Nadeln, und wer kennt den Faden,
Den das Schicksal uns vier zu stricken bestimmt?

DE CIZ: Wir haben keine Zeit mehr zu verlieren. Nur keine Umstände gemacht.
Mesa, nur noch eine Kleinigkeit, darf ich Sie bitten.
Yse streckt sich auf ihrem Liegestuhl aus und nimmt ihr Buch. Amalric setzt sich in einigem Abstand von ihr hin, raucht und schaut nach ihr hinüber. Nach einer Weile wirft er die Zigarre fort. Yse richtet ihren Blick auf ihn und legt ihr Buch hin.

YSE: Dann wußten Sie also nicht, daß wir an Bord waren?

AMALRIC: Wir waren bereits auf See, als ich Sie wiedererkannte.
Alles blieb auf dem Hinterdeck. Nur wir beide waren am andern Ende.
Diese große Frau, die sich gegen den Wind stemmte.

YSE: Sie haben mich also sofort wiedererkannt? In den zehn Jahren habe ich mich so wenig verändert?

AMALRIC: Dieselbe, sie selber,
Noch besser. Ein Blick hat mir genügt.
Dieselbe, wie ich sie kannte. Dieselbe Gestalt.

Dasselbe Schwarz plötzlich in der Luft. Frei und aufrecht, draufgängerisch, geschmeidig, entschlossen.

YSE: Immer noch hübsch? *Sie schaut ihn an, lacht, errötet. – Pause.*

AMALRIC: Und ob ich Sie wiedererkannte!

YSE: Ich entsinne mich! Ich hatte meinen großen Mantel an und meinen Filzhut.

AMALRIC: Sie ist es! Sie waren es.

YSE: Ich war's zufrieden! Sagen Sie selbst,
Kann sein, was will, im Grunde ist man immer wieder zufrieden, wenn man sich aus dem Staube machen kann, den ganzen verdammten Bettel hinter sich lassen!
Wie? Kein Hut, kein Taschentuch winkt uns andern nach?

AMALRIC: Nein.

YSE: Keine arme kleine Frau irgendwo, die sich die Augen ausweint?
Irgendeine gar liebenswürdige Witwe? irgendein Jüngferlein, rank wie eine Gerte und rund wie ein Pfiff? *Sie lacht.*
Schon gut! Schon recht! das macht nichts!
Ich war's zufrieden.
Wie salzig alles war! Einer dieser bösen, zerfetzten Himmel,
Wie ich sie liebe. Und die See, wie die auf uns zusprang, die Heidin! Das nenne ich mir eine See!
Aber das hier,
Das ist ein Parkett, man gleitet gelangweilt darüber hinweg.
Und so spiegelblank,
Daß man ganz unsicher wird, wie Sie sich ausdrücken. Welch herrlichen Schmutzfleck
Wir darauf bilden! Aber Sie behaupten ja, daß Sie diese schlummernden Wasser lieben . . .

AMALRIC: Gewiß liebe ich das. Ich liebe einfach dieses Gefühl, wie man sich da hineinbohrt.
Und ich hasse es, so herumgeworfen zu werden, hochgeschleudert, geschaukelt, durcheinandergerüttelt, getreten und umgestülpt!
Wie dort oben an Kreta vorbei, oh la la! von diesem tollen Wind, von dem man nicht weiß, wieso und warum.
Hier ist alles geregelt, zur rechten Stunde, so ist es vortrefflich!
Alles unabänderliche Wirklichkeit.
Das Ganze
Auf seinen ursprünglichen Zustand zurückgeführt, wie in den Schöpfungstagen!

Das Wasser, der Himmel, und ich zwischen den beiden, wie der Held Izdubar.

YSE: Amalric, immer haben Sie ihn nicht gehaßt,
Diesen tollen Wind, von dem man nicht weiß, wieso und warum!
Schweigen.

AMALRIC: Yse, warum haben Sie damals nicht gewollt?

YSE: Sie hatten kein Geld.

AMALRIC: Und was noch?

YSE: Sie kamen mir zu stark vor, zu draufgängerisch.
Zu selbstsicher. Diese Art, die Zähne aufeinanderzubeißen.
Ich will, daß man mich nötig hat! Sie sehen, daß man ohne Sie auskommen kann.

AMALRIC: Und was noch?

YSE: Und was noch . . .
Ich fühlte mich zu schwach neben Ihnen. Das ärgerte mich.

AMALRIC: Und darum haben Sie ihn geheiratet?

YSE: Ich liebe ihn, ich habe ihn geliebt.

AMALRIC: Fürwahr, von euch beiden ist er bestimmt nicht der Stärkere!

YSE: Wenn er mich auf seine gewisse Art anschaut, dann . . . dann schäme ich mich!
Wenn er mich anschaut mit seinen großen Augen unter den langen Wimpern (er hat richtige Frauenaugen),
Mit seinen großen, schwarzen Augen (zu sehen ist reineweg nichts in seinen Augen),
Dann dreht sich mir das Innere um, ach, eher ließ ich's geschehen, ließ ich ihm seinen Willen. Ich habe es versucht, ich kann ihm nicht widerstehen.

AMALRIC: Darum bäumt sich auch Ihr Zorn gegen ihn auf. Und doch liebt er Sie.

YSE: Er liebt mich nicht!
Er liebt mich auf seine Art. Er liebt nur sich selbst. Ich erinnere mich noch an unsere Hochzeitsnacht.
Und alle diese Kinder, die ich Schlag auf Schlag bekam! Eines habe ich nämlich verloren.
Das Davonlaufen, die Ängste, die Abenteuer! All die Jahre meiner Jugend, nun sind sie dahin!

AMALRIC: Und trotzdem, Yse, Yse, Yse,
Dieser herrliche, strahlende Morgen, da wir einander begegneten! Yse, dieser eisige, strahlende Sonntag, um zehn auf See!
Welch grimmiger Wind da wehte am hellichten Tag! Wie es knallte und pfiff, und wie der harte Mistral das aufgerissene Wasser eggte!

Das ganze Meer entfesselt, sich bäumend, stampfend und krachend, im Sonnenschein brachen sich die Wogen, raste das Meer daher vor dem Sturm!
Die Nacht zuvor unterm Mondschein, in tiefster nächtlicher Stunde,
Endlich nahmen wir Kurs auf die Sizilische Enge, wer da erwachte und sich aufrichtete, vom Bullauge den Beschlag wegwischend,
Der hatte Europa wiedergefunden, ganz in Schnee gehüllt, groß und grau,
Ohne Stimme, ohne Antlitz, im Schlaf ihn empfangend.
Und dieser klare Dreikönigstag, zur Rechten ließen wir hinter uns Korsika, ganz weiß, ein einziger Schimmer, wie eine Braut im Glockengeläut ihres Hochzeitsmorgens!
Yse, Sie kamen zurück aus Ägypten, ich tauchte wieder auf vom Ende der Welt, vom Meeresgrunde,
Einen ersten kräftigen Schluck hatte ich getan am Kelche des Lebens, nichts brachte ich heim in der Tasche,
Nichts als eine harte Faust und Finger, die endlich zu rechnen verstanden.
Da also kam ein Windstoß, wie eine Ohrfeige,
Und löste alle Ihre Kämme, und Ihr Haar schlug mir in dichten Strähnen ins Gesicht!
Da stand es vor mir, das große Mädchen,
Lachend dreht es sich um; es schaut mich an, ich schaue es an.

YSE: Ja, ich entsinne mich! damals ließen Sie sich einen Bart wachsen, der war steif wie ein Striegel!
Wie kräftig ich damals war und ausgelassen! wie konnte ich lachen! wie hielt ich mich gut,
Und hübsch war ich außerdem!
Und dann kam das Leben, kamen die Kinder,
Nun sehen Sie ja, wie es um mich steht, heruntergekommen, ganz folgsam,
Wie ein alter Schimmel, er folgt der Hand, die ihn zieht,
Seine vier Beine eins nach dem andern bewegend.

AMALRIC: Gut, gut! ich sehe, das Lachen hat man immer noch nicht verlernt!

YSE: Wie im Gefängnis wurde ich gehalten, nun bin ich frei, und die Seeluft steigt mir in die Nase!
So rasch mußte man mir nicht glauben, nicht so grausam mich beim Wort nehmen.
Damals steckte ich voll Übermut! Sonderbar, noch immer komm ich mir vor wie ein kleines Mädchen!
Sehen Sie, Amalric, ich hatte kein Elternhaus, keine Erziehung. Eine Fremde: ich weiß nicht immer alle Worte richtig zu gebrauchen.

Ganz allein bin ich auf meine Art aufgewachsen, man darf nicht schlecht von mir urteilen.
Mit einem andern wäre wohl manches anders geworden.

AMALRIC: Diese herrlichen, strahlenden Augen! Im Augenblick schimmern Tränen darin!
Wozu das, kleine Närrin!

YSE: Und nun bin ich von neuem aufgebrochen, einfach so, wohin? das weiß ich nicht.

AMALRIC: Wie? Erwarten Ihren Mann nicht seine Geschäfte in China?

YSE: Nichts, nichts als sein Glück, auf das er baut.

AMALRIC: Pah! die reinste Kautschukpflanze, stets entschlossen, sich durchzusetzen und zu wuchern! eine schmarotzerhafte Schlingpflanze! Er wird schon einen Baum finden.
Ich habe bemerkt, daß er sich viel
Mit unserm Reisegefährten, mit Mesa, unterhält.
Mesa
Hat mir von dieser Eisenbahn erzählt, eine neue Linie
Nach dem Siam, von diesen Telegraphenlinien nach den Shan-Staaten, Sie wissen schon?

YSE: Ich weiß von nichts. Maski! Irgendwie sind wir immer noch zurechtgekommen!

AMALRIC: Mesa. Ich unterhalte mich gerne mit ihm. Er beachtet nichts.
Wenn er auf irgend etwas achtet,
So nicht auf den andern, sondern nur auf das, was Sie sagen, als ob die Gedanken sich von alleine weiterspönnen. Und wenn die Sache ihm etwas sagt,
Oder nicht, so hellt sich sein Gesicht auf, oder verdüstert sich.
Man sieht genau, was er denkt, es ist zum Erbarmen.
Er ist barsch wie Menschen, die in sich
‹Ein Samenkorn zu Großem zu verteidigen haben›.
Ich glaube, er ist unberührt.

YSE: Spotten Sie nicht.

AMALRIC: Ich? Ich spotte nicht. Schau nur einer an, wie Sie in Zorn geraten.
Ich schätze ihn.
Regen Sie sich nicht auf.

YSE: Ich achte diesen Jungen und wünschte, daß er mich schätzte und achtete!
Warum sind Sie immer um mich herum und weichen keinen Fußbreit von mir?
Was sollen die Leute nur denken? Ich habe ihn vorhin gesehen, wie er uns beobachtete.

Und ich bin sicher, daß er uns gestern gesehen hat,
Als Sie mich umarmten.

AMALRIC: Ich werde Sie also in Ruhe lassen.

YSE: Da ich ihn sich selbst überlassen sah, ging ich neulich nachts zu ihm hin,
Sie entsinnen sich, als wir diesen armen Teufel kommen ließen,
Leonhard hieß er wohl, der für uns diese armseligen, blöden Tingel-Tangel-Songs trällerte; er hatte sich aus unserm Kreise entfernt.
Erinnern Sie sich noch? ich hatte mein Crêpe-de-Chine-Kleid an,
Das schwarze; finden Sie, daß es mir gut steht?
Und ich war zu ihm hingegangen, um ihn zurückzuholen, und hatte mich neben ihn an die Reeling gelehnt, und er beschimpfte mich aus ganzem Herzen,
Ich kann sagen, er behandelte mich,
Wie ich noch nie behandelt wurde.
Und ich bat ihn um Verzeihung, und dabei vergoß ich heiße Tränen wie ein kleines Schulmädchen!

AMALRIC: Arme Yse!

YSE: Ja, Sie haben recht! arme Yse! Yse, Yse, arme Yse!

AMALRIC: Armer Mesa!

YSE: Und man erzählt sich, er habe eine große Stellung in China.

AMALRIC: Ganz jung schon übernahm er die Verwaltung der Zölle.
Er spricht mühelos sämtliche Dialekte. Er ist der Ratgeber der Vize-Könige in den Südstaaten.
Bestimmt der einflußreichste Mann in der Gegend dort.
Ein düsterer Geselle, und im Grunde all dieser Dinge überdrüssig.
Er hat ‹so seine eigenen Ideen› und behauptet,
Es sei das letztemal, daß er hierher zurückkommt. Religiöse Anwandlungen.
Diese Angelegenheit, von der Ihr Mann mit ihm spricht, ich weiß nicht, worum es dabei geht,
Scheint ihn sehr zu beschäftigen. Ich habe ihm geraten, vorsichtig zu sein.
Er sucht
Einen Menschen für seine Eisenbahnlinien. Es handelt sich da um ein Riesenprojekt.
Ein Riesenprojekt. Das Klima, zu behaupten, daß das Klima gut wäre, wirklich gut . . . ehrlich gesagt,
Das wäre unanständig. Aber Ihr Gatte
Ist diese heißen Länder gewohnt.

YSE: Ich weiß, daß er sich von jeher mit Elektrizität befaßt.

AMALRIC: Wie gut sich das trifft! Wir werden sie also sich selber überlassen, Mesa und ihn,
Und ich gehe fort, nehme Yse mit, halte Yse fest, entführe sie mit mir, wohin ich gehe.

YSE: Wirklich?
Sie glauben, daß ich mich so nehmen lasse? Sie glauben, daß man mich so mir nichts, dir nichts entführt?

AMALRIC: Wenn ich es wollte, bestimmt:
Wenn ich es will, meine Amazone, dann lege ich Ihnen die Hand auf die Schulter.
Dann nehme ich Yse, halte Yse fest und entführe Yse.
Mit dieser Hand hier, mit dieser Hand, die Sie hier sehen, es ist eine rauhe, häßliche Hand.

YSE: Um so schlimmer in dem Fall für Sie. Wo ich hingehe, bringe ich kein Glück.

AMALRIC: Das ist wahr, Yse, wozu warten?
Ich habe angenehme Hände.
Sie wissen nur zu gut, daß Sie nirgendwo anders als bei mir
Die Kraft finden, die ihnen nottut, und daß ich der Mann bin.

YSE: Lassen Sie mich.
Er schaut sie nachdenklich an. Sie hält die Augen auf ihr Buch gerichtet. Er zieht eine Zigarre heraus und entfernt sich. – Mesa kommt wieder heran und geht etwas linkisch auf Yse zu, und da er bemerkt, daß sie ihn nicht beachtet, zögert er.

MESA: Was lesen Sie da? es ist ganz aus dem Leim und zerfleddert wie ein Liebesroman?

YSE: Einen Liebesroman.

MESA: Seite 250. Sie hatten recht, den Umschlag herunterzureißen.
Das Schwierige ist, damit zu Ende zu kommen. Es läuft immer auf das gleiche hinaus:
Tod oder Hebamme.

YSE: Es ist immer zu lang. Eine Liebesgeschichte, das müßte etwas Jähes sein,
Wie eine Blume, zum Beispiel, wie ein Duft, man spürt es gleich, alles hat man gehabt, alles besitzt man, alles atmet man ein,
In einem Zuge: ein Ah hat es dir entlockt: ein Ah, weiter nichts.
Ein Duft, so jäh, so plötzlich, nichts als ein
Lächeln entlockt es dir, ein ganz flüchtiges Ah, und schon ist man wieder fort.

MESA: Eine Blume atmet man doch nicht ein.

YSE: Die Liebe? Wir sprachen von meinem Buche. Aber die Liebe selbst, Das weiß ich nicht, was das ist.

MESA: Nun ja, ich auch nicht. Immerhin kann ich verstehen . . .

YSE: Verstehen muß man nicht, armer Freund!
Den Verstand, den muß man verlieren. Ich selbst bin zu boshaft dafür, ich kann es nicht.
Eine Operation ist das, der man sich unterzieht. Der Äthertampon, den man dir unter die Nase drückt.
Adams Schlaf, Sie wissen schon! im Katechismus steht es geschrieben. So wurde die erste Frau erschaffen.
Eine Frau, was meinen Sie, denken Sie ein wenig nach, alle die Wesen, die in mir schlummern! Man muß es über sich ergehen lassen,
Vergehen muß man
In den Armen dessen, der sie liebt, und ahnt sie, die arme Unschuldige, etwas?
Überhaupt nichts! was in ihr schlummert, was aus ihr hervorgehen wird?
Nichts weiß sie! Eine Mutter von Frauen und Männern!

MESA: Was soll man von einer Frau fordern?

YSE: Vielerlei, scheint mir. Unter anderm dieses Kind, das zum Lichte drängt!

MESA: Gewiß geht es um Kinder dabei! Sie haben falsch verstanden, was ich sagen wollte, neulich!
Ich vermute, daß es sich um einen derartigen Eingriff handelt!
Um eine derartige Erschütterung bis ins innerste Wesen . . .
Er versucht zu sprechen, kommt ins Stammeln, stottert, schließt den Mund und betrachtet sie mit funkelnden Augen und bebenden Lippen. – Sie lacht hell heraus.

YSE: Sprechen Sie, Professor! ich höre Ihnen zu!
Es lohnt nicht, sich darum zu erzürnen.

MESA: Alles
In ihm erheischt im andern alles!
Nur das wollte ich sagen; es lohnt sich nicht, darum töricht zu lachen!
Um ein Kind geht es dabei nicht! Um ans Licht zu kommen, man weiß nicht wie,
Nutzt es den Augenblick, den wir der Ewigkeit entreißen.
Und doch ist alle Liebe nichts als eine Komödie
Zwischen Mann und Frau, Rede und Gegenrede sind nicht im vorhinein festgelegt.

YSE: Manchmal ist die Komödie recht unterhaltsam.

MESA: Da versagt meine Vorstellung.

YSE: Und doch sprechen Sie besser als mein Buch,
Wenn Sie es wollen. Wie Ihre Augen leuchten, Professor,
Wenn man Sie zum Reden bringt über
Philosophie. Schöne, graue Augen haben Sie. Ich beobachte Sie gerne, wenn Sie zuhören, innerlich kochend! Wie gerne
Höre ich Sie reden, auch wenn ich's nicht verstehe.
Wollen Sie mein Professor sein?
Lassen Sie sich nur nicht entmutigen! Ich bin ganz ungebildet und so töricht dazu,
Sie müssen nicht schlecht von mir denken. So schlecht bin ich nicht, wie Sie meinen. Ich bin unüberlegt.
Niemand hat mich erzogen.
Niemand hat mit mir gesprochen wie Sie neulich abends.
Ich weiß es, Sie haben vollkommen recht, ich bin wirklich schlecht.

MESA: Ich habe nicht über Sie zu urteilen. *Pause.*

YSE Bleiben Sie. Gehen Sie nicht fort.

MESA: Ich denke gar nicht daran, fortzugehen.

YSE: Und dabei weiß man nie, was Sie denken!
Da wären wir nun alle beide, Sie und ich, wie traurig das doch ist!
Zwischen uns ist alles derart in der Schwebe, ein so feiner, nur uns bewußter Zustand herrscht da,
Daß auch der kleinste böse Gedanke alles verwirren könnte.
Armer Mesa, Sie so unglücklich zu sehen! Mesa!
Glauben Sie ja nicht, daß mir heiter zumute ist.

MESA: Ich bin nicht unglücklich.

YSE: Man sollte sich um Sie kümmern. Man hat mir gesagt, Sie äßen nicht mehr. – Warum dieser verbissene Blick?

MESA: Wer ‹hat Ihnen gesagt›? Ich bin gar nicht unglücklich.
Ich habe Ihnen nichts anzuvertrauen!
Unterhalten Sie sich doch mit Amalric! Bei mir verfängt das nicht, die mütterlichen Gefühle, bei mir verfängt das nicht, die Koketterie.
Wenn ich irgendein Leid habe, so ist das meine Sache! Das wenigstens ist meine Sache.
Das wenigstens ist meine Sache.

YSE: Seien Sie nicht grob.

MESA: Sie möchten mich wohl am liebsten zum Reden bringen!
Was, das würde Ihnen Spaß machen, mich das Kalb spielen zu sehen.
Sie wissen nur zu gut, daß diese armen Teufel von Männern, diese rüden Burschen,

Nichts so sehr lieben als zu reden, zu gaukeln, ihr nobles Herz zu zeigen,
Wieviel man gelitten, wie schön man ist.
Ihnen habe ich nichts anzuvertrauen. Sie sind glücklich, das genügt.

YSE: Sind Sie so fest davon überzeugt, daß ich glücklich bin?

MESA: Sie müssen es sein. Sie müßten es sein.

YSE: Ah? Nun ja, wenn ich mich an dieses Glück klammere, oder was immer Sie so bezeichnen,
So will ich eine andere sein! Man tadle mich, wenn ich nicht bereit bin, es von meinem Haupte zu schütteln
Wie meine Flechten, wenn ich sie auflöse!

MESA: Halten Sie dieses schreckliche Flechtwerk nur fest zusammengesteckt!
Und daß das artige Kind, wenn es die Arme um die züchtige Mutter legt,
Zärtlich neben dem kleinen Ohr
Die Locke zurückschiebt, die sich keck hervorwagt.
Sie lachen? Sie erröten? Leugnen Sie, daß Sie glücklich sind?

YSE: Machen Sie mir keine solchen Vorwürfe.

MESA: Es macht mir Freude, Sie anzusehen. Sie sind schön.

YSE: Das finden Sie wirklich? Das freut mich, daß Sie mich schön finden.

MESA: Mir wird angst und bang, Sie so zu sehen,
So schön, so frisch, so jung, so ausgelassen, mit diesem Menschen, Ihrem Gatten;
Wenn man das Land kennt, wohin Sie gehen.

YSE: Amalric hat mir dasselbe gesagt.

MESA *macht eine Gebärde.*

YSE: Lassen Sie uns nicht im Stich!
Sie wissen ja, daß wir einige Zeit in Hong-Kong bleiben werden,
Wo Sie leben, glaube ich. Für den Augenblick. *Schweigen.*
Nun, das paßt Ihnen nicht?

MESA: Ich kehre nicht für lange nach China zurück. Nur bis meine Angelegenheiten geregelt sind.

YSE: Ein Jahr, vielleicht zwei Jahre?

MESA: Ja . . ., vielleicht . . . mehr oder weniger.

YSE: Und dann?

MESA: Nichts!

YSE: Ein Jahr, zwei Jahre, mehr oder weniger, und dann nichts?

MESA: Und dann nichts. Ja. Was kümmert Sie das?
Ihr Leben verläuft in festen Bahnen! Ich bin ein gelber Hund; was kümmert Sie das meinige? Jedermann liebt Sie.

YSE: Ärgert Sie das?

Mesa: Leben Sie Ihr Leben! Was mich betrifft, ich habe nie etwas Erwartet. Ich habe mich von den Menschen zurückgezogen!

Yse: Pah!

Sie schleppen die ganze Kollektion mit sich herum.

Mesa: Lachen Sie nur! Sie sind schön und fröhlich, und ich bin finster und allein! . . .

Und ich will gar nichts von Ihnen! Was wollten Sie auch mit mir anfangen? Was hätten wir miteinander gemein, Sie und ich?

Pause.

Yse: Mesa. Ich bin Yse, ich bin es.

Mesa: Es ist zu spät.

Alles ist zu EndePaul Verlaine. Wozu suchen Sie mich auf?

Yse: Habe ich Sie etwa nicht gefunden?

Mesa: Alles ist zu Ende. Ich habe Sie nicht erwartet.

So gut hatte ich alles vorbereitet,

Um mich zurückzuziehen, um auszuscheiden aus der Gemeinschaft der Menschen, es war beschlossene Sache!

Wozu suchen Sie mich auf? Wozu wollen Sie mich stören?

Yse: Dafür sind wir Frauen auf der Welt.

Mesa: Wie unrecht von mir, wie unrecht von mir,

Zu schwatzen und mich . . . und mich mit Ihnen einzulassen,

Ohne Arg, wie mit einem lieben Kinde, dem man gern ins hübsche Gesicht schaut,

Und dieses Kind ist eine Frau, zu dumm, im Nu lacht man mit, wenn sie lacht.

Was habe ich mit Ihnen zu schaffen? Was wollen Sie aus mir machen?

Ich sage Ihnen, daß alles zu Ende ist.

Sie sind es? Sie sowenig wie irgendeine andere!

Was soll man erwarten, was gibt es schon bei einer Frau zu begreifen?

Was gibt sie uns schließlich? und was sie fordert,

Dazu müßte man ganz und gar sich geben!

Und es ist schlechterdings unmöglich, wozu auch sollte es dienen?

Ihnen meine Seele zu schenken, ist unmöglich, Yse.

Darum habe ich mich abgewendet, anderswohin.

Und nun, wozu stören Sie mich? wozu suchen Sie mich auf?

Das ist grausam.

Wozu bin ich Ihnen begegnet? Und nun, da Sie auf mich aufmerksam werden,

Wenden Sie mir Ihr . . . Ihr liebes Gesicht zu. Es ist zu spät!

Nur zu gut wissen Sie, daß es unmöglich ist! Und ich weiß, daß Sie mich nicht lieben.
Einerseits sind Sie verheiratet, und zum andern weiß ich, daß Sie Gefallen finden
An jenem andern Manne, an Amalric.
Wozu sage ich das und was kümmert's mich?
Tun Sie, was Ihnen gefällt. Bald sind wir getrennt. Was ich habe, das wenigstens ist meine Sache. Was ich habe, das wenigstens ist meine Sache.
YSE: Was fürchten Sie von mir, wenn ich das Unmögliche bin?
Haben Sie Angst vor mir? Ich bin das Unmögliche. Also? Blicken Sie auf und betrachten Sie mich, die ich Sie betrachte mit meinem unmöglichen Gesicht.
MESA: Ich weiß, daß ich Ihnen nicht gefalle.
YSE: Darum geht es nicht, aber ich verstehe Sie nicht,
Wer Sie sind, was Sie im Grunde wollen,
Was man sein muß, wie ich mich zu Ihnen einstellen soll, Sie sind sonderbar.
Schneiden Sie keine Grimassen! Ja, ich glaube, Sie haben recht, Sie sind nicht
Der Mann, nach dem Sinn einer Frau geschaffen,
Bei dem sie sich wohlfühlen könnte und sicher.
MESA: Das ist wahr. Ich muß allein bleiben.
YSE: Es wäre besser, wir landeten bald und blieben nicht länger zusammen.
MESA: Warum?
Warum mußte es dazu kommen? Und warum mußte ich Ihnen begegnen
Auf diesem Schiff, in diesem Augenblick, da ich nicht ganz bei Kräften bin, weil ich Blut lassen mußte?
– Glauben Sie an Gott?
YSE: Das weiß ich nicht. Darüber habe ich niemals nachgedacht.
MESA: Aber an sich selbst glauben Sie und daß Sie schön sind,
Aus tiefster Überzeugung.
YSE: Wenn ich schön bin, dann ohne mein Zutun.
MESA: Wenigstens Sie, wenigstens weiß man, wer Sie sind und mit wem man's zu tun hat.
Nun aber stellen Sie sich jemanden in Ihnen selber vor,
Für immer; in dir ist er und in dir mußt du ihn dulden, einen andern.
Er lebt, ich lebe; er denkt, und in meinem Herzen wäge ich seine Gedanken.
Er, der meine Augen erschaffen, vermag ich ihn wirklich nicht zu sehen? ihn, der mein Herz erschaffen.

Abschütteln kann ich ihn nicht! Sie verstehen mich nicht! Um Verstehen geht es gar nicht!
Vermag ein Wort sich aus sich selbst zu begreifen? nein, damit es bestehe, Muß ein anderer es lesen.
O welche Freude, ganz und gar geliebt zu sein! o das Verlangen, sich aus der Mitte zu öffnen wie ein Buch!
Und daß man selbst, dies eine nur, was sonst,
Vollkommen durchsichtig sei und lesbar, ja daß man sich tatsächlich Ausgesprochen fühle,
Wie ein Wort, getragen von der Stimme und vom Tonfall im Ausgesprochensein!
O diese Qual, sich buchstabiert zu fühlen wie von jemandem, der damit nicht fertig wird. Er läßt mir keine Ruhe!
Bis an dies äußerste Ende der Welt bin ich geflohen!
Da bin ich nun am andern Punkt auf dem Durchmesser, wie einer, der eine Basis mißt, um eine astronomische Distanz zu errechnen,
Fern von dem alten Hause im Elend, wie ein zerschlagenes Ei komm ich mir vor.
Ich, der ich derart die sichtbaren Dinge liebe, o wie hätte ich gerne alles gesehen, als mein Eigen besessen,
Nicht nur mit den Augen oder den Sinnen bloß, nein, dank der Fassungskraft des Geistes,
Und alles erkennen, auf daß ich ganz erkannt würde.
Doch er läßt mir keine Zeit. Hier bin ich nun mitten unter diesen heidnischen Völkern, und er hat mich wiedergefunden,
Und ich bin wie ein Schuldner, den man bedrängt, und er weiß nicht einmal, was er schuldet . . .

YSE: Damals also kehrten Sie heim nach Frankreich?

MESA: Was konnte ich tun? wo liegt mein Fehl?
Aufgefordert bin ich,
Etwas in mir selber zu geben, das ich nicht kenne. Nun gut, hier ist das Ganze! Ich gebe mich selber.
Hier bin ich in deinen Händen. Nimm selber, was du brauchst.

YSE: Sie wurden also abgewiesen?

MESA: Abgewiesen wurde ich nicht. Ich stand einfach vor Ihm
Wie vor einem Menschen, der nichts sagt, kein Wort spricht er aus.
In China stehen die Dinge nicht zum besten. Man schickt mich wieder hierher für kurze Zeit.

YSE: Ertragen Sie diese Zeit.

MESA: Wie habe ich sie ertragen! In solcher Verlassenheit lebte ich unter den Menschen! Zu einem Einvernehmen
Kam ich nicht mit ihnen.
Ich habe nichts, das ich ihnen geben könnte, und noch weniger etwas zu empfangen.
Für niemanden bin ich etwas nütze.
Darum auch wollte ich Ihm zurückerstatten, was ich besaß.
Ja, alles wollte ich geben.
Alles muß ich zurücknehmen. Aufgebrochen bin ich, muß an den gleichen Ort zurück.
Alles war vergebens. Nichts ist vollbracht. Ich spüre in mir
Eine Kraft, eine gewaltige Zuversicht. Die ist dahin. Ich hatte versagt, so wurde befunden. Ich habe Sinn und Ziel verloren.
Und so wurde ich wieder hergeschickt, ganz nackt, mit dem alten Leben, ganz ausgedörrt, keine andere Weisung,
Als das alte Leben von neuem zu beginnen, o Gott, das Leben, vom Leben geschieden,
Mein Gott, keine andere Hoffnung als Dich allein, der Du von mir nichts wissen willst.
Dazu ein Herz, zuinnerst getroffen . . .
Und die Kraft gebrochen.
Da stehe ich nun und schwatze mit Ihnen! was verstehen Sie von alledem? was geht es Sie an, was kümmert es Sie?

YSE: Sie gehen mich an, es kümmert mich wohl.
Und ich sehe Ihre Gedanken, wirr durcheinander wie Spatzen am Mühltrog, man klatscht in die Hände.
Alle zugleich schwirren sie auf zu Ihren Lippen und Augen.

MESA: Sie verstehen mich nicht.

YSE: Ich verstehe, daß Sie unglücklich sind.

MESA: Das wenigstens ist mein.

YSE: Nicht wahr? Es wäre besser, man könnte sagen, Yse ist mein.

Pause.

MESA, *schwerfällig:* Das ist unmöglich.

YSE: Gewiß ist das unmöglich.

MESA: Lassen Sie sich betrachten, nun Sie einmal das Verbotene sind.
Warum sehen Sie mich so an?

YSE: Armer Mesa! – Sonderbar, bisher hatte ich Sie noch nie gesehen.
Jeden einzelnen Zug an Ihnen liebe ich, und ich käme bestimmt nie auf den Gedanken, Sie schön zu finden.

Vielleicht, weil Sie nicht gerade groß sind. Schön finde ich Sie ganz bestimmt nicht.

MESA: Yse.
Antworten Sie mir, nur daß ich es weiß. Bald sind wir getrennt. Es hat weiter keine Bedeutung.
Angenommen,
Wir wären frei, alle beide, wären Sie bereit, mich zu heiraten?

YSE: Nein, nein, Mesa.

MESA: Sie sind Yse! Ich weiß, daß Sie Yse sind.

YSE: Das ist wahr, warum sagte ich das vorhin?
Ich weiß es nicht. Weiß nicht, was plötzlich über mich kam.
Etwas ganz Neues, so jählings,
Etwas völlig Neues,
Es trieb mich. Kaum ist das Wort
Ausgesprochen, da bin ich selber entsetzt. Wissen Sie immer,
Was Sie sagen?

MESA: Ich weiß, daß Sie mich nicht lieben.

YSE: Ja, das ist es. Das ist es, was mich so überraschte! Das ist es, was ich plötzlich erfuhr.
Ich bin die, die Sie geliebt hätten!

MESA: Lassen Sie sich doch betrachten. Wie bitter das ist,
Sie so nahe vor mir zu haben. Wenn ich die Hand ausstrecke,
Kann ich Sie berühren, und wenn ich spreche,
So antworten Sie und hören jedes meiner Worte.

YSE: Darauf war ich nicht gefaßt! Ich beachte Sie nicht. Ich achte Sie.
Kokett war ich nicht mit Ihnen. Das können Sie nicht behaupten. Es wäre mir unangenehm, wenn Sie das dächten.

MESA: Warum muß ich Sie jetzt treffen?
Ach, für die Freude bin ich geschaffen, nur dafür bin ich geschaffen,
Wie die Biene, taumelnd wie ein schmutziger Ball im Sporn der befruchteten Blume.
Hart ist es, sein ganzes Herz zu behalten. Hart, nicht geliebt zu sein. Hart, ganz allein zu sein. Hart, zu warten,
Und zu erdulden, und zu warten, und stets nur zu warten,
Und immer noch, und nun stehe ich hier zu dieser mittäglichen Stunde, wo man das Nahe so deutlich erkennt, so nahe,
Daß man nichts anderes mehr sieht. Und dort stehen Sie!
Ach, wie die Gegenwart doch so nahe erscheint, und was unmittelbar uns zur Hand, über uns

Lastet's wie etwas, das die Kraft der Notwendigkeit in sich trägt.
Ich habe keine Kraft mehr, o mein Gott! Ich kann nicht, kann nicht mehr warten!
Aber das ist gut so, auch das wird vorübergehen. Seien Sie glücklich!
Ich bleibe allein. Einen Schmerz wie den meinen werden Sie nicht kennen.
Das wenigstens ist meine Sache. Das wenigstens ist meine Sache.

YSE: Nein, nein, Sie dürfen mich nicht lieben. Nein, Mesa, Sie dürfen mich nicht lieben.
Das wäre nicht gut.
Sie wissen, ich bin nur ein armes Weib. Bleiben Sie der Mesa, den ich brauche,
Und dieser starke Mann, ungehobelt ist er, der neulich des Nachts mit mir sprach.
Wen sollte ich noch achten,
Wen lieben, wenn Sie mich lieben? Nein, Mesa, Sie dürfen mich nicht lieben!
Nur ein bißchen plaudern wollte ich, ich wähnte mich stärker als Sie,
Auf eine bestimmte Art. Und nun stehe ich da wie eine Törin,
Die nicht mehr weiß, was sagen, wie jemand, der zum Schweigen verurteilt ist und der hinhorcht.
Sie wissen, ich bin nur ein armes Weib, und wenn Sie zu mir sprechen auf eine bestimmte Art,
Es muß gar nicht sehr laut sein, wenn Sie mich aber bei meinem Namen rufen,
Bei dem Ihren, bei einem Namen, den nur Sie kennen und nicht ich, die ich hinhöre,
Daß es eine Frau in mir gibt, sie kann nicht anders, sie muß Ihnen Antwort geben.
Und ich spüre es, diese Frau, sie wäre gewiß nicht gut
Für Sie, nein, das Verhängnis, auch für mich geht es um Verhängnisvolles dabei! In Ihrem Fall ist es wahrlich kein Spiel.
Mich ganz und gar zu geben, dazu bin ich nicht bereit.
Und ich will nicht sterben, ja, ich bin jung,
Und der Tod ist nicht schön, das Leben lacht mir so schön; wie ist mir das Leben zu Kopf gestiegen hier auf dem Schiff!
Darum muß auch zwischen uns alles zu Ende sein. Es ist alles gesagt, Mesa.
Zwischen uns ist alles zu Ende. Es bleibt dabei, wir lieben einander nicht.
Sagen Sie, daß Sie mich nicht lieben werden. Yse, ich werde Sie nicht lieben.

MESA: Yse, ich werde Sie nicht lieben.

YSE: Yse, ich werde Sie nicht lieben.

MESA: Ich werde Sie nicht lieben. *Sie sehen sich an.*

YSE, *ganz leise:* Wiederholen Sie es noch einmal, daß ich es höre.

MESA: Ich werde Sie nicht lieben.

Amalric kommt zurück.

AMALRIC: Ihr hättet kommen sollen und mitansehen, wie unser Ochse geschlachtet wurde. Man ist dabei, ihn zu häuten. Das ist herrlich anzusehen. Rosa ist es und blau, das schillert in allen Farben und glänzt wie Perlmutter, schön! aber die See, das ist erst etwas Herrliches!
Man spürt, wie sie sich herrichtet, wie sie sich vorbereitet für den Abend.
Oh, noch erkennt man kaum einen Ton,
Aber wie herrlich drall sie in ihrem Fleisch ist, man spürt es richtig wie dicken Samt, wie einen Frauenrücken!
Ihr werdet sie erleben in ihrem Staat! Nichts von euern abgeschmackten Fetzen. Die Frauen verstehen nicht mehr, sich zu kleiden.
Das sagte mir Mesa.

YSE: Ist das wahr?

AMALRIC: Ich lüge. Machen Sie ihm keine Vorwürfe.
Wovon könnt ihr alle beide bloß reden? Er weicht nicht von Ihrer Seite.
Ich erkenne ihn nicht wieder. Sie haben mir unsern Mesa umgekrempelt.

YSE: Er hält mir eine Moralpredigt. Er ist mein Professor, müssen Sie wissen.

AMALRIC: Sie der seine noch mehr.

YSE: Bei ihm kann man allerlei lernen. Er kennt die Frauen. Er ist prompt mit einem Rat zur Hand.
Einer von diesen Männern, die jederzeit bereit sind, ihr Leben anzubieten, ja, sie würden es unsereinem auch schenken,
Vorausgesetzt, daß sie uns ebenso rasch wieder loswerden.
Übertrieben in allem, übertrieben: eigensinnig, ohne Maß und Ziel.
Stets mehr als nötig. Stimmt's? Darum gerade liebe ich meinen kleinen Mesa.
Ich bin nicht anders.

MESA: Das ist wahr. Wie gut einem doch die Nähe einer Frau tut.
Man kommt sich geborgen vor wie im Schatten, ich höre ihr gerne zu, wenn sie redet, sehr klug redet,
Und mir harte Dinge sagt, boshafte,
Handfeste, so hausbacken wahre, wie nur Frauen sie herausfinden.
Das ist das Richtige für mich.

AMALRIC: Dinge, wie Ihr Mann sie zu hören bekommt.

Er lächelt, der gute Mann, und man merkt deutlich, er will etwas sagen, aber er sagt nichts.
Er ist ruhig und zufrieden.

YSE: Armer Junge!

AMALRIC: Lieben Sie ihn?

YSE: Ich bin ein Mann! Ich liebe ihn, wie man eine Frau liebt. *Sie lacht laut heraus.*

MESA: Man lacht nicht so laut . . .

YSE: Aber zu mir paßt es gut, Professorchen! Ich bin keine Französin. *Sie lacht.*

AMALRIC: Schauen Sie nur auf seinen Kopf, wenn Sie lachen!
Es reizt ihn und entzückt ihn.

YSE: Ich schätze die Männer, die aus einem Guß sind und im Rücken einen harten Knochen stecken haben!

AMALRIC: Das übliche Frauenideal: Neger und Feuerwehrmann.

MESA: Ich liebe die unsrigen, die Kesselheizer, wenn sie abends von unten heraufkommen,
Nichts als die Zähne weiß, und ihr Gebet steigt auf in diesem Arabien der Meere!
Hat man den ganzen Tag im Kohlenstaub geschaufelt, den gelben Sultan gespeist,
Mit welcher Würde nimmt man ganz nüchtern das Viertel Wasser entgegen!
Und wir andern, wir Weißen, Schwätzer, Zyniker, Berockte, Behoste, Ohne-Durst-Trinker, Schweinefleischesser!

AMALRIC: Besser werden wir nicht bei diesem Zusammengepferchtsein, das stimmt.

MESA: Wie widerlich, sich zu Tisch zu setzen mit dem ganzen Rest
Dieser Herde von Tieren ohne Fell.

YSE: Was für ein Charakter! Mir macht das einen Heidenspaß, alles paßt hübsch zueinander,
Ist übersichtlich klar und dazu komisch anzusehen, wie es flaniert und parliert,
Sich hinsetzt, umdreht, die Hände in die Hosentaschen steckt.
Ständig gibt es etwas zu lachen.
Und ein Schiff mit all seinen Kajüten, mit all seinen Türen, die man aufreißt und wieder zuwerfen kann,
Welch herrliches Spielzeug! Wie eine Botanisiertrommel, und die ganze Ausbeute gleich dazu,

Sämtliche Spezimen beisammen!
Sagt nur, ist das nicht urkomisch, zuzusehen, wie sie aufeinander zugehen und sich erkennen,
Zu beobachten, wie sie gekleidet, gekämmt, beschuht und beschlipst sind,
Das Buch, das sie in der Hand halten, ihre Nägel,
Die Zungenspitze, die zwischen den Lippen hervorschaut wie eine dicke Mandel!
Nichts als eine Hand,
Sie öffnet sich, winkt, wie geschäftig sie ist mit all ihren kleinen Fingern! wie gut man begreift, was sie sagt.

MESA: Mich langweilen sie. Ich ertrage sie nicht.

YSE: Und die, was denken die wohl von Ihnen?

MESA: Weiß ich nicht. Kümmere mich nicht darum. Denke nicht an die andern.

YSE: Mesa! Mesa!

MESA: Schau an, das ist wahr! Dann dächte ich also nur an mich selbst?

YSE: Merken Sie es nun endlich? Wollen Sie noch länger leugnen, daß die Frauen zu etwas gut sind?
Sie beschäftigen sich nur mit sich selbst, Ihre einzige Beschäftigung sind Sie.
Mesa, es ist leichter, sich anzubieten als sich zu schenken.

MESA: Das ist wahr.

YSE: Lernen Sie eines von den Frauen! Ah, wer sich so recht gibt, der erzwingt es wohl, daß man ihn nimmt!
Glücklich
Die Frau, die gefunden hat, wem sich zu geben! Und da findet der törichte Mann schwer verdutzt bei sich diese alberne Person, dieses große, schwere und lästige Bündel! All die Kleider, die vielen Haare, was tun?
Sich von ihr freimachen, das kann er nicht mehr, das will er nicht.
Glücklich die Frau, die findet, wem sich zu geben! sie verlangt nicht, sich wieder frei zu machen! Wo aber ist
Der, der sie ein für allemal haben will? sie allein und für alle Zeiten, und nicht eine andere ebensogut?
Sie gibt sich euch, und was empfängt sie zum Tausch?

AMALRIC: Für mich ist das alles viel zu kompliziert. Teufel noch! müßte ein Mann sich die ganze Zeit
Den Kopf über seine Frau zermartern und zergrübeln, daß er weiß, ob er wirklich die Neigung
Richtig bemessen, die Germaine verdient oder Petronella, und sein Herz dabei prüfen, welche Bescherung!

Diese ganze Gefühlsduselei, das gehört zum Krimskram der Frauen, wie alle diese Schächtelchen zum Aufbewahren von Fäden und Bändern, ein Sammelsurium von Knöpfen und Korsettstangen.
Und daß sie ständig krank sind, das ist das Widerlichste dabei.
Aber schließlich ist sie da, ist sie da, wie, was? Wäre sie nicht da, würde etwas fehlen. Von Zeit zu Zeit ist es ganz nett mit ihnen.
Was meinen Sie dazu, Mesa? Seien Sie ehrlich, mein Junge. Hab ich recht oder nicht?

YSE: Amalric . . . Wie sagte doch unser Freund, der Lederreisende?
«Sie sind ein Naschhase!» Amalric, Sie sind ein Naschhase. *Sie lacht hell auf.*

AMALRIC: Da kommt Ihr Gatte die Treppe hinunter.
Wie immer, vornehm und schweigsam. *De Ciz tritt wieder auf. Sich an ihn wendend:* De Ciz, wissen Sie, was? Wir werden alle noch reich!

DE CIZ: So sei es!

AMALRIC: Da ist kein Zweifel möglich! Und dann eins, haben wir alle hier nicht dringend Geld nötig? Also?
Fragen Sie nur diese Dame hier! Und diesen Mesa, er läuft herum wie ein Mann ohne Hosensäcke. Von Ihnen und mir ganz zu schweigen!
Ich sagen Ihnen, ich wittere ein Vermögen in der Luft! Das schnuppere ich! Warum auch nicht, da kenn ich mich aus! Diesen Geruch erkenne ich wieder! Spürt ihr ihn nicht, wie einem das ins Gesicht schlägt!
Ah, ich erkenne es, das Herz weitet sich mir, wir haben eine bestimmte Linie gekreuzt!
Meinen alten Freund, den Osten, erkenne ich wieder. Für mich ist er das gleiche wie für die Dame aus Epinal oder aus Vassy-sur-Blaise
Plötzlich der Grand Magasin du Louvre, überquellend von Stoffen und Seifen!
Indien ist es, dort liegt es vor uns! Hört ihr es nicht? ein solches Gewimmel,
Daß man das Rauschen vernimmt dieser Milliarden blinzelnder Augen!
Wie? Welch ein Glück immerhin, länger nicht in Frankreich zu sein! Umkehren, das kommt nicht in Frage! Wie fade und wäßrig mir diese ganze Kleinleutewirtschaft vorkam!
Wie widerlich dieser ganze Grünkram! und dazu keine Sonne,
Nichts als diesen kläglichen Badeofen!

DE CIZ: Noch einmal haben wir den Suez durchfahren.

MESA: Nur einmal durchfährt man ihn, und dann gilt es. Diesmal denke ich, haben wir alle ihn durchfahren.

AMALRIC: Nie wieder werden wir ihn durchfahren. Hurra!
Umkehren kommt nicht in Frage, hurra!

Dafür sind wir nächstes Jahr alle mausetot!

YSE: Das nenne ich mir ein frommes Gebet!

AMALRIC: Auf jeden Fall müssen wir alle reich werden, wenn nicht, ist's unsere eigene Schuld! Nun sind wir am Zuge! Und ich will für mich einen gewaltigen Haufen zusammenraffen!

Meine getreue Levante erkenne ich wieder! ‹I'm wild and wolly and full of fleas!›

Dort ist die Sonne auch wirklich Sonne, und zur rechten Zeit!

Das Grün ist grün, und die Hitze zum Platzen, und zum Henker, wenn es rot ist, dann ist es auch rot!

Wie ein Tiger ist man dort mitten unter schwächeren Tieren!

Und wahrhaftig, statt dieser schmutzigen Geschäfte

Täte man besser daran, mit gezücktem Säbel einzudringen, nichts als Schrecken verbreitend, in die alten Städte, die überquellen von Menschenfleisch,

Entschlossen, für seinen eigenen Teil mit vier Fässern heimzukehren, bis an den Rand gefüllt mit Juwelen und hier und da ein paar Ohren von Ungläubigen oder ein paar abgehackte Finger von den Damen und Demoisellen,

Oder in Ehren unterzugehen im Kreise der eigenen Kumpane.

Das wäre gescheiter, als vor seinem Hauptbuch im Pyjama zu schwitzen.

YSE: Und für mich legen Sie die Perlen beiseite.

AMALRIC: Darauf soll es mir nicht ankommen! Beten Sie nur, daß ich Glück habe und die nötigen Arbeitskräfte finde für meine Kautschuk-Plantage!

Die Jahreszeiten ändern da nichts, ständig die gleiche Sonne!

Ständig mein Indischer Ozean, die beiden Monsune setzen ihm zu, dem alten, aufbrausenden Heiden!

Der zehnte Grad, dort wo er den sechzigsten schneidet, bedeutet für den Seemann

Soviel wie Belgien oder Labrador, oder die Fünfundzwanzigste Street in New York, die eine schöne Straße ist.

Ja, noch mehr! die Erde ist dumpf, sie rührt sich nicht, aber dieses Wasserreich, das spürt der Mann am Ruder deutlich, es hat seine Art, sich zu regen!

Immer das gleiche! Ja, wißt ihr überhaupt, wo wir sind? kennt ihr euch aus mit Handel und Brauch?

Paßt auf, ich treibe ein bißchen Nationalökonomie mit euch.

MESA: Sie sind betrunken, Amalric!

DE CIZ: Niemals so stark, als er scheinen möchte. Ein Weltenbummler, wie er im Buche steht! Seht nur, wie sein kleines Auge blinzelt.

AMALRIC: Zur Linken Babylon mit dem ganzen Prassel, die Flüsse, sie strömen herab von Armenien,
Rechts der Äquator, Afrika.
Na, ich denke! Ihr habt den ganzen Handel deutlich vor Augen?
Die breit ausladenden Dschunken treiben hinaus aus Saba beim Nordmonsun, aus den Salomon-Häfen,
Treiben hinaus aus Mascate und Indien, aus der Zweiflüsse-Mündung,
Mit Eisen beladen und Tuch und was es sonst braucht,
Handschellen und Ketten, nicht zu knapp,
Nach Simbabesien treiben sie hin, zu den Ovalen Städten!
Und dann kehren sie heim mit dem Südmonsun, mit einer Ladung Menschenfleisch aus dem Cham,
Neger und Negerweiber und Negerlein, die schreien und essen und tanzen und singen und heulen und pissen,
Und bisweilen liegt am Morgen die schwarze Kehrseite der breit ausladenden Barke reglos da,
Mitten in Hühnerfedern und Bananenschalen auf dem Meer, das fliegende Fische speit!
Das käme mir gerade zupaß für meinen Kautschuk.

MESA: Seht ihr, dort geht die Sonne unter! Da liegt das Meer wie ein Pfau, und wie Lakshmi, die blau ist mitten in einem grünen Prisma.

YSE: Ah, nun sind wir ein für allemal durch den Suez gefahren!

MESA: Nie wieder werden wir ihn durchfahren.
Sie haben recht, dies ist die älteste Stelle des Meeres! dies ist die reichste Schatzkammer,
Die größte Farbkufe, die tiefste Muschel,
Der gewaltigste Weinbottich, über dem sich der lichtgelbe Mond erhebt und die scharlachrote Sonne!
Doch schaut euch das jetzt an, nun die Sonne sich senkt! Lauter Rosen! Das ist rein wie ein Mädchenhals! zart wie eine Frau! es schimmert wie Email! ist fein wie der Turban der Rechtsgelehrten aus altem Kaschmir!
Ah, unwürdig ist es, einen so schönen Busen zu besudeln! und mit unserer Schlumpen-Marie diese heiligen Gewässer zu stören, die voll sind mit Götterlaich!

YSE, *halblaut:* Da geht sie unter, die Sonne, da erhebt sich ein leichtes Lüftchen! *Pause.*

MESA, *halblaut:* Da geht sie unter, die Sonne, nun regt sich leicht das Meer,
Hier das Herz, schuldig für einen Augenblick,

Erschaudert es unter dem Seufzer des Himmels. Da liegt das Meer ganz in Gold,

Wie ein Auge zur Lampe gewandt. *Hergesagt:* ‹Ihre Augen haben ihre Farbe geändert. Das Meer ändert die Farbe wie die Augen einer Frau, die man in seine Arme schließt.›

Ein sehr richtiger Vergleich. Wie zart auch das Fleisch ist, am Arm zum Beispiel, wenn man zur Ader läßt,

Mit dieser Mischung aus allen Tönen, vom Schwefelgelb bis zum Azur und Zinnober,

Es bemächtigt sich nicht des Lichtes wie das Auge, seine Wasser gleichsam einer anderen Quelle entströmend.

Glockenzeichen zum Abendessen.

De Ciz: Da läutet die Glocke. Es ist Zeit, daß wir uns zum Abendessen umkleiden.

Amalric: Eine Frau! Das ist ein Zitat, das ich nicht erwartet hätte vom Mesa meiner ersten Reise. He, he, auch er hat den Suez hinter sich gelassen! He, Mesa! das macht unser Alter! Nun ist das Alter erreicht, wo es zu handeln gilt!

Mesa: Unmöglichkeit des Verweilens, wo immer es sei.

De Ciz: Gehn wir zu Tisch.

Sie erheben sich alle.

Amalric, *als letzter, hergesagt:* ‹Die See wie die Augen einer Frau, die begriffen hat! die See wie die Augen einer Frau, die man in seine Arme schließt!›

ZWEITER AKT

Hong-Kong. Der Friedhof von Happy Valley, voller buschiger Bäume. Von dort entdeckt man einige Straßen, einen Rennplatz, eine Fabrik, einen kleinen Hafen, das Meer und dahinter die chinesische Küste. – Ein düsterer Aprilnachmittag. Schwerer, gewittriger Himmel.

Mesa: Hier ist es wohl. *Er liest die Inschrift eines Grabes.*

Das ist der Name, Smith. War ein ganz junger Mensch. Dort ist auch der Baum. *Er betrachtet ihn, als sähe er ihn nicht.*

Hier, sagte sie, solle ich sie erwarten,

Bei Smith: wie man jemandem einschärft, sich um fünf Uhr in der Konditorei einzufinden.

Ein seltsamer Spazierweg, dieser Verwesungsort für Häretiker! Ich hasse

diese europäischen Friedhöfe. Da wäre ich nun unter diesen Verdammten!
Er blickt um sich.
Eine hübsche Aussicht hat man ihnen hergerichtet: einen Rennplatz, eine Straße mit all dem Volk, das darüber hinzieht,
Das ganze Leben! eine qualmende Fabrik, der Hafen mit seinen Schiffen, und am andern Ufer das Land der Lebenden.
– Mich schaudert. Ich habe im Munde den Geschmack von meinem Magen her. Tot bin ich nicht, nein, hübsch lebendig.
– Wie ich diese chinesischen Gräber liebe, flach am Boden in der guten, warmen Erde, trocken wie Kalk!
Wir Yang-jen aber, Männer und Frauen,
Schwupp! schmeißt man uns irgendwohin, in ein weiches Grab,
Den Greis mit dem roten Teint, und den jungen Mann, der so gut Tennis spielte, und das arme junge Mädchen mit seinen rosa Seidenstrümpfen!
Und wenn der Sarg schwimmt, verkeilt man ihn mit Bleiballast.
Das hilft einem, den Whisky nochmals auszuschwitzen.
– Was soll dieser Lichtschein, der durch die Äste schimmert? Man sieht angezündete Lampen.
Das ist der Friedhof der Parsen.
Er geht auf und ab und liest die Inschriften auf den Gräbern: ‹Zum Gedächtnis an die Soldaten des Marineregiments, gefallen beim Sturm auf die Forts von Boccatigris. – Plumkett, Schiffsfähnrich.› *Er starrt ins Leere, dann fängt er sich mit einem Ruck wieder auf.*
Hm, Plumkett . . . – ‹Mary Bensusan, gestorben im Alter von sechs Monaten.›
– ‹Woods.› – Schau, der alte Cocky. – ‹Jones, Q. C. – Baxter, Versicherungsagent.›
– Das Adreßbuch von Josaphat. – ‹Cohn, Börsenmakler. – Donec immutatio mea veniat.›
– Wie ich das alles deutlich vor mir sehe! der Marinesoldat von 1859, von einer Flintenkugel getroffen oder an der Kantonesischen Syphilis krepiert,
Der alte Junggeselle, der am delirium tremens eingeht oder an Krebs,
Von allen seinen Freunden beklagt, und die armen kleinen Kinder,
Im Julibrodem verendet wie ein Fisch, der in seinem Aquarium erstickt, weil man vergessen hat, das Wasser zu erneuern.
Kein Segen auf all dem. Arme Menschen, der Heimaterde entzogen. *Er blickt um sich.*
Was für ein Schatten über der Erde! Mein Schritt dröhnt. Mir ist, als spräche ich in einer Höhle.

Über mir der Himmel, verhängt, von unten erleuchtet durch ein fahles Licht.
Ich bin in meiner Entschlußkraft getroffen, von einer Fühllosigkeit getroffen.
Nichts mehr in mir als dieser Schmerz an Stelle meiner Seele. Das wenigstens gehört mir.
Sagt her: ‹Wenigstens leide ich, wenigstens bin ich sehr unglücklich.›
Diese Stiche im Herzen, diese vergiftende Bittersüße! Da hilft nichts. Ich bin von einer Lähmung erfaßt.
Meine Seele in mir wie ein Goldstück in den Fingern eines Spielers. *Er entfernt sich.*
De Ciz und Yse treten auf.

DE CIZ: Liebling, ich bitte Sie um Verzeihung, aber ich muß Sie hier verlassen.
Nun sagen Sie noch,
Daß ich mir nicht zu helfen weiß!
Wieviel Tage sind es her, daß wir hier sind? Und mir scheint, diesmal geht es um ein Geschäft, das anfängt, wie geschmiert zu laufen.
Lassen Sie mich nur machen. Immer müssen Sie an mir herumzweifeln.
Ich muß meinen Freund Ah Fat sehen,
Dort unten im Dschunkenhafen. Ich speise heute abend mit ihm.
Die letzten Abmachungen treffen. Ich muß nach Swatow.

YSE: Ist das gefährlich?

DE CIZ: Ich denke nicht. Nicht daß ich wüßte! Glaubst du vielleicht, ich hätte Angst?
So ein kleines sauberes Geschäftchen ‹Gediegenheit – Aufrichtigkeit›. *Er zeichnet mit dem Finger chinesische Schriftzeichen in die Luft.*

YSE: Wie rasch du die Sprachen erlernst!

DE CIZ: Ich kenne schon eine ganze Menge Schriftzeichen. Früher einmal habe ich Siegel gesammelt.

YSE: Daß du sehr intelligent bist, weiß ich,
Ciz. Wie andere könntest du es zu etwas bringen, wenn du nur wolltest.
Warum wirst du plötzlich wieder wie ein Kind?

DE CIZ: Du wirst ja sehen, ob ich ein Kind bin.
Gutmütige Kulis aus Pinang oder Singapur, deren Särge man heimschafft,
Und wenn Opium oder Flinten darin versteckt wären,
Das wäre ein Schlag für mich, wenn sich das herausstellen sollte.
Du weißt, sie sind dabei, eine nette kleine Republik dort unten auf die Beine zu stellen? Wirklich spaßig!

Die Verfassung der Vereinigten Staaten, und dazu die Weihe der Drei-Genien-vom-Himmelsbanner, mit Erhebung einiger indirekter Steuern, wohlverstanden.

Was würde wohl unser Onkel, der Marquis, dazu sagen, wenn er erführe, daß ich bei der Gründung einer Republik mithelfe!

Was willst du, Liebste? Man muß leben! Was für ein Gewerbe für einen wohlerzogenen Mann! Was denkst du von der Geschichte?

YSE: Warum sprichst du darüber mit mir? Was soll ich davon denken? Diese Gelben widern mich alle an.

Warum kannst du eine solche Geschichte nicht für dich allein behalten. Es ist ja doch eine Qual für dich, daß es Leute gibt, die nicht deiner Meinung sind.

DE CIZ: Was ich Mesa neulich abends sagte, kann ihn doch nicht hellhörig gemacht haben.

YSE: Nimm es einmal an.

DE CIZ: Das macht nichts. Er ist unser Freund.

YSE: So laß es uns ausnutzen!

DE CIZ: Wie brutal du bist! Darin habe ich mich noch immer nicht an dich gewöhnen können!

Diese geradezu krankhafte Art, nicht lockerzulassen, zu übertreiben. Man muß das Leben von der leichten Seite nehmen!

Ich kann diesen Jungen gut leiden. Ja, ich bin wirklich glücklich, daß er mir einen Dienst erweisen kann.

Und übrigens geht ihn die ganze Sache nichts an.

YSE: Und wann haben Sie im Sinn, zurückzukommen?

DE CIZ: In einem Monat.

Ich glaube. Genau kann ich es nicht sagen.

YSE: Gar nichts wissen Sie genau.

DE CIZ: Man ist doch sehr gut aufgehoben in diesem Hotel, an dieses Hotelleben haben Sie sich ja gewöhnt.

YSE, *den Blick gesenkt:* Gehen Sie nicht weg von hier.

DE CIZ: Wenn ich Ihnen doch sage, daß es sein muß, daß es unbedingt sein muß.

YSE: Freund, gehen Sie nicht weg von hier. *Pause.*

DE CIZ: Es muß sein, es muß sein, Yse!

YSE: Lassen Sie mich nicht allein!

DE CIZ: Es besteht keinerlei Gefahr.

YSE: Man darf mich hier nicht allein lassen.

DE CIZ: Man sollte vernünftig sein.

Yse: Ich bin nur eine Frau. Ich fürchte mich. Was immer Sie sein mögen, schließlich
Haben Sie die Verantwortung für mich. Ich fürchte mich. Ich weiß es, schreckliche Dinge erwarten mich.
Ich fürchte mich vor diesem Land, das ich nicht kenne.
Und Sie wollen mich hier allein lassen, kaum daß ich angekommen bin,
Noch ganz benommen und schwankend vom Schiff, das ich eben erst verlassen habe.

De Ciz: Wie? Yse, das ist Yse, die mir sagt, daß sie sich fürchtet?

Yse: Nehmen Sie mich mit.

De Ciz: Sie können die Kinder unmöglich allein lassen.

Yse: Um Ihre Kinder sind Sie besorgt, um mich gar nicht, überhaupt nicht.

De Ciz: Aber, Yse!

Yse: Ich flehe Sie ein zweitesmal an, verlassen Sie mich nicht, lassen Sie mich nicht allein.
Früher warfen Sie mir meinen Stolz vor, kein Wort brächte ich über die Lippen, keine Bitte.
Seien Sie doch zufrieden. Sie sehen mich hier ganz klein vor Ihnen.
Verlassen Sie mich nicht, lassen Sie mich nicht allein.

De Ciz: Dann also
Müßte man endlich eingestehen, daß man dennoch ein klein wenig dieses Gatten bedarf!
Unsere stolze Yse,
Die wie ein kleines Kind bittet, man solle sie nicht allein lassen!

Yse: Verlassen Sie sich nur nicht zu sehr auf mich.

De Ciz: Du bist mein, ob du es willst oder nicht,
Wolltest du mich damals heiraten? Und trotzdem, wohl oder übel,
Bin ich es, der dich genommen, der dich gewonnen, als andere es nicht fertigbrachten.

Yse: Verachten Sie mich nicht zu sehr, verlassen Sie sich nicht zu sehr auf mich
Wie auf eine Frau, die man mit Zärtlichkeiten an sich fesselt.
Habe ich es nicht zehn Jahre bei Ihnen ausgehalten? Zehn Jahre lang habe ich Sie betrachtet,
Von vorne, von hinten, von der Seite, von unten und von oben,
Und nun habe ich mir mein Urteil gebildet.
Haben Sie etwa nicht von mir Ihr Teil gehabt und Ihr Genügen? haben Sie etwa nicht alle Ihre Kinder mit mir gehabt?
Und Sie? kennen Sie mich? wissen Sie, wer ich bin? Ein Mann,

Sowas kennt seine Frau sowenig wie seine Mutter,
Zehn Jahre! Nun bin ich dreißig, und meine Jugend ist dahin, und was ich Ihnen zu geben vermochte,
Das habe ich alles gegeben. Darum lassen Sie mich nicht allein,
Jetzt nicht, da etwas zu Ende geht. Nur jetzt sei nicht fern.

DE CIZ: Ich kenne Sie besser, als Sie sich selber kennen.
Diese stolze Yse! Wenn man mir glaubt!
Kein Gedanke, daß Sie sich je mir gegenüber ins Unrecht setzten.

YSE: Das weiß ich nicht: ich spüre in mir eine geheime Verlockung.
Ich bin nicht mehr das junge Mädchen, das Sie einst nahmen.
Geschont haben Sie mich nicht: unberührt bin ich nicht.
Glauben Sie wirklich, ich sei nur dazu da, Kinder zu kriegen?
bin ich umsonst etwa schön?
Wer mich einmal hat, wie hätte ich es zu verhindern versucht,
Daß er anderes hätte. Ich bin ihm zu eigen, ist das nicht genug?
Ein Allerletztes in mir,
Das gab ich nicht preis, einen süßen Tod,
Den wüßte ich ihm zu schenken, und bin ich etwa nicht schön?
Aber Sie, Sie sind nicht aufrichtig.
Begreifen Sie, von welcher Rasse ich bin? Weil etwas schlecht ist,
Weil es Tollheit ist, weil es für mich und für alle der Untergang ist und Tod und Verderben,
Ist es darum keine Versuchung, der ich kaum zu widerstehen vermag?
Bald werde ich nicht mehr schön sein. Statt zu altern,
Langweilig von Tag zu Tag, nicht zu altern! ist es da nicht besser,
Alles, mit einem einzigen Schlag, zu geben,
Es ihm zu geben, es ihm in die Hände zu drücken mit einem schallenden Lachen, in einer jubelnden Freigebigkeit,
Solang ich noch jung und strahlend bin, und zugrunde gehen mit dem, den ich zugrunde richte,
Wie meine Ahnen zugrunde gingen, zu ihrer Zeit beim Schall der Trompete, beim Blitzen des Degens, der trifft!
Und ich flehe, daß diese Versuchung mich nicht treffe, denn es darf nicht sein, und es wäre nicht edel, noch recht,
Und Adel war noch immer erdulden und widerstehen.

DE CIZ: Hast du bei mir zu leiden gehabt? Was hätte ich dir
Jemals, so es in meiner Macht stand, verwehrt?

YSE: Wollte der Himmel, du hättest mir manches verwehrt und du hättest mich selbst mir verwehrt!

Aber schließlich bin ich eine Frau! so kompliziert ist das nicht!
Was braucht sie anderes
Als Sicherheit wie die Honigbiene, die in der gut geschlossenen Wabe schafft?
Und nicht diese entsetzliche Freiheit! Hatte ich mich etwa nicht gegeben?
Und wünschte doch nur eines zu denken, daß ich fortan ganz ruhig sein könnte,
Daß ich geborgen sei, stets jemand mir zur Seite,
Der mich leitet, ein Mann, wenn je der Gedanke mir käme, jemand,
Der es stets verstünde, stärker zu sein als ich.
Und was läge daran, wenn du mir weh tätest, vorausgesetzt, daß ich nur fühle.
Wie du mich preßt und ich dir untertan bin!
Aber du, wer wollte dich kennen, wer dir vertrauen, wer in dir finden,
Das zu begreifen wäre, für das er sich aufgäbe? Du fliehst, du entziehst dich, du bist wie ein schwächliches, zärtliches Kind,
Launisch, verstockt, voller Lügen, und in deinen Augen ist reineweg nichts.
Laß es nicht vollends zu der Reise kommen! Sei nicht fern von mir am Wendepunkt meines Lebens!

De Ciz: Und das alles wegen ein paar Tagen Abwesenheit!

Yse: Wenn
Trotz allem es die Stunde wäre, da jede Trennung genügte?
Schmal ist ein Messer, und die Frucht, die es zerschneidet, ihre Teile vereinigt nichts wieder.
Wer weiß, ob ich zum Beispiel nicht sterben muß, kaum daß du abgereist bist. Ich fürchte mich vor dem Sterben.
Warum hast du mich hierhergeführt? Schau nur diesen trüben Ort. *Sie blickt voller Grauen um sich.*

De Ciz: Und doch fanden Sie diesen Ort so hübsch.

Yse: Es ist schrecklich, zu sterben, tot zu sein.

De Ciz: Es geht nicht ums Sterben. Gefahr besteht keine. Bald bin ich wieder zurück.
Wir werden bald Geld haben, dann kehren wir heim nach Frankreich!
Ich sehe, daß Sie mich lieben! Ich weiß es, mein Herz! Ich weiß es, Bonita!

Yse: Sie bleiben dabei, fortzugehen?

De Ciz: Es muß sein. Ah Fat hat mir Geld vorgeschossen.

Yse: Reisen Sie in diesem Falle. Da erübrigt sich jedes weitere Wort. Gut so.

De Ciz: Und man ist mir nicht böse?

YSE: Nein. *Pause.*

DE CIZ: Yse! Ich habe über Ihren Rat nachgedacht. Es ist etwas Wahres daran. Diese beiden Möglichkeiten, die uns unser Freund Mesa anbietet . . .

YSE: Nun?

DE CIZ: Hierbleiben, eine glänzende Stelle ist es gerade nicht.

YSE: Dafür bietet sie etwas Sicheres.

DE CIZ: Sicher, sicher! Immer haben Sie nur dieses eine Wort im Munde!
Du hast mich noch nie verstanden! Ich muß etwas wagen.
Für mich muß Geld dabei herausschauen.
Meinst du, Gefahren könnten mich schrecken?
Gewiß, ich kann dich nicht gleich mitnehmen in dieses Land Shan.

YSE: Darum solltest du nicht hingehen.

DE CIZ: Zu dumm. Nur ein paar Jahre müßte man dort bleiben. Meine Stellung war bereits geschaffen, und ich war wie geschaffen dafür.

YSE: Wie soll man deiner Ansicht sein? Du änderst sie beständig.

DE CIZ: Sei nicht so hart! Schon bald bin ich nicht mehr bei dir.
Lebwohl, mein Herz.

YSE: Lebwohl, Ciz. Ein schlechter Kerl warst du nicht.

DE CIZ: Nur keine Tränen, mein Herz. Lebwohl, Bonita!
Ich lasse dich ja nicht allein. Wie glücklich bin ich, daß Mesa in Ihrer Nähe ist.
Er küßt ihr die Hand und geht weg. Yse folgt ihm, während er sich entfernt, lange mit ihrem Blick, und sobald er nicht mehr zu sehen ist, bleibt sie regungslos am gleichen Fleck stehen.

YSE, *nach der anderen Seite sich umsehend:* Ich sehe ihn nicht. Auf ihn warten will ich nicht. Ich denke, er wird nicht gekommen sein.
Sie bleibt regungslos stehen, den Blick zu Boden gesenkt. – Hinter ihr erscheint Mesa.

MESA, *halblaut:* Ich bin es.
Sie dreht sich langsam nach ihm um und streckt ihm die Hand hin. Sie sehen sich verlegen an.

YSE: Soeben hat mich mein Mann verlassen.

MESA: Wie geht es Ihnen?

YSE: O mir? immer dasselbe! Nichts, was mich vom Essen abhält. *Sie lacht laut heraus.*
Wie ein tapferer Soldat, der in die Schlacht zieht. Es ist sonderbar. Aber festen Grund fühle ich immer noch nicht unter den Füßen.
Man gibt Schlagseite, hängt über, hängt über. Und dann gibt man sich einen Ruck, wie wenn man nicht einschlafen will.

Finden Sie nicht? Auf See hat man nie recht das Gefühl, auf seinen zwei Füßen zu stehen. Überhaupt, nichts ist senkrecht. Man hat keinen Halt,
Wie auf einem Fußboden, der sich atmend hebt und senkt, man sucht nach Halt.

MESA: Haben Sie mit ihm gesprochen?

YSE: Ich habe ihn gebeten, nicht fortzugehen, mich nicht allein hierzulassen.
Er will nicht auf mich hören.

MESA: Auch ich habe mein möglichstes getan. Wie kann er Sie nur verlassen.
Ich habe ihm Vorschläge gemacht. Er traut seinen Winkelgeschäften mehr.
Er genießt das. Er bildet sich ein, mich täuschen zu können.
Und Sie hören ja die Gerüchte, von allen Seiten kommen sie her.

YSE: Gibt es irgend etwas Bestimmtes?

MESA: Nein ... Öh ... wer kennt sich in China aus?
Zwei Jahre vielleicht noch, drei Jahre, vier Jahre noch ...
Wann, sagen Sie, reist er ab?

YSE: Morgen.

MESA: Wie lange gedenkt er fortzubleiben?

YSE: Einen Monat.
Man muß mich allein lassen. Man muß mich nicht besuchen wollen.
Sie verharren in Schweigen, ohne sich anzusehen. Dann hebt Yse plötzlich den Kopf hoch und öffnet ihm ihre Arme. Er umschlingt sie schluchzend, den Kopf an ihren Schoß gepreßt.

YSE: Armer Mesa! *Sie streichelt ihm den Kopf.*

MESA: Yse!

YSE: Armes Kind! Mesa! armer Mesa!

MESA: Alles ist zu Ende. *Er steht auf und wankt wie ein Betrunkener.*

YSE *schaut ihm ins Gesicht:* Komm!
Komm und bleibe nicht länger getrennt von mir.
Sie umschlingen sich, Yse bleibt regungslos und passiv, sie verharren so eine kurze Weile.

MESA: O Yse!

YSE: Ich bin es, Mesa, hier bin ich.

MESA: O Weib in meinen Armen!

YSE: Weißt du jetzt, was das ist, eine Frau?

MESA: Ich halte dich, ich habe dich gefunden.

YSE: Ich bin dein,
Ich entziehe mich nicht, ich laß dich tun, was du willst.

MESA: O Yse! verboten ist, was ich tue!

YSE: Ist das wahr? wie du mich drückst, daß ich ersticke. Arme Yse, wer hätte das geahnt, daß sie etwas derart Verbotenes ist!

MESA: O Yse! das Schiff, das uns hierherbrachte, wir haben es ausfahren gesehen, verschwinden in seinem Rauch!

YSE: Nicht ein Schiff, eine lebendige Frau hältst du in deinen Armen!

MESA: O Yse! laß es nicht zu, daß ich wieder zu Sinnen komme!

YSE: Ich gebe nach, ich bin dein.

MESA: Das ist zuviel.

YSE: Und auch mir, auch mir muß man nachgeben.

MESA: Das ist zuviel.

YSE: Ist das genug? Oder gibt es noch anderes, das du von mir zu fordern gedenkst?

MESA: Endlich also
Hab ich Sie an mich gerissen! ja, Ihren Leib halt ich
In meinen Armen, und Sie leisten mir keinen Widerstand mehr, bis in die innersten Fasern vernehm ich dies Herz, wie es schlägt!
Es ist wahr, Ihr seid nur eine Frau, und ich, ich bin nur ein Mann,
Und nun kann ich nicht mehr, wie ein Verhungerter bin ich; beim Anblick der Speise, die man ihm vorsetzt, kann er die Tränen nicht zurückhalten.
O Säule, o Allgewalt meiner Geliebten!
O wie ungerecht ist es, daß ich Euch begegnet bin.
Wie nur soll ich Euch nennen? Mutter etwa,
Weil es so gut bei ihr ist? Oder gar Schwester? und ich halte Euren runden Frauenarm in meinen Fingern,
Ja, ein Raub, und der Rauch ihres Lebens steigt mir zu Kopf durch die Nase, ich atme ihn ein, ich erbebe und fühle, daß sie die Schwächere ist, wie das Wild, das zusammenzuckt, man hat es im Nacken gepackt!
Oh, ich geh fort, und ich kann nicht mehr, und du bist in meinen Armen wie jemand, der sich geflüchtet,
Und unter dem Druck meiner Hände wie jemand, der schläft.
Sag, o Allgewalt, du wie jemand, der schläft,
Bist du jene, die ich liebe?
Oh, ich kann nicht mehr, und es ist zuviel, und nie hätte ich dir begegnen sollen, und du liebst mich also, und du bist mein, und mein armes Herz gibt nach und vergeht!

YSE: Du hältst mich, und wenn auch mein Fleisch erschaudert,
Ich ziehe mich nicht zurück, wie betäubt erstarr ich, da ist sie also, die du so stolz, so boshaft befunden!
Du weißt nicht, was das ist eine Frau, trotz allem Gezier, wie wunderbar

Leicht es ihr fällt, nachzugeben, und jählings ist sie nichts als Verworfenheit, Unterworfenheit, nichts als Bereitschaft,
Und lastende Starre, verstört in der Hand ihres Feindes, nicht länger imstande, auch nur einen Finger zu rühren.
O mein Mesa, du bist nicht länger ein Mann nur, nein, du bist mein, die ich ein Weib bin,
Und ich bin ein Mann in dir, und du bist ein Weib in mir, und ich pflücke dein Herz, und du weißt nicht wie.
Und ich hab es ergriffen und richte ihm seinen Platz bei mir ein für immer zwischen meinen beiden Brüsten.
Und daß ich ihn begreife, das braucht es nicht, diesen Mesa, und ja nicht mich rufen
Mit Worten, die auch die anderen kennen, wie ‹meine Taube› bald einmal
(Wenngleich das süß ist) und ‹meine Geliebte›, was du nicht gesagt hast.
(Und ‹häßliche› und ‹dumme› und ‹garstige›, das wäre noch süßer),
Nein, mit so wundersamen Worten, wie es sie gibt, ganz lautlos,
Daß ich auf keine Weise sie zu begreifen vermag, es sei denn bei meinem Namen
Allein, wie Ihr ihn sprecht, Yse,
Daß sie im Herzen und nirgendwo anders mich streifen,
Ganz schwer, wie das Kind, das noch unbekannte,
Das man trägt, wenn man schwanger ist.

MESA: Ich werde Euch nie mehr schelten, Yse.

YSE: Wirklich? Ihr seid jetzt zufrieden, Herr Professor?
Ihr erteilt mir keinen Verweis mehr?

MESA: Was für ein armseliger Lehrer ich war!

YSE: Hab ich, hab ich nicht

YSE: Profitiert von Euren Stunden, Professor? Sag, kleiner Mesa,
Ist es nicht besser,
Sich nicht mehr für den Überlegenen zu halten, niemandem gegenüber, sondern für das Schwächste, was es gibt,
Ein Mann, in den Armen einer Frau, wie etwas, das am Boden liegt, das nicht mehr fallen kann, nichts als ein armer Mann schließlich in meinen Armen.

MESA: Ah! ich bin ja kein starker Mann! ah! wer sagt, daß ich ein starker Mann sei? nein, ein Mann mit einem Verlangen,
Verzweifelt ersehnt er das Glück, verzweifelt ersehnt er das Glück, es erstrebend, liebend, aus unergründlichen Tiefen, es erstrebend in wildem Begehr!

Und wer behauptet, du wärest das Glück? ah! das Glück bist du nicht, nur das, was als Glück sich gibt!

Da ich dich erkannte, hab ich erbebt, und meine ganze Seele gab nach!

Und ich bin wie ein Mensch, der sich niederwirft auf das Gesicht, und ich liebe dich und sage es, daß ich dich liebe, und ich kann nicht mehr,

Und ich vermähle mich dir mit einer ruchlosen Liebe und mit einem Wort, das verdammt ist,

O du Geliebtes, die du das Glück nicht bist!

Ich selber, nicht mehr als der Baum oder das heilige Tier für sein Weibchen,

Habe ein Wort zu Gebot, dich Weib zu benennen, nur dies vermag ich zu sagen, daß du zugegen bist,

Wie jemand, dem der Schlaf vorangeht in der Stunde, da alles Täuschung ist,

So auch dem Goldarbeiter unter der Lampe, und du kommst daher mit dem Mitternachtshauch, einen weißen Falter weht er heran.

YSE, *ihn streichelnd:* Mesa ist nur ein Mann, der die andere liebt.

MESA: Ein Mann, der sich verfing.

YSE: Ein Mann, er ist mein,

Das Ganze hier unter der Hand, die auf meiner Schulter ruht, ist wie ein erschlagenes Tier!

Und ich, bin ich ein Mann? *Sie lacht hell heraus.*

MESA: Seid nicht närrisch.

YSE: Antworte! bin ich ein Mann?

MESA: Du bist ein Weib.

YSE: Und gleichwohl habe ich Arme und Beine wie ein andrer und kann dir antworten, wenn du sprichst. Aber es ist weit besser und schöner und lieber.

Doch sag die Wahrheit und ob es stimmt, daß du noch nie eine Frau gekannt hast?

MESA: Wenn du willst. Ja, das stimmt.

YSE: Das stimmt, Mesa?

MESA: Das stimmt.

YSE: Ich bin zufrieden.

Zufrieden, alles

Für dich zu sein, zufrieden, alles für mich zu haben.

Doch wie, laß deine Augen sehn,

Sie haben die Farbe der meinen, und blick keinen Augenblick anderswo hin!

Und das verwirrt mich und erweckt ein Verlangen, deine Augen zu sehen.
Und mich, betrachte auch mich, hier bin ich,
Und sieh dir alles genau an wie eine Vase, die du eben gekauft hast
Und die du in der Sonne schimmern läßt, und den Schmelz, und diesen Fehler, den man mit dem Nagel entdeckt,
Und das Zeichen des Fabrikanten.

MESA: Du bist strahlend und herrlich! bist schön wie der junge Apoll!
Du bist gerad wie eine Säule! bist licht wie die aufgehende Sonne!
Und wo, wenn nicht den Strahlen selbst der Sonne, hast du mit einem Ruck deines Halses dieses große, gelbe Vlies
Deiner Haare entrissen, die ein Talent Gold aufwiegen?
Du bist frisch wie eine Rose im Tau! und du bist wie ein Mimosenbaum und wie eine duftende Blüte! und du bist wie ein Fasan, und wie die Morgenröte, und wie die grüne See am frühen Morgen, einem Akazienbaum gleich im Blust, und wie ein Pfau im Paradies.

YSE: Gewiß ziemt es sich, daß ich schön bin
Für dieses Geschenk, das ich dir bringe.

MESA: In der Tat, etwas Unschätzbares.

YSE: Etwas sehr Unbequemes, Mesa, etwas Gewaltiges und schwer unterzubringen,
Und das ein kluger Mann nicht in seinem Hause aufnähme.

MESA: Ich bin kein kluger Mann.

YSE: Das ist die Liebe, Mesa, und ich werde sie ganz und gar nicht etwas Gutes und Nützliches nennen, und man bedauert den Narren, der sich ihrer nicht zu bedienen weiß
Mit Umsicht zu seinem Vergnügen und zum Wohl seines Haushalts wie ein gut unterhaltenes Feuer,
Das die Suppe kocht und das Gold schmilzt unter der Lötlampe. Weißt du wohl, was du tust, Mesa?

MESA: Ich weiß nur eines, dich, Yse.

YSE: Yse zur Linken, Yse zur Rechten,
Ja selbst wenn ich nicht einmal dort bin.

MESA: Du gehst mir über alles, Yse.

YSE: O Wort wie ein Stoß vor die Brust! o Hand der Liebe, o Entrückung des Herzens!
O unaussprechliche Unbill! Ach, so komm doch und iß mich wie eine Mangofrucht! Alles, alles, und mich!
Dann ist es also wahr, Mesa, daß ich nur noch da bin und dort die verschmähte Welt, und wozu sollte auch unsere Liebe den andern dienen?

Und nun wird auf Vergangenheit und auf Zukunft in einem Zuge verzichtet, und es gibt keine Familie mehr, und keine Kinder und keinen Gatten und keine Freunde,
Und das ganze All rings um uns
Verlassen von uns wie etwas, das nicht zu begreifen imstande ist, und wer fragt nach dem Grund?

MESA: Es gibt keinen Grund außer dir.

YSE: Ich, ja ich begreife, mein Liebster,
Und ich bin begriffen, und ich bin der Grund in deinen Armen, und ich bin Yse, bin deine Seele.
Und was gehen die andern uns an? dich aber gibt es nur einmal, und auch mich gibt es nur einmal,
Und ich sauge deine Stimme in mich mit all meinen Fasern wie einen Schrei, den man nicht erträgt,
Und ich richte mich auf zu dir, nur mühsam und schwer, wie ein Ungeformtes, gewaltig, schwerfällig, blind und verlangend und in sich gekehrt.
Doch unser Begehr ist wahrlich nicht, zu erschaffen, nein, zu zerstören und
Daß nichts anderes mehr da sei als du und ich, und in dir nur ich, und in mir nur deine Leidenschaft und ein Rasen und eine Zärtlichkeit, und dich zu zerstören, und nicht mehr behindert zu sein
Auf so abscheuliche Art durch diese Gewänder aus Fleisch, und in meinem Herzen deine grausamen Zähne,
O nein, grausam nicht!
Ah! Das Glück ist es nicht, das bring ich dir nicht, nein, den Tod und den meinen mit ihm.
Aber was kümmert es mich, daß durch mich du stirbst,
Und ich, und alles, sei's drum, sofern nur um diesen Preis, du bist es und ich,
Die wir hingegeben, niedergeworfen, losgerissen, zerfleischt und verzehrt sind,
Ich nur einen Nu, der mir alle Ewigkeit gilt, deine Seele
Ergreifen
Spüre die meine, wie der Kalk, der den Sand bindet, brennend und zischend!

MESA: Yse!

YSE: Hier bin ich, Mesa. Was rufst du mich?

MESA: Sei mir nicht länger fremd!
Endlich lese ich, und erschaudere davor, in deinen Augen den großen panischen Ruf!

Hinter deinen Augen, die mich betrachten, die große schwarze Flamme der Seele, die von allen Enden her lodert wie eine vom Feuer versengte Stadt!
Fühlst du ihn jetzt in deiner Brust, den Liebestod, und diese Glut, die ein Herz entfacht, das sich verzehrt?
Hier hab ich in meinen Armen die Seele, sie trägt ein anderes Geschlecht, und für sie bin ich das männliche.
Und ich spüre dich unter mir, abschwören mit ganzer Leidenschaft, und in mir die tiefe Störung
Der Schöpfung, wie da die Erde,
Den Schaum auf den Lippen, das Trockne erschuf, und da sie in schrecklicher Pressung
Die eigene Substanz hervorbrachte und das Gefält der Berge wie aus Teig!
Und nun vollzieht sich in meinem Herzen eine Loslösung, und du bist Yse, und ich, wie ein Ungeheuer, wende mich
Hin zu dir, und du bist Yse!
Und mir ist alles eins, und du liebst mich, und ich bin der Stärkere!

YSE: Ich bin traurig, Mesa. Ich bin traurig, und ganz erfüllt!
Ganz erfüllt von Liebe. Ich bin traurig, bin glücklich.
Ah, wohl bin ich bezwungen, und denke ja nicht, daß ich dich ziehen lasse und daß ich dich aus diesen beiden schönen Händen freigebe!
Und endlich ist die Zeit vorbei, da es etwas zu erzwingen galt,
o wie sehr fühl ich mich Weib in deinen Armen,
Und ich schäme mich und bin glücklich.
Und bald, betrachte ich dein Gesicht, spür ich's auf dem
Meinen wie eine Schamröte und eine Flamme,
Und bald wie einen Sturzbach und ein Aufwallen
Von Verachtung für alles und einen Ausbruch von Freude,
Weil ich dich habe und du mein bist, und ich ihn habe, und ich schäme mich nicht!

MESA: Yse, es gibt niemanden mehr auf der Welt.

YSE: Niemanden als dich und mich. – Schau diese bittere Stätte.

MESA: Sei nicht traurig.

YSE: Schau diesen verfluchten Garten!

MESA: Sei nicht traurig, mein Weib?

YSE: Bin ich dein Weib denn und nicht das Weib eines andern?
Füg mir kein Leid zu mit diesem Sakrament zwischen uns beiden.
Nein, das ist keine Vermählung,
Die alles und jedes einander vereint, nein, ein Bruch und der Todesschwur und die Entscheidung für dich allein!

Und sie, das junge Mädchen,
Hier trifft sie ein bei ihrem Gemahl, gefolgt vom Hochzeitsgut, einen Wagen, vierspännig, getürmt voll mit Wäsche und Möbeln für das ganze Leben.
Ich aber, was ich dir bringe, das ist wahrlich nicht gering, meinen Namen und meine Ehre,
Und Name und Freude des Mannes, mit dem ich vermählt bin,
Dem ich geschworen, ihm treu zu bleiben,
Und meine armen Kinder. Und du,
Dinge so groß, man wagt es nicht, sie auszusprechen.
Ich bin jene, die dir verboten ist. Schau mich an, Mesa, denn ich bin jene, die dir verboten ist.

MESA: Ich weiß es.

YSE: Bin ich darum weniger schön und minder begehrenswert?

MESA: Weniger bist du es nicht!

YSE: Schwöre!
Und ich schwöre, du bist mein, ich laß dich nicht ziehen, und ich bin dein,
Ja, ich schwöre es aller Welt ins Gesicht, und ich will nie aufhören, dich zu lieben, ja selbst dann nicht, wenn ich verdammt würde und läge im Sterben!
Und man forderte mich auf, dich nicht mehr zu lieben.

MESA: Sprich nicht so entsetzliche Worte!

YSE: Hier gleich noch ein paar Worte:
Dieser Mensch, den man meinen Mann nennt und den ich hasse,
Darf nicht länger hierbleiben, und du mußt ihn anderswohin schicken,
Und was kümmert's mich, wenn er stirbt, und um so besser, weil wir dann einander gehören.

MESA: Doch das wäre nicht gut.

YSE: Gut? Was ist denn gut oder schlecht, was uns hindert oder uns ermöglicht, einander zu lieben?

MESA: Ich glaube, daß er selber
Den Wunsch hat, in das Land zu gehen, von dem ich ihm sprach!

YSE: Er wird dich darum bitten, hierzubleiben,
Doch du darfst es ihm nicht erlauben, und er wird wohl genötigt sein, zu tun, was du willst,
Und du mußt ihn anderswohin schicken, daß ich ihn nicht mehr sehe!
Und wenn er will, soll er sterben! Um so besser, wenn er stirbt! Ich kenne diesen Menschen nicht mehr.
Hier kommt er.
De Ciz tritt heran.

De Ciz: Guten Tag.
Die beiden Männer reichen sich die Hand.
Yse: Mesa, hier mein Gatte, er muß sich hier für seine Geschäfte umsehen,
Die Sie nichts angehen.
Und, Ciz, hier der Herr Zollkommissar, sehen Sie ihn sich gut an,
Er traut Ihnen nicht recht und hält ein wachsames Auge über Sie, man kann ihm nichts vormachen.
Er langweilt mich; nun Sie schon hier sind, nehmen Sie ihn mir ab, ich verziehe mich!
Ich werde mir mein Leinenkleid ansehen, das blau und weiße, Sie wissen ja? die Adresse gaben Sie mir wohl, Mesa, der dicke Kantonese, Ah Fat – ach, mein Gott! Ah Tung wollte ich sagen.
Leb wohl, Ciz.
De Ciz: Leb wohl. *Er will ihre Hand ergreifen, aber sie hält ihm ihre Wange hin, er küßt sie.*
Yse: Leben Sie wohl, Mesa. *Sie reicht ihm die Hand.*
Sie müssen mich unbedingt besuchen während der Abwesenheit meines Gatten. Ich bin verwitwet! *Sie entfernt sich.*
Mesa: Wie gehen die Geschäfte, Ciz?
De Ciz: Mäßig! Komisches Land. Ständig kommt es anders, als man denkt.
Mesa: Stimmt es, daß Sie diesen Ah Fat kennen?
De Ciz: Ich kenne ihn keineswegs.
Mesa: Das kann ich nur loben. Mit diesen Chinesen bringt man es zu nichts.
Das werden Sie noch merken.
Man sagt mir, Sie wollen verreisen. Wohin geht es?
De Ciz: Morgen . . . vielleicht – ich weiß noch nicht genau. Ich werde nach Manila gehen.
Mesa: Gut, dann bringe ich Sie an Bord.
De Ciz: Nein! Tun Sie das nicht, bitte nicht! Wir lichten schon früh die Anker.
Mesa: Und haben Sie über meine Vorschläge von neulich nachgedacht?
De Ciz: Ich habe es mir überlegt.
Mesa: Und zu welchem Entschluß sind Sie gekommen? ich sollte es wissen.
De Ciz: Nun ja, meine Frau möchte es, ich kann sie unmöglich so allein lassen.
Ihr anderer Vorschlag ist nicht gerade glänzend, bestimmt nicht, dafür aber etwas Regelmäßiges, ich glaube,
Ich werde diesen Vorschlag annehmen, den Sie mir da gemacht haben,
In so freundschaftlicher Weise gemacht haben, diese Stelle meine ich.

MESA: Abgemacht?

DE CIZ: Abgemacht.

MESA: Ich werde mich also darum kümmern. Ich glaube, Sie haben die richtige Wahl getroffen.

DE CIZ: Das hoffe ich. Nicht gerade, was ich mir erträumte.

MESA: Das weiß ich. Sie sind ein Dichter, ein Mann der Phantasie! Aber Sie haben für eine Familie zu sorgen.
Man muß das Positive daran sehen und das Sichere.

DE CIZ: Das bekomme ich den ganzen Tag zu hören.

MESA: Gut so, dann muß ich jetzt also jemanden für die Eisenbahn finden. Mut braucht es da, den richtigen Blick, Initiative. Jemand in der Art von Amalric. Haben Sie Nachricht von ihm?

DE CIZ: Ich glaube, er ist wieder auf seiner Plantage.

MESA: Das ist ein Kerl.

DE CIZ: Ein Prahlhans und brutal dazu.

MESA: Sie haben andere Fähigkeiten. Sie sind anpassungsfähig, feiner.
Sie wären fertig geworden mit den Eingeborenen.
Darum hatte ich auch an Sie gedacht.

DE CIZ: Diese Stelle beim Zoll, die Sie mir vorgeschlagen, worum geht es da?

MESA: Ah,
Da geht es nicht darum, Menschen zu führen, ein Werk zu erstellen.
Nur pünktlich muß man sein.
Wenn man noch selber zugreifen könnte,
Sich der langen Nadel bedienend, oder gewaltsam mit ein paar kräftigen Hammerschlägen
Ein Brett aufsprengen, oder mit dem Stechrohr eine Probe entnehmen,
Das ist ein Beruf für Menschenkenner, und schlecht bezahlt obendrein,
Und der Beamte, an seinen Tisch gefesselt, geht seiner Pflicht verdrossen nach.
Schön! es geht nicht um Ihren Geschmack,
Sondern darum, Ihr Brot zu verdienen und das der Ihren.

DE CIZ: Ich bin nun einmal keine Maschine! Gelingt mir diese Mission, dann ist mein Leben gemacht.

MESA: Schlagen Sie sich das aus dem Kopf.

DE CIZ: Lassen Sie mir die Zeit, es noch einmal zu überlegen.

MESA: Nein, Ciz, glauben Sie mir.
Das Land ist schlecht, Piraten, Elend, Sumpffieber,
Ginge es um mich, ich zögerte nicht, aber ich bin unverheiratet.

Madame de Ciz
Hat es mir ans Herz gelegt, Sie nicht gehen zu lassen. Und doch ginge es nur darum, ein oder zwei Jahre dort auszuhalten.

De Ciz: Meine Frau hat da nicht mitzureden, ich weiß, was ich zu tun habe. Mesa, ich bin Ihr Mann, ich fahre.

Mesa: Lassen Sie sich alle Zeit, bedenken Sie es nochmals.

De Ciz: Alles ist entschieden. So leicht ändere ich nicht meine Ansicht.

Mesa: Sie allein wollen es also. Sie fahren gegen meine Ansicht und gegen meinen Rat.

De Ciz: Versteht sich, Mesa. Sie sind aus der Sache raus.

Mesa: Dann also, wie Sie wollen.

De Ciz: Ah, Sie sind für mich ein Freund!

Mesa: Ein aufrichtiger Freund.

De Ciz: Ein guter, ein aufrichtiger Freund!

Mesa: Einen besseren werden Sie kaum finden! *Sie gehen.*

DRITTER AKT

Die Handlung spielt in einem südchinesischen Hafen, im Augenblick eines Aufstandes. Haus im alten ‹Kolonialstil› aus der Zeit der ‹fürstlichen Handelsherren›; ein geräumiges Zimmer im ersten Stock, ganz umgeben von breiten Veranden. Draußen riesige Banyan-Bäume, von ihren Ästen hängen Bündel von Wurzeln herunter, wie lange, schwarze Haare. – Spuren einer eben überstandenen Belagerung, Erdsäcke, mit Matratzen versperrte Fenster. Doch sind, als wäre es nicht mehr der Mühe wert, sich zu verteidigen, vereinzelte Fensteröffnungen an verschiedenen Stellen wieder freigelegt. Nach der einen Seite erblickt man die beiden Arme eines mit Schiffen bedeckten Flusses und dahinter, von einer zinnenbewehrten Mauer umgeben, eine mächtige chinesische Stadt mit ihren Toren und Pagoden. Nach der anderen Seite, gegen Westen, Reisfelder und schöne, blauschimmernde Berge. Von Zeit zu Zeit hört man ganze Batterien von Gongs und die Explosionen von Sprengschüssen und Feuerwaffen, und stoßweise die Musik aus einem Theater in der Ferne, unterbrochen von den wilden Schreien der Schauspieler. – Sonnenuntergang. Lange, rotschimmernde Strahlen dringen durch die Blätterwand der Banyan-Bäume in den leeren Raum. In der Mitte ein großes Messingbett, von einem Moskitonetz geschützt. Zwischen zwei Fenstern ein Toilettentisch mit seinem Spiegel, auf der anderen Seite ein Spiegelschrank. Frauensachen: eine Spirituslampe, aufgehängte Kleider. Und da und dort Männersachen, derbe Schuhe, eine Pfeife, und auf einem Tisch ein Militärgewehr mit herumliegenden Kupferhülsen verschossener Kartuschen. – Man hört einen Augenblick vom Nebenraum schwache Schreie eines Kindes, die sich beruhigen. Yse tritt herein in einem weiten Morgenrock aus weißem Wollstoff, das Haar hängt in einer langen Flechte den Rücken hinab. Sie gelangt vor den Spiegel und betrachtet sich von vorn und von der Seite, auch ihre Zähne, indem sie mit dem kleinen Finger die Lippen wegzieht. Dann setzt sie sich hin und poliert sich in nachdenklicher Haltung ihre Nägel. – Lärm von Schritten. Amalric tritt ein.– Sie wendet sich ihm halb zu, ohne ihn anzusehen, und streckt ihm die Arme entgegen. Sie umarmen sich lange, und wie er sich wieder aufrichten will, hält sie ihn gewaltsam zurück. Er stößt einen Schrei aus.

AMALRIC: Au!

YSE: Hab ich dir wehgetan, Liebling?

AMALRIC: Es ist nichts. Diese alten Knarren
Haben einen blödsinnigen Rückstoß. Es hat mir schier die Schulter ausgerenkt.
Dazu bin ich dreckig wie ein Schwein, ich werde nachher ein Bad nehmen.

YSE: Ich liebe dich.

AMALRIC: Und dort geht die Sonne unter, Yse.

YSE: Das ist mir gleichgültig.

AMALRIC: Sie geht davon,
Du siehst, es ist zu Ende. Nichts kann sie uns zurückbringen.

YSE: Es war eine redliche Sonne.
Das läßt sich nicht bestreiten. Sie hat uns gute Dienste geleistet.
Und eine andere gibt es nicht. Es ist traurig,
So voneinander zu scheiden, und sie, da legt sie wie ein großes gelbes Tier ihren Kopf auf Ihre Schulter, damit man es mit der Wange streichle.
Lebwohl, du schöne Sonne!
Und stimmt es, daß wir sterben müssen, Amalric?

AMALRIC: Ich bin genötigt, es zuzugeben.

YSE: Auch nicht die kleinste Möglichkeit, zu entrinnen?

AMALRIC: Keine! Wir stecken in einer Falle.
Bisher haben sie uns geschont. Im Grunde können sie mich gut leiden.
Bösartig sind sie nicht.
Aber jetzt, wo ihre Kameraden dran glauben mußten,
Sind wir an der Reihe, da ist nichts zu machen.

YSE: Aber lebendig sollen sie uns nicht haben?

AMALRIC, *zwinkernd:* Keine Angst!

YSE: Ah!

Die entsetzlichen Schreie habe ich noch in den Ohren,
Als sie gestern den Klub stürmten. Wie plötzlich alles in hellen Flammen stand! und diese Frau, die vom Dach sprang!
Ah! wie häßlich, diese gelben Leiber zu sehen,
Ein einziges Gewimmel, wie ein Würmerfladen!
Man möchte meinen, sie hätten gar kein richtiges Blut.
Wie hast du das schon genannt? Latex, als du mir das vom Kautschuk erklärtest,
Die Milch von diesen scheußlichen Schuttgewächsen!

AMALRIC: O du Weißeste unter den Weißen! Sonderbar, ich kann sie gut leiden,
Das füllt dir ein Schiff wie mit losem Getreide, das rinnt nur so hinein, was? Kein Eckchen bleibt leer!
Meine Rekrutierung lief prächtig. Aber jetzt, Adios!
Schluß mit der Kopra! Schluß mit dem Kautschuk! Famose Idee das von mir, hierherzukommen! *Er seufzt.*

YSE: Du läßt es nicht zu, daß ich lebend gefangen werde?
Horch! *Sie packt ihn beim Handgelenk.*
Draußen Stimmengewirr, das nach und nach abnimmt; man hört nur noch das chinesische Theater, das seinen Fortgang nimmt.
Horch! Es ist doch: Ta! ta! was sie schreien? Aber ja! Ta! ta! Hörst du?

AMALRIC: Das hat nichts zu bedeuten! und jedenfalls ist das kein Grund, mir die Nägel in die Haut zu krallen.
Irgendein Missionar, den sie zweiteilen,
Oder eine protestantische Dame, die man sich gerade munden läßt.

YSE: Sie werden doch nicht hierherkommen?

AMALRIC: Nichts zu befürchten, ich sag es dir doch, sie sind letzthin zu gut empfangen worden.
Und dann ist da irgendein Teufelsfest im Gange, mein früherer Boy war gestern hier,
Ich weiß nicht, um welchen Ehrentag von Fuchs oder Schwein es dabei geht.
Und morgen, morgen ist alles zu spät! Kein Mensch mehr da!
Ftt! Abgereist, die Yang Kuitzen! davongeflogen!

YSE: Hast du deine Maßnahmen richtig getroffen?

AMALRIC: Etwas Großartiges, diese Gelatine! Du hast es ja neulich gesehen, wie meine Mine sprang, ich wage zu behaupten, das war ganze Arbeit.
Das reißt dir die Kambüse mit allen Wurzeln los, wie ein kleiner Vulkan!
He, schön, was? gescheiter, als auf einer Porzellanschippe zu krepieren!

Sterben werden wir nicht! bei Donner und Blitz fahren wir in die Höhe!
Kopfüber, kopfunter, Leib und Seele,
Und das Stammkapital und das Mobiliar und der ganze Trödel dazu, knallen wir durch das Dach!
Der Hund, die Katzen, und du und ich, und der Bankert mit uns!

YSE *wirft ihm einen fürchterlichen Blick zu.*

AMALRIC: Himmel, was für ein Blick! es macht mir einfach Spaß, Ihnen so ein paar nette Dingerchen zu sagen,
Da geht etwas über Ihr Gesicht,
Wie der Feuerschein von einem Kanonenschuß, den man nicht gehört hat,
Weil es zu weit weg ist. Nur nicht böse sein.

YSE: Ich weiß, daß du mich liebst.

AMALRIC: Und ich liebe dieses Kind doch auch?

YSE: Das weiß ich.

AMALRIC: Als hätte ich es selber gemacht! Einen andern Vater hat es nicht außer mir.
Dich hab ich genommen, und das Kind dazu, und du bist mein, und das Kind ist mein, und das ist das Ende der Geschichte.
Als ich dich abermals wiederfand auf dem Schiff,
«Ach nein», hab ich gesagt,
«Für diesesmal ist es genug mit den Späßen! Da kommt sie mir nochmals unter die Nase!
Einmal heißt es, damit fertig werden!» Nie habe ich dich hübscher gesehen.
Kann dir nicht helfen! Du hättest nicht die Schwächere sein sollen.
Ja, ja, deine Tigerblicke ändern nichts, du weißt, daß ich der Stärkere bin, wie es geschrieben steht!
Um deine Meinung habe ich dich nicht gefragt. Diese stolze Yse!
Mit ihren Hüten und ihrem Liegestuhl und ihrem schallenden Lachen und den Allüren einer Königin,
Man hat sie trotzdem genommen, und da folgt sie einem hinterdrein, ganz ergeben und treu,
Mit diesem großen Teufelsburschen, der vorangeht.
Und der Gatte? Gatten gibt es keinen mehr! und die Kinder, wie tote Kätzchen, und der letzte Liebhaber,
Wie eine Frucht, man hat sie zu Ende genossen und wischt sich den Mund, noch ein kleiner Geschmack bleibt zurück,
Und die Finger im Fingerbowl, worin ein Stückchen Zitrone schwimmt.

YSE: Du weißt, daß das nicht wahr ist! Du weißt, so schlecht bin ich nicht!
Du weißt, wie ich meine Kinder liebe!

Du weißt, ich dachte daran, sie bei mir zu behalten! Du sagtest, ich könnte sie wieder zu mir nehmen!

AMALRIC: Himmel! Was ich alles gesagt haben soll, und weiß es gar nicht!

YSE: Da bin ich nun bei dir!

AMALRIC: Arme Yse! Welch Unglück, ein armes Weib zu sein!

Er erhebt sich und küßt sie auf die Schläfe.

Mach mir Tee. *Er tritt an das Fenster heran, und während Yse mit der Zubereitung des Tees beschäftigt ist, schaut er hinaus, die Hand über den Augen.* Nichts als das grünende Reisfeld und der schimmernde Fluß. Schon rauscht die Nachtflut heran . . . *Er dreht sich um und bemerkt, daß sie neben dem Wasserkessel stehend schluchzt, den Kopf in den Armen.*

Was ist los, mein Täubchen?

YSE: O Amalric, wie hart du bist! O Gott, o Gott, o Himmel, wie hart das ist!

AMALRIC: Weine nicht, Kindchen!

Sie nimmt seine Hand und drückt sie an ihre Stirn. Allmählich beruhigt sie sich. – Pause.

Gleich wird das Wasser überkochen.

Sie richtet sich auf, tut etwas Tee in den Teekrug, gießt Wasser darüber. Er sitzt und hat den Blick auf sie gerichtet.

Was für eine gute Hausfrau du gegeben hättest!

YSE: Nicht wahr, mein Schatz? ich war dazu geschaffen, in Frieden zu leben und in aller Geborgenheit,

Wie alle Frauen! Du siehst, daß ich eine gute Frau für dich bin.

AMALRIC: Das stimmt, Yse.

YSE: Ach, wie gut das tut, zu denken, daß wir bald sterben werden und daß niemand mehr eindringen kann und daß sich alles über uns schließt!

Niemand mehr da, der mich beleidigt oder mich schmäht.

Oh, was ich alles getan habe! Bin ich das, oder ist's eine andere?

Meinen Gatten: betrogen, verlassen, meine Kinder, meine armen Kinder

Laß ich zurück, weiß nicht einmal, wo sie sind, und dieser unglückselige Mann, den ich liebte,

Und der mich liebte, mehr als sein Leben, kaum verlassen, betrüge ich ihn, gebe dir mich hin,

Mit diesem Kind, das ich unterm Herzen trug.

AMALRIC: Auf jeden Fall muß unser Mesa verblüfft gewesen sein.

YSE: Inzwischen weiß er alles! Oh, welche Schande! O diese letzten Briefe, die ich erhielt, bevor der Hafen geschlossen wurde!

Ich bin nur ein armes Weib! Was weiß ich denn? Was könnte ich tun?

Ah, eine Frau wie ich, besser sie stirbt und tut niemandem mehr ein Leid an.

Amalric, *leise:* Du hast nur eine Tasse gedeckt?

Yse: Es war nur noch eine Prise Tee da. Sehr gut kann es nicht sein, armer Schatz!
Ich selbst habe weder Hunger noch Durst. Trink nur, mein Freund!
Und die Milch, du kannst ruhig alles nehmen, was noch in der Büchse ist.
Das Kind braucht keine mehr.
Ich selbst hungere und dürste danach, zu sterben,
Nicht mehr auf dieser Welt zu sein, daß niemand mehr da wäre, mich zu verachten.

Amalric: Und warum sollte man dich verachten?

Yse: Wie gut du bist, Amalric.
Ich weiß, daß ich nichts Böses tat. Wenn ich es überdenke und du es mir so erklärst,
Dann sehe ich wohl, daß ich tat, was sein mußte, und daß alles kaum anders sein konnte,
Und was Mesa betrifft, so hab ich ihm einen Dienst damit erwiesen, daß ich ihn verließ: wie hat er nur erfahren, wo ich bin?
Aber was willst du, Amari, man kann sich selber noch so gut zureden, es ist zuviel!
Es gibt Augenblicke, da ist es zuviel, dreimal zuviel, und es ist genug, ich kann nicht mehr, ich bin viel zu verlassen, losgerissen, losgerissen von dem, was ich liebe!
Und ich bin viel zu unglücklich, bin viel zu gestraft, und ich bete um den Tod, und ich freue mich auf den Tod!

Amalric: Ist das so hart, Yse?

Yse: Nein, hart ist es nicht, mein Herz! nein, hart ist es nicht, mein Herz!
Nein, hart ist es nicht mit dir zusammen. Ich bereue nichts, ich bin zufrieden.
Ja, es ist mir alles eins, und was ich tat,
Ich würde es abermals tun, Kinder habe ich keine mehr, Freunde habe ich keine mehr,
Und bin allen ein Greuel, und werde sterben, und bin zufrieden,
Daß es nichts anderes mehr gibt als dich ganz allein
Für mich, und mich ganz allein mit dir zusammen.
Mein Herz! Nein, mein Herz, es ist nicht hart. *Sie verwirrt sich. Er ergreift ihre Hand.*
Und doch ist es schrecklich, tot zu sein.

Und, Amalric, gibt es wirklich keinen Gott?

AMALRIC: Wozu auch? Gäbe es einen, ich hätte es dir gesagt.

YSE: Es gibt also keinen. Und ich habe mir nichts vorzuwerfen.
Und was ich tat, ich würde es abermals tun. Schuld daran ist dieser Mann, den ich geheiratet habe.
Und trotzdem gibt es Augenblicke, da ist es einem, weißt du, wie wenn man bemerkt, daß dich jemand beobachtet,
Er läßt nicht locker, entrinnen kann man ihm nicht, was immer man tut,
Ob man zum Beispiel lacht, oder du mich umarmst, er ist Zeuge. Er beobachtet uns in diesem Augenblick.
Und, mein Gott, das sollte deiner würdig sein? das sollte wirklich nötig sein bei einer Frau, diese Feierlichkeit, dieser Ernst?
Nur noch eine kleine Weile, ein bißchen Geduld, und wir sind nicht mehr da!
a, Amalric, nur einen Schritt muß man tun, dann dröhnt der Fuß,
Es ist, wie wenn man in der Nacht geht, man sieht nicht klar,
Aber man hört, daß da eine Mauer ist, irgendwo rechts.

AMALRIC: Das ist Mesas Sprache. Nichts als törichte Träumereien.
Dein lieber Gott, der soll uns betrachten, was ihn betrifft, so geht er uns nichts an.
Von diesem Mesa habe ich dich gerettet; du und ich,
Wir sind Geschöpfe der Wirklichkeit. Keine Traumgebilde, nein, Wirklichkeiten.
Da geht die Sonne unter. Kann ein Mensch ohne Sonne leben? Es ist, als wäre man selbst ein Teil von ihr. *Schweigen.*

YSE: Er hat mir entsetzliche Briefe geschrieben! Aber er ist ungerecht gegen mich.
Und dieses Kind von ihm, das mir gehört,
Das ich unterm Herzen trug, es gehört doch mir? Was macht sich ein Mann daraus?
Aber ich wußte, daß ich ihm wehtat, und habe ihn verlassen.
Ja! ich habe mich für ihn geopfert.
Und mich, mich hat er, ich weiß nicht wohin, geführt, aber ich will leben!
Da traf ich dich auf dem Schiff,
Und klammerte mich an dich, und ich dachte, du seist das Leben, du würdest mich retten und mit dir könnte ich leben,
Ein gesundes, anständiges Leben, ein lauteres, verständiges Dasein!

AMALRIC: Nun ja! sonderbar genug, das Leben, das Sie gefunden haben!

YSE: Auch so ist es gut. Ich tanze nicht aus der Reihe. Mit einem einzigen Schlag

Sterbe ich das ganze Leben, das ich dir gab, mit dir!

Er aber,

Warum hat er mich fortgeschickt, sobald er erfuhr, daß ich empfangen hatte? durfte er einen einzigen Augenblick mich im Stich lassen?

Ich weiß, daß ich ihm zur Last war.

Es ist nur zu wahr, ich mußte fort.

Und ich fragte ihn, ob er glücklich sei, und er sah mich an mit seinem Blick eines schlechten Priesters.

AMALRIC: Hat er dich wirklich geliebt?

YSE: Wie du mich niemals lieben wirst. Und ich liebte ihn,

Wie ich dich nicht liebe, an dich bindet mich die Pflicht, denn ich meine es ehrlich als Frau, und ich weiß, was ich getan habe.

Aber bei ihm war es Verzweiflung, war es Verlangen, und ein jäher Hauch, wie ein Haß, und das Fleisch, das zurückschrickt, und eine Kraft aus meinem innersten Wesen, wie von dem Kinde, das man sich losreißt!

Du hast mich bezwungen, aber du weißt nicht, was das ist: eine Frau, die nicht bezwungen ist,

Und dieses Ausgebranntsein, und das Dürsten, und dieses Liebeselend, und dies, daß der andere noch lebt, und der Augenblick, da man sich wieder in die Augen sieht, und was es heißt, wenn eine Seele mit aller Gewalt sich der deinen aufzwängt!

Ein Jahr!

Ein Jahr hat es gewährt, und ich fühlte es deutlich, daß er sich verfangen hatte,

Daß ich ihn aber nicht besaß und daß etwas Fremdes an ihm war,

Unüberwindlich . . .

Was hat er mir also vorzuwerfen? da er sich doch nicht gab und ich mich zurückzog.

Auch ich wollte leben und wieder die Sonne über der Erde scheinen sehen, und aufleben, noch einmal leben

Das Leben, jedermanns Leben, und mich aus dieser Liebe freimachen, die der Tod ist.

Und so ist es gekommen: ich nehme alles auf mich!

AMALRIC: Ich liebe dich, Yse!

YSE: Ja.

AMALRIC *küßt sie auf ihr Haupt, das sie senkt:* Jetzt geh ich hinaus und mache die Runde und schau nach dem Rechten. Diese Nacht gehört noch uns.

Und Yse richtet sich langsam für den Abend. Langsam löst sie die silbernen Nadeln und die Schildpattkämme aus ihrem dichten Haar, daß es herunterflutet über ihre

Schultern und über die Stuhllehne. – Geräusch von draußen. Schritte auf der Treppe. Yse horcht und erschaudert heftig. Die Schritte halten an vor der Tür. Yse verharrt in ihrer starren Haltung. – Die Tür öffnet sich. Sie dreht den Kopf nicht um. Man sieht im Spiegel, durch das dunstige Gewebe des Moskitonetzes, die dunkle Gestalt eines Mannes. Für einen Augenblick bleibt er unbeweglich. – Mesa tritt ein. Er macht ein paar Schritte und bleibt dann in einigem Abstand von dem Stuhl stehen, auf dem Yse sitzt. Sie macht nicht die kleinste Bewegung.

MESA, *halblaut:* Ich bin es, Yse. Ich bin Mesa. *Schweigen.*
Ich bin es. *Langes Schweigen.*
. . . alle meine Briefe seit einem Jahr.
Hast du nicht alle meine Briefe seit einem Jahr erhalten?
Warum mir nicht geantwortet?
Nichts! nicht ein einziges Wort, auch nicht die kleinste Zeile!
Sag, was hab ich dir getan, Liebste, warum mir solches Leid zufügen, was mußte ich dulden?
Was habe ich dir getan, meine Liebe? Aber schließlich kommt es von dir, und das genügt mir! Du bist es,
Und ich frage nichts und werfe dir nichts vor. Du bist es, du meine Seele! ich sehe dich, meine Liebe! du bist es, und das genügt mir.
Ich liebe dich, Yse!
Es ist wahr, ich habe dich sehnlichst fortgewünscht! ich war falsch, du hast es erraten.
Ich habe gesehen, daß ich dich nicht entbehren könnte, und du bist mein Herz und meine Seele, und bist, was meiner Seele fehlt,
Du bist Fleisch von meinem Fleische, ohne Yse kann ich nicht sein,
Ich glaube nicht, was sie mir sagen. Oh, die entsetzlichen Dinge, die sie mir berichten. Oh, wie hab ich gelitten, Yse! Und sieh! nicht ein Wort von dir, du Grausame!
Und ich glaube nicht, was sie mir sagen. Und ich finde dich hier wieder in diesem Hause. Und ich weiß, du wirst mir alles erklären.
Verzeih diese letzten entsetzlichen Briefe, ich war wie von Sinnen! Nein, ich glaube es nicht, daß du mich nicht mehr liebst! Nein, Yse, das glaube ich nicht! Nein, nein, mein Herz! Nein, mein Herz! Nein, mein Herz!
Sprich nur, meine Liebe, wende dich her zu mir, und sag mir ein Wort, auf daß ich es höre und vor Freude vergehe.
Weil ich dich verloren hatte, und sieh, ich habe dich wiedergefunden. *Schweigen.*
Was habe ich dir getan? warum behandelst du mich derart?
Und antwortest nicht, als wäre ich nicht mehr am Leben!

Ah, ich, noch im Reiche der Toten erkennte ich sie wieder, meine einzige Yse, Yse!

Hörst du ihn nicht, den Klang meiner Stimme, was habe ich dir getan, Yse?

Was hast du getan? was habe ich dir getan, du Eisenherz?

Sprich, was hast du mir vorzuwerfen? Womit habe ich das verdient?

Das? Gibt es etwas, das ich dir nicht gegeben hätte, sprich es aus, was ich dir versagte!

Meinen Leib, meine Seele,

Meine Seele, daß du mit ihr nach deinem Willen verführest, meine Seele, als gehörte sie mir, und du hast sie genommen,

Als wüßtest du, was es ist.

Und wenn ich dich fortgehen hieß, so weißt du gut, daß es sein mußte,

Du selbst wolltest es so, weil doch Ciz nicht da war, und wir hätten noch alles in Ordnung gebracht.

Um ein paar Monate ging es nur, dann wäre ich wieder zu dir gekommen.

O diese Monate, da ich nicht wußte, wo du warst, nicht ein Wort, nicht ein einziges Wort von dir, Grausame du!

Aber nun kann ich dir melden, Ciz ist tot, ich kann dich zum Weibe nehmen.

Wir können uns lieben, ohne dies Heimlichtun, ohne Gewissensqual.

Ja, wirklich? du hörst mich nicht mehr? Ist es wahr, Yse? Du liebst mich nicht mehr, Yse? Ich habe einen entsetzlichen Brief erhalten!

Nein, Yse, das kann ich nicht glauben! Nein, mein Herz, das kann ich nicht glauben! Nein, meine Seele, das kann ich nicht glauben! Nein, nein, nicht wahr? nein!

Ah, und überdies tut das nichts, ich habe alles vergessen und will nichts wissen!

Aber nun bist du hier, und du bist meine Einzig-Geliebte, so komm nur, ich werde schon wissen, wie dich aufs neue an mich binden, und wer wollte dann dich von meinem Herzen reißen?

Steh auf, ich werde dich retten, Yse werde ich retten vom Tode, du siehst, bis hier bin ich zu dir hindurchgekommen.

Schweigen.

Glaubst du mir etwa nicht? ich bin ein alter Chinese, kenne mich aus mit den verborgensten Schlichen.

Und ich trage ein Zeichen auf mir, sie achten es alle. So komm doch, nimm dein Kind,

Hörst du? Gilt das Leben so wenig? Komm. Ich bringe dir das Leben.

Schweigen.

Komm, ich werde dich retten. Und willst du von mir nichts mehr wissen, laß mich wenigstens dich zu deinen Kindern zurückbringen. *Schweigen.*
Dann ist es also wahr! dann, dann ist es also wahr!
Dann, dann, dieser Mensch,
Du liebst ihn, und mich liebst du nicht mehr, nein, du haßt mich!
Du liebst ihn und schläfst bei ihm.
Und der Tod, der Tod mit ihm
Ist dir lieber als das Leben mit mir!
Du hast mich trotzdem geliebt! Und vor vierzehn Tagen, als du davonfuhrst auf dem Schiff,
Wollte ich dir die Wange küssen, da warst du es, die aufgelöst und in Tränen, mit Gewalt
Meinen Mund auf den deinen drückte. Vierzehn Tage, vierzehn Tage sind es nur her! *Schweigen.*
Hündin! sag nur, was dachtest du dir, als du zum erstenmal Dich hingabst, nun du es einmal beschlossen, diesem streunenden Hunde,
Mit dieser Frucht eines andern in deinem Schoße, und da die ersten Regungen meines Kindes
Aufgingen in den Zuckungen der Mutter, berauscht, wie sie war, von den Wonnen eines doppelten Ehebruchs?
Meine Seele, die ich dir geschenkt, mein Leben, das ich dir mitgegeben,
Einem andern gabst du es preis, und was dachtest du all diese Tage deiner Beschwernis, da mein Kind in dir reifte,
Und du es hintrugst zu diesem Manne, und du in seinen Armen schliefst, gesegneten Leibes und ganz ausgefüllt von den Gliedmaßen meines Sohnes?
Ich flehe dich an! alles bebt bereits in mir, ich spüre es!
Laß es nicht zu, daß ich ein großes Verbrechen begehe! Du weißt nicht, wie du und ich
Nahe sind der Verdammnis in diesem Augenblick. Eine kleine Bewegung, mehr bedarf es nicht. *Langes Schweigen. Er bringt die Lampe in ihre Nähe und prüft sie.*
Die Gleiche.
Sag, Yse, die strahlende Mittagssonne ist es nicht mehr. Entsinnst du dich unseres Ozeans?
Nun aber färbt die Grabeslampe deine Wange und das Ohr, an der Schläfe den kleinen Winkel,
Und ihren Widerschein sehe ich in Ihren Augen, in Ihren Augen im Spiegel. *Er nimmt ihr Haar in die Hand.*

Das nämliche Haar, ah, seinen Duft erkenne ich wieder,
Als ich in dir versank bis an die Nüstern, wie in einer tiefen Grube,
Das nämliche Haar, doch durchziehen jetzt breite Silberadern das Gold.
Er bläst die Lampe aus.
Die kleine Lampe ist erloschen, und erloschen zugleich
Der letzte Sonnenstrahl unserer Liebe, diese leuchtende Mittagssonne im Sommerglast,
Da wir uns Lebewohl zuriefen im verzehrenden Licht, als es sich zu trennen galt, und einer dem andern wir in aller Verzweiflung
Ein Zeichen uns zuwarfen über das klaffend trennende Meer,
Lebwohl, Yse, du hast mich nicht gekannt! Diesen großen Schatz, den ich in mir trage,
Ihn mit der Wurzel ausreißen, das konntest du nicht. Meine Schuld ist es nicht.
Oder doch! unsere Schuld ist es und unsere Sühne. Alles galt es zu geben,
Und das hast du mir nicht verziehen. *Schweigen.*
Und dennoch, zum Spaß hab ich dich nicht geliebt! O Yse, wüßtest du nur, wie ernst ich dich in meinem Herzen trug!
O Geliebte, wie gut du es hattest in meinem Herzen!
Ah, wäre ich dort gewesen, wie hätte ich dich verteidigt, und niemand hätte dich meinem Herzen entrissen, mein Leben!
Und das nun ertragen zu müssen! Sie antwortet nicht! Sie ist da, ihr Götter, sie ist hier,
Sie ist da und ist nicht da. Die Gleiche, keineswegs die Gleiche!
Solcher Gestalt, eines Nachts, sah ich dich auf mich zukommen, stolzen, behenden Schritts, mit einem Lächeln voll des Geheimnisses,
Du sagtest: «Ein großes Geheimnis, Mesa, künde ich dir: unser Kind ist geboren.»
Und ich, ich weinte und lachte und dachte nur eines: Du bist es!
«Warum mir nicht geschrieben, Grausame du?»
Aber du, wie ein Eingeweihter, bedeutest mit dem Munde mir Schweigen!
Und hattest zur Antwort nichts als ein Lächeln, und ich sah dich lächeln, o mein Alles!
Und nun dieses Grauen hier! *Schweigen.*
Doch du hast nicht das Recht! du hast nicht das Recht! du bist nicht allein!
Es ist nicht wahr, daß du mich vergessen hast! es ist nicht wahr, daß du mich nicht mehr liebst! o meine Geliebte, es ist nicht wahr, daß du mich haßt!
Das ist unmöglich, Yse! Was ich dir gab, kann ich's zurücknehmen?

Trägst du mich nicht mit dir davon, wo immer du bist? Hast du das Recht,
Mir nicht zu gehören? Was gibt es in dir, und du hättest es mir nicht
Geschenkt, und ich hätte es nicht empfangen, verschlungen und eingesogen, und es nährte mich nicht mit Feuer, mit Tränen, ja mit Verzweiflung? Antworte doch! sieh nur, wie ich leide! und wende dein Antlitz mir zu, meine Schöne, und sage mir, daß es nicht wahr ist!
Schweigen.
Yse, was hast du mit unserem Kinde gemacht? *Schweigen.*
Ist es gestorben? *Schweigen.*
Yse, du wirst es nicht sterben lassen? Gib mir mein Kind, daß ich es rette! *Schweigen.*
Ist es gestorben? hast du es umgebracht? *Schweigen.*
Wenn es hier ist, werde ich es schon zu finden wissen. *Er macht eine Bewegung gegen die Tür.*
Von draußen her Schritte von Amalric. Er tritt herein.

AMALRIC: Wer ist da ?

MESA: Ich bin es!

Amalric tritt näher heran. Er zündet ein Streichholz an, die beiden Männer schauen sich Aug in Aug, solange es brennt. Es erlischt.

AMALRIC: Mesa, ich bin nicht gerade entzückt, Sie wiederzusehen.

MESA: Ich komme, um mir diese Frau wiederzuholen, die mir gehört, und dies Kind, das mein ist.

AMALRIC: Das eine sowenig wie die andere gebe ich Ihnen heraus.

MESA: Dann nehme ich sie gegen Ihren Willen.

AMALRIC, *mit einem trockenen Lachen:* Auch gegen ihren Willen? Was sagst du dazu, Yse?
Mesa bebt am ganzen Leibe.
Was ziehst du vor? sag:
Mit diesem hier fortzugehen und zu leben,
Du und das Kind? in diesem Falle strecke die Hand hoch.
Schweigen.
Oder mit mir zu sterben?
Schweigen. Sie verharrt unbeweglich.

MESA, *aufschreiend:* Das ist zuviel.

Er zieht eine Waffe aus der Tasche. – Amalric wirft sich auf ihn und entreißt sie ihm. – Harter, heftiger Kampf in der Dunkelheit. – Mesa stürzt, gebrochen, zu Boden. – Yse, die alles im Spiegel mit ansieht, hat sich nicht gerührt.

YSE, *mit einer eigenartigen Stimme, ohne ihre Haltung zu ändern:* Mörder!

Amalric zündet die Lampe wieder an und beugt sich über Mesas Körper und untersucht ihn.

AMALRIC: Das habe ich mir gleich gedacht! Die rechte Schulter habe ich ihm ausgerenkt.

Aber er muß sich seinerseits, glaube ich, ein Bein gebrochen haben. Was für ein Tolpatsch!

Er richtet sich wieder auf. Yse lächelt im Spiegel. Er geht zu ihr hin und küßt sie auf die Schläfe.

YSE: Amalric, das ist gräßlich! Laß ihn nicht so am Boden liegen.

Amalric hebt den Körper auf und trägt ihn auf das Sofa.

AMALRIC: Wie ist er nur hierhergekommen?

YSE: Er sagte, er habe ein Geheimzeichen auf sich.

Amalric durchsucht den Körper und zieht aus seinen Kleidern ein mit seltsamen Figuren und Schriftzeichen bedecktes Plättchen heraus, das er Yse zeigt.

AMALRIC: Wir sind gerettet, Yse.

YSE: Gerettet.

AMALRIC: Das sagst du ohne jede Freude! *Er betrachtet sie. – Schweigen.*

YSE: Und mein Gatte ist tot. Wir können heiraten, Amalric.

AMALRIC: Was will man mehr. Ein großartiger Abend. Und was für ein Musterpaar wir abgeben!

YSE *zeigt auf den Körper im Spiegel:* Ist es wirklich unmöglich, ihn mitzunehmen?

AMALRIC, *hart:* Unmöglich.

YSE: Wir können ihn nicht den Chinesen in die Hände fallen lassen.

AMALRIC: Er wird an unserer Stelle in die Luft fliegen. Das Maschinchen ist aufgezogen. Man muß es nur laufen lassen. *Pause.*

YSE, *mit der gleichen sonderbaren Stimme:* Durchsuche doch seine Taschen noch, überflüssig, den Toten etwas zu lassen.

AMALRIC: Yse, das ist etwas unappetitlich.

YSE: Warum? Geh. Mach.

Er durchsucht ihn und zieht einen Umschlag mit einem Wachssiegel heraus.

AMALRIC *liest:* Dies ist mein letzter Wille. *Er lacht und steckt das Papier ein.*

YSE: Gehn wir.

AMALRIC: Mach dich fertig. Ich habe dies Schiff kommen sehen.

Ich werde meinem Boy das Zeichen geben. Alles wird gutgehen. Nimm das Kind.

Yse geht in das Nebengemach, ohne nach Mesa zu sehen. Es vergeht eine ziemliche Zeit. Yse kommt allein zurück.

AMALRIC: Nun, das Kind hast du nicht mitgenommen?
YSE: Es ist tot. *Pause.*
AMALRIC: Gehn wir.
Er bläst die Lampe aus. Mondlicht. Sie gehen, ohne sich nach Mesa umzusehen. Man hört von der Treppe her ein hysterisches Lachen.
Vollkommene Nacht. Durch die Öffnungen sieht man alle Sterne des Himmels funkeln. Das Mondlicht durchquert in breiter Bahn das ganze Zimmer. – Mesa erwacht und verharrt lange in stummer Betrachtung.

MESAS LOBGESANG

MESA: Da lieg ich nun in meiner Totenkapelle!
Und von allen Seiten, von rechts, von links, erblick ich den Fackelwald, der mich umringt!
Nicht angezündete Kerzen, nein, mächige Gestirne, erhabenen Jungfrauen gleich, die da aufleuchten
Vor dem Angesicht Gottes, wie man auf frommen Bildern Maria erblickt, mit wehrender Hand!
Und ich, der Mensch, das denkende Wesen,
Liege nun hier auf der Erde, zu sterben bereit, wie feierlich aufgebahrt auf dem Katafalk,
Im tiefsten Grunde des Alls und im Herzen dieser Sternenkugel und des Schwarms und der Anbetung.
Den unzählbaren Klerus der Nacht erblick ich mit seinen Bischöfen und seinen Patriarchen,
Und über mir den Polar, und zu meiner Seite den Wendekreis,
Und den Äquator der wimmelnden Wesen des Himmelsgewölbes,
Milchstraße genannt, einem starken Gürtel vergleichbar!
Gruß euch, meine Schwestern! keine von euch, ihr Funkelnden,
Erduldet den Geist, nein, allein in der Mitte des Ganzen, die Erde
Brachte den Menschen hervor, und ihr, wie Abermillionen von weißen Lämmern,
Wendet den Kopf nach ihr hin, die wie der Hirte ist und der Messias der Welten!
Gruß euch, ihr Sterne! Hier lieg ich allein! Und kein Priester, umgeben von der frommen Gemeinde,
Wird mir die heilige Wegzehrung bringen.

Doch die Pforten des Himmels brechen schon auf, und aller Heiligen Heerschar, in ihren Händen die Fackeln,
Treten hervor mir zur Begegnung, umringen das Schreckenslamm!
Warum?
Warum diese Frau? warum diese Frau so jählings auf diesem Schiff?
Was kommt sie daher, was will sie von uns? bedurften wir ihrer?
Du allein!
Du allein in mir urplötzlich bei der Geburt des Lebens,
Du warst in mir der Sieg und die Heimsuchung und die Zahl und das Staunen und die Macht und das Wunder und der Klang!
Und diese andere, glaubten wir denn an sie? und daß das Glück in ihren Armen ruhe?
Und eines Tages hatt ich's mir ausgedacht, dein zu sein und dir mich zu geben,
Und das war armselig. Doch, was ich vermochte,
Hab ich getan, ich hab mich gegeben,
Und du hast mich nicht angenommen, und die andere ist es, die uns genommen hat.
Und in einem kurzen Augenblick werd ich dich erschauen, und ein Schauder erfaßt mich
Und Furcht bis ins Mark meiner Knochen!
Und du wirst mich befragen. Und auch ich werde dich befragen!
Bin ich denn nicht ein Mensch? Warum dann spielst du den Gott mit mir?
Nein, nein, mein Gott! Geh weg, von dir erbitte ich nichts!
Du bist da, und das ist genug. Schweige nur, schweige,
Mein Gott, auf daß dein Geschöpf dich vernehme! Wer an deinem Schweigen gekostet, der bedarf nicht der Erklärung.
Weil ich dich liebte.
Wie man das Gold liebt, das schön zu sehen, oder die Frucht, doch dann heißt es, stürz dich darauf!
Die Herrlichkeit verwehrt sich dem Aberwitz, die Liebe weist ein benetztes Opfer ab. Mein Gott, Abscheu erfaßt mich vor meinem Hochmut!
Kein Zweifel, ich liebte dich nicht, wie es sich schickt, nein, um der Mehrung des Wissens und zu meinem Vergnügen.
Und ich fand mich vor dir, wie einer, der wahrnimmt, daß er allein ist.
Nun denn! abermals macht ich Bekanntschaft mit meinem Nichts, abermals kostete ich an dem Stoff, daraus ich geschaffen.
Ich habe schwer gesündigt.
Jetzt aber rette mich, du mein Gott, denn es ist genug!

Du bist es von neuem, ich bin es! Und du bist mein Gott, und ich weiß, daß du allwissend bist.
Und deine Vaterhand küsse ich, und ich liege hier in deinen Händen wie etwas Armseliges, blutend, zerstoßen!
Wie das Zuckerrohr unter der Walze, wie der Treber unter dem Kelterholz.
Und weil ich selbstsüchtig war, darum hast du mich so gestraft durch eines andern entsetzliche Liebe!
Ah, jetzt weiß ich's,
Was das ist, die Liebe! und ich weiß, was du erduldet auf deinem Kreuz, ja in deinem Herzen,
Wenn du jeden von uns so liebtest,
So fürchterlich liebtest, wie ich diese Frau geliebt, und das Röcheln, und das Ersticken, und diesen Schraubstock!
Aber ich liebte sie, o mein Gott, und das hat sie mir angetan! Ich liebte sie, und ich fürchte mich nicht vor dir,
Und über der Liebe,
Da gibt es nichts, nicht einmal dich selbst! und du hast es gesehen, mit welchem Dürsten, o Gott, mit welchem Zähneknirschen,
Welcher Dörrnis, welchem Grauen und welchem Losreißen von allem
Ich mich ihrer bemächtigt! Und das hat sie mir angetan!
Ah, du, du kennst dich aus, du weißt es, du,
Was das ist, eine verratene Liebe! Ah, vor dir fürcht ich mich nicht!
Mein Vergehen ist groß und meine Liebe noch größer, und dein Tod allein, o mein Vater,
Der Tod, den du mir gewährst, der Tod allein ist nach dem Maße der beiden!
Sterben wir also und geben ihn auf, diesen jämmerlichen Leib!
Mach dich auf, meine Seele, und mit einem einzigen Schlag wollen wir dieses erbärmliche Gerippe sprengen!
Da ist es schon halb geborsten, hergerichtet wie ein Stück Fleisch am Haken, am Boden wie eine angeschnittene Frucht.
Bin ich das noch? Dieses Zerbrochene,
Das ist das Werk der Frau, mag sie es für sich behalten, ich aber, ich gehe fort, anderswohin.
Schon hatte sie mir die Welt zerstört, und für mich
Hatte nichts mehr Bestand, was nicht sie war, und jetzt zerstört sie mich selber.
Und nun verkürzt sie den Weg mir.

Sei du Zeuge, daß ich an mir selber keinen Gefallen finde!
Du siehst ja, daß es nicht mehr gut möglich ist!
Und daß ich der Liebe nicht mehr entraten kann, im Augenblick nicht, und auch morgen nicht, nein nie, und daß mich nach dem Leben selber verlangt, nach der Quelle selber,
Und nach der Zweisamkeit selber, und daß ich nicht länger kann,
Daß ich nicht länger ertragen kann, taub zu sein und erstorben!
Du siehst ja, daß ich zu nichts mehr hier tauge und daß ich aller Welt zur Last bin
Und daß ich für alle ein Ärgernis bin und ein Rätsel.
Darum nimm mich wieder zu dir und verbirg mich, o Vater, in deinem Schoß!

Von draußen ein leichtes, seidenartiges Geräusch, die Tür hat sich lautlos geöffnet. Yse tritt ein, in Weiß gehüllt, in einem Zustand hypnotischer Verzückung. Sie bewegt sich durch das Gemach hin, nicht in einer automatischen Gehweise, sondern wie eine Wolke schwebend. Sie kommt am Spiegel vorbei. Man erkennt sie durch das Moskitonetz hindurch. Und sie betritt das Zimmer, in dem sich das tote Kind befindet, die Tür läßt sie halb offen. Man hört sie seltsam weinen.

MESA, *halblaut rufend:* Yse! Yse!

Sie kommt zurück und irrt ohne jedes Geräusch durch den Raum. Sie öffnet alle Schubladen und gleitet mit den Händen hinein, in die der Kommode und in die des Toilettentischs, öffnet die Schränke, die Hausapotheke, den Spiegelschrank. Sie gleitet mit den Fingern über die leeren Fächer, hebt sich auf die Fußspitzen, um besser zu sehen, geht wieder hinaus. Nun ist sie unten in der Anrichte, im Speisezimmer, überall, wie jemand, der herumwühlt und etwas sucht, die Herrin des verlassenen Hauses. – Schweigen. – Und plötzlich vernimmt man einen langanhaltenden Schrei einer Frau, von grausigem Wohllaut und Schrille zugleich.

MESA, *laut rufend:* Yse! Yse! komm! komm!

Pause. Und dann sieht man sie auf einmal ganz weiß mit ihrem langen, aufgelösten Haar auf der vom Mondlicht überfluteten Veranda.

MESA, *nachdenklich:* So hab ich dich einstmals gesehen, auf dem Schiff!

Sie kommt, kauert sich zu seinen Füßen, legt ihren nackten Arm ganz gestreckt über seine Knie. Er legt seine Hand ganz leicht auf ihr Haupt.

YSE: Mesa, ich bin Yse. Ich bin es.

MESA: Bist du es selber?
Wie oft hab ich im Traum dich gesehen! Ist es noch immer ein Traum?
Wirst du von neuem vergehen?

YSE: Es ist kein Traum; Mesa, mit den Träumen ist es zu Ende. Nun gibt es nur noch die Wahrheit.
Alles ist wahr geworden.

MESA: Yse, Yse mit dem langen Haar, ist es wahr?

YSE: Alles ist wahr geworden.

MESA: Sag, hörst du mich in diesem Augenblick? spürst du meinen Atem, Wie er sich tief innen in dir regt? liegst du hier unter meinem Wort, wie ins Dasein gerufen? Ah, sei mein Leben, meine Yse, und sei meine Seele, und mein Leben, und sei mein Herz, und in meinen Armen die Regung des werdenden Wesens!
Ah, Yse, zu grausam ist es, du darfst mich nicht verstoßen, denn ich bin es, der in deinem Herzen ist.

YSE: Laß deine Hand auf meinem Haar, dann sehe ich alles und begreife alles.
Du weißt nicht recht, wer ich bin, doch jetzt sehe ich klar, wer du bist und was du zu sein glaubst,
Voll der Herrlichkeit und des Lichts, ein Gottesgeschöpf! und ich sehe, daß du mich liebst
Und daß du mir zubestimmt bist, und ich bin bei dir in einer unsäglichen Ruhe.

MESA: Ist nun alles zu Ende, Yse?

YSE: Alles ist zu Ende!

MESA: Ist nichts mehr zu befürchten?

YSE: Alles ist aus.

MESA: Nichts mehr, nichts mehr zu erwarten?

YSE: Nichts mehr als die Liebe auf immer, nichts mehr als die Ewigkeit mit dir!

MESA: Ich kann mich also nicht mehr von dieser Yse befreien?
Es ist mir nicht möglich,
Mich loszumachen aus diesen beiden Frauenhänden um meine Hüften?

YSE: Das ist dir nicht möglich. Wo du bist, da bin auch ich mit dir.

MESA: Warum hast du mich dann verlassen? *Pause.*
Warum spielst du dann noch immer die, die keine Antwort weiß, wie in den Träumen? Ich errate, daß du lächelst,
Bitterlich lächelst, verborgenes Antlitz! Das ist kein Traum mehr!

YSE: Diesmal bin ich es, die schläft.

MESA: Ah, so erwache nur nicht!

YSE: Hier bin ich wie ein geläutertes, reines Öl.

MESA: Warum willst du mir dann nicht antworten?

YSE: Bin ich so häßlich? Warum hast du mich so verzweifelt verstoßen?

MESA: Ich liebte dich allzusehr, du mein Leben!

YSE: Nun kann ich dir nicht mehr entrissen werden.

MESA: Und ist das nun die ‹übergroße Freude›, die du mir verkündest?

YSE: Tröste mich, denn mein Herz ist betrübt.

MESA: Auf welche Betrübnis hättest du ein Recht, du Widerspenstige, oder auf welche Freude,
Die anderes wäre als ich?

YSE: Die Freude bin ich nicht, nein, der Schmerz.
Hier liegt sie nun quer über deinen Knien, du Gebrochener, die letzte Beute! Ist sie nicht doch zu schwer für dich?
O du mein strahlendes Licht! o mein erhabener Mann! du siehst mich hier quer über deinen Knien, die Blinde und wild Begehrende!

MESA: So hab ich dich endlich bezwungen! und hier ruht die ganze Beute an meinem Herzen, und kein ringendes Glied,
Das nicht einem stärkeren Gliede nachgäbe, und dem Willen des auffliegenden Vogels und des jäh steigenden Aars!
Ich spür das Gewicht, wie es der Schwinge nachgibt, und trag ihn also mit mir empor, diesen schweren Körper,
Der meine Mutter ist und meine Schwester und mein Weib und mein Ursprung!
Nun ist er endlich vollbracht,
Der Sieg des Mannes über das Weib, und die Verschränkung
Von Ichsucht und Eifersucht.
Freude sagst du? Nein, hier erfährst du die Freude, die über der Freude ist, wie das Feuer, das Flamme wird, und das Verlangen, das Recht wird, und die Liebe, die Einverständnis wird.
Und unsere Vermählung in uns
Wie das Wirken eines Gestirns und wie ein Wesen, das sich seines doppelten Herzens bedient!

YSE: Laß auch mich sagen,
Was ich zu sagen habe. Halte die Hand
Weiter auf meiner Stirn, auf daß ich mich entsinne. Oh, wie fühl ich mich umringt von tiefster Nacht und Qual!
Doch mit meinem ganzen Gewicht last ich auf deinem Leibe, und du kannst mir nicht entrinnen.
Laß mich dir alles erzählen. Laß mich dir sagen von meiner Bitternis.

MESA: Da ruhst du nun unter meiner Hand, o goldschimmerndes Haupt!

YSE: Mesa, ich künde dir an, unser Kind ist tot. *Sie beginnt leise zu schluchzen.*

MESA: Es ist besser so.

YSE: Du hast es nicht einmal gesehen.

MESA: Gleich werde ich es sehen, und es wird mich erkennen.

YSE: O grenzenlose Bitterkeit! O du Sohn meiner Schande! o mein liebes Kind, o du Sohn meines Schoßes, vergib deiner elendiglichen Mutter!
O Mesa, entsinnst du dich noch, bevor ich wußte, daß ich schwanger war,
Hatte ich diese armseligen Kinderkleidchen gefunden,
Die Schuhchen, das Häubchen, das gestrickte Leibchen,
Und ich lachte und weinte und drückte sie an mein Gesicht,
Und du machtest dich über mich lustig und sagtest, ich sei wie eine Kuh, das gute Tier, damit es sich melken läßt,
Hält man ihm ein Kalbfell hin, gierig stürzt es sich darauf und leckt es.
O Mesa, ein Kind, was das ist, weißt du nicht. Oh, wie erst fühlt man sich Frau mit seinem Kinde!

MESA: Beruhige dich, Yse!

YSE: O Mesa, bewahr mich davor, daß ich erwache, ich will nicht! bewahr mich,
Daß ich nicht wieder diese alte, hochmütige Yse werde,
Die schöne Madame Ciz.

MESA: Das ist nicht die alte Yse, das ist meine Yse, für immer bei mir.

YSE: Und die alte Yse, die liebtest du nicht?

MESA: Das weißt du, o Fleisch, hier unter meiner Hand! *Pause.*

YSE: Ich habe ihn verlassen
Im Augenblick, da die Dschunke abfuhr. Er glaubte mich eingeschlafen in der Kajüte.

MESA: Oh, wie hast du mich verraten!

YSE: Beruhige dich, Mesa!

MESA: Warum greifst du so krampfhaft nach meiner Hand?

YSE: Ah!

MESA: Was gibt es, verstörtes Herz?

YSE: Verlaß mich nicht, Mesa!
O Gott!
Ist es denkbar, daß ich gerettet bin? Ich sehe ihn! ich seh alles! Ich habe entsetzliche Dinge begangen!

MESA: Was siehst du?

YSE: Ein elendes Strohlager, einen toten Menschen
Mit einem schrecklichen Gesicht, überragt von einem gewaltigen schwarzen Haarbusch!
In der Cholera sich windend, in einer verschmutzten Decke.
Es ist nicht mehr diese ausdruckslose Miene, die ich haßte!

Und ohne Unterlaß fällt vom Dach ein Wassertropfen
Gerade auf den Augapfel unter dem klaffenden Lid.
Und draußen ein Regen, wie ich noch nie einen erlebt, eine Sintflut, ein Wald, so düster wie Arumlaub.
Jeder Regenstrahl so dick wie ein Pfeifenrohr.

MESA: Was siehst du noch?

YSE: O Qual! o stechender Schmerz!

MESA: Was siehst du?

YSE: O meine Kinder!
Oh, was war ich für eine Mutter für euch! Ich blicke auf sie, wenn ich die Augen aufhebe,
Wie sie, während ich ihnen laut vorlese,
Die liebe Mutter ansehn mit ihren vertrauenden, ruhigen Augen!
Und ich sage mir, daß ich sie getäuscht habe und verlassen und ermordet!
Und zuweilen des Nachts, wenn ich erwachte, hörte ich sie schlafen und über jedem von beiden seinen ganz anderen Atem,
Und ich horchte auf sie, pochenden Herzens, und ich sagte mir, das sind deine lieben Kinder!
Du weißt, es hat niemals so schöne Kinder gegeben! Nie haben sie mir irgendeinen Kummer bereitet.
Alle Welt blickte auf uns, wenn wir ausgingen,
Ich, die junge, siegesbewußte Mutter, zwischen meinen Söhnen, und sie gingen zu beiden Seiten von mir,
Kerzengerade, die Fäuste geballt wie kleine Soldaten.
Ich fasse es nicht! Ich bin nur ein unglückseliges Weib! Wie konnte das alles nur geschehen?

MESA: Die Liebe hat das alles bewirkt. Was sonst? Ist sie denn nicht mehr für uns bloß noch das einzig Gute und Wahre und Gerechte und Sinnvolle?
Haben die Worte ihren Sinn verloren? und nennen wir nicht mehr
Gut, was sie erleichtert,
Und böse, was sich unserer Liebe widersetzt?
Sprich, man nennt sie doch den ‹Triumph der Natur und des Lebens›. Ja, der Tod selbst zerschneidet nicht besser die Bande.
Was verdiente nicht zwischen uns eine so gerechte und so lautere Vereinigung? Wahrhaft lauter.
Gewiß, geschont haben wir sie nicht,
Die andern; und uns selbst, haben wir uns etwa geschont?
Hier lieg ich, die Glieder zerbrochen, wie auf dem Rad ein Verbrecher,

Und du, die Seele empört, deinem Leibe entfahren wie ein halbgezogener Degen!

YSE: Spotte nicht so entsetzlich!

MESA: Das Beste allein ist das Beste, Yse,
Und das ist das große, unabdingbare Gebot. Doch das Böse sogar
Beschließt das Gute in sich, man darf es nicht sich verlieren lassen. Die Toten ins Leben zurückrufen,
Das können wir nicht, doch das unsre gehört noch uns.
So können wir ehrlich das Antlitz hinwenden zum Rächer
Und sagen: «Hier sind wir. Mach dich bezahlt mit dem, was wir haben.»
Das können wir tun.
Und
Da du jetzt frei bist,
Und da in uns, die wir so nahe daran, zernichtet zu werden, die unzerstörbare Wirkung
Aller Sakramente in einem einzigen großen, kraft des Geheimnisses einer gegenseitigen Einwilligung,
Immer noch wach ist, so gebe ich dir mein Jawort, Yse! Sieh her, mein Gott, denn dies ist mein Leib!
Ich geb dir mein Jawort! und auf diesem einzigen Wort
Beruht das Geständnis, und im Aufsichnehmen der Buße
Das Gesetz, und in einer letzten Bekräftigung
Die Einsetzung für immer unseres Standes.

YSE: Mesa, ich gebe dir mein Jawort.

MESA: Alles ist vollbracht, meine Seele.

YSE: So fürchte dich nicht, Mesa.

MESA: Ich fürchte mich nicht, Yse.

YSE: Ja, einstens sogar, kleiner Mesa,
Konntest du nicht mir verbergen, was du dachtest, und man sah alles in deinen Augen.
Jetzt aber,
Wie man einen Duft einzieht mit den Nüstern und wie man berührt mit den Fingern,
So auch (ja, wenn du wüßtest, wie seltsam das ist, wie soll ich sagen? und kindlich und köstlich und heilig und unmittelbar und unvergleichlich),
So auch, Mesa, sehe ich deine Seele
Durch das Mittel der eigenen Seele
Allein, alle Gedanken, die sie hervorbringt,

Und allein durch den Pulsschlag des eigenen Lebens diese Regung, dank der du bist.

MESA: Siehst du in mir eine Furcht vor dem Tode?

YSE: Schäme dich nicht, kleiner Mesa! Der Lebendigste selbst verspürt das größte Grauen davor,

Länger nicht mehr zu leben! Oh, wie hart die Menschen sind und verschlossen, und wie sie sich fürchten vor dem Leid und dem Tod!

Doch das Weibchen Frau, Mutter des Menschen,

Verwundert sich nicht, vertraut mit den verschwiegen ziehenden Händen.

Siehst du? nun bin ich es, die dich tröstet und stärkt.

MESA: Du schläfst, und ich halte die Augen offen.

YSE: Nun ist's geschehen.

Ich sehe dein Herz, Mesa, ich bin befriedigt.

Nun ist die ganze Vergangenheit mit ihrem Guten und all ihrem Bösen

Und die Reue zwischen den beiden wie ein Zement, nur noch wie ein Fundament und ein Beginn und ein einziger Leib

Mit dem, was ist, was nunmehr ist und auf immer.

Ich war eifersüchtig, Mesa, und sah dich umdüstert, und ich wußte, daß du mir einen Teil deiner selbst entzogst.

Doch jetzt sehe ich alles und bin ganz sichtbar, und es gibt nur die Liebe in uns,

Die wir hüllenlos klar, einer des andern Leben erschaffend, in einer unaussprechlichen

Durchdringung, im Wonnegefühl des ehelichen Zweiseins, Mann und Weib wie zwei große geistige Tiere,

Leben aus all diesem Pochen vom einen zum andern in uns des Geistes, der Aug ist,

Herz dieses Herzens unter dem Herzen in uns, welches das Fleisch erschafft und den Geist und das Haar und die Arme, die uns umschlingen,

Und das Gefühl, das Gesicht – und den Mund einstmals auf deinem Munde!

– Spotte nicht über mich, Mesa!

MESA: Ich höre dich heimlich lachen!

YSE: O Mesa, wenn du wüßtest, wie schrecklich das ist für eine Frau,

Im Spiegel sich zu betrachten und zu sehen, wie man altert, und diese schrecklichen roten Pünktchen,

Und sich mit den Fingern zu betasten und zu denken, daß man nicht mehr sich gleich ist, und dieser Körper von einst des jungen Mädchens,

Das rosig und strahlend war wie eine Gladiole und sein Gesicht so fest und hart wie ein Stein!

O die Braut, die den Mund hinreicht, der nach weißen Hyazinthen duftet und nach frischen Trüffeln.

Doch fortan werde ich nicht mehr altern! fortan bin ich jung auf alle Zeiten!

MESA: Jetzt bist du es, die mich unterweist, und ich höre zu. Wie lange noch wird es währen, o Weib, sag es mir, Frucht der Rebe,

Bis ich von neuem dich trinke im Reiche Gottes?

YSE: Das schaue ich nicht und vernehme ich nicht, Mesa. Doch wie ein jeder sein Gesicht

Hervorbringt und seine Einsicht, so auch entreißt er mit seinem eigenen Leben

Aus der Bewunderung des einen Einzigen, das da Ist,

Seine eigene Frist. Versuche nicht, mich zu begreifen.

MESA: Was also erschaust du, und was vernimmst du?

YSE: Nichts als dein Herz.

MESA: Und sonst?

YSE: Man soll keine Angst haben. Unsere Zeit, die vergeht, die alte Zeit, die sich erfüllt,

Die Höllenmaschine unter dem Haus, nur noch wenige Minuten verbleiben, den Augenblick selbst,

Da im Donnergetöse diese Gehäuse aus Fleisch umhergestreut werden. Fürchte dich nicht.

MESA: Das schändliche Fleisch erschaudert, doch der Geist währt unauslöschlich.

So auch wacht die einsame Kerze im Dunkel der Nacht,

Und die Last der Finsternis, die sich darüberlagert, wird nicht genügen, das winzige Feuer zu erdrücken!

Nur Mut, meine Seele! wozu auch dient ich hier unten?

Ich habe es nicht verstanden,

Wir haben es nicht verstanden, Yse, uns nach und nach zu geben! So laß uns in einemmal uns geben!

Und schon spür ich in mir

All die alten Kräfte meines Wesens, sie stürzen ein, geben der neuen Ordnung Raum.

Und von der einen Seite vernehm ich, von jenseits des Grabes, den Hornruf des Würgengels,

Die Ladung vor die Schranken des Richterstuhls durch die unermeßliche Öde erschallen,
Und von der anderen Seite die Stimme des unbestechlichen Erzes,
Alles Geschehn meines Lebens zugleich vor meinen Augen,
Wie verhallender Trompetenklang breitet sich's aus!
Yse erhebt sich und steht aufrecht vor ihm, mit geschlossenen Augen, ganz weiß, im Mondlicht, die Arme zum Kreuz ausgebreitet. Ein starker Windstoß wirbelt ihr Haar auf.

YSE: Und jetzt betrachte mein Angesicht, denn noch ist es Zeit.
Und sieh mich an, die ich hier vor dir stehe, ausgebreitet wie ein großer Ölbaum im Strahl des irdischen Mondes, der Leuchte der Nacht,
Und saug ein Abbild von diesem sterblichen Angesicht in dich, denn die Stunde unserer Auflösung ist nahe, und du wirst mich nicht mehr sehn mit diesem Auge des Fleisches!
Und ich hör dich und höre dich nicht, denn schon habe ich keine Ohren mehr! Schweige drum nicht, mein Geliebter, dort bist du!
Und schlage du nur den Akkord an, auf daß ich . . .
Aufstrahle und mit meinem eigenen Goldklang statt meiner Ohren
Anstimmen höre, einströmen wie ein reiner Gesang und wie eine wirkliche Stimme in deine Stimme mich, deine ewige Yse, besser als Erz und ein Eselsfell!
Unter dir war ich das willige Fleisch und wie ein Pferd zwischen deinen Knien, wie ein Tier, das keine Vernunft lenkt,
Wie ein Pferd, das geht, wohin du den Kopf ihm drehst, wie ein Pferd, das dahinstürmt, rascher und weiter noch, als du es willst!
Schau es nun an, die Arme gebreitet, das Weib voll der strahlenden Schönheit in der noch größeren Schönheit!
Was sprichst du vom gellenden Schall der Trompete! erhebe dich, o du gebrochne Gestalt, und sieh mich wie eine hinhorchende Tänzerin,
Ihre kleinen, jubelnden Füße werden gepflückt vom unwiderstehlichen Takt!
Folge mir, zaudre nicht mehr!
Großer Gott! hier bin ich, lachend, hintreibend, losgerissen von allem, den Rücken auf dem Halt des Lichts wie auf Schwingen unter dem Unermeßlichen!
O Mesa! nun ist es Mitternachtswende! hier bin ich, befreit zu werden bereit,
Das Zeichen zum letzten Male des schweren, wallenden Haares im Winde des Todes!

MESA: Lebwohl! ich habe zum letzten Mal dich geschaut!
Über welch lange, beschwerliche Wege,
Getrennt noch, wenngleich fernerhin lastend
Einer noch auf dem andern, wollen wir
Unsere Seelen führen in ihrem Mühn?
Gedenke, gedenke des Zeichens!
Und das meine ist kein eitles Haar im Sturm, noch das kleine Taschentuch für einen Nu,
Nein, alle Schleier verweht, ich selbst, die starke, aufblitzende Flamme, das große Männliche in der Herrlichkeit Gottes,
Der Mensch im strahlenden Licht des August, der Siegergeist in der Verklärung des Mittags!

IV NACHWORT
VON EDWIN MARIA LANDAU

Das Wahre! Das Wahre, alle Welt spürt deutlich, daß es ein Vorhang ist! Alle Welt spürt deutlich, daß es noch etwas dahinter gibt. Den Knaben bereits, der auf einsamen Pfaden in den Wäldern des Tardenois seinen Jugendträumen nachging, bewegte ein solches Ahnen. Aus sehr unromantischen Träumen, die sich in dem Kopf des mürrischen, recht Ungeselligen auslebten, zog es ihn unwiderstehlich in die Ferne, als fände sich schon rein räumlich hinter den Horizonten der engeren Heimat, jenes in die Marneebene vorspringenden Kap Chinchy, die wahre Welt, als locke von dort ein Ruf, der lautlos sein Ohr erreichte. Das Klima des Elternhauses sollte ein solches Verlangen noch fördern. Am 6. August 1868 war er in Villeneuve-sur-Fère-en-Tardenois zur Welt gekommen. Der Vater, nach deutschen Begriffen Katasterbeamter, die Mutter, Tochter eines Arztes, den das Kind qualvoll an Krebs dahinsiechen sah, eine erste Begegnung mit dem Tode, die sich ihm tief einprägte, die beiden älteren Schwestern: Camille, die Schülerin von Auguste Rodin, und Louise, musikalisch ungewöhnlich veranlagt, sie bildeten einen stolz sich abschließenden, streitsüchtigen Klan. Früh schon entwickelte er sich zum Einzelgänger, der er allem äußeren Anschein zum Trotz zeitlebens geblieben ist. Die beiden Blutsströme, die sich in der Familie vereinigten, der eine auf das Haus der Herzöge von Orléans zurückgehend, der andere sich von Revolutionsemporkömmlingen ableitend, prallten in ihm aufeinander und schufen ein dramatisches Klima, das sich bereits in frühen Jahren dumpf in ihm regte, noch bevor diese Seelenlage in den Theaterstücken durch gegensätzliche Gestalten sichtbar wird.

Doch so sehr er sich durch sein letztlich bäurisches Erbe mit dem Boden verwurzelt fühlte, so sehr er die Kost der einfachen, kleinstädtischen Schulbildung zu schätzen wußte und so verlassen er sich bald schon in dem Lernbetrieb eines Pariser Lycée fühlte – um das eigentlich Erzieherische, Menschenbildnerische betrogen und in allen Fragen sich selbst überlassen –, so hatte der Blick aus dem Wipfel eines Baumes im elterlichen Garten ihm jenen Drang in die Ferne übermittelt: *Und ich sehe mich wieder droben in der höchsten Gabel des alten Baumes, ein Kind, zwischen Äpfeln im Winde gewiegt. Von dort betrachte ich wie ein Gott auf seinem Blütenkelch, ein Zuschauer im Welttheater, in tiefer Versunkenheit Relief und Gestaltung der Erde.* Mit diesen Worten ruft der junge angehende Diplomat auf entlegenem Konsulatsposten in China in der *Erkenntnis des Ostens* seine Knabenzeit ins Gedächtnis zurück. Von dort aus öffneten sich ihm die Horizonte, die es zu erkunden galt.

Vorerst stand ihm die wenig aussichtsreiche Laufbahn eines Staatsbeamten offen; die wirtschaftlich beengten Verhältnisse des Beamtenmilieus schienen andere Möglichkeiten auszuschließen. Mitten in den Vorbereitungen auf die Examina entschloß er sich, auf der Hochschule für Orientalische Sprachen Chinesisch und Japanisch zu lernen, im Hinblick auf eine Dolmetscherlaufbahn. Ein weitblickender Direktor legte ihm nahe, sich zum diplomatischen Dienst zu melden; nach kurzer, mehrwöchiger Büffelei ging er zu seiner nicht geringen Verwunderung, wie er als Achtzigjähriger noch errötend bestätigte, als Erster aus der gefürchteten Prüfung am Quai d'Orsay hervor. Endlich steht ihm der Weg offen, der Weg in die Welt, rund um die Welt. Es beginnt eine der glanzvollsten Diplomatenlaufbahnen, die der Quai d'Orsay je zu verzeichnen hatte. In fünfundvierzigjährigem Dienste, zunächst als Konsulatsbeamter, dann als Konsul, Generalkonsul, Gesandter und schließlich Botschafter führt ihn der Weg nach New York, Boston, Tientsin, Foutcheou, Schanghai, Hankau, Peking, Prag, Frankfurt, Hamburg, Rio de Janeiro, Kopenhagen, Tokio, Washington, Brüssel. Von diesem letzten Posten zieht er sich 1935 in den Ruhestand zurück. Es verbleiben ihm noch zwanzig Jahre, die er nahezu ausschließlich seinen bereits in Washington 1927 begonnenen Bibelstudien widmet.

Einundzwanzig Jahre seines Lebens hat Claudel im Fernen Osten verbracht, fünfzehn in China, sechs in Japan. Für einen Menschen, der mit so wachen Sinnen vor die Welt und ihre Schauspiele trat, eine Frist, die ihm diese Welten in mannigfacher Hinsicht erschließt. Drei Prosa-Werke vor allem geben uns Kunde von seiner Begegnung mit der fernöstlichen Welt: *Erkenntnis des Ostens,* erstmals 1900 veröffentlicht, 1905 in zweiter, erweiterter Auflage, *Unter dem Drachenzeichen* (1909), teilweise ein diplomatischer Bericht, und schließlich *Schwarzer Vogel im Sonnenaufgang,* über Japan (1927). In diesen Jahren entstanden auch die beiden Spruchsammlungen *Hundert*

Fächersprüche und *Dodoitzu,* bei denen Claudel japanische Gedicht- und Spruchformen in seiner Muttersprache nachzugestalten sucht.

Erkenntnis des Ostens, dieser Titel umschließt, betrachtet man ihn genauer, einen doppelten Inhalt. In der Fremde fühlt sich Claudel verbannt – ein damals entstandener Gedicht-Zyklus *Verse der Verbannung* sagt es sehr deutlich. Sich selbst überlassen, gelangt der Dichter zu der weiteren Erkenntnis seiner selbst und zugleich zu der seiner neuen Umwelt im vollsten Sinne dieses Wortes, als einer Landschaft, Kunst, Philosophie und Religion umschließenden Welt. Noch ganz eingefangen von der Sprache des Meisters Stéphane Mallarmé – eine Ausdrucksweise, die seinem Wunsche, sich zu verbergen, seine persönlichen Erlebnisse unsichtbar zu machen, entgegenkommt – umschreibt er diese Erlebnisse in einer geheimzeichenartigen, verschlüsselten Sprache. Nur wer ganz genau hinsieht, zwischen den Zeilen liest, wird *spüren, daß hinter der Landschaft sich ein ganzes Schicksal entrollt. Es waltet darin etwas Bedrohliches wie die Überhelligkeit der Tage, die einem Taifun vorangehen.* Es ist das Vollkommenste, was Claudel geschrieben hat, von der chinesischen Malweise wie von der Kunst Mallarmés eingegeben, ein freies Ausschwingen-Lassen der Satzperioden, das aber nicht weniger von der Prosa Arthur Rimbauds bestimmt ist. Die Wesenseinheit von Mensch und Welt wird in diesen Prosa-Gedichten interpretiert, die so zu einem Stück Welt-Anschauung werden. Dieses China, in dem er seine Funktion eines Konsuls ausüben soll, ist zugleich jenes Stück Welt, in das er eingeschlossen ist, das ihn von der übrigen Welt trennt. Jedes dieser Prosa-Gedichte birgt eine Lösung in sich, oder zumindest die genaue Festlegung eines Problems, das er durch weitere Untersuchungen zu lösen gedenkt. Jedes ist das Ergebnis einer langen Vorbereitungsarbeit, einer Reihe äußerst gewissenhafter Beobachtungen. Doch läßt sich dieser Prozeß nur erraten, denn was uns vorgelegt wird, ist die reine Verwirklichung, in der auch der kleinste Satz sein Gewicht hat, eine gewichtige Zone konturiert, sei es aus erschauter oder erlebter Welt.

Zwanzig Jahre später werden die verschiedenen Blätter zusammengetragen, aus denen die Sammlung *Schwarzer Vogel im Sonnenaufgang* besteht, welcher der Text *Blick auf die Seele Japans* entnommen ist. Wenngleich am Rande entstanden, ist es ein Kunstwerk in sich. Man vergegenwärtige sich, daß in den Jahren seiner Botschafterzeit in Japan, von 1921–1927, Claudel den *Seidenen Schuh* geschrieben hat, und dies neben seinen amtlichen Obliegenheiten, mit denen er es sehr ernst nahm. Nur dank seiner strengen Disziplinierung war ihm das möglich, dank einer Zeiteinteilung, an die er sich rigoros hielt: Morgens geht er zur Frühmesse, dann arbeitet er nach dem Frühstück bis zehn Uhr an seinen jeweiligen Dichtungen oder Bibelstudien, punkt

10 Uhr legt er die Feder mitten im Satz, ja mitten im Wort nieder, von da ab gehört der Tag seinem Amt mit allen dazugehörigen Verpflichtungen, von denen er die gesellschaftlichen als höchst lästig empfand. Jetzt, wo der Ruhm zwar immer noch auf sich warten läßt, in seiner Heimat sind es nur wenige Eingeweihte, die von ihm Notiz nehmen, kann er sich doch ungezwungener geben, nicht jede Darstellung muß die hermetische Dichte einer der Gedichte in Prosa der *Erkenntnis des Ostens* haben. Es setzt die Zeit der Ernte ein, die Begegnungen sind beglückender, wenn man von der tragischen Episode des großen Erdbebens 1923 absieht, bei dem unter anderem das Botschaftsgebäude in Schutt und Asche ging und das Manuskript des Dritten Tages des *Seidenen Schuh* verbrannte, das aus dem Gedächtnis neu niedergeschrieben werden mußte. Doch hat hier nichts das Bedrohende der chinesischen Gebirge, es ist alles überschaubar und wirkt vertrauter.

Ein Rückblick kann die ursprünglichen Vorstellungen erkennbar machen, aus denen heraus Claudel glaubt, seiner dichterischen Berufung entsprechen zu können. Von dem Augenblick an, da er am Weihnachtstage 1886 in Notre Dame de Paris durch eine blitzhafte Erleuchtung seinen verlorenen Glauben wiedergefunden hatte, geht es dem Dichter darum, sich ein vollständiges und in sich sinnvolles Bild der Welt zu machen. Die Rolle des Dichters kann nicht darin bestehen, aus dem Nichts etwas heraufzubeschwören: diese Kraft kommt allein Gott zu, und seine Schöpfung legt hierfür Zeugnis ab. Es geht auch nicht darum, auf verwegene und künstliche Weise erneut zu gestalten, was bereits einmal gut geschaffen wurde, sondern darum, dieses wunderbare Werk zu erkennen, seine Harmonie darzustellen, seinen verborgenen Sinn, eben jenes Dahinter zu erraten. Der Dichter sieht sich einer Gegebenheit gegenübergestellt, er muß sich mit der Welt als Schöpfungswirklichkeit, so wie sie ist, abfinden. Er betrachtet sie und befragt sie. Sie wird ihm begreifbar im Sinnbild, oder sie offenbart sich ihm als die ewige Gegenwart des Schöpfers. Zwei Betrachtungsweisen, von denen die eine auf die Ursprünge der Dichtung Claudels verweist, auf seine ersten Verse, mit denen er sich noch scheu und halb verlegen, aber voll der Bewunderung eines ungeschlachten Bauernburschens, wie er von sich selbst sagte, an den verblüffenden Vers-Virtuosen Stéphane Mallarmé wandte. Das war im Jahre 1887. Die Lektüre von Arthur Rimbauds *Illuminations* hatte bereits die qualvolle Ausweglosigkeit gemildert, unter der er durch den ungeschlachten Materialismus seiner Epoche und den plumpen Naturalismus litt. Da führte ihn einer jener berühmten Abende in der Rue de Rome persönlich mit Mallarmé zusammen – damals Treffpunkt des geistigen Europa, Stefan George gehörte ebenfalls zu seinen Besuchern.

Auch Mallarmé suchte nach einer Überwindung des Materialismus. Die Frage, die sich ihm angesichts des Schauspiels der Welt stellte, lautete nicht einfach *was ist das*, nein, ihm ging es um mehr; er fragte sicht stets aufs neue *Was will das besagen? Was w i l l es b e s a g e n?* Während aber Mallarmés Antwort in eine neue Enge des Symbolismus führte, gelangte der hellhörige Jünger zu einer fundamental andern Einsicht. Das Gefühl der Befreiung klingt freudig nach in seinen Worten: *Wir sind hinausgetreten aus der verhängnisvollen Erstarrung, aus dem Gefühl, der Geist werde durch die Materie erdrückt, aus der Faszination durch die Quantität. Wir wissen, daß wir dazu geschaffen sind, die Welt zu beherrschen . . . Wir wissen, daß wir in gewisser Weise der Anfang der Schöpfung sind, daß wir alle Dinge in Rätseln sehen und wie in einem Spiegel, daß die Welt ein Buch ist, das von außen und von innen geschrieben ist, und daß die sichtbaren Dinge dazu geschaffen sind, um uns zu der Erkenntnis der unsichtbaren zu führen.*

Damit erschließt sich ihm die zweite Betrachtungsweise. Mit dem Apostel Paulus weiß der Dichter, daß alle Dinge unwillentlich der Vergänglichkeit unterworfen sind. Diese Vergänglichkeit sollen sie uns bezeugen: zugleich wollen sie aber etwas anderes besagen, daß sie nämlich einen *Sinn* haben, eine *Bedeutung*. Der Dichter weiß, daß die Natur ein Tempel ist, kein leerer Tempel, sondern behaust von der Gegenwart des Ewigen. *Der Mensch*, so sagt Claudel, *geht darin durch Wälder von Symbolen, die nicht inhaltlos sind, sondern ganz beladen mit Geheimnissen.*

Mit dieser Frage nach Sinn und Bedeutung setzt er an, um sich sein Denkrüstzeug zurechtzulegen. Studium und Beobachtung gehen engstens zusammen, es entstehen gleichzeitig die *Art poétique* (1904) und *Erkenntnis des Ostens*, Dokumente überdies einer ungewöhnlichen denkerischen Disziplinierung, entstanden sie doch in den Jahren seiner großen Lebenskrise, für die das Drama *Mittagswende* zeugt – eine Auseinandersetzung, die unübersehbare Spuren in seinem ganzen Werk hinterlassen hat. Er gelangt dabei zu einer neuen Denkweise, die gleich auf den ersten Seiten der *Art poétique* genau umschrieben wird.

Einst in Japan, als ich von Nikkô nach Chuzenji hinabstieg, sah ich, wenn auch in weiter Ferne, so doch zufolge der Blickrichtung meines Auges nebeneinander, wie das Grün eines Ahorn den Akkord vollendete, der durch eine Fichte angeschlagen war. Die hier vorliegenden Seiten erklären diesen Waldtext, diese baumartige, junihafte Ausdrucksweise einer neuen Ars poetica mundi, einer neuen Lyrik. (Poiein – Poietes = der Dichter; Poiein = erschaffen.) Die alte hatte zum Organ den Syllogismus; diese hat die Metapher, das neue Wort, die Wirkung, die allein auf dem miteinander verbundenen und gleichzeitigen Dasein zweier verschiedener Dinge beruht.

Diese Metaphorik speist sich aus dem Bezug auf die Allgegenwärtigkeit Gottes, der die neue Denkweise des Dichters bestimmt. Seine Aufgabe besteht darin, die Zeichen, in denen die Schöpfungswelt zu ihm spricht, und zu uns spricht, im Wort festzuhalten; er spricht das allgemein faßbare Wort aus und verleiht damit den vergänglichen Dingen eine unvergängliche Form. Wie das Bild von den verschiedenen Grün der Bäume zeigt – es erinnert an die Bemühungen Van Goghs um eine Theorie von den Komplementärfarben –, spannt die Metapher Brücken von einer Ordnung zur andern. Nun ist aber das Wort nicht nur Abbild der Dinge, die es ausdrückt, sondern auch das Abbild ihrer Beziehungen untereinander, da das Wort ja nur innerhalb eines Satzes seinen Sinn hat. Das Wort wird so zum Zeichen der Welt und zum Zeichen Gottes, denn mit Hilfe eines Wortes hat der Schöpfer das Weltall dem Nichts entrissen. Und somit wird die Metapher zum Ausdruck, sie gibt Rechenschaft von einer vierfachen Beziehung: von der Beziehung der Dinge unter sich, der Beziehung der Dinge zum Menschen, der Beziehung der Menschen unter sich, und schließlich der Beziehung des Menschen zu Gott. Diese verschiedenen Beziehungsordnungen sind unter sich durch Ähnlichkeiten, durch Verwandtschaften verknüpft, oder genauer gesagt, die niedrigere Ordnung verknüpft sich mit der höheren, ein Bild mit dem andern, sich solchermaßen immer mehr dem Archetypus, dem Urbild nähernd. Hinter aller qualvollen Bedrängnis durch die irdische Unordnung wird das Verlangen nach Ordnung spürbar, der Drang, die disparaten Elemente nicht in eine partielle und zufällige, sondern in eine totale Harmonie zu bringen. Sich ihr in einer vierfachen Stufenordnung zu nähern, ist das Ziel, das über die Metaphern angestrebt wird. Während der Gelehrte analysiert, womöglich auflöst bis zum Nichts, ist der Dichter ein Komponist, ein «Zusammenfüger». Die Metapher, das vergleichsweise Vereinigen des scheinbar Unvereinbaren, ist ihm Beweis für die Einheit des Kosmos. In der Annäherung schafft er durch erneutes Zusammenfügen die konkrete Einheit. Es gilt, die schöpferische Absicht zu erkennen, die jedes Ding, indem es dieses bei seinem Namen rief, dem Nichts entriß. Auch der Dichter erkennt die Zufälligkeiten, er horcht hin, hält die Augen offen, entdeckt Beziehungen und Korrespondenzen, denn in allem spricht die Natur von dem Einen, von Ihm. Dies spricht der Dichter im faßbaren Wort aus und verhilft so dem Vorübergleitenden zur unvergänglichen Form, wenn auch nicht im Sinn einer Erstarrung. Da er Descartes mit seiner rigorosen Logik so offenkundig verwarf, war Claudel für die Franzosen in allem zu neuartig – die Philosophie eines Bergson, mit dem er sich in vielem traf, fand erst später ihre Gestalt. Mit Claudel befinden wir uns in einer völlig andersartigen Welt, einer Welt der Bilder und Spiegelungen, wo auch das Geringste noch durch seine Unzulänglichkeiten die Notwendigkeit des göttlichen Wesens zu erkennen gibt.

Was hier andeutungsweise und begrifflich ausgesprochen ist, das findet seinen dichterischen Ausdruck in den *Musen*, der ersten der *Fünf Großen Oden*, die Sinn und Auftrag des Dichters darlegt. Ein römischer Sarkophag, an der Straße nach Ostia gefunden, heute im Louvre stehend, gab den äußeren Anlaß zu dieser Ode, die in nuce, noch vor deren Niederschrift, seine *Art poétique* enthält. 1900 in Paris begonnen, fand die Ode erst 1904 nach einer Unterbrechung, deren Gründe noch aufzuzeigen sind, in Foutchcou ihren Abschluß. Wie ein lang zurückgestauter Schrei bricht das urplötzlich aus ihm heraus, und *jäh das Aufflammen der Ode* heißt es da. Bereits diese fünf Worte geben zu erkennen, daß es sich hier nicht um beliebige Gedankenspiele handelt, sondern daß etwas hervorbricht, das im Dichter nach Wortwerdung verlangt – mit solch elementarer Kraft, daß es nicht in wohlgeordneten, logisch aufgebauten Gedankenfolgen zu Papier gebracht werden kann. Haupt- und Seitenthemen lösen sich ab, verschlingen sich wie in einem orchestralen Werk, um abgewandelt bis zum alles klärenden Finale immer wieder neu durchgeführt zu werden. Der Auftakt wird Terpsichore anvertraut, sie, die Muse des Tanzes, ist am besten dazu berufen, den Reigen in Bewegung zu setzen, aus jener Bewegung eben, die am Ursprung alles Geschaffenen steht, ohne die es kein Leben, keine Musik, keine Dichtung gäbe. Aber, wie bereits angedeutet, Dichtung, wie sie Claudel versteht, besteht nicht aus einer wohlgeordneten Gedankenfolge, sie entlädt sich hier in einem lang nachhallenden Schrei, in dem alles zugleich schon halb geformt aufklingt. So werden durch den Mund Terpsichores alle neun Musen in ihrem Beisammensein als unerläßlicher Beistand für das Gelingen des ganzen Gedichts beschworen. *Plötzlich, sieh, da der neue Dichter, schwanger von geistiger Sprengkraft, / Schwarzem Gebrüll des ganzen Lebens, verschnürt vom Nabel im bebenden Urgrund, / Aufbricht – der Ansturm / Sprengt die Klausur, der Atem von selbst / Vergewaltigt die schneidenden Kiefer —: / Ein Schrei – und die schauernden Neun!*

Als Älteste unter ihnen ist Mnemosyne erwacht, die stets ihr Wort verhüllt, das fortlebt und fortwirkt im Gedächtnis, bewahrend, weitergebend und Neues zeugend. Das Vergangene, das nicht vergehen soll, rettet sie ins Zukünftige. Ihr unablässiges Schweigen weist wortlos zurück auf den Ursprung, mit dem alles willentlich oder unwillentlich verbunden ist, auf Gott. Ohne diese Rückbesinnung auf diese Rückverknüpfung, diese «religio», ist kein dichterisches Wort denkbar. So beschwört Claudel als Denkbilder solcher Dichtungsweise auf erhabene Weise Homer, Virgil, Dante, aber nicht, um sich im Geschichtlichen zu verlieren. Sein eigener Weg ist ihm vorgezeichnet und seine Bahn ist von den beiden Musen bereitet, die er als die Atmenden, die Verströmenden und die Muse der Inspiration, der Eingebung bezeichnet, Thalia und Klio. *Ich habe die nährenden Nymphen gesagt; die nicht reden und die sich nicht zeigen; ich sagte die Musen des atmenden Geistes, nun sag ich die Begeisterung. / Denn der Dichter, gleich einem Instrument, das man bläst / Zwischen Gehirn und Nüster (in einer Empfindung gleich dem scharfen Reiz des Geruchs). / Öffnet nicht anders als der kleine Vogel die Seele, / Wenn er mit dem ganzen Körper zu singen bereit, sich mit Luft füllt bis ins innerste Mark! / Doch nunmehr sag ich die großen einsichtigen Musen.* Von ihnen erhofft der Dichter Hilfe, dank ihnen soll das in ihm Schwelende, der Schrei, Ausdruck und Form erhalten, soll aus all dem aus dem Innern Heraufdrängenden Gesang sich bilden, eben das Wort. Hierzu ist Euterpe berufen mit ihrer Lyra, die einem Webstuhl, einem Netz gleicht, das es nur auszuwerfen gilt, um alles einzufangen und aus dem Gewimmel ein wohlgestaltetes Gebilde zu formen. Doch sie selbst wird noch nicht singen: *Du bist die Singende nicht, du bist, derweil er sich ausformt, der Sang selbst, / Bist von dem Wort der Seele die Tat ihrer Selbstvertonung!* Damit es Dichtung werde, bedarf es noch der Hilfe Uraniens, die mit Zirkel und Kompaß die Abgründe umgreift. Und doch entzieht sich für Claudel alles so strengem Maß, und er umschreibt das Wesentliche seiner Dichtungsweise in den folgenden Versen: *O Grammatiker, in meinen Versen such nicht den Weg, suche die Mitte! Miß ihn, begreife den Raum, der begriffen ist zwischen diesen einsamen Feuern! / Daß ich, was ich sage, nicht wisse! Daß ich sei wie ein Klang an der Arbeit! Daß ich vernichtet sei in meiner Bewegung! / (Nichts als den kleinen Druck meiner Hand, um zu lenken.) / Daß ich mein Schwergewicht wahre wie der wuchtende Stern quer durch die wimmelnde Hymne!* Das Gedicht ist nichts anderes als der Ausbruch eines Stromes, der das innere Schweigen überflutet.

Nun sieht sich Melpomene durch das Stichwort aufgerufen, die Muse der Tragödie. Ihr ist das Wissen um die Schicksale anvertraut, sie beschwört sie nach Art von Parzen, wonach alles vorausbestimmt ist, ihr fällt es zu, das scheinbar Zufällige zu einer in sich logischen Ordnung zu fügen. Die großen Rollen der Antike stellen sich im Gedächtnis des Dichters ein, ehe das Wort weitergeleitet wird an die, die im Verborgenen hütet, an Polyhymnia, die Muse des lyrischen Gedichts. Sie ist ganz Widerhall des menschlichen Wortes. Ihr, seiner innersten Stimme vertraut der Dichter sein Wissen an um die gottgegebenen Zusammenhänge im kosmischen und menschlichen Dasein.

Eine fehlt aber noch im Reigen, mit Allgewalt bricht sie herein und stört diese Musen-Ruhe und Feierlichkeit auf, Erato, mehr Mänade als Muse. Es wird sich gleich bei den Notizen zu *Mittagswende* zeigen, wieso es zu dem Einschnitt kam und wieso der Dichter erst nach Jahren den unerläßlichen Schluß zu den *Musen* fand. Keiner andern der neun Musen konnte er so Persönliches, über das Dichterische hinausweisend und ihn selbst preisgebend, in den Mund legen. In Erato sind alle Kräfte der Musen vereint: Tanz, Musik, Gesang. Mit dieser Fülle reißt sie im unvermuteten Augenblick, häufig mitten im Leben, den Menschen aus seinem Alltagstrott heraus. Ganz unvorbereitet findet sie seine Seele, die auf diesen Anruf in der ersten Erregung folgt, insgeheim sich verstanden fühlt und sich dem trunkenen Rausch hingeben will, der stärker ist als alle Einsicht, und einem den Schrei entlockt, den man vergebens zurückzuhalten versucht.

Es gibt Schreie, die auszustoßen ein Mensch nicht das Recht hat: «Mittagswende» ist ein solcher Schrei, notiert Claudel 1948. Was der Dichter in den Augen Eratos liest, das ist die Antwort auf sein innerstes Verlangen. So vermischen sich ihre Züge mit denen jener Frau, die ihm auf so unerwartete Weise bei der Rückkehr, bei der Rückberufung nach China 1900 auf dem Schiff begegnet war, um auf andere Weise alle Fragen in ihm neu aufzuwerfen. *O meine Freundin! O Muse im Winde des Meeres! O Denkbild, gelocktes, am Bug! / O Kummer! O Aufforderung! / Erato! du schaust mich an, und ich lese einen Entschluß in deinen Augen! / Ich lese eine Antwort, ich lese eine Frage in deinen Augen! Eine Antwort in deinen Augen! / Das Hurra, das dich nun allseits ergreift wie Gold, wie Feuer im dürren Heu! / Eine Antwort in deinen Augen! Eine Antwort und eine Frage in deinen Augen!*

Noch deutlicher ist der Hinweis wenige Zeilen voran: *Du selber, Freundin, deine großen Blondhaare im Winde des Meers, / Es gelang dir nicht recht, sie am Haupte zu bändigen; da stürzen sie! die lastenden Locken / Rollen dir auf die Schultern . . .* Gehen wir zurück zum Auftakt der *Musen,* zum Jahr 1900. In der Einsamkeit der entlegenen Konsularposten ist Claudel ganz auf sich selbst verwiesen: als Konsul, als Neubekehrter, der sich Gott gegenüber verpflichtet fühlt, und schließlich als Dichter. Zwischen diesem Dichterauftrag und seiner religiösen Erweckung glaubt Claudel einen Widerspruch zu erkennen. Diesen Zwiespalt hofft er dadurch lösen zu können, daß er sein dichterisches Werk aufgibt, um sich ganz dem Dienste Gottes zu weihen. *Hier bin ich, macht Euch bezahlt! Nehmt selbst, was Ihr braucht!* Mit diesen Worten umschreibt Mesa in der *Mittagswende* den biographischen Sachverhalt, daß Claudel um jene Zeit einen längeren Urlaub genommen und zuerst bei den Benediktinern in Ligugé, dann in Solemnes ein Noviziat begonnen hatte. Zu spät muß er erkennen, daß sein etwas gewaltsamer Versuch, sich Gottes zu bemächtigen, zuviel Egoistisches in sich schloß und darum scheitern mußte. Bei einer letzten Gewissenserforschung, die ihm der Novizenmeister anrät, fühlt er sich wie vor eine Wand des Schweigens geraten und abgewiesen.

Völlig zermürbt durch diesen Fehlschlag, ausgeblutet und kraftlos, wie Mesa von sich sagt, nicht minder ratlos, wie er sein weiteres Leben gestalten, was für einen Sinn es haben solle, fährt er zurück nach China. Es ist die Zeit des Boxeraufstandes, am Quai d'Orsay ist man hoch erfreut, wieder über ihn als Kenner der Verhältnisse verfügen zu können. Hier setzt das Drama ein, seine religiöse Beunruhigung bringt es ins Rollen, das Drama des leidenschaftlichen Gottsuchers, der sich in seinem Glauben und dessen Ordnung pharisäisch geborgen fühlte und den Gott selbst in die tiefste Unordnung stößt, damit er in seiner Verzweiflung den finde und erfahre, der seinen Dienst nicht annehmen wollte. Auf dem Ozeandampfer «Ernest Simon» begegnet ihm die Frau, nicht das erste Mal, wie sich aus einer Notiz in einer Agenda des Dichters ergibt.

Aber dieses Mal stand Claudel offenbar an einem Kreuzpunkt zweier Lebensbahnen. Sah er nur den Weg in die klösterliche Abgeschiedenheit vor sich, oder drängte eine andere Lebenskraft nach Verwirklichung, die ihm in ihrer elementaren Folgerichtigkeit noch nicht ganz bewußt war? *Da hätten wir das Alter erreicht, wo es nicht länger beruhigend ist, frei zu sein!* wirft Mesa zu Beginn ins Gespräch. Liest man nicht in *Erkenntnis des Ostens* in dem Prosa-Gedicht *Glut: Ein großes Herz jedoch, von der scharfen Spitze der Liebe berührt, umarmt das Feuer und die Folter,* etwa 1899 geschrieben? Jetzt, in dem blitzhaften Nu, mit dem die Ewigkeit hereinzubrechen scheint, ist das glühende Wirklichkeit geworden, das alle Sicherungen, religiöse, sittliche, sakramentale der unauflösbaren Ehe Ysé's zum Schmelzen bringt. Was sich als dichterisches Bild angekündigt hatte, spricht nunmehr Mesa in unverhüllten Worten aus: *Hart ist es, sein ganzes Herz zu behalten. Hart, nicht geliebt zu sein. Hart, ganz allein zu sein. Hart, zu warten, und zu erdulden, und zu warten, und stets nur zu warten. Und immer noch* . . . Als harmloses Spiel mag es begonnen haben, bei einem der Bordfeste, die die Eintönigkeit der langen Seereise unterbrechen sollen, wie es im Stück evoziert wird. Vielleicht hat Ysé ihren seidenen Schuh Mesa zugeworfen und ihn so zum Tanz mit ihr aufgefordert. Diese Geste verbirgt sich vermutlich hinter dem immer aufs neue umrätselten Titel des *Seidenen Schuh*. Ein Tanz, der in seinem Wirbel bis an den Abgrund führt und nicht aufzuhalten ist, auch wenn er Verderben und Tod bedeutet, wie Ysé in Rausch und Taumel herausschreit.

Unmöglichkeit des Verweilens, wo immer es sei . . . Mittag! Damit ist das

Klima angedeutet, in dem das Drama sich abspielt, der Augenblick ist gemeint, da der Mensch sich ausgestellt sieht, kein Schatten, in den er sich flüchten könnte, verwirrt vom flirrenden Glast der Sonne, ausgesetzt dem Auge, das über ihm wacht, unter dem Schatten des Einen, der, wie der Dichter einmal sagt, als der große Impresario uns unsern Platz anweist im ständig wechselnden Spiel des Lebens. Er ist, auch wenn er nicht auf dem Theaterzettel figuriert, der eigentliche Protagonist der Tragödie. Durch die Flucht zu ihm hin, oder von ihm weg entscheidet sich für jeden einzelnen sein Schicksal.

Auch im dritten Akt ist der Zusammenhang mit den Lebensumständen nicht abgerissen: In Mesa's Lobgesang wird das Drama dieser *unmöglichen Liebe* noch einmal zusammengerafft. *Ihre Abreise,* diese zwei Worte, mit denen das *Journal* Claudels am 1. August 1904 einsetzt, zeigen an, was für eine Wunde an jenem Tage in ihm aufgerissen wurde. Was Ysé als Rechtfertigung ihres Weggangs Amalric begreiflich zu machen sucht, das muß Mesa ihr eingestehen. *Es ist wahr, ich habe dich fortgewünscht! ich war falsch, du hast es erraten.*

Das Gute erkennen und das Böse tun, ein größeres Unglück gibt es nicht, so hat es Claudel in einem Vortrag formuliert. Die weiteren Eintragungen im *Journal,* Zitate aus den «Moralia» des heiligen Gregorius, lassen erkennen, in welcher Richtung die Befreiung von dem inneren Druck gesucht wurde. Aber in der dritten Zeile des *Journal* steht, nachträglich mit einer andern Tinte eingetragen: *Geburt von Louise: 22. Januar 1905.* Es folgen bald persönlichere Worte nach den Zitaten des Kirchenvaters. *Die Frau ist die große Demütigerin, Die erschreckenden Wege Gottes. Wenn du etwas von Ihm erbittest, hüte dich, er könnte dich erhören.* Man denkt an den oben aufgeführten Satz aus der *Erkenntnis des Ostens: Ein großes Herz jedoch, von der scharfen Spitze der Liebe berührt, umarmt das Feuer und die Folter.* Vergebens wird an den Ketten gezerrt, die die beiden miteinander verbinden. Und die *Wahnsinnsnacht quer durch Belgien,* Claudels vergeblicher Versuch, zu einer Aussprache zu kommen, in der stichwortartigen Fixierung im *Journal* die ganze Verzweiflung nachzeichnend, führt nur auf mühsamen Wegen, als hätten Landschaft und Himmelskräfte sich gegen ihn verschworen, vor die verschlossene Tür. Unter dem Gartentor liegen Skapulier und Rosenkranz, mit denen er dem religiösen Verlangen der Frau zu entsprechen versucht hatte, die uns im Drama als Ysé entgegentritt. Noch muß die Nacht durchstanden werden, von der die Verse in *Finsternis* sprechen, die Nacht, da er nur noch den Ausweg sah, aus dem Leben zu scheiden. *Da ist er wieder, der Geschmack des Todes auf meinen Lippen. Die Übelkeit, die Lust zu erbrechen ... Ich stand in der Kelter des Wahns, ich stampfte die Traube in einsamer Wache, / Jene Nacht, da ich von Wand zu Wand schritt* ... Ysé's Antwort auf die Vorwürfe wegen der Rücksendung der Briefe sind auf einen zynischeren Ton gestimmt: *Ist das wahr, daß ich es dir ein für allemal beigebracht habe, wer das ist, dieser eine, der dich ein für allemal aus deinen Schuhen reißt? Das Mark, mein kleiner Mesa, die Seele, wie man so sagt, die Wurzel, an die habe ich mich gehalten,* heißt es in der Bühnenfassung des Stücks. Das Bekenntnis, das sich in diesen Briefen ausgedrückt fand, verfing sich wie ein Angelhaken in Mesa, von dem er sich vergebens loszureißen versucht. Jahre müssen vergehen, ohne jedes Zeichen, das auf Versöhnung hoffen ließe.

Inzwischen hat Claudel sich vermählt. Im Ersten Weltkrieg ist er, nunmehr als Gesandter, nach Rio de Janeiro versetzt worden. Von einer Dienstreise ins Innere des Landes zurückgekehrt, trägt er unter dem 2. August 1917 in sein *Journal* ein: *Und ich finde auf meinem Tisch einen Brief von (sic). Nach 13 Jahren.* Die alte Wunde bricht in ihm wieder auf. Es braucht Tage, bis er die ganze Wirklichkeit sich vor Augen zu halten wagt. Am 9. August trägt er den Brief in extenso in sein *Journal* ein. *Brief von R. 19. Juni. – ich werde Dir schreiben, aber antworte nicht – ich weiß, daß Du ständig an mich denkst, daß Du für mich betest, ach bete ständig und viel – das bist du mir schuldig – so unerwartet und geheimnisvoll ich auch bin, glaub mir, ich bin jene, die Du erkannt hast, und meine Seele ist noch mehr mit der Deinen verschwistert, als Du es glaubst – die Wellen Deiner Gedanken erreichen mich über Welten – und häufig spüre ich die Tage, wo Du betrübt bist und verzweifelt. Dieses schreckliche Verlangen zweier getrennter Seelen, die sich suchen und ersehnen, das den Leib zerbricht und im Kopf ein Übelsein hinterläßt. Von Jahr zu Jahr wird die Vereinsamung in mir schlimmer, statt nachzulassen, seit ich Dich verlassen habe. Unsere kleine Louise wird am Festtage von Peter und Paul* – Claudels Namenstag – *zu ihrer Ersten hl. Kommunion gehen, am 29. Juni.* Am 18. September besinnt er sich erneut auf ihn. *Zufälle: Brief von R. vom 19. Juni, worin sie mich bittet, viel für sie zu beten; erste Kommunion unserer kleinen L., 29. Juni. Wenige Meilen von Villeneuve* – dem Geburtsort Claudels –, *zu dessen Verteidigung er beigetragen hat, fällt V.* – Ysés Mann – *im Kriege.*

Bei diesen Eintragungen bleibt es nicht. Der Brief hat sich seiner tiefer bemächtigt. Aus dem Alltag, aus der Gewissenssphäre, die er erneut in Aufruhr gebracht hat, fand er einen Weg in den Bereich der dichterischen Sphäre, in die Träume, die nach sprachlicher Gestaltung suchen. Dort wird er sich noch sieben Jahre lang schöpferisch fortwirken, bis er im Dezember 1924 in Tokio den *Seidenen Schuh* beendet. Denn mit diesem Brief wurde die Initialzündung zu diesem Werk ausgelöst. Als Brief Proezas wird er zehn

Jahre um die Erde kreisen, ehe er Rodrigo vor den Karibischen Inseln erreicht. Dieses Erlebnis wurde aber auch in der *Mittagswende* zu einem wichtigen Motiv: *Alle meine Briefe seit einem Jahr, hast du sie nicht erhalten? Warum mir nicht geantwortet?* fragt Mesa bei der Wiederbegegnung im dritten Akt.

Allein, noch ist diese *Prüfung eines Herzens* nicht zu Ende gelebt, noch einmal wird der Dichter mit ihr konfrontiert. 1948 hat er dem Drängen Jean-Louis Barraults nachgegeben und in die öffentliche Aufführung des Stückes eingewilligt. Edwige Feuillère kreiert die Rolle der Ysé; sie gleicht dem Urbild zum Verwechseln. Bis ins Innerste erschüttert verläßt Claudel allabendlich das Théâtre Marigny, auf dessen Bühne das Drama seines Lebens vor ihm abrollt. Vielleicht hat erst der Tod, als er am 23. Februar, in der Nacht zum Aschermittwoch des Jahres 1955 in sein Arbeitskabinett am Boulevard Lannes in Paris eintrat, ihn das Versöhnungszeichen erblicken lassen.

Gegenwärtig ist ihm zeitlebens beides geblieben, die fehlgeschlagene Priesterberufung und das *Lebewohl, ich habe zum letzten Mal dich geschaut*. Zwölf Jahre später heißt es, *wäre es das Antlitz, einst geliebt*. Wenn er 1917 im fernen Rio de Janeiro, erstmals auf Gesandtenposten, in der Einsamkeit alles überdenkt – Frau und Kinder mußte er im kriegsdurchfurchten Frankreich zurücklassen, sie sind ihm, wie es in einem der Verse heißt, nur im Traum gegenwärtig –, drängt es sich ihm auf, das Durchlebte in die nicht zelebrierte, dafür mit schier unerschöpflicher Bilderfülle durchgestaltete *Messe fernab* einzubringen. Bereits das dritte Wort, *Verbannung*, verweist auf die Außerweltlichkeit solchen dichterischen Berufenseins, aus dem sich von Vers zu Vers die Zuversicht in die wahre Geborgenheit entfaltet. Was er schon in den *Fünf Großen Oden* gestaltete, der Jubel im Angesicht der Schöpfungsherrlichkeit, wird hier thematisch weiterentwickelt. Der Anblick der neuen Welt mit ihren Gewalten von steilgetürmten Bergen und jähem Wogenspiel, ihrem Sonnen- und Sternengeflimmer, ruft ihm noch einmal die Unruhe der Aufbruchsjahre ins Gedächtnis zurück. Aber schon hat eine andere Stimme diese Wirrnis durchbrochen. In diesen Augenblicken der Einstimmung, der Vorbereitung, des sich Vortastens in die innere Stille, in die allein das wahre Licht einzudringen vermag, wird Schritt um Schritt, Stufe um Stufe der Platz zu Füßen des Einen erklommen, wird gegenwärtig, was alles sich seit jenem Blitzschlag in der Weihnachtsvesper von 1886 offenbart hat. Noch ehe er aufgerufen ist, das Credo nachzusprechen, wird aus dem Gefühl der Dankbarkeit für die zuteil gewordene Erkenntnis ein Bekenntnis abgelegt, das keinerlei Vorbehalt mehr kennt, da es längst zur uneingeschränkten Gewißheit geworden ist. Dieses Ungreifbare der wahren Wirklichkeit soll im Wort, im Bild, im Vers, im Reim gegenwärtig und allen anschaubar werden. So wird das Gedicht zugleich zu einer Besinnung auf den Auftrag des Dichters. Aus diesem Sichinnewerden bilden sich Vers um Vers, durch den Reim verklammert, die sich immer bestimmter bildenden Worte, aus denen die Freude um das Hiersein des Alleinigen herausklingt, bis das alles befreiende und Unendliches verheißende Zeichen wahrgenommen wird: *Die Glocke tönt.*

Aus solcher Verbundenheit, solchem Einbezogensein in das Geschehen der heiligen Messe erwachsen in dem Dichter die Versuche, sich über die kosmischen Zusammenhänge Rechenschaft zu geben. In der *Erkenntnis des Ostens*, im *Spaziergänger* war es in dichterischer Beseligung angetönt. Von Dante hieß es (1921), er habe als einziger unter den Dichtern die Welt des Unbeseelten und des Beseelten geschildert und sie nicht auf ihr Wieso, sondern auf ihr Wofür, auf ihren letzten Zweck hin beurteilt und eingeordnet. 1931 blättert er in der indischen Dichtung «Sâmkhya kârikâ» und findet, daß man in Indien die aktive Materie, die das Leben auslöst, mit «Prakriti» benennt. Vielleicht war dieser Name überhaupt der auslösende Faktor, der die ganze Denkübung in Gang setzte. Eingedenk der Verse 22–31 im Kapitel VIII der «Sprüche Salomonis»: «Der Herr hat mich gehabt im Anfang seiner Wege . . .», heißt es von Prakriti: *Sie entsinnt sich jener Zeit vor der Zeit, als auf den Elementen, die noch im Fluß waren, die Weisheit Gottes sich in Gegenwart des Wortes die Zeit vertrieb. – Vor sich hat sie das Gebot Gottes, hinter sich aber etwas, um Ihm Genüge zu leisten, sie gärt von diesem ihr von Geburt an mitgegebenen Schatze, sie läßt über dem Meere sprießen* . . . Die Vielfalt der Schöpfungen, die Unausschöpfbarkeit der Schöpferkraft Gottes meint etwas anderes, so verwirrend sie sich dem menschlichen Auge darbietet, sinnlos scheinbar und zwecklos. Als sei ein Wettbewerb ausgeschrieben worden, werden Muster von Palmen, oder Pilzen, oder Flügeln, oder Sternen zu Tausenden und Abertausenden eingereicht. Prakritis Grundgesetz ist der Überfluß. Aber das alles findet zurück in die eine einzige Ordnung. *Wenn Gott zur Materie spricht, trennt Er, was verworren war, schafft Er eine Unterscheidung, eine Klassifizierung, eine Einsichtsfähigkeit . . . Wenn Gott sagt: Es bringe die Erde hervor. Es bringen hervor die Wasser –, so wendet Er sich nicht an diesen oder jenen Teil dieser Elemente, sondern an das Ungeteilte dieser unermeßlichen Körper, dergestalt, daß nichts an ihnen sich der Aufmerksamkeit und dem Gehorsam entziehe . . .*

Offenkundig vermutet der Dichter hinter allem Schöpfungsgeschehen, seinem Werden aus dem vorzeitlichen Nichtsein zu seiner Schöpfungsherrlichkeit ein gesetzmäßiges, einem Ordnungswillen zugrundeliegendes Vorgehen, das allein den Bestand dieser Welt vom Ursprung allen Seins her zu erklären vermöchte. Alle Sinne und Vermögen des Menschen gilt es aufzubieten, um diese Erkenntnisse zu voller Anschaulichkeit reifen zu lassen. So hat sich nach seiner Vorstellung, die sich der Vergleiche bedient, um verständlicher zu werden, im Kosmos alles in Phasen entwickelt in einem Entwicklungsprozeß, den gedanklich nachzuvollziehen unsere Denkaufgabe ist, wenn wir nicht blind und taub in der Welt umherirren wollen. Es ist ein Reifeprozeß, der sich da über verschiedene Stadien entwickelt hat, zögernd und mit gelegentlichen Rückschritten, bis zur vollendeten Gestalt. Der Dichter verbildlicht diese kosmischen Vorgänge, ihr allmähliches Heranreifen, an Hand seiner Erfahrungen als schöpferischer Gestalter: wie sich seinem Denken zuerst alles als unförmige, zähe Masse darbietet, deren immanenter Trägheit der Dichter zunächst auszuweichen sucht, bis sich alles zum unabweisbaren Bild verdichtet hat und eben Dichtung geworden ist.

Claudel verdeutlichte den Grundgedanken seiner Legende der Prakriti, als er, einmal eingeladen, sie selbst vorzulesen, in einer Quasi-Einführung zusammenfassend sagte: *Unser Seher versucht, seinen Zuhörern einzureden, daß diese Welt ringsum nicht das Ergebnis eines Zufalls ist und einer willkürlichen Erfindung, noch das Ergebnis einer äußerlichen Herstellung, sondern daß es sich um eine Zusammenarbeit handelt, für die uns das dichterische Werk (da dieses Wort schöpferisch bedeutet) zu einem Vergleich verhilft. Gott liefert das Denkbild, er schlägt das zu verwirklichende Thema vor, begleitet von einer Art Pflichtenheft, und die Natur mit all ihren Hilfsmitteln arbeitet an diesem Programm und unterbreitet, wenn ich in verwaltungstechnischen Begriffen sprechen soll, ihre Liefervorschläge, häufig genug vermischt mit Phantasien und Irrtümern.*

Wie ein Echo auf *Die Parabel von Animus und Anima,* in der die männliche Dominanz auf ironisierende Weise gemahnt wird, die Stimme der Seele nicht zu übertönen und ihr doch ja auch das Wort zu überlassen, klingen die Worte aus der Ansprache *Doch hindere man nicht die Musik* mit der Aufforderung, *nicht den wesentlichen Besuch zu verschieben, den wir jener großen Dame abzustatten planten, ich meine unserer eigenen Seele.* In Worten wie *Aufmerksamkeit, Einsamkeiten, Stille, Kunst des Zuhörens, Einsichtsfähigkeiten* wird noch einmal der Stufengang deutlich, den er selbst durchschritten hat, um zu den Erkenntnissen und Denkbildern zu kommen, aus denen sein Werk, selbst im Sturm und Drang der *Mittagswende* zeitlebens geschöpft hat. Er, der sich von Anbeginn an in jenem ihm eingeprägten Erlebnis des Achtzehnjährigen aufgerufen und, wie gezeigt wurde, zum Priester berufen fühlte, was muß in ihm nicht alles wach geworden sein, wenn er das Thema der Berufung anschlägt und es als *Klang-Wesenheit* erläutert, d. h. als die uns mitgegebene Fähigkeit, im harmonischen Zusammenspiel der menschlichen Gemeinschaft den von jedem einzelnen geforderten Ton zum Einklang einzubringen. Gewiß eine hohe Forderung, und Claudel scheut sich nicht, auf sein persönliches Versagen im Dienst am Nächsten hinzuweisen, und wird dadurch nur vertrauter. Und doch schließt er mit der Zuversicht, daß es uns durch gnadenvolle Fügung je und je gelingen möge, stellvertretend und mitverantwortlich jenes Wort zu finden, das uns aus der Weltverklammerung befreit und, wäre es nur für Augenblicke, in das reine Licht entrückt. Mit diesem Hoffnungszeichen entläßt er seine Hörerinnen und seine Leser in die Stille, in der allein wahre Erkenntnis und das schöpferische Werk heranreifen kann.

QUELLENVERZEICHNIS

Das Lesebuch wurde aufgrund der sechsbändigen Edition der *Gesammelten Werke* Paul Claudels zusammengestellt, die 1958–1963 im Benziger Verlag, Zürich erschien, herausgegeben von Edwin Maria Landau, autorisiert von Paul Claudel. Die unter LANDSCHAFT zusammengestellten Texte wie auch der Auszug zu den «Glasmalereien der Kathedralen Frankreichs» wurden Band IV entnommen *(Länder und Welten)*, die Texte zu DICHTUNG – KUNST – MUSIK Band V *(Kritische Schriften)*. Die Ode «Die Musen» stammt aus Band I *(Gedichte)*, die Schriften zur RELIGION aus Band IV *(Religion)* und das Drama «Mittagswende» aus Band II *(Dramen I)*.

Die «Fächersprüche» wie auch die Übersetzung des «Introitus» liegen zum ersten Mal in Buchform vor.

«Erkenntnis des Ostens» übersetzte Eduard Plüss (© 1977 by Verlags-AG Die Arche, Zürich), «Ein Blick auf die Seele Japans» Heinrich A. Mertens, «Die Musen» Hans Urs von Balthasar, «Introitus» Marcel Phobé. Alle übrigen Übersetzungen stammen von Edwin Maria Landau.

Die französischen Originalausgaben erschienen bei der Librairie Gallimard und den Editions du Mercure de France, Paris.

Die in Klammern ergänzten Jahreszahlen wurden vom Herausgeber hinzugefügt. Die «Mittagswende» erschien zum ersten Mal 1905, die «Messe fernab» 1919, die «Fächersprüche» 1927.

DAS VOLLSTÄNDIGE WERK
VON PAUL CLAUDEL
LIEGT IN EINER GESCHENK-KASSETTE
IM BENZIGER VERLAG VOR.

Paul Claudel

GESAMMELTE WERKE

Herausgegeben von Edwin Maria Landau
Kassette mit 6 Bänden

Band I:	Lyrik	(1963)
Band II:	Dramen I	(1959)
Band III:	Dramen II	(1958)
Band IV:	Länder und Welten	(1960)
Band V:	Kritische Schriften	(1958)
Band VI:	Religion	(1962)

ISBN 3 545 36455 0